新编公共管理学系列教材

An Introduction to Digital Government

数字政府概论

雷晓康　付熙雯 ◎主编

图书在版编目(CIP)数据

数字政府概论 / 雷晓康,付熙雯主编. —北京:北京大学出版社,2024.1
新编公共管理学系列教材
ISBN 978-7-301-34591-7

Ⅰ.①数… Ⅱ.①雷… ②付… Ⅲ.①电子政务—中国—教材 Ⅳ.①D63-39

中国国家版本馆 CIP 数据核字(2023)第 194381 号

书　　　名	数字政府概论 SHUZI ZHENGFU GAILUN
著作责任者	雷晓康　付熙雯　主编
责 任 编 辑	梁　路
标 准 书 号	ISBN 978-7-301-34591-7
出 版 发 行	北京大学出版社
地　　　址	北京市海淀区成府路 205 号　100871
网　　　址	http://www.pup.cn
新 浪 微 博	@北京大学出版社　　@未名社科-北大图书
微信公众号	北京大学出版社　　北大出版社社科图书
电 子 邮 箱	编辑部 ss@pup.cn　　总编室 zpup@pup.cn
电　　　话	邮购部 010-62752015　　发行部 010-62750672 编辑部 010-62765016
印 刷 者	北京溢漾印刷有限公司
经 销 者	新华书店
	730 毫米×980 毫米　16 开本　22.25 印张　370 千字 2024 年 1 月第 1 版　2024 年 1 月第 1 次印刷
定　　　价	69.00 元

未经许可,不得以任何方式复制或抄袭本书之部分或全部内容。
版权所有,侵权必究
举报电话: 010-62752024　电子邮箱: fd@pup.cn
图书如有印装质量问题,请与出版部联系,电话: 010-62756370

前　　言

　　进入新时代，数字技术进步和政府治理转型交相碰撞，传统的电子政务理念已难以适应国家治理体系和治理能力现代化的新需求、新挑战。近年来，随着数字化发展提升至国家战略高度，数字政府建设已成为新时代政府治理领域的核心热词，其不但是政府自身治理水平的外在体现，也是影响数字经济、数字社会发展的关键变量。那么，究竟什么是数字政府？为什么要建数字政府？数字政府建什么？数字政府怎么建？如何评估数字政府的效能？数字政府还面临怎样的挑战？如何回应这些挑战？——这些正是本书所要探讨和回答的问题。

　　本教材秉持公共管理的分析视角，融合数字政府相关理论前沿与国内外最新实践进展，对数字政府的概念演进、内涵与外延进行界定，对数字政府相关理论基础进行梳理；同时以数字政府治理内容与治理体系为框架，对数字政府的关键功能要素与多维度支撑体系进行系统的阐述；对中国数字政府的建设实践进行回顾与评述，同时兼具治理的全球化视野，对数字政府的域外经验进行总结与介绍。在此基础上，探讨数字政府的风险、挑战与价值，推动数字政府建设"以人为中心"，提升人民的幸福感、获得感与安全感。

　　本教材分为四编共十五章。第一编为数字政府的基础释义，包括第一、二、三章，主要介绍数字政府的缘起与发展、概念的内涵与外延以及数字政府的理论基础。第二编为数字政府的治理内容，包括第四章到第八章，详细介绍了作为数字政府基本治理内容的政府数据治理、政府数据共享、政府数据开放、政务信息化以及政府数字化公共服务。第三编为数字政府的治理体系，涵盖第九章至第十三章，分别阐述了支撑数字政府建设的法律体系、政策体系、组织体系、多元参与体系以及绩效评估体系。第四编为数字政府的前景展望,重点讨论了数字政府面对的风险与挑战,以及数字政府的伦理和价值。

  本教材的特色主要为:一是面向国家重大战略需求和政府治理能力现代化基本关切,基于我国数字政府建设实践和现实土壤,构建具有中国特色的数字政府相关理论框架。二是反映国内外最新理论发展与实践现状,以国际化视角和本土化思维全面审视我国数字政府建设现状,同时发现问题,给出可能的解决路径与策略。

  本教材虽力求系统、全面、客观地描绘数字政府的概貌,但囿于作者的智识和经验,书中难免存在错漏之处,敬请广大读者批评指正。

雷晓康 付熙雯
2023 年 4 月 27 日

目　　录

第一编　数字政府的基础释义

第一章　数字政府的缘起与发展　/ 3
　　第一节　国外数字政府理念发展与建设实践　/ 4
　　第二节　我国数字政府的演进与建设实践　/ 12

第二章　数字政府的概念　/ 28
　　第一节　数字政府的内涵与外延　/ 29
　　第二节　数字政府的构成要素　/ 37

第三章　数字政府的理论　/ 46
　　第一节　数字政府的理论意涵　/ 46
　　第二节　数字政府的理论基础　/ 51

第二编　数字政府的治理内容

第四章　政府数据治理　/ 69
　　第一节　政府数据治理概述　/ 70
　　第二节　政府数据治理的内容与流程　/ 75
　　第三节　我国政府数据治理的现状　/ 82
　　第四节　政府数据治理的国际发展与经验　/ 87

第五章 政府数据共享 / 93
  第一节 政府数据共享的必要性与面临的挑战 / 94
  第二节 政府数据共享的概念 / 102
  第三节 政府数据共享的路径与策略 / 107

第六章 政府数据开放 / 113
  第一节 政府数据开放的概念 / 114
  第二节 政府数据开放的发展历程 / 118
  第三节 政府数据开放的价值与生态系统 / 124
  第四节 我国政府数据开放面临的挑战及发展路径 / 128

第七章 政务信息化 / 138
  第一节 政务信息化概述 / 139
  第二节 政务信息化建设的主要内容 / 143
  第三节 我国政务信息化建设的成效与不足 / 151
  第四节 政务信息化的国际发展与经验 / 157

第八章 政府数字化公共服务 / 163
  第一节 政府数字化公共服务概述 / 164
  第二节 政府数字化公共服务的主要内容 / 168
  第三节 我国政府数字化公共服务的成效与不足 / 177
  第四节 政府数字化公共服务的国际发展与经验 / 180

第三编 数字政府的治理体系

第九章 数字政府的法律体系 / 191
  第一节 数字政府法律体系概述 / 192
  第二节 我国数字政府法律体系建设的突出难点 / 197
  第三节 我国数字政府法律体系建设的优化路径 / 201
  第四节 数字政府法律体系的国际发展与经验 / 205

第十章 数字政府的政策体系 / 214
- 第一节 数字政府政策体系概述 / 215
- 第二节 我国数字政府政策体系建设的路径 / 218
- 第三节 我国数字政府政策体系建设面临的挑战与优化路径 / 226
- 第四节 国外数字政府政策体系建设情况 / 228

第十一章 数字政府的组织体系 / 237
- 第一节 数字时代政府组织体系的变迁 / 237
- 第二节 数字政府组织体系的内涵与要素 / 241
- 第三节 我国数字政府建设中的组织机构创新 / 247
- 第四节 首席数据官制度的发展 / 250

第十二章 数字政府的多元参与体系 / 259
- 第一节 数字政府多元参与体系的构建背景 / 260
- 第二节 数字政府多元参与体系的内涵与构成 / 262
- 第三节 数字政府多元参与机制 / 265
- 第四节 我国数字政府多元参与实践与存在的问题 / 269

第十三章 数字政府的绩效评估体系 / 279
- 第一节 数字政府绩效评估体系概述 / 279
- 第二节 数字政府绩效评估的方法与视角 / 283
- 第三节 数字政府绩效评估的程序 / 288
- 第四节 数字政府绩效评估的指标体系 / 291

第四编 数字政府的前景展望

第十四章 数字政府的风险与挑战 / 305
- 第一节 数字政府面临的主要风险与挑战 / 305
- 第二节 数字政府面临风险与挑战的成因 / 311
- 第三节 数字政府面临风险与挑战的治理向度 / 315

第十五章　数字政府的伦理与价值　/ 322

　　第一节　数字政府的伦理　/ 323

　　第二节　数字政府的价值　/ 330

　　第三节　数字政府与美好生活　/ 339

后　记　/ 347

第一编
数字政府的基础释义

第一章　数字政府的缘起与发展

■ 学习目标

本章主要阐述数字政府的理念缘起、发展演变与建设实践。通过本章的学习，要求掌握：(1)国外数字政府理念的缘起与主要经历的发展阶段；(2)国外数字政府建设的概况与英国、美国、澳大利亚等国的典型建设经验；(3)我国数字政府的概念演进与主要建设历程；(4)我国数字政府建设目前在国家层面和地方层面取得的代表性成就和经验。

■ 引　例

在数字时代建立数字政府

每一次科技革命都对人类政治文明的重大转型举足轻重。现在，伴随着信息技术革命走向纵深，新兴科技快速迭代和渗透，以大数据、人工智能等为代表的技术，将人类社会推向了第四次工业革命。而新技术革命发展的速度和广度，及其对经济社会产生的影响，都是前几次工业革命无法匹敌的。第四次工业革命最显著的特征在于数字技术的发展和扩散，由此导致物理学、数学、生物学等领域边界的融合，从根本上改变了人们的生活、工作以及交往的方式。同时，第四次工业革命也再一次深刻影响国家治理及政府改革创新，以数据驱动和数字治理为核心特征的数字政府建设成为全球政府创新的核心议题。如今，起步于20世纪90年代的数字政府建设，走到了一个关键节点。

资料来源：陈根.从数字赋能到数字赋权，在数字时代建立数字政府[EB/OL].(2021-01-26)[2023-05-09].https://m.thepaper.cn/newsDetail_forward_10946549.

第一节 国外数字政府理念发展与建设实践

一、国外数字政府理念发展

从全世界范围看,数字政府理念的兴起与数字时代的到来密不可分。随着云计算、大数据、移动互联网、物联网、人工智能等互联网通信技术的迭代发展,以非物质性的比特(bit)形式存在的数据呈现出爆炸式增长,①并迅速成为全球发展的核心生产资料。现如今,数据正在驱动社会经济领域的变革新生,而作为一国数据的最大保有者,政府本身也在不断生产、采集、保存、加工和使用数据,成为数据时代的重要参与者。大数据技术的不断扩展、社会形态的高度互联和人类社会去中心化,使得政府面临全新的治理和服务空间;原本在工业化时代建立起来的以"科层控制"和信息"逐级传递"为主要特征的政府组织形态和运行模式,将无法适应这种全新的环境,②传统政府的数字化转型迫在眉睫。

当前,推进政府数字化转型成为发达国家实现政府治理现代化、提升经济发展水平、增强公民参与度与社会创新力的共同战略选择。③ 发达国家数字政府建设注重实现政府决策智能化、权力运行透明化、公共服务精准化、绩效评估科学化、流程再造高效化等目标,主要围绕制定数字政府建设战略规划、建立首席信息官管理运行制度、深化政府数据开放和应用、注重政府数据融合与共享、借助人工智能技术打造智能化政府、颁布法令保护数据安全与公民隐私等展开创新实践。④ 全球数字政府建设进程和发展趋势表明:数字化转型已是大势所趋,数字政府建设关乎数字经济发展,并受到各级政府、企业和广大民众的关注。⑤

传统的生产要素包括劳动力、土地、资本、技术、管理、知识等,而在信息时

---

① 李爱君.数据权利属性与法律特征[J].东方法学,2018(3).
② 米加宁,章昌平,李大宇等."数字空间"政府及其研究纲领——第四次工业革命引致的政府形态变革[J].公共管理学报,2020(1).
③ 章燕华,王力平.国外政府数字化转型战略研究及启示[J].电子政务,2020(11).
④ 胡税根,杨竞楠.发达国家数字政府建设的探索与经验借鉴[J].探索,2021(1).
⑤ 张建锋.数字政府2.0:数据智能助力治理现代化[M].北京:中信出版社,2019:59.转引自詹国彬.英国数字政府转型:价值理念、技术工具与制度保障[J].行政论坛,2021(6).

代,数据正成为一种重要的生产要素和战略资源。我们所处的整个世界,以及生产、生活的各个环节,无时无刻不在生产着数据。数据汇聚与融合而逐步形成大数据,资源化的数据成为驱动产业智能化的关键"原料"。① 数据的创新潜力巨大,云计算和人工智能技术的演进也为数据挖掘与分析提供了更多工具。由于政府本身就是一个巨大的数据库,政府生产和存储的海量数据可以通过信息技术充分释放其要素潜力,挖掘数据价值,优化公共治理。

自20世纪90年代以来,互联网和信息通信技术正在改变政府组织及其治理的方式。② 从纵向来看,国外数字政府相关概念的演变经历了电子政府(e-government)、数字政府(digital government)、数字治理(digital governance)三个阶段。③ 这三个阶段有不同的侧重点:电子政府阶段以"数字存在"为重点,通过网站发布的方式提供简单的信息,实现政府信息的数字化;数字政府阶段强调政府的"转型",通过应用数字技术改善政府组织的内部流程、结构和工作惯例;数字治理阶段强调多元治理,通过数字技术改善政府与公民、企业和其他非政府行为主体之间的关系。④

(一)电子政府阶段

基于互联网基础设施建设的相对先进性,一些发达国家早在几十年前就已经开始电子政府的建设。电子政府(electronic government/e-government),也称电子政务,是指政府部门在发布政务信息、提供公共服务、进行市场监管和回应民意等方面使用各类信息技术,从而提高政府透明度、公共服务绩效和响应力的过程。⑤ 早期的电子政府相比于传统行政模式,主要特点是政府信息的数字化呈现,将线下的政府"搬到"线上,实现政府的"电子化"或者说"虚拟化"。电子政务的典型表现包括围绕民众需求提供的电子邮件、政府门户网站、政府内网等。从变革目的而言,早期的电子政府主要通过信息技术将政府文件、数据

---

① 张建锋.数字政府2.0:数据智能助力治理现代化[M].北京:中信出版社,2019:8.
② DESOUZA K C, BHAGWATWAR A. Leveraging technologies in public agencies: the case of the U.S. census bureau and the 2010 census[J]. Public administration review, 2012(4).
③ 黄建伟,刘军.国外数字治理的过去、现在和未来[J].国家治理现代化研究,2019(1).
④ JANOWSKI T. Digital government evolution: from transformation to contextualization[J]. Government information quarterly, 2015(3).
⑤ 马亮.数字政府建设:文献述评与研究展望[J].党政研究,2021(3).

与信息以电子化形式呈现,以促进现有办事流程与政务服务自动化,并提高政府行政管理的内部效率。① 后期电子政府的信息化建设则突破办公范畴,进一步通过政务信息服务的电子化来提升行政管理效率。典型的电子政府阶段实践有美国 1993 年拟定"国家信息基础设施行动计划"(The National Information Infrastructure:Agenda for Action)方案,俗称"信息高速公路"。2000 年美国宣布建立一个政府超级网站——第一政府网,加快政府对公民的信息发布速度,让美国公众能够方便快捷地了解政府。②

(二)数字政府阶段

一般认为,数字政府概念起源于 1998 年美国前副总统戈尔提出的"数字地球"概念,随着实践的深入又不断衍生出"数字国家""数字政府""数字城市""数字社区"等概念。此前对借助信息化技术实现办公自动化、政府内部效率提升的电子政府的关注,逐步转向注重公民参与、政务流程再造、数据治理与协同的数字政府建设,更加强调技术推进下的政府组织变革。也即,数字政府是人类技术进步在公共管理领域作用的结果,表现为政府结构、理念、战略、工具接受数字化改造,并且政府基于新技术向外输出新资源、新服务。③

从内涵上看,数字政府是综合运用互联网、物联网、大数据、人工智能、区块链等现代信息技术,以政府数据治理推动政府决策智能化、权力运行透明化、公共服务精准化、绩效评估科学化和流程再造高效化,为促进经济社会运行全面数字化而建立的一种新型政府形态。④ 从特征上看,数字政府强调对绩效、透明度和责任的关注,⑤同时注重从服务供给和政民沟通两个方面推动政府的组织转型。⑥ 从具体内容上看,数字政府包括利用数字技术提供在线服务、实

---

① 胡税根,杨竞楠.发达国家数字政府建设的探索与经验借鉴[J].探索,2021(1).
② 汪玉凯,杜治洲.电子政务对中美两国政府治理模式影响的比较[J].中国行政管理,2004(3).
③ 郑磊.数字治理的效度、温度和尺度[J].治理研究,2021(2).
④ 胡税根,杨竞楠.发达国家数字政府建设的探索与经验借鉴[J].探索,2021(1).
⑤ LUNA D E, DUARTE-VALLE A, PICAZO-VELA S, et al. Digital governance and public value creation at the state level[J]. Information polity, 2015(2,3).
⑥ MCNEAL R S, TOLBERT C J, MOSSBERGER K, et al. Innovating in digital government in the American States[J]. Social science quarterly, 2003(1).

现政民互动以及制定公共政策等。① 有观点认为,数字政府包含很多内容,如政府行政自动化、信息发布实时化、各级政府远程信息交互、民众网上办理政府业务、民众满意度调查及社会经济调查等。② 也有观点认为,数字政府不仅意味着政府的职能和服务要从线下转到以线上渠道为主,而且意味着政府在组织模式上要从每个部门各自为政转向整体性政府,在建设和运营方式上从以政府为主转向政府与企业、社会合作治理,在功能上要实现从过去相对单一的信息网络公开转向线上线下互动的服务供给,政府内外都要实现数字化运转。③

(三)数字治理阶段

如果说数字政府强调现代信息技术背景下政府在形态层面上的变革,那么数字治理则是数字化技术与治理的有机融合,强调对智能化公共服务的提供、对公民参与互动的推动,通过基于数据的多元治理推进政府治理模式与治理理念的创新。从电子政务到数字政府,再到数字治理,实质上是通过技术进步不断实现从传统公共行政向现代公共治理转变的一个过程。信息社会的人际互动则直接以信息交换为中心,信息生产和信息传播日趋"互动化"和"扁平化",④相应地也需要政府治理模式和治理理念的互动转向和开放转向。作为治理理念与互联网数字技术结合催生的新的治理范式,数字治理强调信息技术和信息系统在公共部门改革中的重要作用,致力于构建公共部门扁平化的管理机制,促进权力的共享,逐步实现还权于社会、还权于民。⑤

总体上,数字政府的目标侧重于将数字技术赋能于政府自身,而数字治理的目标则是将技术赋能于政府、企业和社会公众等多元主体,并最终重塑三者之间的关系,以提升政府效率效能、优化公共政策制定、提高公共服务水平、扩大公众参与、推进制度转型等。⑥ 通过广泛运用政府网站、社交网络和大数据、物联网、云计算、人工智能等数字技术,追求治理手段的"数字化""网络化""信

---

① ASGARKHANI M. Digital government and its effectiveness in public management reform: a local government perspective[J]. Public management review, 2005(3).
② 邹克超,王峰,王有远.国外数字化政府发展经验对我国的启示[J].科技广场,2021(4).
③ 马亮.数字政府建设:文献述评与研究展望[J].党政研究,2021(3).
④ 戴长征,鲍静.数字政府治理——基于社会形态演变进程的考察[J].中国行政管理,2017(9).
⑤ 韩兆柱,马文娟.数字治理理论研究综述[J].甘肃行政学院学报,2016(1).
⑥ 郑磊.数字治理的效度、温度和尺度[J].治理研究,2021(2).

息化""智能化",通过治理理念的价值融入,超越提升效率、降低行政成本和改善服务的管理目标,增加和丰富责任、参与、互动和合作等价值目标,是治理能力和治理方式现代化的重要体现。①

二、国外数字政府建设实践

根据《2020联合国电子政务调查报告》的数据,联合国电子政务发展指数(EGDI)从2018年的0.55上升到2020年的0.60,EGDI指数处于"高"或"非常高"级别的成员共有126个,占所有成员的65%。② 可以看出,世界大多数国家积极推动数字政府建设,重视整合线上和线下渠道,以实现政府治理能力的现代化。

整体来看,美国、英国、澳大利亚等国家在数字政府建设实践方面处于全球领先地位,具备重要的对标参考和研究价值。③ 以下对上述三个国家的数字政府建设情况进行简要介绍。

(一)美国数字政府建设实践

20世纪80年代以来,美国对数字政府的探索与建设主要经历了四个时期,包括"国家信息基础设施行动计划"的克林顿政府时期、"以公民为中心的电子政务战略"的小布什政府时期、"开放的数字政府计划"的奥巴马政府时期和"数字政府技术现代化法案"的特朗普政府时期。④

克林顿政府时期,美国于1993年发布了《运用信息技术改造政府》以及《创建经济高效的政府》两个文件,提议政府通过先进的信息技术克服在公共管理和服务上的弊端。⑤ 1996年,美国政府开始了"重塑政府运动"(Reinventing Government Movement),积极推行政务电子化,应用网络技术以及通信技术来履行政府的公共服务职能,实现政府机构的优化和政府行政绩效的提高。

小布什政府时期,美国于2001年宣布成立"电子政务特别工作小组"

---

① 黄建伟,刘军.欧美数字治理的发展及其对中国的启示[J].中国行政管理,2019(6).
② 胡税根,杨竞楠.发达国家数字政府建设的探索与经验借鉴[J].探索,2021(1).
③ 章燕华,王力平.国外政府数字化转型战略研究及启示[J].电子政务,2020(11).
④ 姚水琼,齐胤植.美国数字政府建设的实践研究与经验借鉴[J].治理研究,2019(6).
⑤ 同上.

(E-government Task Force),并于 2002 年公布了《电子政务战略——简化面向公民的服务》文件①,提出"以公民为中心、以结果为导向、以市场为基础"三大原则,以提高政府的公共服务绩效。

到了奥巴马政府时期,美国则将数字政府建设作为一项重点工程。2009 年,美国政府数据开放平台 Data.gov 的推出进一步推动了公平、透明、开放的美国数字政府建设。② 2012 年,美国白宫发布了《21 世纪数字政府:构建一个更好地为美国人民服务的平台》战略,这项战略主要包括三大目标:③一是使国民能够随时随地通过任何设备访问高质量的数字政府信息和获取服务;二是确保政府适应新的数字世界,以智慧、安全和实惠的方式,采购或管理设备、应用和数据;三是开发政府数据以刺激全国的创新,改进政务服务的质量。

特朗普政府时期,美国保持了对数字政府建设的重视。2017 年 5 月,特朗普总统签署行政命令,成立了美国科技委员会(American Technology Council),旨在让政府数字化服务更加智能化,委员会在联邦政府使用信息技术方面向总统提供与政治决策有关的建议。④

总体上看,美国政府的数字化转型成效显著,政府治理观念也有了革新式的改变,美国基本建设起了一个以公共服务为导向、国家与社会共同治理的数字政府模式。美国数字政府建设遵循以下四个基本原则:其一,以信息为中心原则,即改变传统文件管理形式,转为管理在线业务数据。其二,共享平台原则,即全国范围内各个政府机构工作人员在统一平台协同工作;统一信息创建和分发的格式。其三,用户至上原则,即以用户为中心创建和管理数据。其四,安全和隐私原则,即以保护信息和隐私为前提,让用户安全可靠地享受服务。⑤

(二)英国数字政府建设实践

早在 20 世纪 90 年代初,英国就开始尝试将信息技术、数据、网络等新兴技术运用到政府管理与政务服务中,以便改进政府工作,提升公共服务的供给效

---

① 姚水琼,齐胤植.美国数字政府建设的实践研究与经验借鉴[J].治理研究,2019(6).
② 同上.
③ 金江军.美国数字政府战略及启示[J].信息化建设,2012(8).
④ 姚水琼,齐胤植.美国数字政府建设的实践研究与经验借鉴[J].治理研究,2019(6).
⑤ 同上.

率和水平,同时率先建设了中央政府网站"open.gov.uk"。2012 年,英国政府发布《数字政府战略》,正式采用"数字政府"代替传统的"电子政务",尝试将数字化建设与政府转型有机结合起来,并于当年 10 月展开"政府网站瘦身革命",将 2000 个政府网站最终缩减为唯一一个网站"gov.uk"。①

但是在数字政府的建设过程中,英国仍然存在着"碎片化"问题,不同部门、不同终端之间由于工作目标的不同难以进行统筹合作,而各自为政的数据壁垒以及数据安全问题也使得数字政府的建设流于表面。鉴于此,2017 年英国政府出台了《政府转型战略:政府数字服务的角色》,进一步明确了如何在数字时代背景下继续推动公共部门改革。该战略提出了五个主要目标:一是跨政府部门业务的整体转型,建立政府在线服务的标准,及时更新技术实施规范,改善用户体验;借鉴私营部门的经验,制定跨部门合作机制。二是提升人员技能,培育数字文化。三是优化业务工具、工作流程和管理模式。四是更好地利用数据,实施共享开放政府数据、任命首席数据官、改进数据挖掘工具、建立数据安全体系等措施。五是创建共享平台、组件,提升业务能力。该战略明确政府应以民众需求为核心,制定整合的数字化路线,通过系统性安排,建立一种"全政府"的转型方式。② 可以说,这项战略旨在全力打造以公民需求为导向、以数字化和协同化为路径、以新型基础设施建设为重要支撑的数字化改革模式。③

整体上看,英国的数字政府建设经验主要可以概括为三点:一是"用户即中心";二是"数据即价值";三是"政府即平台"。④ 英国在数字政府建设过程中,尽可能从用户需求出发考虑政策的出台、政务服务的提供等,在官方网站上提供可靠、安全以及高效能的在线服务。同时,大力建设专业的数据分析团队,通过任命政府首席数据官、组建数据咨询委员会的方式,保障数据决策的科学性和合理性。另外,英国还成立了政府数字服务局(Government Digital Service,GDS)及其下属的"数据标准局"(Data Standards Authority,DSA),以解决数据

---

① 林梦瑶,李重照,黄璜.英国数字政府:战略、工具与治理结构[J].电子政务,2019(8).
② 张晓,鲍静.数字政府即平台:英国政府数字化转型战略研究及其启示[J].中国行政管理,2018(3).
③ 詹国彬.英国数字政府转型:价值理念、技术工具与制度保障[J].行政论坛,2021(6).
④ 同上.

壁垒问题,保障跨部门的数据共享水平和数字服务质量。

(三) 澳大利亚数字政府建设实践

澳大利亚的数字政府建设的重点放在了政府信息管理系统的数字化转型上。为了适应数字转型环境下信息与文件管理的需要,澳大利亚国家档案馆于2011年7月提出了"数字转型政策"(The Digital Transition Policy)。① 该政策要求所有政府机构对电子邮件、社交媒体、数据库、网站以及移动设备、业务系统或其他数字技术所产生的内容信息等进行数字化管理,政府机构将直接生成、存储和管理数字文件,不再形成新的纸质文件。

此后,澳大利亚国家档案馆于2015年又发布了《数字连续性2020》,该政策要求政府业务进程全部数字化。"政策主体内容包括:(1)三大原则:信息是有价值的,信息被数字化管理,信息、系统和流程是可互操作的。(2)四个要素:数字连续性原则、数字连续性计划、数字连续性产出和实践指导。(3)2020年前改进数字信息管理的五个关键领域:各机构制定和实施全面的信息治理框架、机构年度调查报告各机构的信息管理实践、政府信息实现互操作、业务流程从端到端数字化、各机构达到档案馆设定的信息管理专业水平和能力标准。"②

澳大利亚所制定的《数字连续性2020》较为先进地提出"信息治理"理念,构建了一个四层级的信息治理模型:以信息资产为核心,以业务流程、标准和信息技术等为支撑,以风险、文化、战略等宏观顶层设计为基础,以业务、政策、用户和法律规范为背景。此外,澳大利亚还明确国家档案馆作为数字化转型的主导机构,帮助政府部门在2020年之前实现数字信息连续性;并强调可以成立信息治理委员会,通过明确机构的角色与责任更好地管理相关信息风险。③

可以看出,澳大利亚政府制定的数字化转型策略,主要是依托强大的数字能力对数字环境的变化做出快速反应,从而从根本上改变了政府服务的提供方式。澳大利亚数字化转型的要点主要有六个方面:一是以用户为中心。采取线上线下相结合的服务模式,线上领域以用户需求为导向,设计、提供相应服务,同时继续提供高质量的线下服务。二是保护数据。保障数据和信息安全并让

---

① 颜海,汪树君.澳大利亚政府数字信息资源管理经验及启示[J].兰台世界,2016(1).
② 杨帆,章燕华.英国与澳大利亚政府信息管理的数字转型:比较与启示[J].浙江档案,2017(11).
③ 同上.

数据变得更有价值。三是提升服务能力。加强政府员工数字化工作能力,制定数字化工具政策和使用指南。四是协同治理。为公立部门和私营部门合作创造环境和条件。五是持续创新。持续更新服务模式。六是数据共享。共享线上服务设计方法和线上服务系统,分享数据运用的方法。①

第二节 我国数字政府的演进与建设实践

一、我国数字政府演进

技术革命会引发人类组织模式及权力关系的重大变化,是政府治理变革的深层动因。② 从历史唯物主义的立场看,技术的变革必然会引起生产力的革新,从而带来生产关系的变化。作为上层建筑,政府的治理理念与治理形态也必然随着技术的革新而迎来变革。

近年来,随着互联网通信技术的不断发展,社会经济迎来数字化发展的机遇。与此同时,传统行政治理模式和治理效能难以满足民众在数字时代日益增长的公共服务需求,政府本身面临数字化转型的挑战。在此背景下,我国在国家战略层面作出了建设数字政府的一系列部署安排。党的十九大明确提出要加快推进信息化建设,要建设"数字中国""智慧社会"。党的十九届三中全会提出要充分利用信息化技术手段,提高政府机构的履职能力。国务院要求推进政务服务"一网通办"和企业群众办事"只进一扇门""最多跑一次",加快推进"互联网+政务服务"、政务信息系统整合共享、审批服务便民化和建设一体化在线政务服务平台等工作。

在过去数十年间,我国数字政府的建设发展和理论研究经历了多个阶段。什么是数字政府?这并不是一个有固定答案的问题。从概念的角度看,"数字政府"是对电子政府或电子政务的一种发展。③

在不同的时代背景、政策环境以及技术变革的影响下,数字政府的概念和

---

① 陶明,潘志安,陶波等.浅谈国内外数字政府建设发展[J].网络安全和信息化,2021(1).
② 陈振明.政府治理变革的技术基础——大数据与智能化时代的政府改革述评[J].行政论坛,2015(6).
③ 马颜昕等.数字政府:变革与法治[M].北京:中国人民大学出版社,2021:11.

内涵也不断深化和发展。按照我国的实际建设经验,可以将数字政府在我国的概念演进和建设历程划分为如下几个阶段:

(一) 政府信息化建设阶段(1978—1999)

传统的政府信息化以自上而下地倡导办公自动化和电子业务系统建设为核心,强调政务信息传递的电子化、无纸化、网络化,主要目标是在以政府为中心的前提下提高办公和行政效率。

中国政府的信息化建设起步于1978年改革开放之后。到20世纪80年代中期,中央开始对经济、金融、铁道、电力等十多个关系国家经济命脉的国家级信息系统进行立项建设。90年代的重要节点事件包括:1990年,我国注册顶级域名".cn";1993年启动了"三金工程"(金桥、金卡和金关);1994年,我国接入国际互联网;1996年,国务院信息化工作领导小组成立,并于1997年召开第一次全国信息化工作会议,会议要求信息化建设遵循"统筹规划、国家主导;统一标准、联合建设;互联互通、资源共享"的原则,[1]首次提出了"信息化体系六要素"和"政府信息化"的说法,确立了信息化总体认识框架。[2] 1999年,多家中央部委共同发起了"政府上网工程"。[3]

可以说,这个阶段的政府信息化主要体现为两方面:一是以信息管理系统建设和办公方式的变革为代表的"自动化"与"信息化",包括无纸化办公、办公自动化,以及"三金工程"建设等;二是以"政府上网工程"为契机的政府互联网门户网站建设,政府部门开始重视"网上政府"的信息发布与利用。在办公自动化条件下,文件从起草到下发全过程均在计算机上进行,不再需要经过拟稿—打印—送审—印制正式文件—文件交换等烦琐过程,办公自动化(OA)工程使中央和地方党政机关建立了各种纵向和横向的内部信息办公网络。[4]

总的来说,政府信息化建设阶段基本实现了对内的办公自动化建设和对外的政府网站建设的发展目标。公文流转、信息传递等日常业务完全实现网络化

---

[1] 陈小华,潘宇航.数字政府:演进阶段、整体形态与治理意蕴[J].观察与思考,2021(1).
[2] 耿亚东.数字中国建设背景下政府数字化转型路径探析[J].治理现代化研究,2023(1).
[3] 张锐昕,王玉荣.中国政府上网20年:发展历程、成就及反思[J].福建师范大学学报(哲学社会科学版),2019(5).
[4] 周文彰.数字政府和国家治理现代化[J].行政管理改革,2020(2).

运行;部分政府部门的信息发布和信息交换也逐渐通过网络实现。以"政府上网工程"为契机,大批政府门户网站出现,宣告了政府信息化一个全新时代的到来。不过,尽管这一时期已将政府信息内容发布上网,但仍然只是政府部门对互联网技术的浅层应用,还未将复杂的政府业务与信息技术进行深度融合,以提升政府的管理效能。

(二) 电子政务阶段(2000—2016)

2000 年,我国由政府信息化阶段进入电子政务阶段,标志性事件为"三网一库"电子政务框架的提出。① 相比较而言,政府内部的管理信息系统主要满足跨部门的信息共享和业务流程协同需求,而政府外部的电子政务则主要是为方便政府同公民互动和提供公共服务。而数字政府应该是这两种面向的结合体,既包括内部管理信息系统,也涉及外部电子政务,即政府"内外"都要实现数字化运转。② 因此,从我国数字政府建设的历程看,在政府信息化建设阶段后,迎来的就是电子政务阶段。

2002 年,《国家信息化领导小组关于我国电子政务建设指导意见》提出"必须充分利用已有的网络基础、业务系统和信息资源,加强整合,促进互联互通、信息共享",文件也指出,电子政务对"加快政府职能改变,提高行政质量和效率"具有重要意义。这也标志着"电子政务"正式成为改革的目标取向。整体来看,早期电子政府建设中,政务网站往往只能像一个公告板一样单向传递信息,公众无法与其互动。而电子政务的发展给这一领域带来了若干重大变化,通过网络参与的公众成为一种不可忽视的社会力量,政府与民众的双向互动日益增强。公众逐渐可以通过搜索、查询、留言、定制个性化服务等方式动态获取信息。这一时期,电子政务逐渐向更具信息交互能力的"在线政务"的方向转变,其主要特点是在政府主导下吸纳公民网络参与,以网络作为公共资源配置的新机制,形成对科层、市场配置方式的重要补充③。

2006 年发布的《国家电子政务总体框架》,基本奠定了此后我国十多年间电子政务建设的总体框架,具体可以分为:

---

① 耿亚东.数字中国建设背景下政府数字化转型路径探析[J].治理现代化研究,2023(1).
② 马亮.数字政府建设:文献述评与研究展望[J].党政研究,2021(3).
③ 陈小华,潘宇航.数字政府:演进阶段、整体形态与治理意蕴[J].观察与思考,2021(1).

（1）从2002年到2009年，大多是关系国民经济系统正常运行的重点行业管理信息化工程和政府内部基础设施建设，"两网""四库""十二金"等著名电子政务工程就起始于这个阶段。

（2）从2009年到2012年，在政府自身建设和运营的电子政务系统之外，出现诸如政务微博、政务微信等一批可以承载政务信息服务的第三方平台，同时，智慧城市、数据开放等概念也逐渐兴起。

（3）从2012年到2015年，中央成立网络安全和信息化领导小组及其办公室，网络空间治理、大数据发展等都被提到国家战略高度。国家发展改革委在2012年发布了《"十二五"国家政务信息化工程建设规划》。一些由国家发展改革委牵头的跨部门地方试点项目，比如"信息惠民""（新型）智慧城市"等也在全国逐渐实施。

（4）2015年以来，国务院组织全国政府网站普查，建立并完善政府网站建设和运营标准，一方面使政府网站的数量迅速减少到不足两万家，另一方面则使政府网站的规范性、标准化和运营效率得到了显著提升[①]。与此同时，在线政务依托移动互联网的普及迎来了迅速发展的时期，政务客户端、政务微信、政务微博以及微信和支付宝的城市服务等逐渐普及。此外，国家发展改革委也发布了《"十三五"国家政务信息化工程建设规划》，提出"基本形成满足国家治理体系与治理能力现代化要求的政务信息化体系，构建形成大平台共享、大数据慧治、大系统共治的顶层架构"的目标。也是在这一时期，中央提出"放管服"改革和"互联网+"改革，产生了围绕"优化服务"展开的"互联网+政务服务"和围绕"放管结合"展开的"互联网+监管"改革。

这一阶段的电子政务建设体现出信息技术与管理业务的逐渐融合，工作重点逐渐延展至应用开发，并开始重视面向企业与公众的数字化服务与监管体系的构建。随着大数据等新理念和新技术的兴起，对政府数据资源进行全方位的统筹治理的需求开始浮出水面。也正是从这一时期起，电子政务建设成为政府自身改革的组成部分。行政体制改革的深入推进和政府职能的不断转变必将对电子政务的建设提出新的要求。

---

① 马亮.数字政府建设：文献述评与研究展望[J].党政研究，2021(3).

(三）数字政府阶段（2017年至今）

随着电子政务建设的推进，人们逐渐发现大量信息在数据化后能够释放巨大潜力，"电子政务"的概念不足以概括信息时代的政府转型目标，因此，"数字政府"逐渐成为核心概念。2017年，国家互联网信息办公室发布了《数字中国建设发展报告（2017年）》，提出要加快数字中国建设，运用大数据提升国家治理水平，这也标志着我国数字政府阶段的正式开启。[①] 数字政府强调数据的共享与利用，以优化政务服务为主要目标，以行政服务集中办理与政府数据公开为主要特征，[②]政府改革向着"以人民为中心"前进，在推进国家治理体系与治理能力现代化的目标下，打破传统"条""块"分割的数字政府成为政府形态演进的目标。

也是从2017年开始，"数字政府"逐渐作为政策层面的规划正式出现在官方文件中。2017年，党的十九大提出要加快建设创新型国家，建设"网络强国""数字中国"与"智慧社会"。习近平总书记在2017年底论述大数据国家战略时，指出要"加快建设数字中国"，同时要"运用大数据提升国家治理现代化水平"。

从2018年开始，贵州、广东、浙江等地方的数字政府规划迅速推开。2018年公布的《国务院关于加快推进全国一体化在线政务服务平台建设的指导意见》和《政府网站集约化试点工作方案》等政策有力地推动了我国数字政府建设，让政务服务运行从"分头办"转向"协同办"。[③]

2019年，党的十九届四中全会审议通过的《中共中央关于坚持和完善中国特色社会主义制度 推进国家治理体系和治理能力现代化若干重大问题的决定》指出，要加快推进全国一体化政务服务平台建设，建立健全运用技术手段进行行政管理的制度规则，推进数字政府建设，加强数据有序共享及依法保护个人信息，为我国未来政府数字化治理发展指明方向和提出要求。

2020年2月，中央全面深化改革委员会第十二次会议指出要运用大数据、

[①] 耿亚东.数字中国建设背景下政府数字化转型路径探析[J].治理现代化研究,2023(1).
[②] 马颜昕等.数字政府:变革与法治[M].北京:中国人民大学出版社,2021:12.
[③] 张锐昕,王玉荣.中国政府上网20年:发展历程、成就及反思[J].福建师范大学学报（哲学社会科学版）,2019(5).

人工智能、云计算等数字技术,在疫情监测分析、病毒溯源、防控救治、资源调配等方面更好发挥支撑作用。同年10月,党的十九届五中全会审议通过的《中共中央关于制定国民经济和社会发展第十四个五年规划和二〇三五年远景目标的建议》提出加强数字社会、数字政府建设,提升公共服务、社会治理等数字化、智能化水平。

可以看出,数字政府是数字中国体系的有机组成部分,是推动数字中国建设、推动社会经济高质量发展、再创营商环境新优势的重要抓手和主力引擎。在深化"放管服"改革和优化营商环境改革中,"互联网+政务服务"和数字政府建设也是重要的内容。从中央层面看,国务院要求大力发展基于一体化在线政务服务平台的"一网通办",通过政府业务流程重组与数据共享,推进企业群众办事"只进一扇门""最多跑一次",加快推进"互联网+政务服务"、政务信息系统整合共享、审批服务便民化和建设一体化在线政务服务平台等工作。[①] 这也标志着行政理念正在从"以政府为中心"的在线政务向"以公众为中心"的数字政府转变。

新时期的"数字政府"建设在核心目标上服务于国家治理现代化。[②] 政府数字化转型变成地方政府的中心工作,地方政府积极推动数字政府在政务、交通、医疗、治安、社区治理、农业、环境保护等多场景中的应用。不同于政府信息化建设和电子政务阶段,数字政府发展源自数据驱动,大数据、区块链、人工智能等数字技术深刻改变了政府治理模式。由于数据重要性的提升,数据被看作一种资源,不仅政府内部数据共享程度提升,而且政府数据对社会开放程度也不断提高。[③]

总的来说,数字政府的概念本身并不是一个固定范畴,而是随着技术手段、行政理念的发展在不断更新变化。但其共性是,数字政府可以被看作一种运用现代化信息手段、符合数字时代治理理念的政府模式。

近几年,随着人工智能、大数据等新技术的发展,数字政府也进一步进入智

---

① 米加宁,章昌平,李大宇等."数字空间"政府及其研究纲领——第四次工业革命引致的政府形态变革[J].公共管理学报,2020(1).
② 黄璜.数字政府:政策、特征与概念[J].治理研究,2020(3).
③ 陈小华,潘宇航.数字政府:演进阶段、整体形态与治理意蕴[J].观察与思考,2021(1).

能时代,有学者将相关概念演进为"智慧政府""智能政府""数字政府2.0"等,这些概念基本上是在数字政府概念基础上的进一步发展,呈现出一定的技术前沿特点。

二、我国数字政府建设实践现状

(一)我国数字政府建设总体情况

当前,以数字化转型驱动生产方式、生活方式和治理方式变革,正在成为引领中国未来政治、经济、社会发展的重要方向。其中,我国数字政府发展迅速,政府数字化改革基础坚实,数字政府建设总体上进入快车道。

数字政府作为数字中国的重要组成部分,是实现政府治理体系和治理能力现代化的有力抓手,是强化政府运行、决策、服务、监管能力的重要引擎,也是构筑数字社会治理体系和普惠便捷数字民生保障体系的坚实基础,对于建设现代化治理新优势、引领高质量发展具有重要意义。

从十九届四中全会提出"推进数字政府建设"到五中全会提出"加强数字政府建设",短期内两次党的中央全会强调数字政府建设,反映我国政府对数据赋能国家治理的认识在不断深化。2022年4月19日,中央全面深化改革委员会第二十五次会议审议通过了《关于加强数字政府建设的指导意见》,成为进一步从总体战略规划层面强调数字政府建设的指导性文件。

当前,全国政府数字化转型工作稳步开展,政务服务平台、监督平台和全国信用体系已经形成。数字政府建设成为实现政务数字化转型、驱动经济社会高质量创新发展、推进国家治理体系和治理能力现代化的关键抓手。特别是以国家政务服务平台为总枢纽的全国一体化政务服务平台建设成效逐步发挥,我国网上政务服务发展已由以信息服务为主的单向服务阶段,开始迈向以跨区域、跨部门、跨层级一体化政务服务为特征的整体服务阶段。从以下几个要点可以一窥我国数字政府建设的总体情况:

(1)用户规模情况。根据中国互联网络信息中心发布的《第51次中国互联网络发展状况统计报告》,截至2022年12月,我国网民规模达10.67亿,较2021年12月增长3549万,互联网普及率达75.6%。此次报告显示,截至2022年12月,我国在线政务服务用户规模达9.26亿,较2021年12月增长515万,占网民整体的86.7%。到2022年底,全国已有29个地区成立了厅局级的政务服务或数据管理机构,20余个地区印发了数字政府或数字化转型相关规划文件。报告中也介绍称,《2022联合国电子政务调查报告》显示,我国电子政务水平在193个联合国会员国中排名43位,是自报告发布以来的最高水平,也是全球增幅最高的国家之一。

（2）一体化平台情况。《第51次中国互联网络发展状况统计报告》显示,截至2022年12月,全国一体化政务服务平台基本建成,该平台实名用户超过10亿人,其中国家政务服务平台注册用户8.08亿人,总使用量超过850亿人次,服务应用不断创新,企业和群众满意度和获得感不断增强。2022年,"一网通办""异地可办""跨省通办"得到广泛实践。目前,90.5%的省级行政许可事项实现网上受理。依托全国一体化政务服务平台,各地区、各部门能够有力推动政务服务运行标准化、供给规范化、管理精细化,"互联网+政务服务"取得显著成效,为企业和公众获取便捷高效的政务服务提供可靠保障。

（3）政府网站情况。《第51次中国互联网络发展状况统计报告》显示,截至2022年12月,我国共有政府网站13 946个,主要包括政府门户网站和部门网站。其中,中国政府网1个,国务院部门及其内设、垂直管理机构共有政府网站539个;省级及以下行政单位共有政府网站13 406个,分布在我国31个省（区、市）和新疆生产建设兵团。①

当然,总体上看,就现实情况而言,我国数字政府虽已取得一定成效,但仍存在提升空间。2022年6月23日发布的《国务院关于加强数字政府建设的指导意见》指出,我国当前的数字政府建设仍存在一些突出问题,主要是顶层设计不足,体制机制不够健全,创新应用能力不强,数据壁垒依然存在,网络安全保障体系还有不少突出短板,干部队伍数字意识和数字素养有待提升,政府治理数字化水平与国家治理现代化要求还存在较大差距。

（二）地方层面数字政府建设实践现状

近年来,我国地方层面探索出了一些适合地方经济社会发展的数字政府特

---

① 中国互联网络信息中心.第51次中国互联网络发展状况统计报告[R/OL].[2023-08-18]. https://cnnic.cn/NMediaFile/2023/0322/MAIN16794576367190GBA2HA1KQ.pdf.

色实践模式。根据由电子科技大学智慧治理研究院、成都市经济发展研究院联合十家研究机构与社会科学文献出版社共同发布的《政府互联网服务能力蓝皮书:中国地方政府互联网服务能力发展报告(2021)》,各地方政府在持续推进深化"放管服"改革、转变政府职能、优化营商环境、数字化政府转型的进程中,政府互联网服务能力得到显著提升,特别是新冠疫情迫使各地方政府加快政府数字化转型的步伐,在"疫情精准防控""不见面服务""指尖上的政府"等方面积极探索创新。报告显示,地方数字政府建设过程中,广东、安徽、浙江等先进地区不断向纵深发展,新疆、青海、云南等相对落后地区不断向均衡发展,总体形成了全国地方政府互联网服务能力稳步提升的良好发展态势。

从地方层面看,各地在政府数字化转型探索中创新纷呈,其中,福建省建成了全国最早的电子政务云平台,广东省 2018 年启动"数字政府"规划和行动计划,上海的"一网通办"、江苏的"不见面审批"、贵州的"集成服务"等数字政府建设品牌均对其他地方政府发挥了标杆引领的作用。①

为了实现地方政府数字化转型,多个省份为推进"互联网+政务"、"政务一网通办"和"数字社会"建设,根据各自实际情况设置了大数据局或相关管理机构。在省级地方政府层面,大部分成立大数据治理机构的省份都将大数据局置于重要的行政序列,也有多个省份(如贵州、内蒙古、重庆、广西、山东、安徽、吉林、海南、四川)将大数据治理机构直接升格为省级人民政府直属机构,成为省政府直属的正厅级行业管理部门。② 本节选择我国具有代表性的地方数字政府建设实践经验加以介绍。

1. 广东经验:"数字政府"建设

广东省在我国地方政府的数字政府建设实践中走在前列。从 2017 年开始,广东省开启了"数字政府"的改革,成功打造了"粤省事"移动民生服务平台和"广东政务服务网"一体化在线政务服务平台。广东省数字政府建设驱动公

---

① 许峰.地方政府数字化转型机理阐释——基于政务改革"浙江经验"的分析[J].电子政务,2020(10).
② 米加宁,章昌平,李大宇等."数字空间"政府及其研究纲领——第四次工业革命引致的政府形态变革[J].公共管理学报,2020(1).

共服务优化,为全国其他地区的探索提供了样板①。

广东省率先在全国打造了政府的"指尖"办事利器,实现政务服务"指尖可达"。截至2019年12月,其开发的微信小程序"粤省事"已经上线912项高频便民政务服务,其中663个事项实现了"零跑动",92个事项"最多跑一次"。通过"粤省事"集成民生服务微信小程序,民众可办理包括出生证、身份证、居住证等在内的67种电子证照,电子证照与纸质证照具有同等使用效力,全省通行,形成了随时随地可以"指尖"办理的全新政务服务形态。这种"指尖上的服务"包括便捷办理和享受税务、就医、人才与就业等专项服务,教育服务、法律服务、智慧出行服务、大湾区等专题服务,残疾人、老年人、境外人士等特殊群体事项服务。如办理在广东的居住证,通过"粤省事"平台,只需简单填写一个表单,一键提交即可完成办理,而过去至少需要10个工作日,用户需要平均跑腿3—5次。②

《广东省"数字政府建设"总体规划(2018—2020年)》明确指出,"数字政府"是对传统政务信息化模式的改革,包括对政务信息化管理架构、业务架构、技术架构的重塑。③

2021年7月,《广东省数字政府改革建设"十四五"规划》正式发布。作为全国首份针对数字政府的省级专项规划和未来5年广东数字政府建设发展的总纲,该规划显示,2025年广东省将全面建成"智领粤政、善治为民"的"广东数字政府2.0"。规划明确提出,"十四五"时期广东数字政府建设将实现"四个提升":由数字政府建设向全面数字化发展提升、由数字化向智慧化提升、由侧重政务服务向治理与服务并重提升、由数据资源管理向数据资产开发利用提升。通过系统化实施数字政府2.0建设,广东将打造数字中国创新发展高地,在全国实现政务服务水平、省域治理能力、政府运行效能、数据要素市场化改革、基础支撑能力"五个领先"。

---

① 吴克昌,闫心瑶.数字治理驱动与公共服务供给模式变革——基于广东省的实践[J].电子政务,2020(1).

② 米加宁,章昌平,李大宇等."数字空间"政府及其研究纲领——第四次工业革命引致的政府形态变革[J].公共管理学报,2020(1).

③ 省政府办公厅:一图读懂广东省"数字政府"建设总体规划(2018—2020年)[EB/OL].(2018-11-19)[2023-08-18].http://www.gd.gov.cn/zwgk/zcjd/wjjd/content/post_162035.html.

2. 浙江经验:"最多跑一次"改革

浙江数字政府转型肇始于 2003 年,时任浙江省委书记的习近平同志提出"推进'数字浙江'建设",并主持制定实施《数字浙江建设规划纲要(2003—2007 年)》,加快电子政务建设、探索网络审批方式成为当时政府一项主要的改革任务。自 2003 年起,以事项目录、政务公开为主要内容的省政府综合门户网站率先开通运营,到 2007 年底,基本建成省市县三级政府综合门户网站群的"电子政务"框架。①

历经十几年的数字化变革,浙江先后推出了"四张清单一张网"(政府部门权力清单、责任清单、企业投资项目负面清单、财政专项资金管理清单,浙江政务服务网)、"最多跑一次"等有影响力的政府改革,推进了数字政府建设。2014 年,浙江在国内建成首个省市县一体化建设与管理的"互联网+政务服务"云平台,实现政务服务上线运行。2017 年,浙江开始计划"最多跑一次"改革,从与企业和人民群众生产生活关系最紧密的领域和事项做起,逐步形成和完善行政许可、行政服务等全领域的"一次办结"机制,市场监管的"部门联合、随机抽查、按标监管"的"一次到位"机制,便民服务"在线咨询、网上办理、证照快递送达"的"零上门"机制。② 此外,还开发了掌上办事"浙里办"、掌上办公"浙政钉"等平台工具。"一窗受理、一网通办、一证通办、一次办成"在浙江实现了全覆盖,"最多跑一次"也重塑了政务服务的理念和模式。

2018 年,浙江省人民政府出台了《浙江省深化"最多跑一次"改革推进政府数字化转型工作总体方案》和《浙江省数字化转型标准化建设方案(2018—2020 年)》,明确提出,"政府数字化转型是政府主动适应数字化时代背景,对施政理念、方式、流程、手段、工具等进行全局性、系统性、根本性重塑,通过数据共享促进业务协同,提升政府治理体系和治理能力现代化的过程"③。

在"最多跑一次"改革中,浙江将目标定位在"掌上办事之省"和"掌上办公之省",以一体化数据平台为关键支撑,以构建业务协同、数据共享两大模型为

---

① 许峰.地方政府数字化转型机理阐释——基于政务改革"浙江经验"的分析[J].电子政务,2020(10).
② 同上.
③ 黄璜.数字政府:政策、特征与概念[J].治理研究,2020(3).

基本方法,全面推进经济调节、市场监管、公共服务、社会管理、生态环境保护等政府职能数字化转型,打造整体协同、高效运行的数字政府,推进政府治理体系和治理能力现代化。①

2021年2月,浙江省专门召开了全省数字化改革大会,发布了《浙江省数字化改革总体方案》,全面启动浙江数字化改革。该方案指出,未来五年内,浙江将以数字化改革撬动各领域各方面改革,运用数字化技术、数字化思维、数字化认知对省域治理的体制机制、组织架构、方式流程、手段工具进行全方位系统性重塑,推动各地各部门流程再造、数字赋能、高效协同、整体智治,整体推动质量变革、效率变革、动力变革,高水平推进省域治理体系和治理能力现代化,争创社会主义现代化先行省。

3. 上海经验:"一网统管"模式

上海市的数字政府建设经验对于我国大城市数字治理而言具有参考意义,上海所探索的"一网统管"也是平台治理的创新应用典范。"一网"主要包括政务云、政务网和政务大数据中心等,而"统管"则涉及经济、市场、社会、服务以及生态等政务职能领域②。"一网统管"的核心是用实时在线数据和各类智能方法,及时、精准地发现问题、对接需求、研判形势、预防风险,以最小成本,解决最突出问题,取得最佳综合效应,实现线上线下协同高效处置一件事。作为在数字时代应运而生的新兴数字治理模式,平台治理彰显数字化、智慧化、感知性、互动性和无边界等核心属性③。

上海"一网统管"的发展经历了从区域先行逐步扩大到全局部署的过程④。2017年,浦东率先建设城市运行综合管理中心。2018年,浦东建设"城市大脑"。在浦东经验的基础上,2020年2月,上海发布了《关于进一步加快智慧城市建设的若干意见》,明确提出将城市运行"一网统管"作为三大建设重点之一,提出形成城市运行"一网统管"在业务数据、视频数据、物联数据及地图数据方面的集中统一管理要求和数据管理模式,并实现"治理要素一张图、互联互通一

---

① 陈小华,潘宇航.数字政府:演进阶段、整体形态与治理意蕴[J].观察与思考,2021(1).
② 孙黎莉,赵霓.数字政府"一网统管"城运平台建设体系研究[J].电子质量,2021(12).
③ 陈水生.数字时代平台治理的运作逻辑:以上海"一网统管"为例[J].电子政务,2021(8).
④ 同上。

张网、数据汇聚一个湖、城市大脑一朵云、城运系统一平台和移动应用一门户",支撑各类成熟的应用系统运行①。2020年4月,《上海市城市运行"一网统管"建设三年行动计划(2020—2022)》也被审议通过。截至2021年,上海"一网统管"系统已汇集50多个部门的185个系统、近千个应用,贯通市、区、街镇三级,覆盖经济治理、社会治理和城市治理②。

4. 贵州经验:"云上贵州"实践

与经济发达的广东、浙江、上海相比,作为欠发达省份的贵州在数字政府建设上探索出了一套行之有效的经验。贵州发展数字政府的基础较为薄弱,但贵州抓住了2014年建设国家大数据综合试验区的契机,构建了以大数据为基础的"云平台",逐渐推动政府的数字化转型。③

2014年10月,"云上贵州"政府数据平台正式上线运营。2017年,贵州将贵州省公共服务管理办公室更名为贵州省大数据发展管理局(隶属于贵州省人民政府),并在全省层面成立大数据发展领导小组,小组办公室就设在大数据管理局,同时,在各市州采用"云长"负责制,由各市州、直属部门一把手担任"云长",全面推进"电子政务云""工业云""电子商务云"等"七朵云"工程;2018年,贵州省人民政府按照"六个智能"建设思路,对原贵州省网上办事大厅进行全面升级改造,建成新版贵州政务服务网,作为省、市、县、乡、村五级一体化的政务服务总门户、总入口,为企业和群众提供"淘宝式"全覆盖、全联通、全方位、全天候、全过程的网上政务服务。④

贵州省的突出经验在于,以推进整体迁移、逐步开展分级集约、积极引导整合上移的方式,加大整合力度,彻底消除政府网站数据开放共享的障碍。采取"一朵云"承载、"一个库"汇聚、"一平台"支撑、"一张网"服务、"一套标准"管理的"五个一"创新做法,实现全省政府网站100%整合迁移上线、100%域名集

---

① 韩兆祥.上海"一网统管"建设探研与思考[J].上海信息化,2021(2).
② 陈水生.数字时代平台治理的运作逻辑:以上海"一网统管"为例[J].电子政务,2021(8).
③ 蒋敏娟.地方数字政府建设模式比较——以广东、浙江、贵州三省为例[J].行政管理改革,2021(6).
④ 同上.

中解析、100%数据资源归集①。根据清华大学国家治理研究院发布的《2021年中国政府网站绩效评估报告》,贵州省人民政府门户网站的绩效水平与广东省人民政府门户网站并列省、自治区政府网站第一名,贵州省人民政府门户网站政策解读、监督管理、创新案例三个单项指标得分位列第一。

思考与练习

1. 国外数字政府理念的发展经历了哪几个阶段？各有何特征？
2. 我国数字政府建设经历了哪几个阶段？各有何特征？
3. 我国数字政府建设当前的整体情况如何？
4. 结合实际论述我国数字政府建设与发达国家数字政府建设的不同之处。

案例分析与讨论

大数据时代的东莞数字政府建设案例
东莞下好"数字政府"一盘棋

在以数字生产力为主要标志的新时期,数字化正逐步改变着我们经济、社会和生活的方方面面,能不能适应和引领数字化转型,成为决定社会经济发展的一个关键因素。近年来,东莞市加大政务信息化建设统筹力度,以数字政府改革建设提升城市治理水平,引领城市走出一条特色发展之路。

早在2018年,东莞开始谋划数字政府改革建设,将各部门政务信息资源纳入统一管理,建设一体化政务服务平台,统一全市政务服务出入口,横向联通各部门、纵向打通市镇村,通过再造政府服务流程,创新社会管理和公共服务模式。

2019年,东莞市为了全面贯彻落实国家大数据战略,加快建设数字中国,落实"放管服"改革、"互联网+政务服务"改革及"全国一体化在线政务服务平台"建设等重要工作部署,发布了《东莞市"数字政府"建设总体规划(2019—2021年)》,全面启动智慧城市暨"数字政府"改革建设。基于数字政府改革建设三

---

① 蒋敏娟.地方数字政府建设模式比较——以广东、浙江、贵州三省为例[J].行政管理改革,2021(6).

年行动计划，东莞市选择华为公司为总承包商创新实施集约化建设模式，坚持"集约共享、协同共治、开放共赢"的发展思路和"一盘棋"建设体系，围绕"让群众满意、企业满意、政府工作人员满意"的目标，以"理机制、打基础、汇数据、扩应用、优服务"为主线，大力完善体制机制改革和数字底座建设，逐步拓展应用场景，助力实现政务服务"一网通办"、市域治理"一网统管"、政府运行"一网协同"，全面推动"数字政府"各项建设任务的落实和纵深发展。

围绕政务服务能力，东莞持续深化"放管服"改革，依托一体化政务服务平台，全力推进综合窗口建设，实现所有业务进驻一体化政务服务平台和综合窗口，由各相关部门依据职能分工开展部门内部审批运转、外部服务的流程优化再造，支撑"前台综合收件、后台分类审批"和"一网通办""全程网办"。

通过深化网上办，东莞实现行政许可事项网办率99.93%；在优化服务流程方面，推出2878项事项"不见面审批"、48项"一件事一次办"主题服务。例如"互联网+不动产"改革举措，东莞通过推动相关行政部门与税务部门、银行之间的信息共享和并联审批，开发"房、税、银"一体化便民服务平台，实现了一次受理申请资料、后台并联审核、同步办理，将原来办理相关事项至少8个步骤、5次往返，减少至"窗口受理、出证放贷"2个步骤、1次跑动，实现"一手房办证全程网办、1个工作日内办结出电子证照，最快1小时办结出证"，市民可实现"一手收楼一手领证"，改革成效成为地市样板。此外，公安业务一窗通办、企业开办一张表、税收征管系统后台"抢单"模式等成效显著。通过系列服务品质提升，东莞进一步激发市场活力，提升城市魅力，全力打造营商环境新高地。

经济发展的活力来自市场主体。东莞每年保持10万户以上的增长量，庞大的市场主体规模也带来繁重的监管任务。为实现监管成效最大化、监管成本最优化，东莞提出建设"智慧监管"项目，构建市场监管一体化信息平台，提升市场监管能力现代化水平。

在食品安全这一重点领域，监管更加需要阳光、高效、精准。在校园食品安全方面，东莞重点打造了"互联网+明厨亮灶"工程，利用人工智能、图像识别技术等技术手段，监控校园食品安全风险，同时家长也可以通过手机随时查看学校的食品安全状况，形成"政府+学校+家长+人工智能"多方联动闭环式监管体系。

聚焦数字应用场景，东莞以技术和业务"双引领"为驱动，发挥数据作用，提高数据鲜活度，以数字化赋能营商环境、市场监管、社会管理、民生服务、生态环境等领域，协同各部门开展专题领域应用开发。

在生态环保方面，东莞建设"生态监管与数据管理平台"。该平台接入数据超过14亿条，注册用户数309个，累计任务下发量超过25 000条，实现空气质量数据、气象数据、污染源信息、污染排放监控数据等共享共用，有效助力蓝天保卫战。

在民生服务方面，东莞精心打造全市统一城市综合服务平台"i莞家"APP，集城市生活、公共服务、资讯服务、政民互动、社会共治、政务服务、惠民金融等功能于一体，并且融合了"电子市民卡"，一码可体验公交地铁出行、停车缴费、就医购药、图书借阅、防疫通行、购物消费等各类场景，市民可以"一码畅享全市服务"。

目标指引方向，规划引领未来。立足"十四五"发展新阶段，东莞坚持以人民为中心，以推动政府治理体系和治理能力现代化为目标，进一步夯实数字底座、强化应用支撑、创新数字应用。

资料来源：东莞市政务服务数据管理局.东莞下好"数字政府"一盘棋，构筑湾区高品质数字之都［EB/OL］.（2021-11-24）［2023-05-09］.http://www.xinhuanet.com/info/2021 1124/2ec4612775d6446bb985 726b4332d4c8/c.html.

思考并讨论：

1. 东莞的数字政府建设内容有哪些要点？
2. 东莞的数字政府建设有哪些经验值得推广或借鉴？

第二章　数字政府的概念

■ 学习目标

本章主要介绍数字政府概念的内涵、外延以及数字政府治理内容与治理体系的基本构成要素。通过本章的学习，要求掌握：(1) 数字政府概念的内涵；(2) 数字政府概念的外延；(3) 数字政府治理内容与治理体系的基本构成要素及其相互关系。

■ 引　例

《关于加强数字政府建设的指导意见》的发布

2022年6月23日，国务院发布《关于加强数字政府建设的指导意见》，就主动顺应经济社会数字化转型趋势，充分释放数字化发展红利，全面开创数字政府建设新局面作出部署。该指导意见提出两阶段工作目标：到2025年，与政府治理能力现代化相适应的数字政府顶层设计更加完善、统筹协调机制更加健全，政府履职数字化、智能化水平显著提升，政府决策科学化、社会治理精准化、公共服务高效化取得重要进展，数字政府建设在服务党和国家重大战略、促进经济社会高质量发展、建设人民满意的服务型政府等方面发挥重要作用。到2035年，与国家治理体系和治理能力现代化相适应的数字政府体系框架更加成熟完备，整体协同、敏捷高效、智能精准、开放透明、公平普惠的数字政府基本建成，为基本实现社会主义现代化提供有力支撑。

资料来源：国务院印发《关于加强数字政府建设的指导意见》[EB/OL].(2022-06-23)[2023-05-09]. http://www.gov.cn/xinwen/2022-06/23/content_5697326.htm.

第二章　数字政府的概念

第一节　数字政府的内涵与外延

一、数字政府的内涵

科学界定"数字政府"的内涵不仅是政府数字化改革的实践起点,更是数字时代政府治理现代化研究的理论焦点。数字政府研究发展至今,学界对于数字政府的概念阐释日趋丰富与深化。

早期研究主要强调互联网通信技术对于政府治理变革的作用。20世纪末,学界对于数字政府的研究探索业已开始。发表于1998年的《21世纪的数字政府》一文侧重从IT技术层面对数字政府进行概念界定,指出"数字政府"就是政府利用IT技术尤其是互联网技术改善公共信息服务。[①] 何圣东、杨大鹏认为数字政府是以各种数字化技术为支撑,将政务活动数字化并存储于云端,使整个政府系统变为数据海洋,政府机构日常办公、信息收集与发布、公共服务、社会治理等政府事务在数字化、网络化的环境下展开的政府存在状态和政府活动实现形式。[②]

随着数字政府实践与研究的深入,学者普遍发现技术并非数字政府建设的核心要义,数字政府是包含理念、技术、数据、体制、机制等若干要素在内的系统性变革。如鲍静等指出,数字政府就是政府为适应和推动经济社会数字化转型,对政府治理理念、职责边界、组织形态、履职方式以及治理手段等进行系统发展和变革的过程:在技术层面上,数字政府利用数字技术提升治理能力和治理水平,以数据的流动"串联"业务流程;在结构层面上,数字政府组织形态趋向于"平台化",实现政府与企业和公民等多个社会主体之间数据的互联互通;在职能层面,数字政府强调转变政府职能,将数据作为治理对象。[③] 刘淑春指出,数字政府是"治理理念创新+数字技术创新+政务流程创新+体制机制创新"的

[①] SCHORR H, STOLFO S J. A digital government for the 21st century[J]. Communications of the ACM, 1998(11).

[②] 何圣东,杨大鹏.数字政府建设的内涵及路径:基于浙江"最多跑一次"改革的经验分析[J].浙江学刊,2018(5).

[③] 鲍静,范梓腾,贾开.数字政府治理形态研究:概念辨析与层次框架[J].电子政务,2020(11).

系统性、协同式变革,加快推动大数据与政府治理深度融合,对政务流程、组织构架、功能模块等进行数字化重塑,是推动治理体系和治理能力现代化的重要途径。① 叶战备等指出,数字政府不是简单将传统政府移植到线上就能实现,数据治理更不是把数据归集到政务云就能共享,而是需要在全面提升政府职能的基础上,加强部门间的协同,彻底地重塑行政的作业单元。这里一方面是发挥技术作为施政工具的作用,即把日新月异的网络技术、信息技术和通信技术运用到政府的所有职能之中,特别是利用网络潜能来开拓政府的虚拟空间结构和运行机制。另一方面,也更为重要的是,需要通过政府职责体系建设来真正实现从权力本位转向责任本位,从而将数字政府创建在以服务社会事业、保障公民利益为最高宗旨的基础之上,并最终通过这一职责体系运行机制来保障政府数据治理中的民主,从而真正实现政府数据治理的快速、灵活及整体协同性。②

在此视域下,数字政府建设中的组织因素、法治因素和价值因素等的重要性进一步凸显。从组织因素层面看,数字政府强调数字时代的政府在组织结构、组织功能、组织协同方式、人员能力等方面的变迁。黄璜指出,数字政府在组织层面的表现即政府基于数字基础设施的赋能、协同与重构,③张成福和谢侃侃进一步指出数字政府的重点不在于数字化技术本身,而在于如何利用数字化技术促使政府转型。④ 在数字化转型过程中,政府面临传统官僚制的要求和扁平化需求之间的张力,而转型的难点在于克服政府内部根深蒂固的组织性分歧。⑤ 从法治因素层面看,部分学者强调了法律和法治对数字政府建设的影响。由于数字政府建设在先、立法在后,立法应当既包容又审慎,要以弹性思维、底线思维对待数字政府建设中存在的法律不适性考验,在立法思维、立法内容上做出快速调整,创建适应数字政府发展的权责配置和行政法律环境。⑥ "数治"

---

① 刘淑春.数字政府战略意蕴、技术构架与路径设计:基于浙江改革的实践与探索[J].中国行政管理,2018(9).
② 叶战备,王璐,田昊.政府职责体系建设视角中的数字政府和数据治理[J].中国行政管理,2018(7).
③ 黄璜.数字政府:政策、特征与概念[J].治理研究,2020(3).
④ 张成福,谢侃侃.数字化时代的政府转型与数字政府[J].行政论坛,2020(6).
⑤ 芳汀.构建虚拟政府:信息技术与制度创新[M].邵国松,译.北京:中国人民大学出版社,2010:1.
⑥ 何圣东,杨大鹏.数字政府建设的内涵及路径:基于浙江"最多跑一次"改革的经验分析[J].浙江学刊,2018(5).

与"法治"并非天然同步,数字政府建设应追求"胜任"标准与"负责"标准的结合。① 从价值因素层面看,数字政府较传统政府更加注重对公共价值的创造,通过数字技术的赋能拉近政府与群众之间的关系,对群众的公共服务需求给予更加及时有效的回应,为群众提供更加便捷、更加满意的公共服务。孟庆国和崔萌指出,数字政府的伦理供给与改革应借助"数字方式"来实现,数字政府建设应注重在伦理层面的探寻。② 钟伟军基于"公民即用户"和"以用户为中心"的价值理念反思政府数字化转型中存在的问题,提出数字政府须秉持"以用户为中心"的价值理念,这样才能为人民提供精细化、个性化的公共产品,满足公民多样化的政策需求,最终实现政府、社会和公民的共治共建共享。③

在此基础上,部分学者进一步指出数字政府是作为一种全新的政府形态而存在。数字政府是国家—市场—社会关系在新发展阶段下不断调整的产物,经济社会的扁平化、数字化给政府公共产品与服务供给、治理内容与治理手段等带来深刻挑战,倒逼政府自身进行改革,以适应数字时代的公共治理需求。如,古尔-加西亚等认为,数字政府指公共部门使用信息和通信技术,目的是改善信息和服务供给,鼓励公民参与决策过程,是一种更加负责、透明、高效的政府形态。④ 米加宁等指出数字政府的实质是从工业化的"物理空间"的政府形态向大数据时代的"数字空间"的政府形态转型。⑤ 王啸宇、王宏禹指出,数字政府是政府借助大数据、云计算等技术,精准计算和高效配置各类数据资产,并应用于政务管理、公共服务等领域而构建的政府形态,本质上并非取代电子政府,而是在继承其决策方式、管理行为、工作流程基础上的再创新。⑥ 刘密霞、朱锐勋

---

① BOISOT M H. Informationspare: a framework for learning in organizations, institutions and culture[M]. London: Routledge, 1995.
② 孟庆国,崔萌.数字政府治理的伦理探寻:基于马克思政治哲学的视角[J].中国行政管理,2020(6).
③ 钟伟军.公民即用户:政府数字化转型的逻辑、路径与反思[J].中国行政管理,2019(10).
④ GIL-GARCIA J R, DAWES S S, PARDO T A. Digital government and public management research: finding the crossroads[J]. Public management review, 2017(5).
⑤ 米加宁,章昌平,李大宇等."数字空间"政府及其研究纲领——第四次工业革命引致的政府形态变革[J].公共管理学报,2020(1).
⑥ 王啸宇,王宏禹.DT时代的治理模式:发展中的数字政府与数据政务[J].河北大学学报(哲学社会科学版),2018(4).

认为,与电子政务的发展模式不同,数字政府主要体现了新技术应用环境下政府通过完全数字化转型("业务数据化,数据业务化")来实现治理的变革,以满足公众对公共服务和公共价值的需求。① 王伟玲提到数字政府是传统政府、电子政府基础上的再创新,是政府借助新一代信息通信技术,通过连接网络社会与现实社会,重组政府组织架构,再造行政流程,优化服务供给,促进经济社会运行全面数据化而建立的新型政府形态。②

基于以上对国内外学者关于数字政府内涵的论述的梳理,笔者对数字政府的内涵做出如下界定:数字政府不仅仅是现代信息技术与政府治理的简单结合,而是传统政府通过数字化转型,在数字时代形成的一种新的政府形态。在数字政府视角下,技术推动政府治理现代化的作用机制并非仅是强调新技术的应用或将原有的政府信息和业务电子化、网络化,而是表现为从简单的技术流程形式到服务提供方式,再到复杂的组织关系和制度建设的变革过程。其目标包含提升公共服务、改善政府运作、改革组织架构、优化公共决策等,旨在实现政府治理理念、治理架构、治理方式的现代化。通过数字化思维、数字化理念、数字化战略、数字化资源、数字化工具和数字化规则等,最终实现数字时代的有效治理,③满足公众对公共服务和公共价值的需求,打造以人民为中心、让人民满意的服务型政府。

二、数字政府的外延

《中华人民共和国国民经济和社会发展第十四个五年规划和2035年远景目标纲要》(简称《"十四五"规划纲要》)中指出要加快数字化发展,建设数字中国,这意味着政治、经济、文化、社会、生态文明的五位一体发展的数字化转型。数字化转型就是在信息技术应用不断创新和数据资源持续增长的双重作用下,经济、社会和政府的变革和重塑过程。从总体发展框架来看,数字经济、数字政府、数字社会、数字生态各有其独立范畴,构成了中国数字化转型的"一体四

---

① 刘密霞,朱锐勋.数字政府演化进路及其驱动模式分析[J].行政与法,2019(10).
② 王伟玲.加快实施数字政府战略:现实困境与破解路径[J].电子政务,2019(12).
③ 戴长征,鲍静.数字政府治理:基于社会形态演变进程的考察[J].中国行政管理,2017(9).

翼",而这"一体四翼"的良好运行离不开数字技术的快速发展。

（一）数字技术与数字政府的关系

数字技术的最初应用来自私营企业的实践，数字化转型是建立在数字技术基础之上的变革，引领企业运行、业务流程和价值创造的独特变化。随着私营企业数字化转型的成功，政府也开始进行数字化转型，逐步建设数字化政府，形成数字治理。[1] 数字技术是数字政府建设、运行和发展的基础，也是促进政府治理水平提升的有利因素。在数字时代，政府、社会和市场的关系不断演进与重塑，数字技术通过向公民和社会组织赋权，实现个人、组织与政府三者协作共治的社会治理新局面；数字技术通过向政府赋能，有助于实现政府治理能力和治理水平的现代化。数字技术不仅是一种现实技术，而且是一种结构性的话语体系，有助于人们开拓科技与治理之间良性互动的新可能与新空间。但值得注意的是，技术赋能不等于技术万能，数字治理不能单靠数字技术赋能，还应促进治理理念、制度、组织、法律和伦理等多个维度协同支撑数字治理。

因此，数字政府与数字技术的关系为：首先，技术是数字政府的治理工具。面对纷繁复杂的治理问题，数字政府可以选择更为有效的技术工具以达到善治的目标。其次，技术是数字政府的治理对象。技术发展带来的很多社会、经济、生态乃至伦理问题本身也构成了治理的对象。最后，技术的发展变迁所带来的社会经济形态的变化也重塑了数字时代政府的外部治理环境。在此过程中，政府一方面要积极运用数字技术，将政府内部的改革与外部的需求相结合；另一方面，政府也要避免陷入对数字技术的僵化认知，防止对数字化和智能化的迷信与片面追求。先进技术并不会天然带来先进的治理，数字政府应当秉持对公共价值的追求，始终以人民为中心，进一步厘清数字时代下政府、市场与社会之间的关系边界，拓展公众参与，回应公共需求，审慎运用数字技术，拓展数字时代的善治可能。

（二）数字经济与数字政府的关系

随着以云计算、大数据、物联网、移动互联网、人工智能为代表的新一代信

---

[1] 王张华,张轲鑫.互联网企业参与数字政府建设的动力分析:理论框架与释放路径[J].学习论坛,2022(3).

息技术的成熟和产业化,数字经济重新进入高速增长的轨道,新产品(服务)、新业态、新模式不断涌现。《二十国集团数字经济发展与合作倡议》指出,数字经济是指以使用数字化的知识和信息作为关键生产要素、以现代信息网络作为重要载体、以信息通信技术的有效使用作为效率提升和经济结构优化的重要推动力的一系列经济活动。① 数字经济的发展能够促进产业结构升级,能够淘汰过剩产能和推动新产业与新业态的形成。在数字经济的背景下,数据成为土地、资金、劳动力和技术以外的又一大关键生产要素,市场主体企业也逐渐平台化,全球性、全天候的交易开始取代传统交易方式。相比传统经济,数字经济的协调活动更为复杂,市场主体的多元、信用风险的泛化与平台垄断的加剧等都有可能引发市场失灵。因此,数字政府的建设要以促进市场更好地发挥作用,增进市场机能,完善市场体系和维护市场秩序为目的。在数字经济市场条件下,针对发展所面临的挑战,加快要素释放与主体培育、维护市场秩序以及优化公共政策的动态调整与创新构成了数字政府赋能的关键环节。

数字政府与数字经济均是数字化转型的产物,分别代表数字技术对政府治理结构与经济领域的变革和重塑。② 数字政府和数字经济的关系可总结如下:一方面,数字政府是数字经济发展的强力支撑。数字政府是数字经济发展的主要力量,③能够更好地发挥市场在社会经济发展中的作用,激发数字经济发展活力。④ 建设数字政府有助于推动数据资源开放、共享及数字经济的发展;公共服务的数字化能够推动经济的数字化转型,而且数字政府有助于监管数字经济在转型过程中可能造成的一系列社会问题。另一方面,数字经济为数字政府建设提供资源支持。数字经济发展带来的产业转型升级、生活方式变化会产生大量的生产生活数据,丰富的数据资源可以为数字政府建设提供支持。数字经济也为政府运用大数据、云计算等信息技术进行管理和提供服务创造了条件和工

---

① 二十国集团数字经济发展与合作倡议[EB/OL].(2016-09-20)[2023-05-09]. http://www.g20chn.org/hywj/dncgwj/201609/t20160920_3474.html.

② 翟云,蒋敏娟,王伟玲.中国数字化转型的理论阐释与运行机制[J].电子政务,2021(6).

③ ZHAO F, WALLIS J, SINGH M. E-government development and the digital economy: a reciprocal relationship[J]. Internet research, 2015(5).

④ 伦晓波,刘颜.数字政府、数字经济与绿色技术创新[J].山西财经大学学报,2022(4).

具。随着数字经济的发展,新产业、新业态、新模式与政府传统的管制手段和产业政策产生碰撞,促使政府为数字经济发展营造良好环境,如分享经济新政、推动放管服改革等。①

(三) 数字社会与数字政府的关系

数字化也成为推动社会变革的主要力量。根据不同生产关系下社会互动频率的强弱和信息交换方式的不同,人类社会先后经历了(或目前存在着)三种不同的社会形态:农业社会、工业社会和数字社会(或信息社会)。数字社会涵盖面相当广泛,涉及第三产业的方方面面,其服务直接面向人民群众,它既包括数字科教建设、数字文化建设、数字社会保障建设、数字社区建设,同时还在某种程度上包括了数字商务中企业向消费者提供的服务等。数字社会形态下,政府机构改革的思路不应再局限于基于功能整合的拆分或合并,而应更多关注线上线下的融合、数据接口的共享与互通。政府职能的界定也不应再局限于政府、市场、社会三分的基本框架,因为数据的流动性、网络的连接性都在逐渐模糊不同主体的角色与职责边界。数据、代码本身的治理作为新议题出现,数据权利的兴起亦对人类的基本权利体系提出了挑战。

数字政府与数字社会之间也存在相互依存的关系。一方面,数字政府为数字社会的发展提供支撑力量。在数字时代,数据信息是公民权利的关键,只有当数字政府所采集的数据信息能够被妥善管护和合理利用时,所有公民才能从数字政府中受益,并降低由数据泄露和滥用带来的隐私侵害风险,以及由"数字鸿沟"和"数字不平等"造成的社会不平等风险。② 当前,政府部门在日常公共管理和服务过程中已生成、采集和保存了大量的公共生产生活数据,将政府数据开放给社会供其利用,有助于促进社会共创,改善社会治理,增强公共管理和服务提供的智能化、个性化和精准度,增加变革动力。③ 另一方面,数字社会的发展也为数字政府建设提供资源支持。运用大数据等新技术进行数字政府建

---

① 张新红.数字经济与中国发展[J].电子政务,2016(11).
② 徐雅倩,王刚.数据治理研究:进程与争鸣[J].电子政务,2018(8).
③ 杨国栋.数字政府治理的理论逻辑与实践路径[J].长白学刊,2018(6).

设,需要整合利用企业、社会组织和公众等多种来源的数据,①而数字社会的发展可为数字政府提供数据资源与人才力量的支撑。数字政府建设应秉持公共价值追求,以人民为中心,切实回应数字社会的发展需求。数字政府需要进一步完善数据开放与数据共享的制度,加大数据向社会开放的力度,优化数字化管理与服务,从而为数字社会治理提供间接帮助,提升整个社会的数据化、智能化治理水平。②

(四) 数字生态与数字政府的关系

数字生态是在数字时代下政府、社会组织、企业和个人等社会经济主体通过数字化、信息化和智能化等技术,进行连接、沟通、互动与交易等活动,形成围绕数据流动循环、相互作用的社会经济生态系统。③《"十四五"规划纲要》指出,我们在未来的发展中要营造良好的数字生态,坚持放管并重,促进发展与规范管理相统一,构建数字规则体系,营造开放、健康、安全的数字生态。营造良好的数字生态的重点任务包括建立健全数据要素市场规则,构建与数字经济发展相适应的政策法规体系,加强网络安全保护和数字人才培养,推动构建网络空间命运共同体等。培育良好的数字生态对一国的数字化发展具有重要的战略意义。可以说,打造理想的数字生态是推动数字经济与实体经济深度融合的必由之路。

数字政府与数字生态的关系体现在两个层面。首先,数字政府是数字生态的重要组成部分,数字政府是数字生态的具体应用,数字生态由数字技术、数字经济、数字政府、数字社会等共同组成,数字技术是数字政府与数字生态共同的工具性基础。其次,数字政府的效能与数字生态的发展高度相关。培育数字生态是数字政府的一项行动措施,高效能的数字政府有利于改善数字生态环境,反哺数字社会与数字经济的发展;而数字生态环境的改善也有助于数字经济、数字社会乃至数字政府的进一步发展。

---

① 郑磊.开放政府数据的价值创造机理:生态系统的视角[J].电子政务,2015(7).
② 陶希东.大数据时代中国社会治理创新的路径与战略选择[J].南京社会科学,2016(6).
③ 王娟,张一,黄晶等.中国数字生态指数的测算与分析[J].电子政务,2022(3).

第二节 数字政府的构成要素

数字时代的政府有何关键任务?支撑数字政府运行的基本要素有哪些?本节将在总结学界研究成果的基础上,从数字政府的治理内容与治理体系两个维度对数字政府的构成要素进行梳理,并对要素之间的基本逻辑进行阐释。

一、数字政府的治理内容

数字时代的政府既是海量数据和信息的保有者,也是加工数据、利用信息的应用者与监管者。围绕数据这一新兴的治理要素,数字政府的基本治理内容可总结为政府数据治理、政府数据共享、政府数据开放、政务信息化、政府数字化公共服务。

(一)政府数据治理

政府数据治理的概念存在不同层次的意涵,涉及四个层次:其一,政府数据治理就是指对政府数据本身的治理,也就是政府对其履职过程中产生、收集和使用的数据进行管理。其二,政府数据治理就是政府数据开放共享,目的是促进政府数据的流动和利用。其三,政府数据治理就是政府、企业和社会利用数据为公共管理提供支撑,提升治理能力和水平。其四,政府数据治理就是政府对数字中国建设进行引领式、全方位治理。笔者选取第一层次对政府数据治理进行详述。"对政府数据的治理"涉及对微观层面的政府数据以及与政府数据相关的要素进行治理,通过完善政策法规、建立标准规范、保障数据安全,构建良好的"用数"环境,以目录管理、资产管理、生命周期管理等方式提高数据质量,由此为中观层数据流动以及宏观层数据的利用即"依数据治理"奠定基础。

(二)政府数据共享

政府数据共享就是在政府履行职能的过程中,政府部门之间跨层级、跨部门或跨地域地相互提供、传递、交互、访问和使用政府数据的活动,其目的在于进一步提高政府部门行政办事效率与政务服务能力,推动政府内部的科学决策与管理,并为政府数据开放提供基础,以实现政府数据的内外部价值。一般而言,政府数据共享强调政府内部(而非面向外部社会)的数据资源共享共用行为,"数据共享"的内部性是其与"数据开放"相区别的重要标志。多数学者认为政府数据共享包括跨层级数据共享、跨部门数据共享和跨地域数据共享三个维度。其中,"跨层级"是指从中央到地方的相同职能部门在不同层级间的数据共享;"跨部门"是指同级政府的不同职能部门间的数据共享;"跨地域"指不同区域或不同辖区政府部门间的数据共享。①

(三) 政府数据开放

与"数据共享"相对,"数据开放"更多地被界定为"政府面向外部社会提供数据资源的行为"。与数据共享、信息公开等概念相比,数据开放更加强调"社会对数据的自由利用",即"利用数据的权利",而不仅仅是"知情的权利"。② 政府数据开放涉及一系列基本原则,对数据有如下要求。第一,完整的(complete):除非涉及国家安全、商业机密、个人隐私或有其他特别限制,所有的政府数据都应开放;开放是原则,不开放是例外。第二,一手的(primary):开放从源头采集到的一手数据,尽可能保持数据的高颗粒度,而不是开放被修改或加工过的数据。第三,及时的(timely):数据尽可能在第一时间发布和更新,以保证数据的价值。第四,可获取的(accessible):数据可被获取,并尽可能地扩大用户范围和利用种类。第五,可机读的(machine processable):对数据进行合理的结构化处理,使之可被计算机自动处理。第六,非歧视性的(non-discriminatory):数据对所有人平等开放,不需要特别登记。第七,非专属的(non-proprietary):数据以非专属格式存在,从而使任何实体都无法独占或者排他。第八,免授权的(non-proprietary):数据不受版权、专利、商标或贸易保密规则的约束,除非有合理的隐私、安全和特别限制。③

(四) 政务信息化

除了直接对数据资源进行全生命周期的管理,对内共享和对外开放,政府部门还可以运用数据及信息技术提升内部管理的效率与效能。政务信息化是

---

① 李重照,黄璜.中国地方政府数据共享的影响因素研究[J].中国行政管理,2019(8).
② 郑磊.开放不等于公开、共享和交易:政府数据开放与相近概念的界定与辨析[J].南京社会科学,2018(9).
③ Open Government Working Group. The annotated 8 principles of open government data[EB/OL].[2022-6-22]. http://opengovdata.org/.

政府以提升内部管理效率与效能为主要目标,运用现代数字信息技术,为实现部门间战略规划、组织结构、业务流程、信息公开、日常办公的相互协调发展,降低政府运行成本,持续提升办公效能和决策质量的一种信息化政务协同工作体系。数字政府运用数字技术、通信技术、网络技术等现代信息手段,改善后台管理,提高政府行政办公效率,改善决策水平,增强政府的管理透明度,提升政府内部管理的有效性,从而加快政府职能转变,①促进社会经济动态发展。

(五) 政府数字化公共服务

政府运用数据和信息化技术除了可以进行政府的后台管理之外,还可以进行前台管理,即对社会进行管理的同时,向公民和企业提供实用、便捷、多渠道、个性化的信息和服务。政府数字化公共服务是指政府部门利用数字化工具和技术,在基本公共服务领域、非基本公共服务领域和生活服务领域,围绕公众多元化公共服务需求,通过要素重组、信息整合、服务共创和机制协同等工作机制,整合跨区域、跨部门、跨职能主体的力量,促进公共服务数字化、智能化、智慧化的服务方式。一方面,移动互联网技术和智能终端的普及为具有移动性、便携性、位置性和个性化等特性的移动政务服务提供了可能;另一方面,随着移动互联网的迅速发展,以政务微博、政务微信、政务 APP 为代表的政务新媒体广泛应用于政府管理与服务实践,在政务公开、信息发布、政务服务、政府形象与公众信任构建等各方面都发挥着积极作用,为提升政府管理效能与社会治理能力提供了很好的平台。②

上述五方面内容中,政府数据治理、数据共享和数据开放构筑了政府"对数据进行治理"的基本要素,而政务信息化和政府数字化公共服务是政府"用数据进行治理"的代表性内容。一方面,政府数据治理、数据共享和数据开放为政务信息化和政府数字化公共服务提供支撑;另一方面,政务信息化和政府数字化公共服务的应用需求对政府数据治理、数据共享和数据开放提出要求,倒逼政府数据治理、数据共享和数据开放水平的提升。此外,数据治理、数据共享和数据开放也存在关联。数据治理是数据共享和开放的基础,数据共享和开放要求

---

① 杨莉.政务信息化与政府职能的转变[J].科技管理研究,2008(4).
② 侯迎忠,杜明曦.我国政务新媒体研究综述:基于 CSSCI 期刊论文的观察[J].新闻与写作,2019(11).

政府部门增强底层的数据治理能力,提升数据治理水平。政府信息化和政府数字化公共服务之间也存在相辅相成、互为促进的关系。

二、数字政府的治理体系

(一) 数字政府的法律体系

法律调控是监督和保障数字政府始终公正、高效运行的最为强有力的方式。数字政府法律体系是一国关于数字政府建设的不同种类的法律所形成的统一整体。法治对于数字政府建设具有"压舱石"的作用,是推动数字政府建设的重要保障。法律对数字政府运行的调控不能仅限于数字技术平台操作过程,而是需要建构一个系统的、完善的法律体系把整个数字政府纳入其调控范畴。因此要确立法律对政府控制的权威,为数字政府运行创设完备的法律,以及建立监督数字政府运行的法律机制。[①]

(二) 数字政府的政策体系

在数字政府建设的过程中,政策是其支撑体系的重要组成部分,指导数字政府的宏观发展方向,并规范其微观层面的实施过程。数字政府政策体系可以理解为,政府数字化转型过程中由中央和地方各级权力机关及其他政治组织围绕政府数字化转型制定的战略、规划、方针、法令、措施、办法、方法、条例等构成的系统结构,是政府为提升其在经济、文化、社会等领域数字化管理与服务水平而制定的一系列政策的集合。数字政府政策的内容涉及面广,包括制定数字政府相关制度、程序流程,颁布对应的管理办法,规范数据产业和大数据管理,优化政府监管,制定有效的考核机制,制定具有法律约束力的政府规章、指令、规范等。一方面,数字政府的政策体系是数字时代政府的治理工具;另一方面,数字政府的政策体系为政府的数字化转型提供了制度性保障。

(三) 数字政府的组织体系

数字政府建设离不开政府组织体系的变革。政府组织体系主要涵盖政府组织的目标宗旨、职能范围、机构设置、组织成员、规章制度等内容。数字政府的组织体系首先仍然是政府的组织体系,但更加强调数字时代的政府组织得以

---

① 梁木生.论"数字政府"运行的法律调控[J].中国行政管理,2002(4).

有效运转的内部结构及其特征,集中描述数字政府的内部环境。在数字时代,传统科层制结构面临着较大的挑战。在信息技术推动下的社会形态转型过程中,既有的代议制政治与官僚制度将受到挑战,政府的组织结构需要打破地域、职能和部门的桎梏,组织结构由传统的科层制转向网状化、开放化和扁平化的组织结构。数字化发展趋势在多个领域对政府职能提出更高要求,包括数字技术的创新发展、公共服务的数字赋能、数字空间的安全保护等。此外,数字政府建设也离不开组织业务流程再造和人员能力提升。

(四)数字政府的多元参与体系

数字政府建设涉及多元主体的互动与参与。在数字时代,政府部门不再是治理结构中的唯一主体,治理结构由封闭性结构向开放性结构转变,由政府包办的治理结构向多元共治转变。其中,数字政府与企业和公众的互动应是双向的:一方面,数字政府运用数字技术对社会进行管理,向公民和企业提供实用、便捷、多渠道、个性化的信息和服务;另一方面,数字政府也需拓宽信息公开、公众表达、公众咨询的渠道,拓展数字时代的多元参与、政民互动、公私合作和价值共创。数字政府多元参与体系的构建充分体现了协同治理的治理理念,政府、社会、市场、个体之间的对话、合作是数字政府协同治理的基础,其主要特征体现于政府、企业、公众和社会组织等利益相关主体参与集体行动,并采取基于共识的决策方式来应对社会治理问题。这些主体之间的相互关系构成了数字政府多元参与体系。

(五)数字政府的绩效评估体系

数字政府建设的绩效评估体系也是数字政府建设支撑体系的一部分。数字政府评估体系从本质上来说是政府绩效评估的一个方面,是政府对其数字化程度及运行效果的一种绩效评价,即通过构建科学有效的评估指标体系,运用定性或定量的评估方法,按照一定的评估程序和规范,对数字政府在一定时间段或时期内的公共服务能力、管理与服务效率、社会公众的满意度、运维水平等方面的综合评判与界定。探寻科学有效的评估方法,合理评价各层级数字政府建设的多维度构成内容及其支撑要素,并将评估结果运用于数字政府治理内容与治理体系的优化,有助于优化相关决策,提升数字时代政府的治理水平。

上述五个维度的内容共同构筑了数字政府建设的支撑体系。一方面,数字政府建设与发展需要立法、政策等制度规范层面的支撑,同时需要组织结构转型、功能调整和多元主体的参与及协作,也需要对数字政府的建设现状与问题的监测、评估与反馈。另一方面,数字政府的制度规则和组织协同框架也需要主动调整以适应数字时代治理需要的发展与演进。综上,数字政府各基本构成要素的关系如图2-1所示:

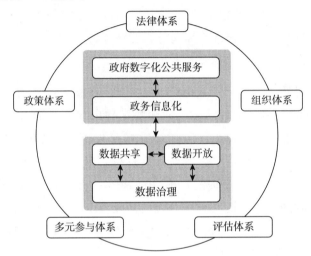

图2-1 数字政府的关键治理内容及其治理体系的构成要素

思考与练习

1. 什么是数字政府?
2. 怎样理解数字技术与数字政府的关系?
3. 数字政府的治理内容与治理体系包括哪些内容?

案例分析与讨论

"一网通办"助力数字政府建设新阶段

2019年5月31日,作为全国一体化政务服务平台总枢纽的国家政务服务平台上线试运行。各地区各部门的政务服务在这里纵横贯通,为实现全国政务服务"一网通办"提供了重要支撑,提升了企业和群众办事获得感,在推进国家治理体系和治理能力现代化及数字政府建设进程中发挥了重要作用。

顶层设计不断优化 电子政务"拔节生长"

党中央、国务院高度重视电子政务发展,提出以信息化推进国家治理体系和治理能力现代化,统筹发展电子政务,构建一体化在线服务平台。"数字政府建设"两度写入政府工作报告。新的历史使命赋予政府数字化转型鲜明的时代特征。

《关于加快推进全国一体化在线政务服务平台建设的指导意见》《关于加快推进政务服务"跨省通办"的指导意见》等一系列文件相继印发,在跨地域办事、帮助老年人跨过"数字鸿沟"、让服务在指尖办理、推进电子证照扩大应用领域等方面给出了"工作手册"。

2022年4月,中央全面深化改革委员会第二十五次会议审议通过《关于加强数字政府建设的指导意见》,会议强调,要全面贯彻网络强国战略,把数字技术广泛应用于政府管理服务,推动政府数字化、智能化运行,为推进国家治理体系和治理能力现代化提供有力支撑。这一指示精神为今后加强数字政府建设指明了方向、提供了遵循。

这些文件的出台,不断强化数字政府的顶层设计,为深入推进一体化政务服务发展规划了蓝图。

"一网通办"持续推进 政务流程优化再造

"医保电子凭证""跨省异地就医备案"……国家政务服务平台不断汇聚各地区各部门的政务服务事项,政务服务"一张网"成为企业和群众办事的重要渠道。

在这"汇聚"的背后,是各类政务服务平台从分头建设向集中管理、从信息孤岛向协同共享的不断转变。全国一体化政务服务平台坚持在解决群众办事的难点、堵点上下功夫,推动越来越多的服务实现从"线下跑"变成"网上办"。

北京市整合了企业、户籍、职业技能、教育等数据,为雄安新区企业开办、积分落户、智慧房管提供跨区域数据共享,方便两地企业群众办事。

在川渝两地,住房公积金实现了"互认互贷",养老保险转移接续"无缝衔接",两地部分图书馆还实现了跨省借书、还书。

在长三角地区,户口迁移实现迁入地"一站式"办理,群众只需在迁入地派出所申请就能办，许多人已经享受到这项改革带来的便利。

清华大学公共管理学院教授孟庆国认为，全面推动"一网通办"是驱动社会经济高质量发展的"新动力"，各地区各部门通过政务流程优化再造，推动服务模式从"事项服务"向"场景服务"转变，为全面推进数字政府建设打下良好基础。

各地探索大胆前行　行政管理持续创新

在重庆，健康、社保、医保、电子证照等个人信息集成进了"渝快码"，重庆市民出示一个码，就能办事、就医、坐公交车、预约景区"打卡"。

在江苏，"一件事"改革让出生、就业、企业开办注销等事项办理时"只填一张表"，审批"不见面"，最短半天就可以完成企业开办事项。

在贵州，为了方便偏远地区、出行不便的群众办事，全省大力推进"全省通办、一次办成"，节约群众跑腿次数三千多万次。

在海南，"高龄长寿老人补贴"申领逐步实现"零跑动"。为解决部分老人不会在线办事的难题，网格员带着智能手机到老人家里，让服务"上门办"。

各地区通过在线政务服务打造利企便民的"新名片"，擦亮了"粤省事""苏服办""渝快办""贵人服务""海易办"等一批政务服务品牌。这些富有成效的探索为"互联网+政务服务"顶层设计提供了鲜活的样本，推动中国特色的一体化政务服务发展格局逐步形成。

在中央党校(国家行政学院)电子政务研究中心主任王益民看来，我国网上政务服务发展已由以信息服务为主的单向服务阶段，开始迈向以跨区域、跨部门、跨层级一体化政务服务为特征的整体服务阶段。全国一体化政务服务平台正在成为创新行政管理、优化营商环境的重要手段，成为服务人民群众的重要渠道。

数据支撑不断增强　治理能力全面提升

加快实现政务服务"一网通办"的关键，是数据共享。

随着国家政务服务平台的运行，有效的数据供需匹配机制被建立起来，全国政务服务的公共入口、公共通道、公共支撑作用不断增强，数据共享水平不断提升。截至2022年5月，国家政务服务平台已汇聚共享电子证照类型近900种，为电子证照跨地区互认、"减证明、减材料"提供了数据支撑。

数据共享推动了政府治理能力的全面提升。现在,以"智能化、移动化、一体化、便利化"为标志的政务服务新模式不断涌现,利企便民的"数字政府"正在加速建设。以国家政务服务平台为总枢纽,联通各地区各部门政务服务平台共同形成的全国一体化政务服务平台,已经成为数字政府建设的基础设施和"四梁八柱"的重要组成部分。

未来,国家政务服务平台将不断提升服务水平,拓展服务内容,深化数据共享,加快电子证照应用和全国互通互认,助力数字政府建设,不断提升企业和群众办事的满意度和获得感。

资料来源:郝菁."一网通办"助力数字政府建设新阶段——国家政务服务平台上线试运行三周年观察[N/OL].(2022-5-31)[2023-8-25].http://politics.people.com.cn/n1/2022/0531/c1001-32434948.html.

思考并讨论:

1. 如何理解数字政府建设的意义?
2. 请结合上述材料,谈谈为何说数字政府建设是一项系统的工程。

第三章　数字政府的理论

■ 学习目标

本章主要介绍数字政府的理论意涵及其理论基础。通过本章的学习,要求掌握:(1)数字政府建设与推进国家治理体系和治理能力现代化之间的逻辑关系;(2)数字政府相关经典理论的基本主张及其与数字政府建设的内在关联。

■ 引　例

以数字化改革助力政府职能转变

2022年4月19日下午,中央全面深化改革委员会第二十五次会议召开。会议指出,要以数字化改革助力政府职能转变,统筹推进各行业各领域政务应用系统集约建设、互联互通、协同联动,发挥数字化在政府履行经济调节、市场监管、社会管理、公共服务、生态环境保护等方面职能的重要支撑作用,构建协同高效的政府数字化履职能力体系。要强化系统观念,健全科学规范的数字政府建设制度体系,依法依规促进数据高效共享和有序开发利用,统筹推进技术融合、业务融合、数据融合,提升跨层级、跨地域、跨系统、跨部门、跨业务的协同管理和服务水平。

第一节　数字政府的理论意涵

一、政府治理现代化与国家治理现代化

2013年,党的十八届三中全会通过了《中共中央关于全面深化改革若干重

大问题的决定》,首次提出"全面深化改革的总目标是完善和发展中国特色社会主义制度,推进国家治理体系和治理能力现代化"这一重要命题。习近平总书记指出,"国家治理体系和治理能力是一个国家制度和制度执行能力的集中体现。国家治理体系是在党领导下管理国家的制度体系,包括国家经济、政治、文化、社会、生态文明和党的建设等各领域体制机制、法律法规安排,也就是一整套紧密相连、相互协调的国家制度;国家治理能力则是运用国家制度管理社会各方面事务的能力,包括改革发展稳定、内政外交国防、治党治国治军等各个方面"。

政府治理现代化是国家治理现代化的重要组成部分。党的十九届四中全会专门就坚持和完善社会主义道路,推进国家治理体系和治理能力现代化作出重大部署,在《关于坚持和完善中国特色社会主义制度 推进国家治理体系和治理能力现代化若干重大问题的决定》(以下简称《决定》)的第五部分提出"坚持和完善中国特色社会主义行政体制,构建职责明确、依法行政的政府治理体系"。这一部署揭示了政府治理体系和能力建构在推进国家治理体系和治理能力现代化过程中的重要作用。俞可平指出,治理是指政治管理的过程,包括政治权威的规范基础、处理政治事务的方式和对公共资源的管理;在社会政治生活中,治理是一种偏重于工具性的政治行为,是实现一定社会政治目标的手段。① 现代国家治理中,政府、市场、社会三者互动关系和政府内部职责权限的分工是现代国家治理体系成长的两大主轴,政府在整个国家治理体系中扮演决定性的角色。② 因此,作为处在国家治理一线的政府治理,如果其本身没有实现现代化,国家治理现代化将难以实现。③ 政府治理能力现代化之于国家治理体系和治理能力现代化的重要性和地位不言自明。

二、数字政府建设与政府治理现代化

以一系列新技术为支撑的数字政府建设成为现代政府治理体系的有机组

---

① 俞可平.治理与善治[M].北京:社会科学文献出版社,2000.
② 何显明.政府转型与现代国家治理体系的建构.60年来政府体制演变的内在逻辑[J].浙江社会科学,2013(6).
③ 汪玉凯."互联网+政务":政府治理的历史性变革[J].国家治理,2015(27).

成部分。数字政府建设是落实"网络强国"战略,加快建设"数字中国"的重要组成部分,是以信息化推进国家治理体系和治理能力现代化的重要途径。① 党的十九届四中全会《决定》在第五部分"坚持和完善中国特色社会主义行政体制,构建职责明确、依法行政的政府治理体系"中,提出要"创新行政管理和服务方式,加快推进全国一体化政务服务平台建设","建立健全运用互联网、大数据、人工智能等技术手段进行行政管理的制度规则。推进数字政府建设,加强数据有序共享,依法保护个人信息",充分体现了国家战略层面对以建设数字政府提升政府治理水平的关切。

信息技术是政府治理现代化的关键变量。20世纪末以来,信息技术飞速发展,互联网、大数据、人工智能、区块链等技术更新迭代,对国际政治、经济、文化、社会、军事等领域产生了深刻影响。2015年浙江乌镇第二届世界互联网大会上,习近平总书记指出:"人类先后经历了农业革命、工业革命、信息革命。每一次产业技术革命,都给人类生产生活带来巨大而深刻的影响。现在,以互联网为代表的信息技术日新月异,引领了社会生产新变革,创造了人类生活新空间,拓展了国家治理新领域,极大提高了人类认识世界、改造世界的能力。"2016年7月,中共中央办公厅、国务院办公厅印发《国家信息化发展战略纲要》进一步指出,当前人类社会"正在经历信息革命","没有信息化就没有现代化",要"以信息化驱动现代化",其内涵也包括国家治理和政府治理现代化。② 习近平总书记强调"要运用大数据提升国家治理现代化水平。要建立健全大数据辅助科学决策和社会治理的机制,推进政府管理和社会治理模式创新,实现政府决策科学化、社会治理精准化、公共服务高效化",直接、敏锐且深刻地洞察到信息技术对于国家治理现代化的重要作用。

数字政府不仅仅是现代信息技术与政府治理的简单结合,而是数字时代的一种新的政府形态。数字政府一直被认为是世界各地行政改革的推动力,③公共组织的结构和运作方式,公共服务的提供方式,政策的制定、实施和评估方

---

① 王钦敏.创新电子政务发展模式,加快推动"数字中国"建设:在2018(第十三届)中国电子政务论坛上的讲话[J].行政管理改革,2019(2).

② 汪玉凯."互联网+政务":政府治理的历史性变革[J].国家治理,2015(27).

③ 陈波,王浣尘.电子政务建设与政府治理变革[J].国家行政学院学报,2002(4).

式,以及公民参与民主进程的方式等,这些的根本变化通常都是通过技术的引进来实现的。① 习近平总书记在中央政治局第36次集体学习时强调,要以数据集中和共享为途径,建设全国一体化的国家大数据中心,推进技术融合、业务融合、数据融合,实现跨层级、跨地域、跨系统、跨部门、跨业务的协同管理和服务,推进政府决策科学化、社会治理精准化、公共服务高效化。数字政府视角下,通过技术的运用推动政府治理现代化,促进服务型政府建设,其作用机制并不只是强调新技术的应用,让原有的政府信息和业务电子化、网络化,而是表现为从简单的技术形式和政务服务方式,到复杂的组织关系和制度建设的变革。② 其目标是提升公共服务水平、优化政府运作、改革组织架构、促进信息公开,③实现政府治理理念、治理架构、治理方式的现代化;通过数字化思维、数字化理念、数字化战略、数字化资源、数字化工具和数字化规则等,④最终实现数字治理,推动经济社会发展、管理社会事务、服务人民群众,满足公众对公共服务和公共价值的需求,打造让人民满意的服务型政府。⑤

三、数字政府建设的理论逻辑

数字政府建设不是简单的概念更替,而是推动政府治理能力现代化的需要,是推进国家治理体系和治理能力现代化的需要。从纵向逻辑上看,数字政府建设是政府治理现代化进程的重要一环,支撑信息化和数字化时代下政府治理的现代化转型,进而推动国家治理体系的优化与治理能力的提升。从横向逻辑上看,数字政府建设与数字经济建设、数字社会发展共同构筑了国家治理现代化战略的整体图景,数字政府与数字经济、数字社会相辅相成、密不可分:一方面,数字政府是数字经济、数字社会发展的强力支撑;另一方面,数字经济和数字社会为数字政府建设提供资源支持和提出需求(如图3-1所示)。

---

① ZHANG J, LUNA-REYES L F, MELLOULI S. Transformational digital government[J]. Government information quarterly, 2014(4).
② 刘新萍.电子治理的发展趋势:基于信息技术应用的政府流程再造[J].电子政务,2014(2).
③ SHARON S D.电子治理的演进及持续挑战[J].郑磊,纪昌秀,译.电子政务,2009(10).
④ 戴长征,鲍静.数字政府治理:基于社会形态演变进程的考察[J].中国行政管理,2017(9).
⑤ 黄璜.数字政府的概念结构:信息能力、数据流动与知识应用——兼论DIKW模型与IDK原则[J].学海,2018(4).

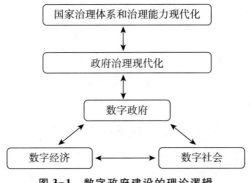

图 3-1 数字政府建设的理论逻辑

数字政府建设具有重要的理论意义。进入新时代,数字技术进步和政府治理转型相碰撞,传统的电子政务理念和政府转型理论已无法适应国家治理体系和治理能力现代化的新需求新挑战。而数字政府从目标、内容到形式都是对传统的电子政务等理念和理论的进一步深化,强调以推进国家治理体系和治理能力现代化为总目标,以建设人民满意的服务型政府为导向,以现代数字技术为手段,建立健全制度规则,加强数字治理能力,创新行政管理和服务方式,提升行政效能,是政府面对数字化挑战与机遇中"刀刃向内"的转型与革新。

综上可知,数字政府是政府在数字时代经过数字化转型后形成的一种新的形态,数字政府的建设过程就是政府数字化转型的过程。政府的数字化转型绝不仅仅是指数字技术手段在政府中的运用,而是指政府治理体系和治理能力的全方位数字化转型,包括数字政府所涵盖的政府数据治理、共享、开放、政务信息化、数字化公共服务,以及法律、政策、组织等支撑体系的健全和提升。这些治理内容和制度规则的转型和相互支撑水平决定着数字政府建设的实际成效。在数字政府建设过程中,数字政府的多维度治理体系为政府数字治理的内容与环节提供组织基础和制度保障,政府"对于数据的治理"和"用数据进行治理"的现实需求则为数字政府的治理体系指明转型和调适的方向。数字政府的治理内容与治理体系之间相辅相成,既各有侧重,又紧密关联,共同推进国家治理体系和治理能力现代化。

第二节　数字政府的理论基础

本节将对数字政府涉及的公共治理经典理论,包括协同治理理论、整体性治理理论、数字治理理论、网络化治理理论、适应性治理理论、跨界治理理论等进行介绍,并对这些理论和数字政府的内在关联进行讨论。

一、协同治理理论

协同治理理论(Collaborative Governance Theory)是协同学与治理理论融合发展的成果。协同学(Synergetics)是20世纪70年代由德国物理学家赫尔曼·哈肯(Hermann Haken)提出的,协同学的研究对象是由大量完全不同性质的子系统(如电子、原子、分子、细胞、器官、动物乃至人类)构成的各种系统,目的是研究这些子系统是通过何种合作才在宏观尺度上产生空间、时间或功能结构的。[1] 伺服原理与自组织原理构成了协同学对集体行为和自组织行为发生机制的阐释基础。[2] 在《高等协同学》(Advanced Synergetics)一书中,哈肯明确指出,以自组织形式出现的那类结构是协同学的重点研究对象,以探寻与子系统性质无关的、支配着自组织过程的一般原理。协同学理论认为,一个由大量子系统以复杂的方式相互作用所构成的复合、开放系统,在一定条件下,子系统间通过非线性作用产生协同现象和相干效应,使系统形成有一定空间、时间或者时空的自组织结构;经过自组织有序化程度不断提高的努力,整个系统在趋向于熵(无序度)增大的正过程与趋向于负熵(有序度)增大的逆过程间动态平衡的无限循环中,向趋于熵减小方向不断推移,从而使系统从无序状态转变为有序状态。[3] 协同学基于现代信息论、控制论和突变论,运用现代统计学、动力学的理论和方法,对系统的自组织过程进行了深入的研究,[4]在自然科学以及社会科学领域均得到了广泛的应用。

---

[1] 哈肯.高等协同学[M].郭治安,译.北京:科学出版社,1989:1.
[2] 李汉卿.协同治理理论探析[J].理论月刊,2014(1).
[3] 郑巧,肖文涛.协同治理:服务型政府的治道逻辑[J].中国行政管理,2008(7).
[4] 张立荣,冷向明.协同治理与我国公共危机管理模式创新:基于协同理论的视角[J].华中师范大学学报(人文社会科学版),2008(2).

治理理论于20世纪90年代兴起,代表人物有詹姆斯·N.罗西瑙(James N. Rosenau)、罗伯特·罗茨(Robert Rhodes)等,强调多元主体、善治目标以及治理过程的互动性。其关键特征在于,不同于传统管理理念中的单一性主体设置,它强调利益相关者的多元化,体现了社会治理问题上由政府主导单中心治理向政府参与多元共治这一管理理念的转变。但治理理论并未对主体边界进行明确的设定,使得治理过程受主体行为本身的动态性与变化性影响而带有鲜明的非结构化特征,[1]这种边界及责任上的模糊性所引发的内生矛盾使得治理理论在实践过程中受到众多与秩序问题相关的质疑。由此,协同学理论因其对治理主体间矛盾的消解能力逐渐进入众多治理理论学者的研究视野。协同性特征作为协同学理论与治理理论的关键耦合点,使得二者在内涵特征、研究对象、功能价值等方面具有极大的理论融合潜力,促成了协同治理理论的诞生。协同治理理论的出现既体现了对传统公共行政范式及新公共管理理论的批判与反思,也是对信息技术时代治理理论边界迷思的一种检视和超越。

协同治理理论旨在开放系统中寻求有效治理结构的过程,[2]其内涵包含治理主体的多元性、治理权威的多样性、子系统的协同性、系统的动态性、自组织的协调性以及社会秩序的稳定性等多个方面。[3]面对社会系统的复杂变动,多元主体之间共同愿景的建立是实现协同增效目的的基础与前提,在这一过程中既包含对多元主体平等法律地位与参与机会的保障,也包含对政府与其他利益相关者间协商机制的聚焦,从而实现社会秩序的有序与稳定。协同治理理论打破了传统以政府为核心的单中心治理的权威性主张,强调多中心治理的必要性,在公共事务治理过程中政府、社会组织、企业、公民等利益相关者均平等享有参与的权利与机会,以及在竞争与合作关系中实现自由意愿的充分表达,以寻求资源配置过程中多方利益需求的兼容。

二、整体性治理理论

随着信息技术的快速发展,社会环境发生了深刻的变化。自20世纪80年

---

[1] 申建林,姚晓强.对治理理论的三种误读[J].湖北社会科学,2015(2).
[2] 王孟嘉.数字政府建设的价值、困境与出路[J].改革,2021(4).
[3] 郑巧,肖文涛.协同治理:服务型政府的治道逻辑[J].中国行政管理,2008(7).

代兴起的以市场化、民营化、分权化为重点的新公共管理运动日渐衰微,美国、英国、加拿大、澳大利亚等国家基于此建立起的公共管理系统在实践过程中也遇到了严重分散化、信息不对称、效率低下等一系列问题,官僚制理论与新公共管理理论遭到了越来越多的质疑和批评。20世纪90年代末,后新公共管理运动影响愈加广泛,在这一背景下,整体性治理理论(Holistic Governance Theory)应运而生,为解决日益严重的碎片化问题并提高政府公共服务及公共产品供给能力奠定了坚实的理论基础。

纵观整体性治理理论的发展,有三位代表性学者对这一理论做出了突出贡献。一位是整体性治理理念的提出者即英国约克大学的安德鲁·邓西尔(Andrew Dunsire),他在1990年发表了《整体性治理》("Holistic Governance")一文,就控制理论、撒切尔主义、协同理念等进行论述,形成了整体性治理的理论雏形。第二位是英国伦敦国王学院的佩里·希克斯(Perri 6),他在1997年出版的《整体性政府》(*Holistic Government*)一书中首倡整体性政府这一概念,并就整体性治理理念进行了系统的论证。随后,希克斯的整体性治理理论被英国布莱尔政府所采纳,该政府颁布了具有极大革新意义的《现代化政府》(*Modernising Government*)白皮书,吸收希克斯的整体性政府理念进而发展形成一种新型政府治理模式——协同型政府(Joined-up Government),有效克服了当时英国政府面临的碎片化问题,也得到了众多欧美发达国家的认可和效仿。随着理论内容的充实与实践经验水准的不断提高,1999年希克斯通过《圆桌治理:构建整体性政府的策略》(*Governing in the Round: Strategies for Holistic Government*)一书进一步提出了政策整合、央地互动、预算管理、价值重塑等整体性政府的制度化措施。① 2002年,希克斯基于英国制度化改革经验将研究重点正式由整体性政府转向整体性治理,出版了《迈向整体性治理:新的改革议程》(*Towards Holistic Governance: The New Reform Agenda*)一书。希克斯指出,整体性治理基于对传统公共行政学范式以及新公共管理的反思与批判,针对协调性缺失、过度集中化、政策执行浪费等功能性组织弊端,提倡从治理层级、治理功能以及公私部门三个面向进行制度化整合。希克斯将整体性治理定义为:整体性治理就是政

---

① PERRI 6, LEAT D, SELTZER K, et al. Governing in the round: strategies for holistic government. London: Demos, 1999.

府机构组织间通过充分沟通与合作,形成有效的整合与协调,彼此的政策目标一致且连续,政策执行手段相互强化,达到合作无间的目标的治理行动。[①] 第三位是美国学者帕特里克·邓利维(Patrick Dunleavy),他通过对英国、美国等发达国家的实证研究,针对希克斯的整体性治理理念进行了更深层次的理论拓展,探讨了整体性治理的必要性与可行性,更为强调整合的重要性以及信息技术发展影响下数字化变革的内容。

整体性治理理论主要由重新整合和协调两个核心概念构成。重新整合作为对新公共管理引发的碎片化问题的有力回应,[②]包括逆部门化、大部式治理、重新政府化,以及恢复和加强中央过程、压缩行政成本、重塑公务支撑服务提供链、集中采购和专业化、以"混合经济模式"为基础的共享服务、网络简化等方面的内容。[③] 整体性治理语境下的协调问题被希克斯视为解决新公共管理运动积弊的关键,基于涂尔干的有机团结理论,希克斯认为协调即在政府机构间实现信息系统的联合、建立有效沟通、进行合作规划与决策进而建立整体性工作机制的过程。总体而言,整体性治理理论的基本内涵包含以公民需求与公共利益为导向,以官僚制组织结构为基础,灵活运用信息技术,强调预防和结果导向,注重目标与手段的相互增强,建立承诺、责任与信任的主体间关系,进行合作性整合等。具有较强技术色彩的整体性治理理论作为治理理论的分支之一,其基本内涵和理论主张契合后新公共管理时期的善治思想,有效推动了政府服务理念和治理模式的进一步革新,引导并促进了数字化时代政府治理能力的进一步提升。

三、数字治理理论

数字治理理论(Digital Governance Theory)是信息数字技术与治理理论融合发展而成的新型理论准范式,[④]其理论背景主要包含新公共管理运动的衰落与

[①] 转引自叶璇.整体性治理国内外研究综述[J].当代经济,2012(6).
[②] DUNLEAVY P, MARGETTS H, BASTOW S, et al. New public management is dead:long live digital-era governance[J]. Journal of public administration research and theory, 2006(3).
[③] 竺乾威.从新公共管理到整体性治理[J].中国行政管理,2008(10).
[④] MARGETTS H, DUNLEAVY P. The second wave of digital-era governance: a quasi-paradigm for government on the Web[J]. Philosophical transactions of the royal society(A): mathematical, physical and engineering sciences, 2013(1987).

数字技术的崛起两个方面。该理论最早由美国南加州大学的曼纽尔·卡斯特（Manuel Castells）在1996年出版的《网络社会的崛起》（*The Rise of the Network Society*）一书中明确提出，书中主要阐述了崛起的信息技术社会给现代公共治理体系带来的机遇与挑战。佩里·希克斯在《迈向整体性治理》一书中对数字治理产生的必要性进行了相应探讨，为数字治理理论的发展提供了一定支撑。

20世纪90年代数字治理理论兴起，帕特里克·邓利维是该理论的主要倡导者之一，他于2006年在《数字时代治理：IT公司、国家和电子治理》（*Digital Era Governance: IT Corporations, the State, and E-Governance*）中提及了针对新公共管理运动中过度追求效率和分权所造成的政府碎片化与分散化乱象进行反思与批判的必要性，并进一步继承发展了希克斯在整体性治理理论中有关整合与协调的观点，对治理理论在数字化时代的革新与应用展开了系统论述，主张在公共管理系统中纳入信息技术与信息系统，构建扁平化组织结构，实现政府部门高度信息化，提高政府回应性等，初步建构了数字治理理论的理论框架。随后，邓利维等对数字化变革的实施条件进行了深入分析，指出数字治理核心在于整体的、公共参与的决策方式以及数字化电子行政运作，[①]并在之后的研究中进一步将视野扩展至大数据、云计算等更为先进的数据处理技术，拓展了数字治理理论的技术边界并为其可操作性提供了更为丰富的理论支撑。[②]

数字治理理论的内涵主要涉及三个层面：重新整合、以需求为基础的整体主义以及数字化变革。前两者是对整体性治理理论的继承和发展，后者更聚焦于信息技术发展影响下的政府治理改革。其一，重新整合（reintegration）作为数字化背景下对新公共管理运动碎片化困境的回应，旨在颠覆新公共管理运动所提倡的公共服务职能分化主张并将这些职能重新整合回政府行为，从而达到精简管制层级、改变无序竞争乱象的目的，具体内容包含逆部门化和碎片化、协同

---

① DUNLEAVY P, MARGETTS H, BASTOW S, et al. New public management is dead—long live digital era governance[J]. Journal of public administration research and theory, 2006(3).

② DUNLEAVY P. The future of joined-up public services[R]. 2020 Public Services Trust and ESRC, London, 2010: 23; DUNLEAVY P, TINKLER J, GILSON C, et al. Understanding and preventing delivery disasters in public services[C]. Political Studies Association Conference, Edinburgh, 2010: 29.

政府、重新政府化、恢复或重新加强中心流程、压缩生产成本、重塑以功能为支撑的服务提供链、采购集中化与专业化、以"混合经济"为基础的共享服务以及网络简化和"小世界"(small world)。① 其二,以需求为基础的整体主义(needs-based holism)强调整体性理念下对政府机构及其与客户之间整体关系的简化与改变,更多聚焦于技术导向的政府服务流程再造,包含交互式信息查询和提供、以顾客和功能为基础的机构重建、一站式服务、数据库、从终端到终端的服务再造、敏捷的政府过程以及可持续性。② 其三,数字化流程(digitization processes)着眼于数字化转型对于组织机构与政府文化变革的推动作用,具体内容包含电子服务交付、以网络为基础的效用估算、自动化流程新形式、去中介化、渠道分流和细分客户、减少受控渠道、加速自我管理以及走向开放的政府管理。③

数字治理理论作为治理理论分支之一,重点聚焦于整体性政府中治理思路和治理工具的革新与进步。治理思路方面指数字治理理论根植于信息技术发展的时代背景,提倡以数字化手段为支撑的治理主张;而治理工具方面则更为凸显数字治理理论在技术导向下的工具理性逻辑,通过大数据、云计算等先进数据技术提高治理工具效能。作为后新公共管理时期的重要理论诉求之一,数字治理理论相对于整体性治理理论、新公共服务理论以及公共价值理论更为强调工具理性与价值理性二者间的协调与平衡,④为数字政府发展提供了坚实的理论基础。

四、网络化治理理论

20世纪后期,全球化、后工业化进程使得社会形态发生变化,公共价值缺失、公共服务供需失衡、治理资源配置低效等问题凸显,进而催生社会结构变革需求。与此同时,数字化变革浪潮对政府治理模式产生深刻影响,政府外的其他社会主体的公共服务潜能日渐显现,多元治理主体间关系呈紧密化、复杂化

---

① DUNLEAVY P, et al. Digital era governance: IT corporations, the state, and e-government [M]. Oxford: Oxford University Press, 2006: 228-232.
② Ibid: 233.
③ Ibid: 237.
④ 王少泉.数字时代治理理论:背景、内容与简评[J].国外社会科学,2019(2).

趋向,协同式社会治理前景的实现成为可能。由此,网络化治理理论(Governing by Network)逐渐兴起,其中多中心治理理论、政策网络理论、协商民主理论等分别为网络化治理提供了整合、民主、网络结构、协商合作等理念基础。相对于后新公共管理时期的其他治理理论,网络化治理理论的兴起受市民社会、协同政府、数字化革命、消费者需求趋势合流的影响,兼具对传统科层制及新公共管理运动的扬弃,并以其对网络状结构特征的明显侧重在治理理论群簇中占据了重要地位。

詹姆斯·N.罗西瑙认为网络化治理是一种由共同目标支撑的活动,活动的主体未必是政府,也无须依靠完全的国家强制力来实现。① 伊娃·索伦森(Eva Sorensen)概述总结了网络治理理论的不同类型,包含依赖性理论(Interdependence Theory)、统治性理论(Governmentality Theory)、治理性理论(Governability Theory)、集成性理论(Integration Theory)四种。斯蒂芬·戈德史密斯(Stephen Goldsmith)和威廉·埃格斯(William D. Eggers)在其联合编著的《网络化治理:公共部门的新形态》一书中明确提出了公共管理领域网络化治理的要义,强调除传统纵向层级结构外,横向层面的合作伙伴关系也需要政府关注,"在网络化治理模式下,政府更多地依赖各种伙伴关系、协议和同盟所组成的网络,而非传统意义上的公共雇员来从事并完成公共事业"。②

网络化治理以实现公共利益、增进公共价值为根本目标,以多元合作共治为行动理念,兼具治理结构的网络化和治理权责的分散化特征,集合高水平的公私合作特性与网络管理能力,是一种超越传统官僚制层级结构的新型治理模式。网络化治理的基本内涵包含构建多元主体协同网络、形成主体间互动共治关系、建立资源共享与能力整合体系、增进公共价值等。在由多元主体间的依赖关系构成的网络结构中,公共利益问题不断得到沟通与协调,既切合政策网络理论中治理模式的相关论述,也与治理理论中治理方式网络化的基本特征吻合。网络化治理凭借其理论优势,有利于运用灵活的治理手段与治理工具解决

---

① 罗西瑙.没有政府的治理[M].张胜军等,译.南昌:江西人民出版社,2001:45.
② 戈德史密斯,埃格斯.网络化治理:公共部门的新形态[M].孙迎春,译.北京:北京大学出版社,2008:6.

等级制的过度僵化以及政府治理碎片化等问题,有效满足了数字化转型时期公共服务供给的优化需求。

五、适应性治理理论

回溯适应性治理理论的起源,可以探寻至适应性这一生物学术语从自然科学领域到社会科学领域的扩展。在被引入社会科学领域的早期,适应性理念多应用于生态环境等主题的研究,后基于学者对自然生态系统与社会生态系统动态演变过程相似性的共识,又进入了管理学研究视野。在管理学领域,适应性首先被借鉴以形成适应性管理理念(Adaptive Management),由加拿大的克劳福德·霍林在1978年提出,主要聚焦于管理体制和管理主体两个层面,既强调具有弹性、灵活性等特征的管理体制构建的必要性,同时也关注不断变化的社会系统中管理主体观察与分析能力的提升。[①] 随后,适应性管理进一步与"共管"(Co-management)概念相融合,适应性共管(Adaptive Co-management)模型由此产生,该模型以地方使用者为重要管理主体,在管理过程中集成不同知识系统,实现多中心的互动式公共决策。[②] 基于适应性管理与适应性共管的理论,托马斯·迪茨、埃莉诺·奥斯特罗姆等人最早提出适应性治理的理论框架,指出适应性治理"提供了一系列不断演进、符合地方实践、能够回应反馈、朝向可持续发展的策略体系,这包括不同利益相关方、政府官员和科学家之间的对话;发展复杂、重复(redundant)和分层(layered)的制度;能够促进实验、学习、变化的制度和策略的结合",明确了适应性管理与适应性治理之间的理论联系以及适应性治理在多元主体的集体行动问题上的理论意义。[③] 在这一基础上,巴巴拉·科曾斯、迈克尔·肯尼斯·威廉姆斯、卡尔·福尔柯等人就适应性管理与适应性治理的内在关联进行了进一步的探讨,充分肯定了适应性治理对于发展

---

① HOLLING C S. Adaptive environmental assessment and management[M]. Chichester: John Wiley & Sons, 1978: 20; WILLIAMS B K. Adaptive management of natural resources: framework and issues[J]. Journal of environmental management, 2011(5).

② 蔡晶晶,毛寿龙.复杂"社会-生态系统"的适应性治理:扩展集体林权制度改革的视野[J].农业经济问题,2011(6).

③ DIETZ T, OSTROM E, STERN P C. The struggle to govern the commons[J]. Science, 2003 (5652).

适应性管理的积极意义。① 对适应性治理理论的探索也从早期的气候变化领域，逐步扩展到资源管理、社区安全、党政体制、城市规划、应急管理和可持续发展等研究领域。

适应性治理理论的出现源于信息技术时代动态性与复杂性共存的社会生态系统需要更具灵活性的治理策略这一基本共识。但就适应性治理的概念而言，学界目前尚未有统一的定义。② 适应性治理既是一种促进公共利益的新型治理形式，③又可被理解为多元主体服务、秩序与知识共产的过程；④以多层级与多中心为主要特征，⑤其核心内涵包含多元主体合作、多层级集体行动、自组织和网络、学习与创新、有效的社会生态系统管理等多个方面，⑥被视为摆脱"公地悲剧"困境的有效治理手段。迪茨等人提出适应性治理旨在形成一个具有高度适应性的资源管理系统，通过信息提供（providing information）、冲突处理（dealing with conflict）、诱导对规则的遵守（inducing rule compliance）、提供基础设施（providing infrastructure）、变化预防（be prepared for change）、审慎分析（analytic deliberation）、嵌套（nesting）、制度多样性（institutional variety）等事项助推理想化社会生态系统的实现。福尔柯则基于适应性管理与共管理念的结合，指出适应性治理理论强调在相互依赖的社会生态系统中着重处理复杂性和管理

---

① COSENS B A, WILLIAMS M K. Resilience and water governance: adaptive governance in the Columbia River basin[J]. Ecology and society, 2012(4); FOLKE C, HAHN T, OLSSON P, et al. Adaptive governance of social-ecological systems[J]. Annual review of environment and resources, 2005(1); MILLER H. Adaptive governance, integrating science, policy and decision making[J]. Forestry: an international journal of forest research, 2006(5).

② WANG C, MEDAGLIA R, ZHENG L. Towards a typology of adaptive governance in the digital government context: the role of decision-making and accountability[J]. Government information quarterly, 2018(2).

③ HONG S, LEE S. Adaptive governance, status quo bias, and political competition: why the sharing economy is welcome in some cities but not in others[J]. Government information quarterly, 2018(2).

④ WYBORN C. Co-productive governance: a relational framework for adaptive governance[J]. Global environmental change, 2015.

⑤ AOKI N. Adaptive governance for resilience in the wake of the 2011 Great East Japan Earthquake and Tsunami[J]. Habitat international, 2016.

⑥ DJALANTE R, HOLLEY C, THOMALLA F. Adaptive governance and managing resilience to natural hazards[J]. International journal of disaster risk science, 2011(4); MUNENE M B, SWARTLING Å G, THOMALLA F. Adaptive governance as a catalyst for transforming the relationship between development and disaster risk through the Sendai Framework? [J]. International journal of disaster risk reduction, 2018.

不确定性及变化,具有不同规模上的合作、弹性和基于学习的议题管理等关键特征。①

总体而言,适应性治理理论作为构建灵活社会系统的重要理论工具,具有灵活性、主动性等治理特征,强调多元利益主体协同共赢的治理目标,聚焦于适应性能力的增强,主张参与主体的多样性与开放性,侧重于现代信息技术的工具性运用,在治理过程上更关注包容性资源网络以及敏捷性制度体系的构建。

六、跨界治理理论

跨界治理(Cross-boundary Governance)理论目前在学界尚属于复合型概念,兼具整体性治理、协作治理、网络化治理、政策网络等理念在整合与协调、多元主体参与、开放式决策等问题上的共同倾向。跨界治理理念的现实背景包含多个方面,现代信息技术对政府模式提出了挑战,为解决新公共管理运动遗留的资源配置失衡、组织结构分散、服务供给碎片化等结构性问题,实现资源配置效率的显著提升,需要通过跨界的方式打破僵化的传统组织界限,通过数字化的手段促进政府管理模式变革。

就跨界治理理论的概念而言,张成福等将跨域治理定义为两个或两个以上的治理主体,包括政府(中央政府和地方政府)、企业、社会组织和市民社会,基于对公共利益和公共价值的追求,共同参与和联合治理公共事务的过程,包含纵向层面即垂直型协作治理、横向层面即水平型协作治理和跨部门协作治理三种基本类型,并主张通过短期的中央政府主导模式、中期的平行区域协调模式和长期的多元驱动网络模式实现治理动力、主体地位、职能组织边界、合作程度、治理范围、伙伴关系类型的渐进式变革。② 刘祺提出跨界治理是指不同的治理主体(包括权威主体与其他主体)为了应对复杂公共问题,寻求多方利益最大化,跨越原有地理区域、公私领域、行政层级、组织部门的界别限制,综合运用协商沟通、建立信任、凝聚共识、一致性协作行动等方式,把利益相关方的资源力

---

① FOLKE C, HAHN T, OLSSON P, et al. Adaptive governance of social-ecological systems[J]. Annual review of environment and resources, 2005(1);李文钊.理解治理多样性:一种国家治理的新科学[J].北京行政学院学报,2016(6).

② 张成福,李昊城,边晓慧.跨域治理:模式、机制与困境[J].中国行政管理,2012(3).

量聚合到跨界行动网络中,以契约承诺、联合行动取代科层和竞争,以信任与合作共赢构建互动的协议同盟,塑造互联互通的一致性行动伙伴关系,并根据行动议题的具体内容、主体自身情况、权责界定、资源分配方式等变量,建构起一套整体协作的跨界治理体系,以此形成一种以协商、信任、整合、共享的治理文化为基础的新公共理性。① 布莱森等将跨部门合作(cross-sector collaboration)定义为两个或两个以上的部门通过信息、资源、活动以及能力的联系与共享实现单一部门无法单独实现的结果。② 艾默生等将协作治理(collaborative governance)视为超越对传统公共管理者以及公共部门倾向性关注的一种新型跨界治理机制,并将其定义为能够使人们跨越公共部门边界、政府行政层级以及公共、私人、公民领域从而实现公共目标的公共决策与管理过程,包含基于政策或项目的政府间协作(policy or program-based intergovernmental cooperation)、基于地域的与非政府利益攸关方的区域性合作(place-based regional collaboration with nongovernmental stakeholders)、公私合作关系三个维度。③ 娄成武等认为西方跨界治理基于经济发展和政治驱动两种内在动力,包含伙伴关系模式、行政性合作模式、碎片化模式三种治理类型。④

跨界治理要求对单一政府主导的公共事务处理机制进行调整,重视企业、社会组织等治理主体在资源供给与社会治理上的代表性优势,以解决公共问题、实现公共目标、增进公共利益为价值导向,通过对信息技术与信息系统的工具性运用,跨越纵向组织层级、横向区域府际以及公私领域边界,形成多元主体网络化治理结构,从而实现对复杂社会系统的动态性适应。

七、各理论之间的关联

本节前述内容均为与数字政府发展相关的理论基础概述。其中,整体性治理理论、数字治理理论、网络化治理理论并称为后新公共管理时期的三大主流

---

① 刘祺.理解跨界治理:概念缘起、内容解析及理论谱系[J].科学社会主义,2017(4).
② BRYSON J M, CROSBY B C, STONE M M. The design and implementation of Cross-Sector collaborations: propositions from the literature[J]. Public administration review, 2006(S1).
③ EMERSON K, NABATCHI T, BALOGH S. An integrative framework for collaborative governance[J]. Journal of public administration research and theory, 2012(1).
④ 娄成武,于东山.西方国家跨界治理的内在动力、典型模式与实现路径[J].行政论坛,2011(1).

理论。整体性治理理论吸收了协同治理理论关于"合作"的观念,并为数字治理理论的发展奠定了深厚基础,但也正是由于希克斯提出的整体性治理理论在整合与协调的问题上缺乏具体路径指引,促使邓利维提出数字治理理论并就相关问题的制度化路径进行补充与完善,即建立线上治理基础设施、建立整合型组织机构和主动型文官体系。[①] 整体性治理理论在理论背景上更倾向于对新公共管理理论的批判与超越,数字治理理论则是基于数字化变革的时代背景从技术层面对整体性治理理论进行了深化与调整。网络化治理理论相对于整体性治理理论、数字治理理论而言,虽在治理形式、自组织等主张上存在一定的重合,同时继承了适应性治理理论对于适应能力的强调,但究其背景,网络化治理理论的内核仍是对新公共管理理论的延续。跨界治理理论则继承了协同治理理论、整体性治理理论、网络化治理理论在多元治理主体、开放式决策、协调与沟通等问题上的理论倾向,以整合与发展的思维构建其在治理范围上的相关主张。

后新公共管理时期,众多治理理论共性与差异并存,共同构筑了数字经济时代社会转型与政府治理变革实践的理论基础。就其共性而言,众多公共治理理论集中体现了多元化的治理主体、公共价值导向的治理目标、扁平化治理结构、数字化治理工具、协同合作的治理方式等理论导向。就其差异而言,针对社会系统的动态性与复杂性特征,众多公共治理范式以不同的理论聚焦点相互区分,其中,协同治理理论强调多中心主体的合作共赢,整体性治理理论强调碎片化的整合与协调,数字治理理论强调数字化技术的有效运用,网络化治理理论强调网络状组织结构的构建,适应性治理理论强调复杂系统中适应性机制的建立,跨界治理理论强调跨越地理区域、公私领域、行政层级以及组织部门边界的沟通协作。

八、上述理论对数字政府建设的理论关照

(一)满足公共需求,实现公共价值

数字政府强调以人为本,致力于满足公民需求与增进公共利益,充分体现了公共治理理论体系对其在价值理念上的塑造。在数字政府建设过程中,通过

---

① 彭锦鹏.全观型治理:理论与制度化策略[J].政治科学论丛,2005(23).

数据的跨界互通,并利用现代信息技术与开放平台等方式促进多元主体之间的沟通与互动,可以实现对公共需求的精准把握,进而以需求为导向重构公共服务的供给过程,切实提高数字政府的治理效能。

（二）突出信息技术的作用

数字政府融合了公共治理理论,尤其是数字治理理论中对于信息技术的重视与应用,契合了数字化时代政府治理的变革需求。利用信息技术手段在数据层面进行管理规范,在平台层面进行宣传互动,在政策层面进行决策优化,在利用层面进行服务改进,旨在解决政府信息碎片化、政府服务低效化、组织机构僵化等现实问题。技术因素作为数字政府建设中突破积弊阻碍的重要手段,实现了对公共治理理论体系工具价值倾向的有力回应。

（三）跨越传统界别,构建扁平化、网络化组织结构

数字政府建设基于协同治理、整体性治理、跨界治理等理论导向,旨在解决政府内外部界别的局限性,通过组织结构的扁平化、网络化转变,部门间协作化、整合化转变,以及公私领域的优势互补式共赢理念,来应对复杂社会系统,有效打破了传统政府纵向层级、横向部门以及地理区域间的数据与信息壁垒,并进一步实现政府力量与社会力量的有机整合,充分体现了整体、协同与适应性理念的现实意义。

（四）治理主体趋向多元,构建多中心治理结构

公共治理理论从早期关注企业、社会组织、公民等主体的治理潜力到后期提倡政府与社会力量之间的合作,充分反映了治理主体趋向多元这一理论特性。单一主体治理失灵问题也促使数字政府聚焦于网络系统中节点与维度的复杂性,将社会力量纳入整体治理体系,提倡"共治"与"共赢",以践行民主理论中的公民权利与平等等理念。除此之外,在多元化治理主体权责划分困境问题上,区别于官僚制下的权力集中化设置,政府在网络结构中作为重要节点,主要负责集合多元行动者、回应社会需求,并承担战略制定者或"元治理"的角色。其他治理主体则在共同的公共目标与公共利益的驱使下,充分发挥各自资源优势与技术潜力,弥补政府的职能边界与能力局限,实现多中心治理结构的转变,契合数字化时代整体治理格局的发展潮流。

思考与练习

1. 建设数字政府与推进国家治理体系和治理能力现代化之间有何关联？

2. 思考协同治理理论、整体性治理理论、数字治理理论、网络化治理理论、适应性治理理论和跨界治理理论对数字政府建设有何借鉴意义。

案例分析与讨论

加强数字政府建设，好在哪？

中央全面深化改革委员会第二十五次会议审议通过了《关于加强数字政府建设的指导意见》。会议指出，加强数字政府建设是创新政府治理理念和方式的重要举措，对加快转变政府职能，建设法治政府、廉洁政府、服务型政府意义重大。

一、数字政府将给老百姓带来便利

会议指出，要把满足人民对美好生活的向往作为数字政府建设的出发点和落脚点，打造泛在可及、智慧便捷、公平普惠的数字化服务体系，让百姓少跑腿、数据多跑路。

人民网"强观察"栏目梳理发现，我国数字政府建设的相关工作正稳步推进。我国以国家政务服务平台为总枢纽，联通各地区各部门政务服务平台，形成了全国一体化政务服务平台，截至2021年12月，平台实名用户超过8亿人；国务院办公厅《关于加快推进电子证照扩大应用领域和全国互通互认的意见》提出，2022年底前，企业和群众常用证照基本实现电子化，与实体证照同步制发和应用，在全国范围内标准统一、互通互认。

二、数字政府建设将提升政府治理效能

会议指出，要以数字化改革助力政府职能转变，统筹推进各行业各领域政务应用系统集约建设、互联互通、协同联动，发挥数字化在政府履行经济调节、市场监管、社会管理、公共服务、生态环境保护等方面职能的重要支撑作用，构建协同高效的政府数字化履职能力体系。

具体而言，如何理解数字政府建设给政府职能带来的转变与支撑呢？

政府通过大数据可以全面准确及时了解全体社会成员的真实状况及其演变态势,以便对社情民意做出恰当的价值判断和趋势分析,把政府善治建立在更加符合社会实际基础之上。

政府可以借助于大数据和智能决策系统,对各项重要决策进行多种备选方案智能化比对,对其各自可能后果及其长期效应做出科学预判和风险评估,力求科学决策、优化决策。

三、数字政府建设还有这些关键点

会议指出,要统筹推进技术融合、业务融合、数据融合,提升跨层级、跨地域、跨系统、跨部门、跨业务的协同管理和服务水平。

欧阳康表示,会议提出这样的全局性要求和战略性举措,将有望解决各方面、各类别的数据互不相通形成的"信息孤岛"难题,助力实现数据的融合与共享。

另外,会议指出,要始终绷紧数据安全这根弦,加快构建数字政府全方位安全保障体系,全面强化数字政府安全管理责任。

资料来源:方经纶,朱江.加强数字政府建设,好在哪?[EB/OL].(2022-04-24)[2023-05-09].http://www.people.com.cn/n1/2022/0424/c32306-32406789.html.

思考并讨论:

1. 如何理解数字政府建设让"百姓少跑腿、数据多跑路"?
2. 如何理解数字政府建设给政府职能带来的转变与支撑?
3. 结合个人经历,谈谈数字政府与服务型政府的关系。

第二编

数字政府的治理内容

第四章 政府数据治理

■ 学习目标

本章主要阐述政府数据治理的内涵、内容、流程以及实践进展。通过本章的学习，要求掌握：(1) 政府数据治理的内涵与特征；(2) 政府数据治理生命周期及主要内容；(3) 我国政府数据治理的现状、问题及发展对策；(4) 政府数据治理的国际发展与经验。

■ 引 例

政府数据治理

佛山某大区政务服务数据管理局的大数据池已沉淀了 3 亿多条数据，其中包括 127 万条自然人数据、18 万条法人数据、5 万条城市部件数据等。随着各部门对数据共享交换及应用需求的增加，数据管理和数据质量也面临着新的挑战，信息资源分散、数据质量低、清洗难度大、数据标准不统一和数据资产价值不明等极大影响了政务服务效率。为解决以上问题，佛山市计划搭建数据治理平台，解决存在的数据痛点。主要建设内容如下：(1) 优化数据架构，替换交换平台；(2) 建设数据治理平台，提升数据质量；(3) 助力无纸化改革，优化无纸化政务服务；(4) 数据可视化管理。该项目实现价值如下：(1) 协助梳理业务数据；(2) 统一数据标准；(3) 发现数据质量问题；(4) 实现数据采集、交换与共享。

资料来源：政府数据治理很难？详解体系建设与落地略径 [EB/OL]. (2022-04-25) [2023-05-09]. https://baijiahao.baidu.com/s?id=1731079150408871382&wfr=spider&for=pc.

第一节　政府数据治理概述

现代信息技术的迅猛发展带来了社会深度变革,各国政府已明确将政府数据作为重要的国家战略性资源,我国中央文件已明确将数据纳入生产要素范畴。基于政府数据的重要价值,把握政府数据治理的本质与关键问题,推进有效的政府数据治理工作,成为实施数字政府建设的重要前提。为此,必须首先厘清政府数据治理的概念内涵、特征与功能。

一、政府数据治理的内涵

(一)政府数据的含义

关于数据(Data)的定义很多。例如,马费成等提出:数据是载荷或记录信息的按照一定规则排列组合的物理符号。① 中国科学院的相关文件提出:数据是指任何以数字化形式存储的内容,包括文本、数字、图像、视频、音频、软件、算法、动态模拟、模型等。② 我国 2021 年 9 月 1 日起施行的《数据安全法》第三条将数据定义为任何以电子或者其他方式对信息的记录。

关于政府数据(Government Data)也有若干定义,参考国内外学者的定义及相关政策文本的规定,笔者将政府数据界定为:行政机关在依法履行职责过程中制作或者获取的,以一定形式记录、保存的数据。这一定义强调政府数据具有如下内涵:第一,从主体来看,政府数据的采集主体、控制主体主要是行政机关(也包括履行公共职能的事业单位、公用事业企业)。第二,从获取方式来看,政府数据是行政机关在依法履行职责过程中所采集或产生、掌握的数据。第三,从客体来看,政府数据属于公共数据资源。

与政府数据相近的概念有政府数据、政府信息等。政府数据是各级政务部门及其技术支撑单位在履行职责过程中依法采集、生成、存储、管理的各类数字

---

① 马费成等.信息管理学基础[M].武汉:武汉大学出版社,2002:8.
② 中国科学院.中国科学院科学数据库资源整合与持续发展研究报告[R].2007:1.

资源。① 政府信息是指行政机关在履行行政管理职能过程中制作或者获取的，以一定形式记录、保存的信息。

(二) 数据治理的含义

数据治理(Data Governance)概念源于20世纪80年代国外企业如IBM等对内部数据的治理实践。国外学者从不同角度对数据治理进行了界定,例如唐纳森和沃克从政策法规的角度提出数据治理框架是一系列政策和规则的集合。② 费尔南德斯从过程的角度提出数据治理是为确保组织数据资产发挥最大价值,集中人、过程和信息技术的数据管理及维护过程。③ 也有学者从实践角度提出数据治理是为有效管理和应用企业数据而组织和实施的政策、流程与标准的实践,其目的在于增加数据的价值,并将与数据相关的成本和风险降至最低。④

随着大数据时代的到来,数据治理开始成为学术研究的热点。国内学者张康之提出数据治理概念包含双重内涵:其一是依据数据的治理,强调治理理念层面,在开发和应用数据资源过程中治理主体自觉地依照数据去安排、推动社会治理;其二是对数据的治理,强调技术理念层面,对数据这一新兴要素进行治理。⑤

(三) 政府数据治理的含义

政府数据治理(Government Data Governance)是数据治理研究中的重要主题。黄璜从多角度对政府数据治理进行了界定,提出广义上的政府数据治理可以分为宏观、中观和微观三个层面。宏观层面是政府作为治理主体对数据产业、数据经济乃至整个社会数据化过程的宏观治理,比如国家数据战略;中观层

---

① 全国信息技术标准化技术委员会大数据标准工作组,中国电子技术标准化研究院,国家信息中心.政务数据开发利用研究报告(2021版)[R].2021:4.
② DONALDSON A, WALKER P. Information governance: a view from the NHS[J]. International journal of medical informatics,2004(3).
③ FERNANDES L,O'CONNOR M. Data governance and data stewardship: critical issues in the move toward EHRs and HIE[J]. Journal of AHIMA,2009(5).
④ CHEN Y C, HSIEH T C. Big data for digital government: opportunities, challenges, and strategies[J]. International journal of public administration in the digital age,2014(1).
⑤ 张康之.数据治理:认识与建构的向度[J].电子政务,2018(1).

面的数据治理介于宏观和微观之间,是政府对社会公共事务治理中所产生或需要的数据资源的治理,涉及政府数据资源的利用、共享和开放等核心议题;微观层面是对政府机构在行政管理过程中所产生和使用的数据,尤其是信息系统中所存储数据的治理,是维护数据质量、提高决策和管理效率的策略集。①

政府数据治理就是将政府数据视为治理的对象和治理的工具。参考其他学者的定义,笔者提出政府数据治理概念存在四个层次的意涵:其一,政府数据治理就是指对政府数据本身的治理,也就是政府对其在行政管理和服务过程中产生与使用的数据进行治理;其二,政府数据治理就是对政府数据的开放共享,目的是实现政府数据的流动和利用;其三,政府数据治理就是政府、企业和社会利用数据为公共管理提供支撑,提升治理能力和水平;其四,政府数据治理就是政府对数字中国建设进行引领式、全方位治理。笔者将选取第一层次对政府数据治理进行详述。

二、政府数据治理的特征

(一)治理对象的"XV 特性"

从政府数据治理针对什么的角度审视,政府数据治理的对象是政府数据,海量政府数据是大数据的重要组成部分。

大数据较之传统数据有本质差别。道格·莱尼提出大数据具有规模性(volume)、多样性(variety)和高速性(velocity)的基本特征。② 许多研究者及各类组织拓展了大数据的特征维度,提出大数据同样具有"XV 特征",即具有 4V、5V、6V 乃至 7V 特征。例如,2014 年 IBM 提出了大数据的 5V 特征。政府数据同样具有"XV 特征",这对在政府数据的采集、组织、存储及数据安全性等方面体现出的政府数据治理能力提出了更高要求。③

(二)治理结构的复杂性

从谁来开展政府数据治理的角度审视,政府数据治理的主体行动者是政

---

① 黄璜.美国联邦政府数据治理:政策与结构[J].中国行政管理,2017(8).
② 问题来了,大数据的特性究竟有多少个 V?[EB/OL].(2018-01-08)[2022-1-10].https://cloud.tencent.com/developer/news/79616.
③ 许阳,胡月.政府数据治理的概念、应用场域及多重困境:研究综述与展望[J].情报理论与实践,2021(8).

府,强调多元主体协同共治。因为政府数据治理环节多、内容复杂,涉及众多利益相关者,主体行动者的数据治理能力以及多元主体之间的协作程度对政府数据治理效能的提升有重要影响,所以政府数据治理要吸收多种新型治理主体,以形成对传统政府数据治理机制的补充和替代。因此,需要树立政府主导、社会协同、公众参与、法制保障的政府数据治理理念,厘清政府在政府数据治理中的职能与作用边界,基于政府数据多元利益相关者的价值诉求与价值实现方式,建立多元数据治理合作机制,应用现代技术提升治理主体协同能力,利用云计算、移动互联网等技术消除多元主体沟通障碍,提升社会组织、社会团体以及公民个体参与政府数据治理的水平。①

（三）治理手段的多样性

从如何开展政府数据治理的角度审视,政府数据治理手段具有多样性。政府数据治理综合运用了数据治理政策法律、人员组织、技术方法等手段,有效实现对海量政府数据的全面管理,使政府数据具有可用性、完整性、安全性等,以确保政府数据在安全基础上的流动,确保政府数据资产的保值增值。②

（四）治理过程的风险性

政府数据治理是一个多因素相互协调、共同产生治理效能的过程。政府数据治理过程中客观存在着众多风险因素,如政府外部的技术生态、管理者的能力水平、政企合作等,这些风险因素如果处理不当都会引致风险,产生政府数据采集的质量风险,以及数据的安全性、保密性等多种风险。治理过程中"数据至上"思维、对数据过度采集和分析、公私合作的治理模式等都可能造成侵犯隐私、个人意志和选择被剥夺、数据泄露等众多问题,进而引发治理低效乃至破坏社会稳定风险。

（五）治理目标的价值导向性

从政府数据治理目标的角度审视,政府数据治理的最终目标就是依托政府数据治理社会,从而推动政府治理能力现代化,满足人民群众对美好生活的向

---

① 黄静,周锐.基于信息生命周期管理理论的政府数据治理框架构建研究[J].电子政务,2019(9).
② 夏义堃.试论数据开放环境下的政府数据治理:概念框架与主要问题[J].图书情报知识,2018(1).

往，提升人民群众的满意度。通过政府数据治理，充分利用海量数据，可以更好地解决复杂的公共政策和管理问题，实现治理流程和制度创新，确保公共利益的实现和公共秩序的维持。因此，在政府数据治理过程中，应围绕政府数据资源的整合与价值重构，进行全生命周期数据价值的充分挖掘，理顺数据开发利用横向联合、纵向联动的责任机制，提升数据开发利用的经济效益，兼顾政府数据的社会效益，以及注重数据治理过程对政府行为的改变所带来的行政效益、文化效益，从而推动政府数据价值实现创造性转化。①

三、政府数据治理的功能

政府数据治理的功能与政府数据应用的过程有内在的契合性。与传统政府数据应用的过程和功能对比，现今对政府数据的治理与过去有所不同。

不少学者都曾论述过大数据的应用。例如，詹森等提出大数据应用的四个阶段，包括数据收集、数据准备、数据分析、决策形成；②也有学者将这四个阶段概括为数据收集、数据清洗、数据选择和数据挖掘。③

与政府数据治理过程链条（数据抓取、数据筛选与存储、数据流通、数据分析与挖掘）相对应，政府数据治理可概括出四个主要功能：其一，多类型数据的获取与实时传输：打破传统的数据单向输入模式，采用数据主动抓取与被动输入的双向获取方式，实现多样化数据采集和多类型数据实时传输。其二，海量数据的高速运转：依托全新的大数据平台和分布式存储技术，通过数据清洗等过程，对海量的政府数据进行存储与读取，实现政府数据高质高速运转。其三，多主体互动：多种平台实现政府数据协同治理，开发多主体对数据的可得、可读、可用、可看等互动功能，最大化利用数据自身的基础价值。其四，数据的科学分析预测：基于政府数据的质量与价值，用数据间的相关关系代替传统因果

---

① 薛金刚，庞明礼."互联网+"时代的大数据与官僚制治理：取代、竞争还是融合？——基于嵌入性的分析框架[J].电子政务，2020(4).
② JANSSEN M, et al. Factors influencing big data decision-making quality[J]. Journal of business research, 2017.
③ ZHOU K, FU C, YANG S. Big data driven smart energy management: from big data to big insights[J]. Renewable and sustainable energy reviews, 2016.

关系的分析,挖掘对象潜在的需求和问题,实现数据的科学预测功能,提高政府管理决策的精准性。①

第二节 政府数据治理的内容与流程

一、政府数据治理的内容概述

微观层面政府数据治理通过完善政策法规、建立标准规范、保障数据安全等,构建良好的数据生态环境,运用技术、标准、组织等手段进行数据管理、整合、分析和挖掘,通过目录管理、生命周期管理、资产管理等方式提高数据质量,提升数据价值。从不同视角看,政府数据治理关注不同的内容。②

从数据协同的视角看,政府数据治理的内容是协同建设、开发、挖掘和利用政府数据。治理主体通过协调和优化组合,对分散于各个职能部门的碎片化数据进行管理与控制,实现整体化、协同化的政府数据治理。③

从数据管理体系视角看,政府数据治理体系内容丰富,包括机制、体制、法制和技术等,涉及的方面有流程、标准、数据、资产、资源、技术工具等,涉及的领域有元数据管理、业务词汇表、数据生命周期管理、数据质量以及参考数据管理等。

从数据流视角看,政府数据治理着眼于数据流和业务流的融合,覆盖了数据门户前端公共服务平台、后端数据仓库到终端的数据分析与数据存储等数据流的所有环节,强调内部数据流程再造,涉及具体的数据业务活动过程与控制,是数据的全生命周期管理。

从数据资产视角看,政府数据治理专门关注数据资产的价值实现,聚焦于数据资产的采集与挖掘、流通与交易、开发与再利用、安全与保护等内容,最大限度地释放数据的经济与社会价值,实现数据资产价值的最大化。

---

① 许阳,胡月.政府数据治理的概念、应用场域及多重困境:研究综述与展望[J].情报理论与实践,2021(8).
② 胡海波,娄策群.数据开放环境下的政府数据治理:理论逻辑与实践指向[J].情报理论与实践,2019(7).
③ 胡玉桃.数字化转型视野下的地方政府数据协同治理[J].学习与实践,2019(6).

以下着重对政府数据治理生命周期理论、数据流视角下的政府数据治理环节与内容等进行介绍。

二、生命周期与政府数据治理生命周期理论

（一）生命周期理论与方法

生命周期往往指生物生命周期。生物生命周期本质上就是指生物从出生、成长、衰老到死亡的过程。而生命周期理论与方法的内涵就是利用生物生命周期的思想，将对象从其形成到最后消亡看成一个完整的生命过程，而对象在整个生命过程中，因其先后表现出不同的价值形态，可划分为几个不同的运动阶段。生命周期理论与方法的价值就是基于对象在不同的运动阶段的不同特点，采用各自适宜的管理方式和应对措施。①

（二）信息生命周期理论与模型

建立在社会有机论和系统论等理论基础上的生命周期理论与方法在许多理论研究领域得到了广泛应用，尤其是在信息管理领域。国内外政策文本及学者都对相关概念有所界定。例如，美国《联邦政府信息资源管理》通告（A-130号通告）提出信息生命周期是信息所经历的阶段，其中几个最主要的阶段是创建或收集、处理、传播、利用、存储和处理。② 美国政府依据"生命周期"的理念进行政府信息资源管理。霍顿最早提出真正意义上的信息生命周期管理模型，随后许多研究人员和企业不断补充，纷纷提出了相应的模型。例如，甲骨文公司提出了包含11个步骤的信息管理完全内容周期。虽然不同模型对于信息生命周期管理的具体阶段/维度划分有所不同，但是这些模型内在的基本逻辑较为一致，都包括信息收集、信息存储、信息利用、信息销毁等阶段。③

（三）政府数据治理生命周期理论

政府数据治理过程具有明显的周期性，将信息生命周期理论与模型引入政府数据治理，能够清晰梳理政府数据治理各阶段任务，对于研究政府数据生命

---

① 朱晓峰.政府信息资源生命周期管理[M].南京：南京大学出版社，2009：7.
② CIRCULAR NO. A-130 Revised [EB/OL].[2022-10-10]. https://georgewbush-whitehouse.archives.gov/omb/circulars/a130/a130trans4.html.
③ 黄静，周锐.基于信息生命周期管理理论的政府数据治理框架构建研究[J].电子政务，2019(9).

周期规律,明确政府数据治理步骤,优化政府数据开发流程,挖掘政府数据价值具有重要作用。学者们基于政府数据治理过程不同阶段的数据处理活动,形成了不同的政府数据治理的生命周期理论。(见表4-1)

表4-1 政府数据治理生命周期理论

学者	主要观点
鲍静等	政府数据治理生命周期管理分为六个阶段,包括数据生成与发布、权限配置管理、网上流转、数据呈现、利用管理和更新管理
阿塔尔德等	从数据预处理、开发与维护三个方面分析了政府数据生命周期,将其分为数据创建、筛选、协调、分布、关联、发现、探索、开放与监护等九个阶段
维恩斯特拉等	将政府数据治理分为五个阶段,包括数据识别、准备、发布、重用与评估
黄静和周锐	将政府数据治理生命周期分为五个阶段,包括数据采集、整合、评估、存储及共享
黄如花等	政府数据的生命周期管理模型包括五个相互关联、连续迭代的阶段,即数据创建与采集、数据组织与处理阶段、数据存储与发布阶段、数据发现与获取阶段、数据利用与增值阶段

资料来源:鲍静,张勇进,董占广.我国政府数据开放管理若干基本问题研究[J].行政论坛,2017(1);ATTARD J, ORLANDI F, SCERRI S, AUER S. A systematic review of open government data initiatives[J]. Government information quarterly,2015(4);VEENSTRA A V, DEN BROEK T V. A community-driven open data lifecycle model based on literature and practice[M]. Berlin:Springer,2015;黄静,周锐.基于信息生命周期管理理论的政府数据治理框架构建研究[J].电子政务,2019(9);黄如花,赖彤.数据生命周期视角下我国政府数据开放的障碍研究[J].情报理论与实践,2018(2).

三、数据流视角下的政府数据治理

(一)数据流视角下政府数据治理环节

1. 政府数据采集

数据采集是利用相关装置,从系统外部获取数据并输入系统。政府数据采集是按照既定的原则和设计好的程序,科学有效地进行政府数据汇集、提炼的过程。

政府数据采集要遵从实用性原则、系统性原则、协调性原则、发展性原则。[①] 政府数据采集需要明确政府数据治理的需求,确定谁来采集,从哪儿采集,如何采集。政府数据采集的基本程序有:(1)采集需求分析。第一,明确数据采集针对的服务对象及目的;第二,确定数据采集的具体内容;第三,确定数据采集的具体范围。(2)采集数据源分析。政府数据的来源广泛、形式多样,有政府与公民之间(G2C 型)、政府与企业之间(G2B 型)、政府与政府之间(G2G 型)、政府与公务员之间(G2E 型)交互作用产生的数据等。数据来源包括个人、机构、数据库、网络、新闻媒体、实物数据源等。采集需求分析就是要选择合适的政府数据源,保证数据采集的有效性和针对性。(3)采集途径分析。政府数据的类型、载体和内容不同,其流通渠道和范围也不尽相同。政府数据的不同来源影响了政府数据采集方式与途径。进行数据采集时应该采取不同的途径和策略,通过网站、社交媒体、智能化终端等多元渠道收集相关数据。例如,对于各委办局的各类业务数据,以国家统计部门进行统一数据收集生产为主;对于各类实时监测数据,物联网监控设备基于传感芯片、RFID 读写系统等技术,通过工业控制系统、商业可穿戴设备、温度、压力、湿度等监测设备,GPS 系统等获得各类实时数据;对于网络数据,可以基于移动端情景感知获得。(4)采集的实施。为了保证数据采集的效率和质量,实施过程中要注意进行监控与及时调整。(5)采集结果的评价。政府数据采集工作结束后,要按照相应标准对采集结果进行科学有效的分析和评价,为以后的数据采集工作提供参考。

2. 政府数据组织

数据组织是指对数据采集的结果进行组织,使大量离散、无序的数据结构化、有序化的过程。数据有序化是数据组织最核心的内容。[②] 政府数据组织就是指利用一定的规则、方法和技术,对政府部门采集的数据的外部特征和内容特征进行揭示和描述,并按照给定的方式(参数和序列公式)进行排列,使采集到的数据从无序集合转换为有序集合的过程。[③]

---

① 杨美沂.电子政务与政府信息资源管理研究与探索[M].长春:吉林大学出版社,2018:90.
② 马费成.信息资源开发与管理[M].北京:电子工业出版社,2004:102-103.
③ 朱晓峰.政府信息资源生命周期管理[M].南京:南京大学出版社,2009:115.

从处理方式而言,政府数据组织包括:第一,政府数据组织计划。具体包括制定数据组织指南、构建数据组织流程、实施数据评估等。第二,政府数据组织规范制定。根据政府数据组织的需要和政府数据的特征,确定一系列规则和方法,具体内容包括:针对政府数据多元异构特征,明确政府数据格式;构建政府数据的元数据标准与规范;构建数据组织标准,从数据采集、组织、存储、处理、共享与利用等方面对组织标准进行规范和管理。[①] 第三,数据整合。依据信息组织规范,对政府数据资源的特征和内容进行分析、选择、著录、标引、记录,为进一步进行数据存储与处理分析做准备。数据整合主要包括:统一数据格式,主要是统一非结构化数据格式,以实现数据的统一存储与分析;基于元数据标准与政策,实施元数据制定与管理;构建数据标识,为精准化、智能化提供技术基础与保障。

政府数据组织常用的方法有目录法、索引法、分类法、分级法、主题法、引文分析法等,其中最为常见的是分类法与分级法。

3. 政府数据存储

政府数据经过采集、组织后需要进行存储。政府数据存储是政府数据处理、共享与利用的基础。政府数据数量大且类型多样,按其结构化程度及特征,可以分为结构化、半结构化、非结构化数据。传统数据存储方式已经不能满足规模庞大的半结构化和非结构化数据的存储需求,更无法满足对数据进行交叉分析、深度挖掘的需求。现代数据存储技术主要包括 MPP 数据库架构、Hadoop 技术扩展和封装、一体机技术等,这些技术具备可弹性伸缩、高可用的分布式对象存储服务的能力,能满足政府数据存储的基本要求,为不同类型数据提供不同级别的存放策略。根据政府数据类型及其应用的不同,数据被分别存储至基础库、关联库、专题库、管理库等,不同数据库采用的管理标准则有所不同。

由于数据来源不同,政府数据往往存储于不同的子数据库。来自 PC 以及移动设备终端的数据,以社会事件、灾害事件、舆情事件、位置信息、空间数据等子库形式进行存储;从物联网监控设备获得的各类实时监测数据以视频数据、环保监测数据等子库形式存储;来自各级政府的各项业务的数据,一般以专题

---

① 朱晓峰.政府信息资源生命周期管理[M].南京:南京大学出版社,2009:119.

数据、经济数据等子库形式存储。①

4. 政府数据处理

政府数据处理的目的在于从规模庞大、杂乱无章的数据中,选取出符合特定需求与拥有特定价值的数据,主要包括数据清洗、数据脱敏、关联对比、数据格式转换、数据整合以及数据挖掘。

第一,数据清洗。数据清洗就是运用一定方法修正识别到的数据问题、提高数据质量的过程。因为政府大数据中不可避免地会出现不合适的、较为粗糙的数据,粗糙数据的"净化"就需要数据清洗。数据清洗加工要确定目标及规则,考虑目标数据资源特点和工作复杂程度,并结合业务要求或用户和其他相关方的需求。数据清洗还应具有明确的流程,通过数据抽取、定义规则、数据过滤、数据检核、修正处理、数据转换、结果检验等一系列过程使数据达到规范性、准确性、完整性等质量要求。

第二,数据脱敏。数据脱敏就是通过一定方法消除原始环境数据中的敏感信息,并保留目标环境业务所需的数据特征或内容的数据处理过程。因为政府数据中含有敏感数据,如有关个人隐私的数据,所以政府数据脱敏就成为关键。数据脱敏的重要内容就是通过构建严格的数据审查标准,制定完备的数据脱敏规范、流程和方法等进行数据变形,实现对隐私数据的保护,从而可以安全使用脱敏后的数据。

第三,关联对比。政府数据关联是指发现并构建数据间关系的过程,是实现政府数据资源整合的重要技术。数据关联的假设是:关联起来的数据越多,数据的价值就越大;对数据之间关系的综合了解是获取价值的重要途径,数据关联的目的在于形成一定的数据网络。现实中存在着"数据孤岛""数据烟囱"现象,不同部门的数据难以反映各数据之间的关系,因此有必要进行数据关联。通过数据关联与对比,可以有效解决问题、突破各种数据分析挖掘的限制,实现多源数据间相互参照及政府数据智能化与自动化挖掘。②

第四,数据格式转换、数据整合与数据挖掘。通过将政府数据转化为统一

---

① 黄静,周锐.基于信息生命周期管理理论的政府数据治理框架构建研究[J].电子政务,2019(9).
② 同上.

标准格式,整合多源异构数据并对其进行整理、清洗、转换后加载到一个新的数据源,为数据利用提供统一数据视图的数据集成方式,可实现数据价值深度挖掘,基于统计、在线分析处理、情报检索、机器学习、专家系统等诸多方法从大量的数据中通过算法搜索隐藏于其中的信息,实现数据价值的高效利用。

(二)数据流视角下政府数据治理重点内容

数据流视角下政府数据全生命周期治理强调政府数据治理的标准化、政府数据的高质量、政府数据安全基础上的流动。以下为政府数据治理重点内容。

1. 元数据管理

元数据是对具体数据对象的一系列属性的描述,由此可以识别、管理数据对象,实现数据的发现与获取,对政府数据描述与治理具有重要作用。元数据对政府数据的描述包括:名称、数据来源、提供部门编码、提供部门名称、共享类型、开放类型等。国外主要有 GILS 和 DC-government 两大主流政府元数据标准,各国确立的政府元数据标准规范基本上都是基于上述两种标准并进行调整。我国已于2007年出台政府信息管理元数据标准文件,一些地方政府,如贵州省已出台相关元数据描述规范等。当前,政府数据治理需要加强政府数据元数据的研究及元数据标准建设实践,从源头严控数据质量。

2. 数据集成

由于缺少统一、系统的政府数据治理规划与相关机制,多层次、跨部门的各政府数据系统之间缺少有效的数据集成,形成各类"数据孤岛",政府数据存在多次重复采集、数据之间一致性较差的问题,从而影响了政府数据的开放与利用。保证在语义一致的前提下实现数据集成是政府数据治理的基础。当前需要加强对政府数据集成体系架构及实现路径的研究,实现各政府数据系统的集成,对大量政府数据进行挖掘与分析,了解数据背后的规律,以满足个性化的数据需求。

3. 政府数据分类分级管理

政府数据只有通过正确的分类分级,在不危及国家安全、不危害公共利益、不侵犯个人隐私等前提下,充分对接公众的需求,实现有序的流动、共享、交易,政府数据才能被充分利用,真正发挥价值。政府数据分类开放就是根据公共数据的属性或特征,进行区分和归类,系统地组织与揭示公共数据的一种方法,以便于政府数据管理和利用。政府数据分级是对政府数据进行定级,定级后的数据有不同等级的管控要求。当前需要制定标准化和科学化的政府数据分类分级方法,指导具体的实践工作。

第三节 我国政府数据治理的现状

一、我国政府数据治理的进展

(一)政府数据治理政策法规的推进

为实现国家治理体系和治理能力现代化的建设目标,我国中央政府和许多地方政府大力推进相关政策法规的建设,围绕政府大数据、数据资产、数据产业等展开,涉及数据全生命周期的治理过程与环节、不同机构与部门的协同治理,以及安全与流动平衡下的政府数据增值。

2015年9月,国务院印发《促进大数据发展行动纲要》,为政府数据治理提供顶层设计。2016年,《中华人民共和国国民经济和社会发展第十三个五年规划纲要》公布,首次提出"国家大数据战略"和"网络强国战略"。一系列关于政府数据资源整合共享的政策纷纷制定公布,2016年和2017年国务院先后公布《政务信息资源共享管理暂行办法》《政务信息系统整合共享实施方案》。2020年《中共中央、国务院关于构建更加完善的要素市场化配置体制机制的意见》首次将数据要素纳入市场化改革范畴。《中华人民共和国国民经济和社会发展第十四个五年规划和2035年远景目标纲要》提出要"加强公共数据开放共享""推动政务信息化共建共用"等。[①] 我国《网络安全法》《个人信息保护法》《数据安全法》等一系列法律法规、规章制度、标准规范等也相继推出,力求构建良好数据文明秩序与数据生态环境。此外,地方政府层面,如上海、贵州等,也不断推进政策法规建设。

(二)政府数据治理体制的构建

我国国家层面政府数据治理的主体架构是:国务院统一部署领导和统筹推

---

① 周文泓,朱令俊.我国政府数据治理的发展进程研究与展望:基于国家层面的分析[J].图书馆学研究,2020(16).

进全国政府数据治理工作,国家信息中心、中央网络安全和信息化委员会办公室等十余个国家机关围绕不同种类的政府数据、政府数据生命周期的不同阶段和政府数据治理的不同内容设置了相应的职能职责,这些职能虽各有不同却也存在交叉,形成了主体合作协同机制。在战略规划方面,如国家发改委拟订并组织实施数据及治理相关的发展战略、中长期规划和年度计划,国家信息中心制定大数据发展战略与总体规划等;在标准制定方面,不同机关部门制定的标准侧重点各不相同,如中央网络安全和信息化委员会办公室参与政府互联网内容管理的法治建设;在数据仓库方面,国家档案局、国家统计局提供丰富资源支持;在基础设施方面,国务院办公厅同国家发改委及国家信息中心协同工信部为各类业务应用系统建设提供数字基建保障等;在安全保护方面,国家信息中心负责政府信息安全决策咨询、风险评估、数据安全服务等。

我国省级和省级以下政府数据治理机构在隶属关系上较多属于政府直属机构和政府部门管理机构,也有少数机构已经成为政府组成部门;组建模式存在多种情况,一部分是在工信委(或经信委)、政府办公室(厅)、信息中心等部门的相关职能基础上进行重组,另一部分则是直接增加有关单位的数据治理职责;在职责界定上,都能关注宏观顶层设计,促进数字产业发展,但对统筹整合政府数据重视不足,各机构在具体职责上表现出一定的差异。[①]

(三)政府数据治理基础设施与数据资源的建设

我国政府数据库与平台起到了存储、交换和利用数据的重要作用,即实现数据"可见、可查""可管、可控"等功能。政府数据的采集、组织、存储、开放等的实践成果体现在数据库与平台的建设发展中。我国四大基础数据库建设取得了阶段性成果,2017年国家人口基础信息库基础信息达13.5亿。[②] 2017年,全国公共资源交易平台正式上线运行,平台汇集的内容包括全国公共资源交易、主体、专家、信用、监管信息和服务,其中试运行的数据服务栏目截至2023

[①] 黄璜,孙学智.中国地方政府数据治理机构的初步研究:现状与模式[J].中国行政管理,2018(12).

[②] 余颖. 国家四大基础信息资源库建设进展显著 全国人、房、地、企业将全部入库［EB/OL］.(2017-07-13)［2022-10-10］http://www.ce.cn/xwzx/gnsz/gdxw/201707/13/t20170713_24205693.shtml.

年8月25日已归集市场主体1 046 171家,成交项目5 794 601个。① 2018年全国政务外网已实现全国100%省市覆盖,接入国家政务部门单位152个。2019年国家政务服务平台上线试运行。《中国互联网发展报告2021》显示,截至2021年5月,国家数据共享交换平台上线目录已超过65万条。与此同时,国家公共数据开放平台已提上日程,目标是对接众多中央部委、省级、副省级、地级市的政府数据开放平台。②

二、我国政府数据治理存在的问题

(一)政策法规层

当前我国中央层面出台的一系列政策法规多为规划战略、倡导性政策,它们明确了政府数据治理的必要性和基本规划,但是对于政府数据全生命周期的具体管理,缺乏针对性的指标要求,缺乏政府数据在开放政府数据平台发布前、发布中、发布后的管理流程、数据质量、数据安全等细节性规则。此外,可落实的时间表、路线图等具体方案也不多,所以政府数据治理从"目标"到"落地"需要一些自上而下的明确策略。③

当前许多地方都出台了信息资源采集、编目和使用的政策规范,但还有一些地方政府政策法规不健全,如政策法规内容陈旧,多与信息化、电子政务服务相关,不适应新环境提出的新要求;④一些法规内容空泛,缺乏具体实施方案和规范标准,⑤缺乏数据集成治理规范,数据产权归属不明晰;一些政策内容前后不统一、存在矛盾,存在政策"打架"现象;等等。

(二)管理层

当前我国中央层面政府数据治理的组织架构尚待完善,主体协同有限。制

---

① 全国公共资源交易平台数据服务[EB/OL].[2023-8-25].http://data.ggzy.gov.cn/portal_legal/companyPer.html#/home.
② 周文泓,朱令俊.我国政府数据治理的发展进程研究与展望:基于国家层面的分析[J].图书馆学研究,2020(16).
③ 孙卓名.地方政府数据治理的困境及出路[J].人民论坛,2020(15).
④ 王翔,郑磊.面向数据开放的地方政府数据治理:问题与路径[J].电子政务,2019(2).
⑤ 郑跃平,甘祺璇,张采薇等.地方政府数据治理的现状与问题:基于43个政务热线部门的实证研究[J].电子政务,2020(7).

定数据规则的主体各不相同,相关部门各有其组织架构和制度。例如,国家信息中心将政府数据治理的职能下放于内设的四个部门,其中两个部门职责以顶层设计为主,两个部门负责把关技术,同系统内不同部门业务工作协同水平有待提高;其他国家机关由于缺少统一的政府数据治理组织协调部门,在发布政策、具体实践中也存在交叉。[1]

一些地方政府也没有形成上下联动、相互协调的政府数据治理架构。比如,省级政府的数据治理工作多由发改委牵头,而在一些县市政府该项工作则由经信委、工信局等部门牵头,所以部门协调存在难度;跨平台、跨层级和跨地域的政府机构合作以及各部门间的系统对接也有待提升。同时,数据治理的权责分工有待明确,领导支持力度有待加强,人财物资源还需要增加投入。

(三) 数据层

我国国家层面整体框架规划下的平台建设起步相对较晚,涵盖多级、全面支持政府数据治理的综合平台正在建设中。不同业务系统的平台亟待整合对接,例如中国政府公开信息整合服务平台对不同来源、形式的政务信息尚未形成统一可机读、结构化的数据格式,该平台作为政务服务一部分,与国家政务服务平台之间缺少关联。由此可以看出,不同平台间联动性不强,不同模块的指标定义和数据来源不一致,有关数据采集、整合分析、开放利用、监管评估的服务方案亦不明确,缺少高效清晰的治理流程方案。

地方政府层面数据存在资源管理与保护不力的问题,一些地方政府部门对本部门的数据"家底"不够了解,还未编制公共信息资源目录;有些虽已编制,但并未对数据进行分级分类;一些地方的数据资源处于"各自为政"的分散状态,没有数据采集、组织等方面的统筹和规划等。

三、我国政府数据治理的发展对策

(一) 打造以公共价值创造为导向的政府数据治理观

在政府数据全流程治理中,政府机构是政府数据治理的重要主体之一,在

---

[1] 周文泓,朱令俊.我国政府数据治理的发展进程研究与展望:基于国家层面的分析[J].图书馆学研究,2020(16).

政府数据治理中扮演着重要角色,政府工作人员数据治理意识与能力对于政府数据治理的内容、质量、效果等会产生极大影响。因此,让政府工作人员树立正确的政府数据治理观,打造良好的数据治理环境非常重要,为此可以设置数据管理岗位、普及数据知识,实现专业化管理和宣传政府数据治理的重要性。

（二）推进数据治理法律法规建设,营造依法依规治理的良好环境

完善的法规和标准是开展政府数据治理的基础和保障。目前,我国中央政府出台的政策在战略层面对政府数据治理进行了顶层设计,但地方政府数据政策法规仍存在一些内容陈旧等问题。为此应当制定数据治理指导框架,加强数据采集、组织、开放以及隐私保护等立法与政策制定工作,细化政策指导,明确具体负责人员、实施步骤,规定相应的奖惩措施等,以确保数据治理各个环节的质量,提升数据治理规范化、法治化、标准化水平。

（三）健全政府数据治理组织架构,完善政府数据管理机制

政府数据治理是涉及多部门、多领域复杂利益关系的系统工程。中央政府应进一步构建责权明确的管理机制和科学合理的组织架构,在组建国家数据局的基础上,形成强有力的跨部门协调机制,积极推动下级政府数据治理机构的试点、示范工作,明确各部门在数据治理中的具体职责;在地方层面可成立由当地党委、政府主要领导牵头的数据治理工作领导小组,以及成立数据治理专门部门;建立政府部门首席数据官制度,完善数据治理绩效考核机制等。

（四）强化政府数据管理体系,提升数据治理能力

数据架构、数据全生命周期管理、数据标准、数据质量、数据安全、元数据管理等关乎政府数据治理体系和治理能力。为了推动数据管理体系建设,要强化数据全生命周期管理,夯实数据编目这项基础性工作;建立标准规范,制定统一的数据规范和元数据标准,对数据编目、分类、采集、使用等进行明确规定,对数据的属性、安全等级、共享范围等进行详细而明确的规定;完善数据质量管控体系,提升人口、法人等关键性基础数据的质量;加强统一的政务云和政务大数据平台建设,推进数据采集的自动化与智能化,建设统一的数据交换平台,加强数据智能采集、数据智能清洗、数据智能应用等方面的技术和场景开发。

（五）提升政府数据利益相关主体的数据素养和数据能力

政府数据治理的关键在人。利益相关主体的数据素养和数据能力是影响

政府数据治理的重要因素。从数据采集、组织到数据利用与价值的增值,需要利益相关者具备基本的数据意识、数据能力。我国既要形成一支高素质的数据人才队伍,也要促进全民数据素养与能力的普遍提升。

第四节 政府数据治理的国际发展与经验

一、国外政府数据治理的发展情况

(一)美国政府数据治理

美国在数据治理的组织设计方面已形成了比较稳定的治理架构。管理与预算办公室(OMB)、联邦 CIO 委员会、科技政策办公室、司法部信息政策办公室、国家档案和记录管理局(NARA)、商务部等机构都有专项的数据治理职能,是美国联邦政府数据治理的核心或者重要机构。其中,OMB 隶属总统行政办公室(EOP)。历届政府在 OMB 中设有若干法定办公室,其中与数据治理相关的包括电子政务与信息技术办公室(E-Gov)和信息与规制事务办公室(OIRA)。①

在政策法规方面,美国联邦政府数据治理包括六大领域:数据开放、信息公开(自由)、个人隐私保护、电子政务、信息安全和信息资源管理。美国充分利用政策法规条文以体现政府数据思想和数据治理核心要义。例如,《开放数据政策》备忘录的主题词为"开放数据政策—管理信息资产";《法规遵从备忘录》(2011)、《将公开与机器可读作为政府信息的新标准》(2013)规定了数据标准与质量管理办法;《21 世纪数字政府:构建一个更好地为美国人民服务的平台》(2012)提出了数据生命周期管理办法;《联邦政府信息资源管理》详细界定了联邦机构在信息资源管理上的基本职责,在 2016 年版本中,还规定了其他相关部门的专项职能。此外,《网络安全国家行动计划》(2016)等文件还规定了数据安全与风险管理办法及措施等。②

美国注重技术在数据治理中的应用。政府数据工具的开发、应用程序互操

---

① 黄璜.美国联邦政府数据治理:政策与结构[J].中国行政管理,2017(8).
② 夏义堃.政府数据治理的国际经验与启示[J].信息资源管理学报,2018(3).

作性的实现、基于深度分析和学习的数据关联等,都强调强有力的技术支撑。美国创设了首席技术官职位,启动的"大数据研发计划"就是为了确保最新信息技术及时应用于政府数据管理;2017年8月发布的"联邦信息技术现代化计划"推动联邦政府最大限度地建立云计算、使用云服务,同时进行网络系统的整合和改进等。另外,几个核心部门协商确定优化各部门的信息技术管理架构和标准,妥善处理不同机构间数据标准和技术能力的异质性问题。

(二)英国政府数据治理

《2018联合国电子政务调查报告》显示,英国电子政务水平已位居全球第四,建立了以规章制度为保障、以组织要素为主体、以技术治理为途径的政府数据治理体系。[1]

在政策法规方面,相关的法律框架体系随着时代的发展需要不断调适,如英国2010年制定并于2017年修订了《数字经济法》,2012年制定了《自由保护法案》,2014年修订了《信息自由法》,2018年修订了《通用数据保护法规》等。同时,相关法律的覆盖范围也逐渐扩展,涉及政府数据管理、个人隐私保护、网络安全等领域。《通用数据保护法规》的核心目标是加强和协调个人的数据保护,简化监管环境,维护网络安全。英国的政府数据治理政策体系涵盖数据开放利用、电子政务管理与服务、公众隐私保护、网络安全和数据安全、数据人才培养,如公共部门透明委员会的《公共数据原则》强调对数据价值的挖掘,《数据保护法》将隐私作为数据治理政策体系的重要组成部分,《政府转型战略:政府数字服务的角色》提出提升公务人员的数字治理能力等。[2]

在组织机构建设中,内阁办公室下设政府数字服务部门,主要职能是参与制定、修改数据治理的法律法规,提升公务人员数据素质和水平,推动信息基础设施建设和新技术的运用。数字、文化、媒体和体育部下设人工智能办公室,其职能有采用和发展数字技术与技能以及提高网络安全性,推动信息基础设施建设等。政府数字服务部门、国家统计局和政府科学办公室建立了政府数据科学

---

[1] 谭必勇,刘芮.英国政府数据治理体系及其对我国的启示:走向"善治"[J].信息资源管理学报,2020(5).

[2] 李重照,黄璜.英国政府数据治理的政策与治理结构[J].电子政务,2019(1).

合作伙伴关系以推动多元协同的政府数据治理体系建设。此外,还有许多社会组织参与政府数据治理,如开放数据研究所、公共利益数据科学等。

英国政府数据治理的技术治理逻辑是坚持理念和实践的统一。2017年发布的《政府调查中的技术创新》统计了中央和地方政府正在探索的主要新兴技术和概念,如人工智能、深度学习、分布式账本技术等,这些技术共同内化于政府数据治理。政府和国家网络安全中心合作开发了一套新的网络安全标准(HMG),建立了安全政策框架(SPF)来应对网络威胁或漏洞等。[①]

（三）加拿大政府数据治理

加拿大联邦政府属于最早一批进行数据治理的政府,在实践中积累了大量经验,在数据治理领域一直走在国际前列。

在组织设计方面,加拿大目前并未成立数据治理的专职机构,但是五个数据治理相关领域的政府部门职能相互补充,形成了政府数据治理的完整组织框架,其中加拿大公共服务与采购部下设的服务共享局(SSC)为政府数据治理提供技术支持;国防部下设的通信安全局(CSE)提供技术治理和审计监控服务,下设的公共安全局(PSC)提供审计监控;国库委员会下设的国库委员会秘书处(TBS)提供审计监控和服务保障,下设的国家图书档案馆(LAC)负责数据治理服务保障。

加拿大联邦政府具有完备的数据治理政策法律体系,如《隐私法》《个人信息保护和电子文件法》《信息安全法》《隐私影响评估指令》《关于隐私实践的指令》和《隐私保护政策》等法规政策为数据治理提供了指导。

加拿大联邦政府从技术战略、技术安全管理和云技术应用管理三个方面建立起了完整的技术治理模式。加拿大于2016年发布了《加拿大政府2016—2020年信息管理和信息技术战略计划》,并于2017年更新。该计划设计了由战略行动、目标、指导原则和使命组成的加拿大信息管理和信息技术的战略框架,为技术治理提供战略指导。加拿大还注重技术安全管理,对技术安全协调员、部门安全官、首席信息官等在内的九类技术治理相关人员有明确任务要求。安

---

① 谭必勇,刘芮.英国政府数据治理体系及其对我国的启示:走向"善治"[J]信息资源管理学报,2020(5).

全治理体现在信息安全、网络安全和网络空间安全等领域。①

（四）其他国家政府数据治理

2010年以来，许多国家出台了有关政府数据开放的国家战略，如澳大利亚颁布了《公共数据政策宣言》、新西兰制定了《新西兰数据和信息管理原则》等。② 经济合作与发展组织明确提出公共部门数据治理框架应包括战略、战术与实施三个层面，分别涉及领导与愿景、执行能力、管理规范、数据架构、执行基础设施与数据价值周期等结构要素。德国联邦政府启动了公共部门的数据国家计划。

许多国家注重完善政府数据治理的内容体系，不仅关注数据收集、加工、存储、传播等关键环节的专业化处理，还重视政府部门间以及政府内部不同岗位间数据流动与操作处理的整体性运作等。例如，新西兰内政部提出应将数据和信息治理放在管理的优先位置予以重视，并要求政府部门着重记录和控制数据信息流程，以及将数据信息管理职责嵌入工作，确保数据信息质量。

二、对我国政府数据治理的启示

数据是21世纪政府的生命线，是政府实现和管理其数据资产全部价值的关键因素。总结其他国家政府数据治理经验，对于加强和改进我国政府数据治理具有重要意义。

首先，应不断加强政府数据治理政策法规体系建设。一方面，应明晰概念边界，形成系统的政策概念体系；另一方面，应抓住立规重点，推动相关法律法规尽快出台。

其次，应健全政府数据治理组织体系。加强政府数据生态建设，吸纳更多企业和社会组织参与政府数据治理过程，推动政府数据与企业数据、社会数据的融合，形成治理主体的多元化、治理视角的多维化和治理方式的多样化。

再次，应推动建立完整的技术治理模式。在数据质量管理、数据资产管理

---

① 谭必勇,陈艳.加拿大联邦政府数据治理框架分析及其对我国的启示[J].电子政务,2019(1).
② 夏义堃.政府数据治理的国际经验与启示[J].信息资源管理学报,2018(3).

和数据风险识别防范方面综合运用现代技术、制度等实现数据管理方式创新,建立数据治理方法体系。

最后,应推动政府数据治理愿景构建与文化培育。不断强化政府领导及公务人员的数据思维,建立多层次、多模式的数据素养培训体系。

思考与练习

1. 什么是政府数据治理?政府数据治理有哪些特征?
2. 什么是政府数据治理生命周期?
3. 简述数据流视角下政府数据治理环节与内容。
4. 结合实际论述我国政府数据治理进展。

案例分析与讨论

浙江发布《数字化改革 公共数据分类分级指南》省级地方标准

为加强公共数据安全管理,统一规范公共数据类别和安全级别,2021年7月5日,浙江省市场监督管理局发布了《数字化改革 公共数据分类分级指南》(以下简称《指南》)省级地方标准,该标准于2021年8月5日正式实施。

《指南》中提出,数据分类需按照数据具有的某种共同属性或特征,从四个维度(数据管理、业务应用、安全保护、数据对象)30余个子项进行区分和归类。以"企业年报信息"这类数据为例,按数据对象维度可以将其归为法人数据,按数据产生频率归类为年度数据,而按数据开放属性归类则属于受限开放数据等。根据《指南》,以后每一条公共数据都将被打上10余项分类标签,通过精细化分类、精准化标签,政府部门在不同应用场景下对数据的情况都一目了然,就可以采取恰当的管理方法。

为充分保障公共数据安全,《指南》中也明确将数据(除涉密数据)分为4级,敏感程度由高至低分别为:敏感数据(L4级)、较敏感数据(L3级)、低敏感数据(L2级)、不敏感数据(L1级)。对于政府、法人、个人已经公示的不敏感数据,政府内外都可以直接在浙江数据开放官方网站直接查询调用,比如企业信用评价信息,以及许可、处罚等数据;对于低敏感数据和较敏感数据,经数据主管部门审批和信息主体授权后,在安全合规的数据开放域系统内经过数据脱敏受限开放,比如企业年报、停车位信息、社会福利机构信息等数据;而对于敏感数据将做好严格保密不对外开放,比如法人账号信息、个人就诊记录等数据。

《指南》的制定与实施,有助于规范处理数据共享与开发、发展与安全、效率与公平的关系,促进公共数据共享开放和增值利用,强化全省数字化改革的数据安全基础,推进数字浙江整体智治,沉淀提炼出省域治理现代化的"浙江经验"。

资料来源:李黎佳,王婧.浙江发布《数字化改革 公共数据分类分级指南》省级地方标准[EB/OL].(2021-07-16)[2023-8-25].https://news.cnr.cn/native/city/20210716/t20210716_525536237.shtml.

思考并讨论:

1. 公共数据为何需要分级分类管理?
2. 公共数据分级分类管理对于政府数据治理有何意义?

第五章　政府数据共享

■ 学习目标

本章主要介绍政府数据共享的意义、内涵及其实践发展。通过本章的学习，要求掌握：(1)政府数据共享的重要性，以及推进政府数据共享所面临的挑战。(2)政府数据共享的概念，以及政府数据共享与政府信息公开、政府数据开放等相似概念的区别与联系。(3)政府数据共享的路径与策略。

■ 引　例

推动政府数据共享　推进政务服务事项集成化办理

数字政府，数据先行。数据共享是提升政务服务效能的重要抓手。"政府数据共享是过去长期困扰政务服务的痛点，现在有了全国一体化政务服务平台作为政府数据共享的枢纽，'数据跑'代替'群众跑'在很多地方已经成为现实。"广东省在2017年提出推进数字政府建设，截止到2022年3月，广东省政务服务事项网上可办率已达100%。以个人服务为主的"粤省事"移动政务服务平台实名注册用户量超过1.5亿，以企业服务为主的"粤商通"移动政务服务平台实名注册商事主体超过1400万。通过数字政府建设的不断深化，广东省已初步实现了高频政务事项全国通办。

资料来源：石为,孙广见.共享、互通、便利,政府工作报告中"数字政府建设"的三个关键词[EB/OL].(2022-03-10)[2023-05-09].http://www.banyuetan.org/dfgc/detail/20220310/1000200033136151646874709611526103_1.html.

第一节 政府数据共享的必要性与面临的挑战

一、政府数据共享的必要性

（一）政府数据共享是激活数据资源的前提条件

在大数据与"互联网+"时代,信息技术与经济社会发展的深度融合引发了数据的快速增长,特别是随着大数据技术的迅速发展与广泛应用,社会各行各业所产生和积累的数据资源越来越多,这些数据资源已经成为社会发展的关键驱动要素,是国家重要的基础性信息战略资源。在不同社会主体中,政府拥有整个社会80%以上的信息资源,掌握着大量高密度、高价值的数据。[①] 因此,如何有效释放政府数据的潜在价值,满足人们对政府数据的利用需求,成为各界普遍关注的议题。

随着对数据资源特性、价值、作用的理解逐步加深,人们已经意识到数据资源本身并不能直接产生价值,而是只有在数据资源的处理技术、治理制度、意识观念等层面同步完善的基础上,才能真正发挥出数据资源的效能。数据资源本身就好像原油,必须经过一系列的开采、传输、加工和精炼程序,才能成为发挥动力作用的"燃油"。除了要有先进的技术处理手段,数据资源还需要有一系列制度层面的资源配置规则,才能真正被利用起来。

数据的有效共享是激活数据资源的前提条件。数据是产生信息和知识的基础,它只有被有效地分析和判读,才能够产生意义;再者,新知识的产生很大程度上来自在不同数据之间建立关联,或是本已存在的关联被发现。从大规模数据中发现关联其实也是大数据思维的重要特征。如果数据在产生后就被封闭起来,就像原油埋藏和沉睡于地下未得到有效开采,那么数据就失去了被有效分析和判读的机会,更谈不上建立或发现数据之间的关联。

具体到政府领域,各个政府部门都在尝试利用数据来进行决策、管理和创新。[②] 数据能够有效支撑政府决策,提升政府决策的科学化、民主化、精准化、智

[①] 应验.政府数据开放共享与共享社会建设:海南的举措和探索[J].电子政务,2019(6).
[②] 涂子沛.大数据:正在到来的数据革命,以及它如何改变政府、商业与我们的生活[M].桂林:广西师范大学出版社,2013.

慧化水平,进而提升政府的治理能力。但是在实践中,由于观念、机制、标准、技术等各方面的原因,很多数据分散在政府的不同部门,这种局面被形象地比喻为"信息孤岛"或"数据烟囱"。数据在政府内部未得到有效共享,进而制约了面向全社会的数据开放,使政府数据不能得到充分利用,造成了资源的浪费。

其实这是各国政府普遍面临的一个问题。数据共享问题在组织机构从传统的"科层制""条块化"结构走向灵活化、网络化结构的进程中表现得十分明显。21世纪以来,美国、英国、澳大利亚、日本等发达国家相继制定了推动数据开放共享的国家战略,政府数据共享是其中的重要内容。我国政府也制定了一系列涉及政府数据共享的政策。在这些政策的推动下,大量的数据不再是某个部门的专属,其公共资源属性凸显出来。通过政府数据的共享和开放,数据能够在政府部门之间、政府与群众之间、政府与企业等其他社会主体之间充分"流动",真正成为创造价值的资源"活水"。

（二）政府数据共享是信息技术发展的必然要求

信息技术的发展是电子政务与数字政府发展的关键驱动要素。回顾现代信息技术在我国政府领域的应用历程,可以将这种信息化进程进一步细化为自动化、网络化、移动化、数据化、智能化等发展阶段。自动化阶段最为典型的表现就是各类办公自动化软件的应用。无纸化、电子化办公的出现导致以数据格式保存的政府信息资源的快速增长。网络化阶段最为典型的表现包括政府门户网站的建设、政府数据库的建设以及政府大型网络工程的建设,如我国政府在21世纪初建设的人口、法人单位、空间地理、自然资源、宏观经济等基础数据库,以及涉及金融、外贸、财税的"金卡""金关""金税"等网络工程。移动化是网络化的进一步发展。其得益于移动互联网技术的应用,用户能够在智能移动终端获得所需信息,这也促使政府的相关业务移动化。

在自动化、网络化、移动化阶段的累积作用下,政府数据体量出现了爆炸式增长,尤其是原生数据资源不断产生。过往很多政府数据信息是传统资源经过数字化处理后的产物,如将纸质文件扫描形成数字化的版本。但是在数据化阶段,政府所处理的大量内容对象从一开始就是以数据形式生成和保存的,如城市管理过程中由各类监控、传感器采集到的交通数据、气象水文数据等。这些数据的积累也是后续智能化阶段的基础。

数据化阶段为智能化阶段打下了基础。依托人工智能新兴技术对大量积累的数据进行有效加工、组织、关联和挖掘,从而快速发现其中蕴含的知识和智慧,这也是智能化阶段的核心。在这一阶段,大量的数据也是培育人工智能分析决策能力的"养料"。由此可以看到,提高数据的质量是政府信息化发展的必然趋势,而完整性、全面性、系统性、标准性是数据质量的内在要求。但是,如前文所述,在一段时期内,很多政府数据分散保存在税务、交通、教育、社保等不同职能部门的内部,而部门间又缺乏协作共享的主观意愿或客观条件,这就极大地影响了政府数据整体上的质量。因此,从释放技术潜力的角度来看,促进政府数据共享刻不容缓。

(三)政府数据共享是提升政府治理能力的关键举措

在全球范围内,政府和企业都纷纷推出了自己的数字化转型战略,以适应技术和社会发展的需求。对于政府部门来说,数字化转型是推进机构改革、提高行政效率、提升服务能力及治理能力的重要手段。

当前各国政府面临的公共事务逐渐呈现出全球化、复杂化、多元化的趋势,不断超越政府传统的职责范畴和驾驭能力,依靠单一的治理手段已经无法适应崭新的公共管理挑战,因此政府改革势在必行。在这一进程中,政府从过往强调职能细分转变为关注跨部门协作,而跨部门协作则有赖于信息的有效沟通和数据的有效传递。

实现政府数据共享可以减少数据的重复收集与重复建设,对内可以改善政府内部职能条块分割的局限,有利于政府部门的精准、高效决策,从而有效地配置公共资源、节约成本,实现最优的整体效益;[①]对外则有利于优化政府的服务办事流程,减少办理事项的复杂性,更加便捷地向公众提供政务服务,这也是促进公共服务向精细化、个性化方向转变的重要途径。除此之外,政府数据共享在宏观上还可以促使政府治理从部分走向整体,从破碎走向整合,能够优化和创新治理的主体格局、体制机制和流程环节,[②]是实现国家治理现代化的必然选择。[③]

总之,数据治理能力已经成为政府治理能力的重要组成部分,而政府数

[①] 焦海洋.中国政府数据开放共享的正当性辨析[J].电子政务,2017(5).
[②] 王浦劬.国家治理、政府治理和社会治理的基本含义及其相互关系辨析[J].社会学评论,2014(3).
[③] 郭建锦,郭建平.大数据背景下的国家治理能力建设研究[J].中国行政管理,2015(6).

共享则是政府数据治理的基本原则。①

（四）政府数据共享是国家战略与政策的重要体现

由于世界各国政府普遍意识到了政府数据资源的重要价值，因此纷纷在国家战略中添加数据共享的内容。2009年，奥巴马政府发布了涉及开放政府的国家政策，推出了全球首个一站式的政府数据共享平台。在那之后，英国、法国、日本、新加坡、韩国、加拿大、挪威、澳大利亚、肯尼亚等国也相继建立了国家层面的政府数据共享平台。如英国政府于2022年发布的《国家数据战略》指出，数据是现代世界经济的主要驱动力，更好地利用数据可以帮助各类组织取得成功。② 英国政府于2022年还专门发布了《数据共享治理框架》，③以推动《国家数据战略》的落实。政府数据共享能力已经成为影响国家竞争力的因素。

我国也高度重视数据共享工作，在国家层面也颁布了一系列涉及数据共享的政策，以推动共享实践不断深化。2014年大数据首次写入政府工作报告；2015年党的十八届五中全会提出"实施国家大数据战略，推进数据资源开放共享"；2015年国务院印发《促进大数据发展行动纲要》，提出了政府共享数据的指导思想、总体目标、主要任务及政策机制；2016年国务院公布的《国家信息化发展战略纲要》提出要完善基础信息资源动态更新和共享应用机制；2016年《政务信息资源共享管理暂行办法》发布，表明数据共享已被纳入国家战略；2017年的《政务信息系统整合共享实施方案》强调了共享、开放、协同的理念，提出加快推进"互联网+政务服务"；2018年《中共中央关于深化党和国家机构改革的决定》指出加要快推进部门政务信息联通共用、建立共享信息平台；2020年《中共中央、国务院关于构建更加完善的要素市场化配置体制机制的意见》将数据作为一种新型生产要素写入文件，强调了推进政府数据开放共享，优化经济治理基础数据库，加快推动各地区各部门间数据共享交换，制定出台新一批数据共享责任清单；2021年《中共中央、国务院关于加强基层治理体系和治理能

---

① 胡海波，娄策群.数据开放环境下的政府数据治理：理论逻辑与实践指向[J].情报理论与实践，2019(7).

② National data strategy[EB/OL].[2022-04-25]. https://www.gov.uk/government/publications/uk-national-data-strategy/national-data-strategy.

③ Data sharing governance framework[EB/OL].(2022-5-23)[2023-04-25]. https://www.gov.uk/government/publications/data-sharing-governance-framework/data-sharing-governance-framework.

力现代化建设的意见》指出要整合数据资源,推动基层治理数据资源共享,"让数据多跑路、群众少跑腿"。

由此可见,政府数据共享在国家层面相关政策中得到了充分肯定。在政策的有效指导和推动下,政府数据共享将进一步得到推进,相关政策内容也将不断完善和明确,从而逐步深入到执行操作的微观层面。

二、政府数据共享面临的挑战

在看到政府数据共享必要性的同时,也需要认识到数据资源作为人类社会发展进程中一种崭新的资源形态,其管理、开发和利用方式必然对旧有的观念、机制、技术、方法产生冲击,也会受到旧有因素与结构的制约。有研究指出,跨部门政府数据共享并不总是自发的、主动的和无条件的,而是受到数据共享意愿、数据共享能力、数据吸收能力、数据清晰度、数据存储等诸多因素的影响。① 在这种背景下,需要逐步建立与新生事物相匹配的认知与管理架构。具体到政府数据资源领域,政府数据共享面临着以下几种典型挑战。

(一)观念挑战

对于任何一类组织机构来说,其发展变革都是技术、制度、观念综合作用的结果。其中观念层面的改变是一个更加潜移默化且影响深远的过程。诺斯在其制度理论中,关注了人类心智、认知过程、信念结构对于制度生成和制度变迁的影响。② 他认为观念等认知因素是制度变迁的一种动力来源。制度变迁的认知理论强调,个体认知决定其行为,认知因素作为非正式制度的重要存在形态,会影响到正式制度的实施结果。③ 在组织发展过程中,往往还会面临"路径依赖"问题,这在很大程度上也是来源于组织中行为主体的思维定势。④ 因此,在推动政府数据共享的进程中,最基本的工作就是更新观念。

世界著名咨询机构德勤公司在2021年召开关于数据共享的研讨会,与会

---

① ZHOU L, CHEN L, HAN Y."Data stickiness" in interagency government data sharing: a case study[J]. Journal of documentation, 2021(6).
② 张海丰.回到凡勃伦制度主义:诺思的制度理论是演化的吗?[J].社会科学,2018(8).
③ 高名姿,陈东平.契约视角下的农地流转供需不匹配:直接识别与经验分析[J].经济与管理研究,2018(8).
④ 谢冬平."常"与"变":我国高等教育重点建设制度运作审视[J].黑龙江高教研究,2018(5).

人员包括美国政府机构、数据科学领域及医疗保健领域的研究人员。会议认为,"数据共享面临的挑战远不止技术",长期以来旧有思维方式阻碍了数据共享,对于涉及公众健康等公共利益的数据资源,观念需要从"默认专有"转变为"默认共享"。①

在一段时期内,政府数据共享的观念挑战主要来自"数据"和"共享"两方面。关于"数据",受到传统行政理念的影响,一些部门对数据资源的重视程度不足,在一些决策程序中过分依赖主观经验,缺乏基于数据的循证依据与科学过程。2022年美国政府首席数据官委员会下设的数据共享工作组在其发布的研究报告中指出,美国联邦政府在数据共享方面面临的一项挑战就是缺乏"数据意识",政府部门对于不同机构拥有何种数据以及哪些数据可以在联邦政府内部共享缺乏认识。②

关于"共享",一些政府部门固守"本位主义",缺乏部门间协作共享的意愿,忽略了公共的整体利益,致使各部门之间形成无形的"数据壁垒",部门间横向的数据互通共享进程缓慢,既造成了数据资源的极大浪费,也制约着政府协同管理水平。有学者指出,政府间数据共享观念落后严重阻碍了政府数据共享的顺利推进,③政府行政人员的数据共享理念与现有的数据共享制度安排脱节,导致数据共享需求与供给之间错位,这不利于实现部门之间数据的有效共享。④此外,由于政府数据共享涉及标准制定和采纳、技术部署和应用、安全风险及防范等问题,一些政府部门出于畏难、避事、懒政情绪,对于政府数据共享采取消极态度,也造成政府数据共享发展缓慢。

(二)机制挑战

信息资源在不同发展阶段表现出不同形态和不同特性,需要对应的管理机

---

① KLENK J, et al. Reset default to "share": seven ways government leaders can create a culture that fuels data-sharing and open science [EB/OL]. (2021-01-21)[2022-04-25]. https://www2.deloitte.com/us/en/insights/industry/public-sector/health-care-data-sharing-and-government.html.

② DSWG Recommendations and Findings [EB/OL]. [2022-04-25]. https://resources.data.gov/resources/2021_DSWG%20Recommendations_and_Findings_508/.

③ 张震,姚展鹏,田斯琪.地方政府间信息资源共享的推进机制研究[J].中共天津市委党校学报,2020(1).

④ 许鹿,黄禾.资产专用性:政府跨部门数据共享困境的形成缘由[J].东岳论丛,2021(8).

制,而机制的设计、安排和运行又会影响到信息资源的形态和信息活动的绩效。如前文所述,当前数据已经成为一种重要的基础性信息资源,因此需要有相应的数据管理方式,并围绕数据内容和相关的管理活动进行制度设计、组织协调与规范控制,而这就构成了数据治理机制。例如,英国政府于2022年发布的《数据共享治理框架》中特别指出需要克服公共部门共享数据存在的"非技术"障碍,推动建立政府间一致的数据治理结构。①

面对快速积累的政府数据资源,当前我国的政府数据治理机制还在完善过程中,政府数据治理体系还有待健全。这首先表现为缺乏完善的政府数据共享法律法规保障体系,以及缺乏可供遵循和操作的政府数据共享标准与协议。如前文所述,我国从国家战略和政策层面已经强调了政府数据共享的重要性,为了有效地贯彻相关理念,还需要补充完善从宏观到微观各个层次的制度,为政府数据共享提供依据和保障。我国政府数据开放仍然面临着平台建设、市场化机制、隐私权利保护、安全机制等方面法律规则供给不足的问题,②政府数据权利归属、共享主体之间权利义务关系缺乏明确界定也是数据共享面临的制度壁垒。③

政府数据共享的推进还需要和行政体制改革、政府职能转变结合起来,克服体制机制中的固有顽疾。例如,政府信息不对等的现象严重阻碍了数据共享的顺利开展;数据权责不清使得数据共享在推进落实过程中受限于固化的体制瓶颈,导致数据共享整体工作的执行效率低下;④政府数据共享是一项需要高度协作的工作,但是长期以来条块分割的体制使得在资源开发、规划、建设、利用和共享上呈现明显的"部门化"格局,形成"信息孤岛";⑤由于缺乏统筹规划和协调,很多已经建成的政府数据库无法共享或仅在有限范围内共享。⑥ 这些都是政府数据共享所面临的机制挑战。

---

① Data Sharing Governance Framework[EB/OL].(2022-5-23)[2023-04-25]. https://www.gov.uk/government/publications/data-sharing-governance-framework/data-sharing-governance-framework.
② 倪千森.政府数据开放共享的法治难题与化解之策[J].西南民族大学学报(人文社会科学版),2021(1).
③ 焦海洋.中国政府数据开放共享的正当性辨析[J].电子政务,2017(5).
④ 袁刚,温圣军,赵晶晶等.政府数据资源整合共享:需求、困境与关键进路[J].电子政务,2020(10).
⑤ 陈兰杰,刘彦麟.京津冀区域政府信息资源共享推进机制研究[J].情报科学,2015(6).
⑥ 查先进.电子政务信息共享的障碍及对策研究[J].江西社会科学,2006(7).

(三) 安全挑战

数据的共享利用与安全保护之间一直存在着此消彼长的关系。数据共享在一定程度上意味着对数据管控的放松,由此也会带来新的风险。特别是具体到政府数据上,由于政府数据是政务信息的组成部分,而政务信息比商务信息更加敏感,不仅涉及公民隐私,还可能涉及国家安全等诸多领域,影响到公共秩序、行政监管和公共服务,因此,确保政府数据共享的安全性、规避和化解政府数据共享中的风险,是推进政府数据共享工作中的重要环节,也是电子政务和数字政府长远发展的重要保障。

政府数据共享离不开数据的安全性、真实性和保密性,现阶段政府数据共享中面临的典型安全风险挑战包括个人隐私风险、社会安定风险、经济安全风险和政府管理风险。[①] 对于政府数据共享风险的治理需要观念、机制、技术方面的完善和相互协调。数据安全意识缺失,数据共享的范围、程度、权限不明确,管控的程度不统一,就容易造成隐私数据曝光、敏感数据泄露、数据违规使用等问题。政府数据共享已经在国家战略中得到体现,因此也需要从总体国家安全观的高度,直面政府数据共享的安全挑战。

(四) 利用挑战

政府数据共享的目标是通过数据的有效利用来提升政府行政管理、公共服务以及社会治理的效能。但是在一段时期内,政府数据资源"重藏轻用""重建设,轻服务""重形式,轻实效"的现象明显,"信息孤岛"问题不仅体现在整体数据网络割裂,也体现在缺乏有效的数据利用与服务方式。

很多政府部门即使进行了数据共享,但是缺乏统一标准和格式,共享的内容有限、技术含量低;不同部门大量、复杂的行政记录及平台数据的数据标准、数据格式、数据质量等不尽相同,导致交互困难;数据有效利用的前提性工作(如对数据进行科学的组织加工和著录揭示、提供检索路径等)在很多部门没有得到重视,或是缺乏专业处理手段,导致完成度较低。例如 IBM 公司于 2019 年发布的一篇名为《如何克服政府数据共享的障碍》的报道就指出,政府数据共享存在"数据障碍",表现为政府机构以不同的方式收集数据,而数据完整性和标

---

① 庄国波,韩惠.5G 时代政府数据开放共享的安全风险及防范[J].理论探讨,2020(5).

准化流程各不相同,以及数据收集受到各种监管和隐私要求的限制。①

上述问题给政府数据共享带来挑战,导致政府共享数据的使用率低、影响力弱,很多前期建设投入无法得到回报,一些数据共享平台在数据质量、数据发布、数据更新、数据下载、数据交互等评价指标上表现不佳,造成了数据资源的浪费。因此,政府数据共享亟待克服"数据上的形式主义",通过多种手段提质增效,使其真正发挥作用。

第二节 政府数据共享的概念

一、政府数据共享相关概念辨析

政府数据共享是一个复合概念。从语义上分析,政府数据共享可以划分为"政府数据"和"数据共享"两个概念。"政府数据"突出了与其他类型信息资源的区别,"数据共享"则突出了与其他类型信息利用方式的区别。此外,置于数字政府的宏观视野中,与政府数据共享相关的概念还有政府信息公开、政府数据开放。因此,本节将通过对一系列相关概念的分析比较,以帮助人们更好地理解政府数据共享的内涵。

(一)政府数据与政府信息

本书第四章对政府数据的内涵进行了介绍。在辨析"政府数据"与"政府信息"这一组概念时,首先需要明确"数据"和"信息"之间的基本区别与联系。

传统上,"数据"一般指未经加工的原始记录。数据在经过加工和判读后被赋予明确的意义。通过分析数据间的关系获得了"信息",在行动中应用信息就产生了"知识"。按照这种传统认识,数据一般处在"数据(Data)—信息(Information)—知识(Knowledge)"价值链的初级阶段,所需投入的人力和加工成本最少,凝结的价值也最小;而把数据加工成信息,把信息转化为知识,就需要不断地增加投入。信息可以被视为经过加工处理后被赋予意义的数据,能够比数据

---

① ROGAN E, BRADLEY E. Investing in social services for states' health: identifying and overcoming the barriers[EB/OL].[2022-03-01]. https://www.milbank.org/wp-content/uploads/2016/05/Bradley-Rogan-Investing-in-Social-Services-Report.pdf; How to overcome barriers to government data sharing[EB/OL].[2022-03-01]. https://www.ibm.com/blogs/watson-health/how-to-overcome-barriers-to-government-data-sharing/.

传递更多为人所理解的意义,蕴含更多的价值,并成为知识的基础。

具体到政府领域,政府信息是比较宽泛的概念,各国政府和学者对于政府信息的内涵有不同的认定。但是从总体上看,政府信息主要是指行政信息,主要包括政府机构信息、政务信息、政策法规信息、公共服务信息、统计数据、社会反馈信息等。① 根据《政府信息公开条例》的定义,政府信息是指行政机关在履行职责过程中制作或者获取的,以一定形式记录、保存的信息。而根据上文对于数据和信息的比较,政府信息在狭义上可以理解为经过加工的、可被人工判读的内容对象,典型的对象有政府文件、档案及各类政府出版物;而在广义上,政府信息也包含了信息的原始形态即数据,如政府在履职过程中产生的图像、视频、音频、文本、程序等。

随着大数据时代的来临,传统上处在价值链"低位"的数据产生了更大的价值。数据地位的提升得益于大数据时代数据内容的大规模释放、数据运算能力和分析水平的提升,这些变化都让数据所凝结的价值有了巨大的增长,也催生了新的知识发现方式,即从海量数据中直接进行分析并提炼知识。② 数据科学和科学研究"第四范式"、③商业领域的大数据应用都是这一趋势的产物。而在政府领域,政府数据同样成为驱动政府改革和创新发展的重要因素。在大数据环境下,与政府信息相比,政府数据的重要特征不再局限于"原始性",而更多在于其价值潜力和可开发性;政府数据的新特征也在不断地被发现和认定,如郑磊认为政府数据需要以结构化、电子化、可机读的数据集形式记录、存储和共享。④

(二)政府数据共享与政府信息公开

政府数据共享与政府信息公开遵循着开放政务的共同价值理念,是开放政务在不同阶段、不同层面的表现形式。较之政府数据共享,政府信息公开起步较早。20世纪50—60年代,西方各国开始纷纷颁布关于政府信息公开的法案与条令,统称"阳光法案"(sunshine laws),可以视为政府信息公开的早期形态。

---

① 夏义堃.解读政府公共信息资源管理[J].图书馆论坛,2007(1).
② 王铮.创新环境下的开放知识管理[M].北京:科学出版社,2019.
③ HEY T, ANSLEY S, TOLLE K, et al. The fourth paradigm: data-intensive scientific discovery[EB/OL].[2022-03-01]. http://research.microsoft.com/en-us/collaboration/fourthparadigm/.
④ 郑磊.开放不等于公开、共享和交易:政府数据开放与相近概念的界定与辨析[J].南京社会科学,2018(9).

政府信息公开旨在保障全体社会成员获取信息的权利,保障公民对政府工作的知情权、参与权和监督权,促进政府依法行政,以发挥政府信息对于经济社会生活的服务作用。[①] 我国自2008年《政府信息公开条例》实施以来,政府信息公开工作也得到了有效推进。

政府数据共享与政府信息公开的区别首先在于"政府数据"和"政府信息"在内容上的差异,政府信息公开的对象以经过加工的、可被人工识别和读取的文本形式内容为主。其次,二者的区别还在于内容接收主体上的差异。政府信息公开的主要受众一般是社会公众,强调公众的知情权。政府数据共享的对象主要是政府内部的各个部门,尽管其最终目的也是满足公众实际需求,但它并不是直接与公众共享数据,而是侧重在政府信息系统后台进行数据整合,以促进政府不同部门之间围绕特定业务、场景或需求的工作协同。最后,政府数据共享与政府信息公开的区别还体现在"共享"和"公开"这两种手段的差异上。"共享"和"公开"实际上都具有特定的目的、内容和接受对象,而政府数据共享的目的、内容和接受对象更为明确,主要就是政府部门之间为了履职需要而进行的跨部门数据使用。

(三) 政府数据共享与政府数据开放

政府数据共享与政府数据开放这两个概念在很多场合中被合并使用,合称为"政府数据开放共享",二者的差异在很多时候也没有被明确区分。实际上,无论是从理论层面还是从实践操作层面,政府数据共享与政府数据开放不仅存在着紧密的联系,也存在着明显的区别。

我们认为,政府数据共享在流程上前置于政府数据开放。如前文所述,政府数据共享主要是政府部门间进行的数据传递与获取,共享的主体和对象都是政府部门,目的在于进一步改善政府部门办事效率与政务服务能力,推动政府内部的理性决策与科学管理。

而政府数据开放是行政机关面向公民、法人和其他组织提供政府数据的行为(对于政府数据开放的内涵将在下一章进行详述)。政府在履行职责的过程中生成和积累了大量数据,而这些数据和经济社会生活关系密切,且蕴含着巨

---

① 李国新,于良芝,徐珊.公共图书馆与政府信息公开[J].中国图书馆学报,2008(3).

大的开发价值。如果能够将这些数据向全社会开放,使其融入当前的大数据生态,将向全社会释放大量的创新应用机会,从而成为新的创新驱动要素,这将远远超越传统政府信息公开所带来的价值。所以,政府开放数据更关注数据进入到社会领域被充分开发利用后产生的经济和社会价值,①关注全社会各类主体的参与权、参与方式、参与程度及参与后产生的效果和价值。

由此可以看出,政府数据共享是政府数据开放的前提和基础。只有先完成政府机构内部的数据共享,提升政府内部的数据质量,完善政府间的数据治理体系,才能以协调统一的面貌向全社会开放数据资源并提供各种数据服务,最终促进全社会对于政府数据的利用。(见图5-1)

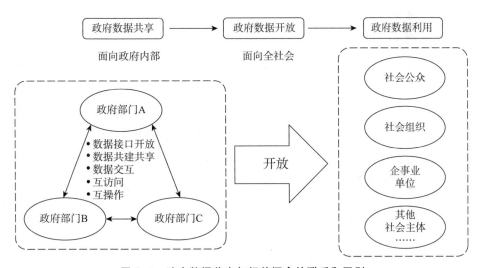

图 5-1　政府数据共享与相关概念的联系和区别

随着政府数据开放共享理念的深入人心和实践的快速发展,政府数据共享和政府数据开放的衔接更加紧密,界限也更加模糊。在日益开放的环境下,政府数据共享的对象有时也拓展至政府部门以外的多元主体。例如,在美国联邦政府开放数据主体平台网站Data.gov上,关于"数据共享"的案例介绍就是美国农业部基于政府数据与商业数据的共享和关联,来阐明零售食品的营养价值。②

---

① 郑磊.开放政府数据的价值创造机理:生态系统的视角[J].电子政务,2015(7).
② How USDA linked federal and commercial data to shed light on the nutritional value of retail food sales[EB/OL].[2022-04-25]. https://resources.data.gov/resources/fdspp-usda-linked-nutrition-data/.

二、政府数据共享的概念界定

对比和辨析政府数据共享的相似及相关概念能够帮助我们更好地理解政府数据共享的内涵。如前文所述,作为一个复合概念,政府数据共享可以拆分为"政府数据+共享"和"政府+数据共享"。政府数据强调了内容,共享强调了手段,暗含了对象。数据共享就是让在不同地方使用不同计算机、不同软件的用户能够读取他人数据并进行各种操作、运算和分析,这种行为发生在政府各部门之间,就构成了政府数据共享。

一些地方政策也对政府数据共享做出了明确的工作定义。例如《贵阳市政府数据共享开放条例》将政府数据共享定义为政府职能部门在工作中使用其他部门的数据或者为其他部门提供本部门数据的行为。

无论是学术定义还是实践定义上,都可以看出政府数据共享主要面向政府内部。遵循这一特征,笔者采取如下定义:政府数据共享就是在政府履行职能的过程中,在政府内部跨层级、跨地域或跨部门相互提供、传递、交互、访问和使用政府数据的活动,其目的在于进一步提高政府部门行政办事效率与政务服务能力,推动政府内部的科学决策与管理,并为政府数据开放提供基础,以实现政府数据的内外部价值。

三、政府数据共享的类型划分

政府数据共享中的"共享"既是一种动作,也是一种状态。当作为一种动作时,共享具有不同的方向或对象;当作为一种状态时,共享具有不同的程度或幅度。由此,政府数据共享可以划分出几种基本的类型。

按照共享的程度,政府数据共享可以划分为不予共享、有条件共享和无条件共享三种类型:(1)不予共享主要针对不适合向其他政府部门提供的政府数据,例如涉及国家安全、公共安全、敏感信息、隐私信息的数据,这部分数据应该予以谨慎认定,并采取安全保护措施,与需要共享和开放的数据做好隔离;(2)有条件共享是指可以与相应部门共享数据,或者是共享部分数据;(3)无条件共享是指可以与所有政府部门共享政府数据。

需要指出的是,"共享"作为一种状态,并不是静止不变的,不能将其简单划分为"共享"或者"不共享",而是一种动态的过程。完全无条件的共享和不共享都是少数,大部分的政府数据都处在一个共享程度越来越高的谱系之中。[①]推动政府数据共享工作的重要内容就是在保障安全的情况下,通过理念、机制、技术层面的同步完善,扩展政府数据的共享范围,提高共享程度。

按照上述理解,结合共享的程度、方向和对象,政府数据共享的类型还可以按照共享的部门、共享的层级、共享的地域等维度进行划分。例如有学者将政府数据共享划分为政府单一部门内部的共享、围绕特定业务的相关职能部门间的共享、所有职能部门中的共享;[②]还有学者根据政府数据共享的参与主体和参与形式,将其划分为上下级政府之间的纵向协同,政府不同职能部门之间的横向协同,政府公共部门与社会组织之间或公众的内外协同。[③]

此外,政府数据共享也可以根据实施者的不同划分出不同的模式。例如,哈佛大学的研究《政府间数据共享的两种成功模式》就描述了政府间数据共享工作的两种领导和管理方式:一种主要由政府内部的工作人员领导和管理,另一种通常由政府工作人员在政策层面领导,但在运营层面由合作的第三方机构如大学、智库、研究组织或数据标准组织等执行。[④]

第三节 政府数据共享的路径与策略

一、理念层面:塑造政府数据共享的意识理念

观念决定了人们认识和改造客观世界的方式,提升政府数据共享效能的基础在于塑造政府数据共享的意识和理念。塑造政府数据共享的意识理念首先在于培养数据思维,在政府内部形成对数据资源的重视。特别是在大数据环境

[①] 王铮.创新环境下的开放知识管理[M].北京:科学出版社,2019.
[②] 朱迪.服务型政府建设中政府数据共享和开放的挑战与对策研究:以静安区为例[D].中共上海市委党校,2019.
[③] 周志忍,蒋敏娟.中国政府跨部门协同机制探析:一个叙事与诊断框架[J].公共行政评论,2013(1).
[④] WISEMAN J. Two models for successful intergovernmental data sharing[EB/OL].(2020-12-08)[2022-04-25]. https://datasmart.ash.harvard.edu/news/article/two-models-successful-intergovernmental-data-sharing

下,过往基于一般经验、主观判断、局部数据来预判更大范围状况和未来趋势的固有观念需要更新。还需要认识到,数据思维更加强调全样本、整体性、相关性、精准性,其基础就是数据的完整性、开放性和充分流动。

塑造政府数据共享的意识理念还在于培育共享的氛围。需要打破政府部门内部"官本位"思想的桎梏,打开"各自为政"的狭隘视野,从战略高度和全局视野来认识政府数据共享对促进数字政府建设的重要作用,建立与大规模数据资源、先进处理技术相匹配的管理理念。

塑造政府数据共享的意识理念具体可以从宣传教育和人才培育入手,通过多种渠道向政府工作人员宣讲政府数据共享的重要性,并通过体系化的培训将政府数据共享理念落到实处;通过建立学习和培训制度,提高政府工作人员数据管理的专业化水平;通过培育和引入政府数据管理的专门人才,带动政府部门整体认知水平的提升。

在针对性培养政府数据共享意识方面,海外的一些实践经验也值得关注与借鉴。例如,美国政府首席数据官委员会下设的数据共享工作组2022年发布的研究报告提出了提升政府部门"数据意识"的一系列对策建议,如强化政府数据平台的元数据目录、创建并采纳更适宜的数据分类机制、创建指导数据共享的手册、创建识别和采认机制来鼓励共享。① 此外,该委员会还为有关机构设计和分发了用于实施数据技能培训计划的工具包。②

二、制度层面:完善政府数据共享的制度安排

政府数据共享是政府部门在实现数字化转型过程中面临的崭新挑战,而且同电子政务与数字政府建设、政府信息化、政府数据开放等各项工作关系密切。因此,要想加强政府数据共享,首先需要加强政府数据共享制度的顶层设计,配合国家大数据发展战略,推动形成职责明晰、协同推进的工作格局,加快制定出台配套政策,规范和明确数据共享的政策导向,强化国家数据资源统筹管理。③

---

① DSWG recommendations and findings [EB/OL].[2022-04-25]. https://resources.data.gov/resources/2021_DSWG%20Recommendations_and_Findings_508/.
② Data skills training program implementation toolkit[EB/OL].[2022-04-25]. https://resources.data.gov/resources/data_skills_training_program_implementation_toolkit/.
③ 徐晓林,明承瀚,陈涛.数字政府环境下政务服务数据共享研究[J].行政论坛,2018(1).

在宏观层面,需要注重政府数据共享与数据开放、数据管理、数据利用、数据安全、数据保护及其他信息化政策法规的兼容和协同。例如,完善电子政务、数据开放领域的立法,修订和完善《政府信息公开条例》,做到政府数据共享有法可依、有据可循。同时,加强中央与地方的协调,引导地方各级政府结合自身条件合理定位、科学谋划,加快法规制度建设,[①]鼓励有条件的地方先行先试。

在中观层面,需要建立政府部门间的政府数据共享协调机制,特别是在长期存在职能交叉、协同工作的部门之间建立风险共担、成本共担的利益协调机制,避免出现工作人员所收集的数据信息重复的现象,降低政府部门在数据共享过程中的成本支出、安全风险和责任风险;需要根据情况,制定通用或专用的政府数据共享协议和标准,对于政府数据共享的目标、原则、范围、程序等方面做出明确规定;需要建立政府部门数据资源统筹管理和共享复用制度。

在微观层面,需要建立政府部门内部的数据共享规范、章程与操作流程,同时在部门和人员考核评价制度中体现对数据共享的激励,提升基层负责政府数据共享具体操作和执行部门的积极性与专业性。

三、技术层面:强化政府数据共享的技术支撑

技术要素为政府数据共享提供了不可或缺的支撑。特别是随着大数据技术在政府领域的应用,政府各部门之间的数据资源整合程度加深、数据流通速率加快,新兴技术应用有助于打破传统意义上部门间的"数据壁垒"和部门内的"信息垄断",提升政府的行政能力和服务水平,最终实现"数据多跑路、群众少跑腿"。

当前,政府数据共享的技术支撑作用首先表现在技术标准规范上。数据的有效共享和互通依赖于统一的数据格式,需要遵循一致的数据采集、编码、分类、描述、著录、揭示、解码标准,避免因部门、行业数据标准不同而出现数据冲突与数据封闭。[②] 只有建立好秩序,才能建成和谐共享的数据生态。

---

① 赵娟,孟天广.数字政府的纵向治理逻辑:分层体系与协同治理[J].学海,2021(2).
② 陈大乾,任广伟.对社区电子政务网络安全和数据共享问题的思考[J].计算机工程与科学,2014(9);翁列恩,李幼芸.政务大数据的开放与共享:条件、障碍与基本准则研究[J].经济社会体制比较,2016(2).

数据的安全也需要技术的保驾护航。政府数据共享中的安全风险防范离不开强大的技术支撑：从结构上，需要构建数据安全风险管理技术体系架构；①从阶段上，安全防范技术手段贯穿政府数据的全生命周期，在数据源头上按需对原始数据进行脱敏化处理，在共享过程中，需要利用区块链等技术和各类先进算法，②提升数据的加密性、完整性与可追溯性，降低数据共享风险。

集成了各类技术的政府数据共享平台、政府数据库是政府数据共享的基础性设施。需要根据实际情况配置政府数据的本地存储或云存储。在保障安全性的前提下，可以基于政务云平台搭建政府数据共享中心，③从而实现不同机构和部门的数据整合，改善部门间的工作协同方式。

四、内容层面：提升政府数据共享的内容质量

如果说理念、制度和技术要素为政府数据共享体系提供了头脑、骨架和肌肉，那么内容要素则是该体系中流动的血液。共享的最终目的是使数据内容资源产生价值和发挥作用。

在政府数据共享中，政府需要建立覆盖数据全生命周期的质量控制体系。在数据的来源端，各部门需要针对主动、被动、自动采集的各类数据建立识别、准入、筛选、过滤、评价、纠错机制，在扩充数据数量规模的同时保障数据质量，从而为数据用户提供高品质的数据；需要参考和对标国内外相关数据标准，积极吸收和借鉴学术研究、各行业实践中关于数据质量的评价指标，结合政府领域的实际情况，对政府数据的真实性、时效性、安全性、规范性、易用性、交互性等指标做出要求和认定；需要做好政府数据共享的常态化监督与监控，及时发现和处置数据异常及其他数据质量问题；针对共享数据的利用行为，需要在跨部门的机制设计中设置专门岗位收集和处理数据用户的反馈，建立计划—执行—检查—处理的高效循环，从数据需求端和用户端倒逼数据质量的提升。

---

① 庄国波,韩惠.5G时代政府数据开放共享的安全风险及防范[J].理论探讨,2020(5).
② 郝玉蓉,朴春慧,颜嘉麒等.基于本地化差分隐私的政府数据共享隐私保护算法研究[J].情报杂志,2021(2).
③ 唐长乐,王春迎.基于政务云数据中心的政府数据开放共享服务集成平台研究[J].情报资料工作,2017(5).董凌峰,李永忠.基于云计算的政务数据信息共享平台构建研究：以"数字福建"为例[J].现代情报,2015(10).

第五章 政府数据共享

在媒介即内容的环境下,宏观意义上的内容质量不仅包括内容本身的质量,还包括内容发布、推送、传递、服务的质量。这就需要政府结合自身工作的特点,开发各类基于数据内容的服务,如内容目录、内容推荐、内容推送、内容引用、内容关联、内容发现等,有效配置服务工具、创新服务方式、畅通服务渠道,从而提高政府数据资源的知晓率、可用性、可触达性和影响力。

思考与练习

1. 为什么当前各个国家都在强化政府数据共享?
2. 政府数据共享面临哪些挑战?
3. 政府数据共享与政府数据开放有哪些异同?
4. 政府数据共享有哪些类型?
5. 有观点认为,只要建立了数据共享的技术平台,运用技术手段和工具,就自然能够实现政府数据共享。你如何看待这种观点?

案例分析与讨论

深圳市"织网工程"

2016年4月,对于深圳的家长来说,很重要的一件事情就是为孩子办理小学一年级新生入学手续。而让不少家长点赞的是:申请手续越来越简化、提交的证明材料越来越少。

"往年要提前一两个月往返政府多个部门开具包括就业证明、参保证明、计生证明、租赁合同在内的各类证明材料,带着原件和复印件厚厚一摞去办理手续。现在,拿上少量必要的证件原件直接前往学校,现场验证、后台比对,一两分钟就办好。"不少家长反映说。

这一变化得益于深圳着力推进的"织网工程"。目前,"织网工程"已经搭建起"一库一队伍,两网两系统"("一库"就是公共信息资源库,"一队伍"是指网络信息员队伍,"两网"是指社会治理协同工作网和社区家园网,"两系统"是指社区综合信息采集系统和决策分析支持系统)的基本架构,以此构成覆盖市、区、街道、社区四级的综合信息平台,让信息资源能跨区域、跨层级、跨部门地互通共享。"织网工程"包含以下六个部分内容：

1. 建成全市统一的公共信息资源库，打破"信息孤岛"和"信息壁垒"。通过市政务信息共享交换平台联通和汇集相关信息资源，在全国率先建成了集人口、法人、房屋和空间地理信息于一体、动态准确的城市公共信息资源库。

2. 实行社区网格化管理，避免基础信息多头采集和反复扰民。在科学划分社区基础网格的基础上，按照减员增效的原则，组织协调了基层原有出租屋、计生、城管等部门从事基础信息采集的人员，组建一支统一采集、统一管理、统一考核的网格信息员队伍，构建起"定格定责、采办分离"的网格化工作模式。

3. 搭建社会治理协同工作平台，避免事件信息重复分拨和多头处理。将各类社会事件进行统一编码，建立统一的分级分类标准，并明确了事件处理主体，使各类事件信息能够及时准确地分派到具体部门并得到快速处理。

4. 实现社区家园网全覆盖，将政府服务延伸到每个社区。基于全市统一的社区家园网管理平台，为全市每个社区开发建设内容丰富、贴近生活的社区家园网子网站，社区居民可以足不出户参与社区事务、办理个人事项、享受公共服务。

5. 建成全市统一的社区综合信息采集系统，实现基层信息统一采集。网格信息员通过移动智能采集终端使用全市统一的采集系统，动态采集网格内的实有人口、法人(机构)、房屋、城市部件等基础信息以及矛盾纠纷和问题隐患等事件信息。

6. 搭建决策分析应用支撑平台，发挥大数据作用。基于"织网工程"大数据库，建成全市统一的决策分析应用支撑平台，为政府制定公共政策和开展便民服务提供支撑。

由这六个主要方面构成的"织网工程"，成为深圳利用大数据、信息化手段实现社会治理体系和治理能力现代化的全新探索，为智慧政府、服务型政府转型奠定了基础，力求做到"让数据多跑路、让老百姓少跑腿"。

资料来源：我市推进"织网工程"探索城市治理新路径[EB/OL].(2016-04-27)[2023-05-09].http://www.sz.gov.cn/cn/xxgk/zfxxgj/zwdt/content/post_1487160.html

思考并讨论：

1. 政府部门为何会出现"信息孤岛""信息壁垒"的现象？

2. 请结合对于政府数据共享的理解，谈谈在政府工作中如何"让数据多跑路"，以实现政府管理和公共服务职能。

第六章　政府数据开放

■ 学习目标

本章主要阐述政府数据开放的概念、发展历程、价值和面临的挑战。通过本章的学习,要求掌握:(1)政府数据开放、开放数据和开放政府等基本概念,以及这些概念之间的关系;(2)政府数据开放的发展历程,美国和我国在政府数据开放过程中的相关政策及实践;(3)政府数据开放的经济、社会和政治价值,以及在价值创造过程中形成的生态系统;(4)政府数据开放面临的机遇和挑战,未来政府数据开放的推进路径。

■ 引　例

在美国波士顿,冬天雪量很大,导致消防栓被埋,影响消防部门救援。之前的一种做法是,政府自己派人去维护消防栓。现今,社会组织"为美国编程"利用政府开放的消防栓位置数据,发起了"领养"消防栓活动,以开放数据为纽带调动社会力量帮助消防部门快速清扫消防栓周边的积雪,取得了良好的效果。这种公益性和趣味性兼具的形式营造出高互动性的社区关系,有效帮助政府利用社会力量提高工作效率。

资料来源:公共数据开放联合课题组.数据开放浪潮[M].北京:社会科学文献出版社,2020:213.

第一节 政府数据开放的概念

一、开放政府

政府数据开放与开放政府运动密切相关,是开放政府运动发展到新阶段的产物。在20世纪五六十年代,一股政府改革的浪潮席卷世界,其中就包括信息自由法在各国的广泛推行,这类法律又被称为"阳光法案",其中较有代表性的法案为1966年美国出台的《信息自由法案》。

2009年1月21日,美国发布了《开放政府指令》,随后,奥巴马做了关于透明开放的政府的演说。他认为,开放政府是前所未有的透明政府,是能为公众信任、积极参与和协作的开放系统。开放是民主的良药,能提高政府的效率并保障决策的有效性。[1] 他认为开放政府应是透明的政府、参与的政府与协作的政府,并对这三项原则做了进一步解释。

第一,政府应是透明的政府。透明要求政府负有解释的责任,应告知公民政府正在做什么。联邦政府的信息是美国公民的财产,在遵守各项法律和政策的前提下,政府将通过合适的渠道尽快发布政府信息,方便大众知晓和使用。

第二,政府应是参与的政府。公众的参与有助于提高政府的效率和决策质量。大众的力量是无穷的,通过集思广益,公共机构会受益于这一庞大的信息源。

第三,政府应是协作的政府。协作可以让更多的公民参与到政府的决策过程中。各部门、各级政府、非营利组织、商业公司以及私营部门之间应该利用新设备、新方法和新系统来实现协作。

作为对公民权利的承认,开放政府这一概念得到越来越广泛的认同,成为公共机构改革的主要趋势之一。[2]

二、开放数据

1998年,受到理查德·斯托曼(Richard Stallman)发起的"自由软件运动"

---

[1] 杨孟辉.开放政府数据:概念、实践和评价[M].北京:清华大学出版社,2017.
[2] 郑磊.开放的数林:政府数据开放的中国故事[M].上海:上海人民出版社,2018.

的影响,埃里克·雷蒙德(Eric Raymond)等人发起了"开源倡议"。开源,即开放软件源代码,其作为一种新的软件开发方法,利用分布式同行评审和流程透明的力量,可使软件开发变得更优质、更可靠、更灵活和更省钱。得益于开源软件运动的成功,人们认识到了"开放"作为一种高效组织模式的巨大潜力,从而为开放文化在其他领域的广泛扩散打下了基础。由此,开放知识、开放获取、开放硬件、开放货币、开放数据等各领域的开放运动此起彼伏。

到底什么是开放数据呢?开放知识基金会将开放数据定义为一类可以被任何人免费使用、再利用、再发布的数据。① 开放数据具备以下特征:

首先,可获取性和可访问性(Availability and Access):数据应当能够被完整获取,并且所需的费用应当不超过合理的重制费用,最好的获取方式是从网络下载数据;数据也必须使用方便修改的格式。

其次,再利用和再发布(Reuse and Redistribution):数据应当使用允许再利用和再发布(包括与其他数据集整合后再发布)的许可协议。

最后,普遍参与性(Universal Participation):每一个体都应当能够使用、再利用、再发布数据,因此不允许有限制个人或团体使用的许可协议。

三、政府数据开放

2007年12月,30位开放数据倡导者聚集在美国加利福尼亚州,首次提出了政府数据开放的八项基本原则:第一,完整的(complete):除非涉及国家安全、商业机密、个人隐私或有其他特别限制,所有的政府数据都应开放。开放是原则,不开放是例外。第二,一手的(primary):开放从源头采集到的一手数据,尽可能保持数据的高颗粒度,而不是开放被修改或加工过的数据。第三,及时的(timely):数据尽可能在第一时间发布和更新,以保证数据的价值。第四,可获取的(accessible):数据可被获取,并尽可能地扩大用户范围和利用种类。第五,可机读的(machine-reachable):对数据进行合理的结构化处理,使之可被计算机自动处理。第六,非歧视性的(non-discriminatory):数据对所有人平等开放,不需要特别登记。第七,非专属的(non-proprietary):数据以非专属格式存在,从而

---

① Open definition: defining open in open data, open content and open knowledge[ED/OL].[2022-6-22]. http://opendefinition.org/od/2.1/en/.

使任何实体都无法独占或者排他。第八,免授权的(license-free):数据不受版权、专利、商标或贸易保密规则的约束,除非有合理的隐私、安全和特别限制。①

我国对于政府数据开放的政策要求也与国际标准相符。2017年2月,中央全面深化改革领导小组第三十二次会议审议通过的《关于推进公共信息资源开放的若干意见》指出,要保证开放数据的完整性、准确性、原始性、机器可读性、非歧视性、及时性,方便公众在线检索、获取和利用;②2017年5月,国务院办公厅印发的《政务信息系统整合共享实施方案》指出,要向社会开放"政府部门和公共企事业单位的原始性、可机器读取、可供社会化再利用的数据集";2018年1月,中央网信办、发改委以及工信部联合印发的《公共信息资源开放试点工作方案》也要求试点地区"研究制定公共信息资源开放技术规范,明确开放数据的完整性、机器可读性、格式通用性等要求"。

政府数据开放是提高社会参与度与政府透明度的一个重要途径,通过这一方式,每个人都能够在线获取政府开放数据,并对数据进行再使用和再处理。事实上,政府数据开放是政府数据、开放数据以及开放政府的交集。

四、政府数据开放与其他概念的区别

(一)政府数据开放与政府信息公开

政府信息公开的制度与做法早已为世界许多先进国家和地区所采纳,更成为诸多国际组织如世界贸易组织(WTO)对其成员的要求。因此,通过制定并执行政府信息公开法规、确保政府信息公开的落实来建构诚信政府,已成为一种不可阻挡的趋势。政府信息公开是指政府依法公开政府拥有的信息。政府数据开放与政府信息公开这两个概念既有联系,也有区别。

首先,在开放的层面上,"数据"和"信息"之间存在差异。"数据"是第一手的原始记录,未经加工与解读,通常不具有明确的意义;而"信息"是经过加工、连接或者解读之后被赋予了含义的数据。政府信息公开侧重于信息层面的公开,公开的大多是文件或经过整合分析的统计数据;而政府数据开放则是深入

---

① Open Government Working Group. The annotated 8 principles of open government data[EB/OL]. [2022-6-22]. http://opengovdata.org/.

② 郑磊.开放的数林:政府数据开放的中国故事[M].上海:上海人民出版社,2018.

到了数据层。

其次,在开放的目的上,政府信息公开的重心在于"知",即强调可以被知道,可以被看见,强调公众知情的权利,提高政府透明度,侧重于信息公开的政治和行政意义,认为信息公开是政府的一项责任。而政府数据开放的重心在于"用",即强调公众利用数据的权利,侧重于数据被开发利用后所产生的社会和经济价值,政府数据开放的本质是政府提供的一项公共服务。[1]

最后,在实施过程中,政府信息公开重点在于政府一方,信息公开本身就是目的,政府信息公开后就已经完成目标。政府数据开放则同时注重政府和用户两个方面,以及两者之间的互动。[2] 政府数据开放本身不是目的,使数据得到充分利用并最终产生价值才是其根本目的。

综上所述,政府信息公开为政府数据开放在法律层面奠定了基础,是政府数据开放的前提。政府数据开放则是政府信息公开在大数据时代的延伸和跃进,在开放的深度和广度上都提升到了新的阶段,达到了新的水平。[3]

(二)政府数据开放与公共数据开放

政府数据有狭义和广义之分。狭义上的政府数据仅指由各级政府部门在依法履行职责过程中制作或者获取的,以一定形式记录、保存的各类数据资源。而根据《开放数据宪章》的定义,广义上的政府数据不仅包括国家、地区和地方政府、国际政府组织以及广义的公共部门所掌握的数据,还包括外部机构为政府所创建的数据,以及虽掌握在外部机构手中但与政府项目和服务相关,并具有重大公共利益的数据。为了保证所有这些由政府生成以及为了政府而生成的数据具有默认开放属性,政府应该在委托服务合同中列入相关条款,以保证这些服务项目可能产生的新数据或对原有数据修正后生成的数据,其产权归政府所有,然后再将这些数据开放。[4]

广义的政府数据也可被称为"公共数据"。"公共数据"不仅包含政府数据,还包括政府部门以外的公共事业部门的信息和数据,例如图书馆、档案馆等

---

[1] 郑磊.开放政府数据的价值创造机理:生态系统的视角[J].电子政务,2015(7).
[2] 郑磊.开放政府数据研究:概念辨析、关键因素及其互动关系[J].中国行政管理,2015(11).
[3] 同上.
[4] 郑磊.开放的数林:政府数据开放的中国故事[M].上海:上海人民出版社,2018.

收集、整理或者保管的数据和信息。此外,国有和私营企业受政府委托并得到公共财政支持所创建的数据,以及掌握在这些企业手中的与政府相关、具有重大公共利益的数据也属于公共数据,应该向社会开放。①

第二节 政府数据开放的发展历程

一、美国政府数据开放的发展历程

随着公众要求获取和利用政府数据的呼声越来越高,满足公众对政府数据的需求,已成为国内外政府部门亟须解决的重大挑战。美国是政府数据开放的先行者和主导者,美国政府数据开放的经验对我国有重要的借鉴意义。

(一)美国政府数据开放制度的演进历程

美国强调公民的"信息自由权"及政府数据的开放获取与利用,并通过制定一系列的法律法规和政策来予以保障,相关法律法规及政策经历了从"政府信息公开"到"政府数据开放"的演进过程。

1.《信息自由法案》《隐私权法》和《阳光下的政府法》

1966年美国通过的《信息自由法案》在美国政务公开史上具有里程碑式的意义,是公民知情权从理念变成现实的一个重要标志,其主要内容是:规定民众在获得行政信息方面的权利和行政机关在向民众提供行政信息方面的义务。1974年通过的《隐私权法》是对《信息自由法案》的补充,是为了限制行政机关掩饰政务信息以及泄露个人隐私的行为,限制联邦政府机关向他人公布与特定个人有关的信息。1977年开始生效的《阳光下的政府法》是对政府会议公开制度的补充,将政府会议公开的范围扩展到了所有行政机构。《信息自由法案》《隐私权法》和《阳光下的政府法》构成了美国联邦政府数据开放制度的重要依据和保障,注重在公众的信息获取与隐私保护之间寻求平衡,在规范美国联邦政府公开政府信息和保障公民隐私权等方面发挥着重要作用。②

---

① 郑磊.开放的数林:政府数据开放的中国故事[M].上海:上海人民出版社.
② 陆健英,郑磊.美国的政府数据开放:历史、进展与启示[J].电子政务,2013(6).

2. 开放政府指令

2009年,奥巴马政府颁布了《开放政府指令》,积极推动政务信息公开和政府数据开放。开放政府指令的三个原则分别是"透明""参与"和"协作",在政府网站上发布更多数据库,通过网站开放数据使公众了解政府信息,促进公共对话。2011年,八个国家联合签署《开放数据声明》,强调政府机构应该为公众创建开放的信息获取和交流环境,并寻求国际开放合作。

3. 开放数据国家行动计划

2013年6月18日,美、英、法、德等八国领导人在北爱尔兰签署了八国集团《开放数据宪章》。《开放数据宪章》制定了以下五个战略原则。(1)默认开放数据:在促进政府数据发布的同时持续保护隐私。(2)质量和数量:释放更多优质的开放政府数据。(3)所有人可用:尽可能使用开放格式释放尽可能多的数据。(4)释放数据以改善治理:让数据收集、标准和发布程序透明化。(5)释放数据促进创新:培育下一代的创新者。

2014年5月9日美国政府发布了《美国开放数据行动计划》,承诺用以下的行动呼应《开放数据宪章》,主要包括:(1)以可发现的、可机读的、有用的方式发布开放数据。(2)与公众和民间社会组织合作确定发布开放数据集的先后顺序。(3)支持创新和基于反馈提高开放数据水平的行为。(4)持续释放和提供高优先级数据集。①

4. 开放政府数据法

2019年1月,美国《开放政府数据法》获得通过,7月正式实行。《开放政府数据法》做出了新的开放性规定,如确定政府开放数据的审查、质量监管、首席数据官及委员会、报告及评估等制度,要求公开联邦政府数据目录、开发在线存储库等。② 2019年底,美国发布《联邦数据战略和2020年行动计划》,主要是为了响应国际范围内人工智能的发展,将人工智能列入开放数据计划,提出要进一步完善开放政府数据清单。

---

① 杨孟辉.开放政府数据:概念、实践和评价[M].北京:清华大学出版社,2017.
② 东方,邓灵斌.政府数据开放的法律规制:美国立法与中国路径——基于美国《开放政府数据法》(OGDA)的思考[J].情报资料工作,2021(5).

(二)美国政府通过网站开放政府数据的实践

通过政府网站开放政府数据是世界上许多国家开放数据的主要途径。美国政府通过网站开放政府数据经过多年的实践,已经积累了丰富的经验。早期的联邦政府数据开放网站主要有 1997 年美国政府建立的 Fedstats.gov 网站,2007 建立的 USA spending.gov 和 Recovery.gov 网站。其中,Fedstats.gov 侧重于公开政府不同主题的各类数据,如经济数据、人口趋势数据等;USA spending.gov 以公开政府的财政支出信息为主;Recovery.gov 则公开用于支持美国经济复苏的资助款的使用信息。①

《开放政府指令》发布后,美国联邦政府开始更加积极地探索如何更好地通过整合的网站进行数据开放,2009 年 5 月上线运行的 Data.gov 是美国政府数据开放相对完善的一个网站,②以公民可以自由检索并获取联邦政府数据、实现政府透明化为目的,是美国开放政府各项计划中最重要的一项行动,各联邦政府机构均被要求向 Data.gov 提供数据。③

在开放数据国家行动计划的影响下,2013 年,美国 Data.gov 网站使用开源软件重新发布,并在网站上公开了大量《开放数据宪章》中规定类别的数据集,包括公司、健康、科学研究、统计、地理等 14 个重点领域,并针对不同用户提供了不同的数据格式与工具。此外,所有行政部门都需要开发他们公共数据的机器可读目录,并放到网站上。网站普遍采用在线反馈机制来征求公众的意见,基于公众的反馈,新的数据集将按照先后顺序发布。

经过 10 多年的建设和发展,美国政府数据开放网站 Data.gov 取得了较大成效,为全世界的政府数据开放运动树立了榜样,其自身的规模也在不断扩大,截止到 2020 年 9 月,Data.gov 平台上的数据集已增长到 26 万多个,数据目录源也增至 1084 个。

二、我国政府数据开放的发展历程

我国政府数据开放起步较晚,目前处于初步阶段。针对政府数据开放,我

---

① 陆健英,郑磊.美国的政府数据开放:历史、进展与启示[J].电子政务,2013(6).
② 同上.
③ 周千荷,吕尧,韩杰超等.美国政府数据开放共享的经验与启示[J].信息安全与技术,2020(10).

国陆续出台了一系列相关政策,全国多个省市也积极进行了实践探索。

(一)我国政府数据开放制度的演进历程

2015年8月,《促进大数据发展行动纲要》这一具有划时代意义的纲领性文件的出台,拉开了我国政府数据开放的序幕。[①] 2016年至2018年,我国相继出台了《关于全面推进政务公开工作的意见》《国家信息化发展战略纲要》《政务信息系统整合共享实施方案》《公共信息资源开放试点工作方案》,以推动政府数据的开放和创新利用。2020年3月,《中共中央、国务院关于构建更加完善的要素市场化配置体制机制的意见》对外公布,明确提出了土地、劳动力、资本、技术、数据五个要素领域的改革方向和具体举措;对于如何加快培育数据要素市场,该意见提出要推进政府数据开放共享,优化基础数据库。

全国各地与政府数据开放相关的法律法规和政策也在不断出台,呈现出具有地域特色的制度设计。2004年5月1日,上海市实施《上海市政府信息公开规定》,这是我国首个省级地方政府出台的政府信息公开规定。2014年,上海市出台了《关于推进政府信息资源向社会开放利用工作的实施意见》,提出了梳理政府信息资源、确定政府信息资源开放范围、完善政府信息资源开放渠道和支持政府信息资源增值利用共四大任务,并从组织领导、资金投入、考核机制等方面制定了保障措施。2019年上海市出台《上海市公共数据开放暂行办法》,提出了分级分类开放模式,数据管理精细化受到地方政府关注。2022年1月1日起施行的《上海市数据条例》,以需求导向、分级分类、公平公开、安全可控、统一标准、便捷高效为原则,推动公共数据面向社会开放,并持续扩大公共数据开放范围。深圳市2022年1月1日起施行的《深圳经济特区数据条例》推动了公共数据在法律、法规允许范围内最大限度开放。贵州省作为全国"公共信息资源开放试点"之一,在2020年9月颁布了《贵州省政府数据共享开放条例》,以加快政府数据汇聚、融通、应用以及培育发展数据要素市场。浙江省2020年6月和8月先后颁布了《浙江省公共数据开放与安全管理暂行办法实施方案》和《浙江省公共数据开放工作指引》,进一步促进浙江省域公共数据的开放、利用和安全管理,加快政府数字化转型。

---

① 郑磊.开放的数林:政府数据开放的中国故事[M].上海:上海人民出版社,2018:48.

(二) 我国地方政府开放政府数据的实践

我国政府数据开放实践首先从地方政府的探索开始,目前在国家层面还未建成统一的政府数据开放平台。2012年以来,我国已经有几十个地方政府陆续推出数据开放平台,这些地方政府积极探索创新,积累了大量经验。其中,上海市作为我国政府数据开放的先行者,为我国地方政府数据开放探索了一套可推广、可借鉴的经验。

上海市是我国率先推行数据开放的城市。2011年,上海市委重大专项课题《加快政府部门公共信息资源向社会开放,促进信息服务业发展》明确了推进上海市政府数据开放的四项重点工作——建设网站、推进试点、编制资源目录、出台实施意见,正式启动了上海市政府数据开放的工作。①

2012年6月,我国首个地方政府数据开放平台"上海政府数据服务网"上线。② 网站建成以后,向社会提供数据集212个,涵盖了地理信息、道路交通、公共服务、经济统计、资格资质、行政管理六大领域。在随后的发展过程中,上海政府数据服务网不断迭代完善,平台体验更强调用户视角,开放数据的数量和范围也得到了扩展。③

上海市经信委信息化推进处负责统筹推进上海市的政府数据开放工作,并在该处加挂了大数据发展处的牌子。为了进一步为数据开放工作提供制度保障,上海市于2014年出台了《关于推进政府信息资源向社会开放利用工作的实施意见》,明确了四大任务和保障措施。

数据开放必须基于一个全面的数据资源目录,为此上海市经信委确立了一套行之有效的方法。首先,他们建立了信息化建设和政府数据开放的联动机制,将信息化项目的数据资源规划、目录编制注册、目录更新等作为信息化项目立项、验收、运维资金申请的重要依据。其次,他们建立了数据开放工作的评估考核机制,并将评价结果纳入了上海市政府信息公开工作年度考核范围。④

2015年,上海市启动了政府数据开放规划工作,按照国务院印发的《促进大

---

① 郑磊.开放的数林:政府数据开放的中国故事[M].上海:上海人民出版社,2018:141-142.
② 郑磊,熊久阳.中国地方政府开放数据研究:技术与法律特性[J].公共行政评论,2017(1).
③ 郑磊.开放的数林:政府数据开放的中国故事[M].上海:上海人民出版社,2018:143.
④ 同上.

第六章 政府数据开放

数据发展行动纲要》的要求,围绕上海市四个中心的建设目标和本地发展要求,确定了交通出行、城市安全等16个数据开放主题领域,梳理了每个主题下应当重点开放的数据清单,分析了每个主题下相关数据集的需求度和成熟度,最终制定了2016—2018年推进政府数据开放的阶段性要求。同时,上海市公共数据开放平台开始探索数据的分级分类开放,将开放数据分为普遍公开、特定公开和依申请开放三种属性。①

政府数据开放的根本目的在于推动数据利用,上海市在建设和优化数据开放平台的同时,大力推进开放数据的社会化利用,培育政府数据开放的生态系统。② 为此,上海开放创新应用数据大赛(Shanghai Open Data Apps, SODA)从2015年开始连续举办。在历届大赛中,政府多部门联合开放了大量高质量的数据,吸引了众多参赛者,取得了很好的效果并产生了重大的影响。③

上海市政府数据开放工作在不断取得进步的同时,仍存在一些问题和不足,产生这些问题的一个主要原因在于:许多政府部门对数据开放潜在风险的顾虑不断加大。第一,许多政府部门对数据安全担忧,担心开放数据会危及国家安全、经济安全、公共安全和社会稳定;④第二,许多部门对开放数据的质量存在疑虑,怕不准确、不清晰和不一致的数据开放后会影响社会对政府的信任;第三,有些部门担心数据重叠或者数据冲突会带来风险,如果不同部门开放了相同主题的数据集,但内容不一致,便会导致部门间的数据冲突,也会给使用者带来困惑;第四,有些政府部门担心数据泄露和数据滥用;第五,政府部门担心多个做过脱敏处理的数据集经过关联分析后仍可能导出敏感信息。⑤

政府数据开放应在保障安全的前提下推进。然而,面对以上问题和风险,国家和地方层面的法规政策尚未给出明确答复,在管理体制机制方面也存在着一些制约因素。为此,2018年11月1日《上海市公共数据和一网通办管理办

---

① 郑磊.开放的数林:政府数据开放的中国故事[M].上海:上海人民出版社,2018:143.
② 温祖卿,郑磊.地方政府开放数据的利用与产出研究[J].电子政务,2019(9).
③ 郑磊,吕文增.公共数据开放的产出与效果研究:以上海开放数据创新应用大赛为例[J].电子政务,2017(9).
④ 夏义堃.论政府数据开放风险与风险管理[J].情报学报,2017(1).
⑤ 刘新萍,孙文平,郑磊.政府数据开放的潜在风险与对策研究:以上海市为例[J].电子政务,2017(9).

法》正式施行,对数据采集、整合、共享、开放、应用、安全等作出了全面规范。2021年11月25日上海市人大常委会表决通过了《上海市数据条例》。经过多年发展,截至2022年7月,上海市公共数据开放平台已开放5458个数据集,44 906个数据项,2 020 608 193条数据,涉及50个数据部门和100个数据开放机构,推出了60个数据应用,①这些数据都表明上海力图让开放数据赋能区域经济社会的发展。

第三节 政府数据开放的价值与生态系统

一、政府数据开放的价值

OECD的报告指出,政府数据开放的价值体现在三个方面:第一,经济价值。研究发现,免费开放数据会对经济产生推动力,同时数据免费所产生的额外收入要超过数据收费所能获得的收入。第二,社会价值。政府数据开放所产生的社会价值有些虽难以用经济数字来体现,但它改善了公民的生活质量,将被动沟通模式转变为更为积极的公民参与模式。第三,政治价值。政府数据开放度提高了政府的参与度、透明度、开放度和责任心。②

(一) 经济价值

政府数据开放能够推动经济增长,创造经济价值。麦肯锡公司的相关研究显示,政府数据开放能够带来巨大的经济价值,创造新的商业模式,提高生产效率和商品服务质量,将助力教育、运输、消费品、电力、石油与天然气、医疗保健和消费金融七个领域每年产生3万亿到5万亿美元的经济价值,而消费者的获益甚至比企业还要多。

(二) 社会价值

政府数据开放还能创造社会价值,提升公众生活品质,提高公共服务质量、

---

① 上海市公共数据开放平台[EB/OL].[2022-7-12]. https://data.sh.gov.cn/.
② ANNEX B. Reaping the benefits of cloud computing, Web 2.0 and Open Data: OECD country experiences[EB/OL].[2022-6-12]. https://read.oecd-ilibrary.org/governance/denmark-efficient-e-government-for-smarter-public-service-delivery/annex-b-reaping-the-benefits-of-cloud-computing-web-2-0-and-open-data-oecd-country-experiences_9789264087118-10-en#page1.

整体福利水平和公众满意度。首先,政府数据开放拓宽了市民获取信息和知识的渠道,缓解了信息的不对称,提供了共享的知识基础和信息来源。其次,政府数据开放还能转变公共行政的运行模式,节省开支,提升服务质量和公私部门间的合作水平,发展创新性服务。

（三）政治价值

政府数据开放的政治价值主要体现在以下三个方面:第一,政府数据开放有助于增强政府透明度、打击官员腐败和完善问责制度。第二,政府数据开放有利于提升个人和组织参与公共政策与公共事务的能力,使公民能够参与讨论,表达需求,并能利用开放的政府数据来开发新的互动技术、应用和平台,从而更加方便有效地向政府提供有价值的信息和智慧,进而影响公共决策的进程。第三,政府数据开放有利于提升政府的行政效率,并最终降低行政成本。

二、政府数据开放的生态系统

政府数据开放的过程涉及多种利益相关方,包括数据提供者、数据利用者和社会公众等。[①] 政府作为数据的供给侧向社会开放数据;数据利用者作为需求端对政府开放出来的数据予以利用,并让其开发的创新应用服务于社会公众;社会大众则作为用户和合作者获得服务,参与社会协同。[②]

（一）政府数据的提供者

政府是政府数据的提供者,是政府数据开放的起点。在政府数据开放的过程中,政策法规、组织管理、数据管理、平台开发等多个层面的因素将影响开放的效果。[③]

在政策法规层面,制定政府数据开放的政策法规是基础。目前,《政府信息公开条例》并没有对政府的数据开放作出明确要求。作为公共资源,政府数据应以数据开放为原则,以不开放为例外,在保障国家安全、个人隐私和商业机密的前提下,最大限度地向社会免费开放。

在组织管理层面,设立或指定权威的开放政府数据主管部门,提高领导层

---

① 郝文强.政府数据开放中的利益相关者:界定、分类及管理策略[J].现代情报,2021(7).
② 郑磊.开放政府数据的价值创造机理:生态系统的视角[J].电子政务,2015(7).
③ 郑磊.开放的数林:政府数据开放的中国故事[M].上海:上海人民出版社,2018.

对开放政府数据的重视程度,建立有效的跨部门协调机制、工作流程、激励机制、考核机制,这都是开放政府数据得以推进的关键因素。

在数据管理层面,数据质量是开放数据产生价值的关键,将低质量的甚至错误的政府数据开放给社会不仅不能创造价值,还可能造成损失。

在平台开发层面,一站式的数据开放平台有助于提供多种来源、多个领域、多种格式的政府数据。友好易用的平台可使用户更为方便地查找、下载、分析和利用数据,并上传基于政府数据开发的应用,供公众下载使用。对数据开放平台的宣传推广有利于提高数据的知晓度、下载量和利用率。平台的沟通互动功能也有助于采集利用者的反馈,不断提升平台开放数据的利用水平。[1]

(二) 政府数据的利用者

政府数据开放本身并不能直接带来价值,只有当数据被社会充分开发利用后才能真正产生价值。[2] 在政府数据开放平台上线后,政府数据开放的工作只完成了一半,推动政府数据的利用成为"下半场"的重心。数据利用者对开放数据进行分析和开发,然后供社会公众使用,实际上成为数据提供者与社会公众之间的桥梁。

数据的利用者存在多种类型。按利用次序,可分为一手用户和二手用户;[3] 按利用方式,可分为数据专业利用者和普通公众;按专业背景,可分为开发者、学者、记者和普通公众等。不同类型的人群在数据需求和利用目的上存在差异,其利用方式也不尽相同。戴维斯总结了公民使用政府数据的五个用途:第一,用于事实,即以单个数字或者值的形式来获知事实;第二,用于信息,即将数据转为可视化形式;第三,用于界面,即开发新的界面,以互动方式获取数据,并建立一个或多个数据集的聚合,如地图应用和交互式网站;第四,用于数据,即分享被扩大、整合或处理过的数据;第五,用于服务,即以自动服务的方式在"场景背后"使用数据。[4]

---

[1] 周志峰,黄如花.国外政府开放数据门户服务功能探析[J].情报杂志,2013(3).
[2] 郑磊.开放的数林:政府数据开放的中国故事[M].上海:上海人民出版社,2018.
[3] HELBIG N C, CRESSWELL A M, BURKE B, et al. The dynamics of opening government data[J/OL]. [2022-07-06]. https://www.ctg.albany.edu/media/pubs/pdfs/opendata.pdf.
[4] 郑磊.开放的数林:政府数据开放的中国故事[M].上海:上海人民出版社,2018.

数据利用者的数据搜索能力、分析能力和应用能力也将直接影响到政府数据开放的效果。① 政府数据的复杂性决定了其需要经过专业人员的分析才能产生价值,普通公众往往无法直接解读数据,甚至容易产生误读。非专业、非技术背景、受教育水平低的用户和老年人等群体对数据的利用能力偏弱,在利用政府数据的过程中容易形成强者愈强、弱者愈弱的情况,产生"数据鸿沟"。因此为这些群体提供基本的支持和帮助,可使数据的价值公平惠及各类人群。②

（三）政府数据的用户和合作者

社会公众是开放政府数据的用户和合作者。数据利用者获取政府数据后开发出各种数据产品和服务供社会公众使用。用户一方面使用这些产品和服务,另一方面又可以通过这些产品和服务参与社会事务、解决公共问题。同时,用户还能将应用体验反馈给数据利用者,引导数据利用者更好地开发数据。③

（四）政府数据开放构成一个生态系统

在政府数据开放的过程中,相应政策法规、组织管理、数据质量管理和平台开发决定着政府数据开放的水平。而在政府数据开放之后,数据利用者的利用方式和利用能力将直接影响到数据利用的效果,数据开放与数据利用两者间的动态互动关系共同决定着政府数据的价值创造过程。④ 在价值创造的机理上,政府数据从开放、利用到价值创造是一个动态循环的过程。政府开放数据的数量越多、价值越高、质量越好,数据利用者的数据利用能力越强,则数据的利用效果就越好,创造的价值也就越高,如此又能促使政府开放更多高价值数据,形成良性循环。反之,如果政府开放数据不足或不当,利用者没有兴趣利用数据或错误地利用数据,数据就无法产生价值甚至会造成损失,使政府失去开放动力,形成恶性循环。⑤ 另外,专业的数据利用者与普通公众之间也相互依赖,前者开发的应用服务于后者,后者则成为前者的用户,数据的利用者也成为政府

---

① ZUIDERWIJK A, JANSSEN M, CHOENNI S, et al. Socio-technical impediments of open data[J]. Electronic journal of e-government, 2012(2).
② 郑磊.开放政府数据的价值创造机理:生态系统的视角[J].电子政务,2015(7).
③ 同上.
④ 同上.
⑤ HELBIG N C, CRESSWELL A M, BURKE B, et al. The dynamics of opening government data[J/OL]. [2022-07-06]. https://www.ctg.albany.edu/media/pubs/pdfs/opendata.pdf.

和公众之间的中介。此外,外部的政治、经济、技术、社会环境也是构成政府数据开放生态系统的重要影响因素。因此,在创造数据价值的过程中,政府、数据利用者、普通公众和外部环境的作用缺一不可,共同决定着政府数据开放的最终效果,构成了一个"生态系统"。①

第四节　我国政府数据开放面临的挑战及发展路径

一、我国政府数据开放面临的挑战

政府数据开放是一个持续的动态过程,面临着许多政治、经济、社会和技术环境相关的挑战,这些挑战主要来自四个层面:理念层面、安全层面、能力层面、数据层面。②

(一)理念层面的挑战

作为一个新生事物,对于大多数地方政府部门来说,政府数据开放仍然比较陌生。很多具体的业务部门在接到上级部门指派的开放数据的任务时,并不清楚具体目标和要求,不清楚什么和怎么干。因此,"懂不懂开放"成为一个挑战,而懂了数据开放后,"愿不愿意开放"又成了另一个挑战。③ 影响政府开放数据意愿的观念主要包括以下三种:

1."多做多错,少做少错"的观念

政府部门的组织文化通常是风险规避型的,对于风险规避型的组织来说,其默认选项通常是不开放数据,特别是在政府数据开放并不是该部门主要工作的情况下,推行开放数据更为困难。④ 此外,数据开放会使政府部门受到更多的公众监督;如果开放的数据因质量问题或者涉及个人隐私而造成损害,那么政府部门还要对此承担责任,这是很多政府部门的顾虑。

---

① HELBIG N C, CRESSWELL A M, BURKE B, et al. The dynamics of opening government data[J/OL]. [2022-07-06]. https://www.ctg.albany.edu/media/pubs/pdfs/opendata.pdf.
② 郑磊.开放的数林:政府数据开放的中国故事[M].上海:上海人民出版社,2018.
③ 同上.
④ 同上.

2. 对付出和收益的考量

政府部门在开放数据前往往会进行成本收益考量,即考量政府数据开放需要投入多少成本,又会给部门带来什么好处和坏处。政府部门需要花费大量的精力和资源用于筛选、清理和更新数据集,而当社会对开放数据的要求越来越高,开放的数据越来越多,政府部门的工作量就会成倍地增加,超出其运营能力。现实中,政府部门并不能明确地感知到开放数据给其带来的直接的短期的好处,再加上也没有针对政府数据开放的绩效评估来衡量他们的工作表现,因此就缺乏推进数据开放的动力。①

3. 对免费还是收费的迷思

免费开放政府数据是一项原则要求,但是对于一些政府部门来说,迈出这一步具有很大的难度。一些政府部门将数据看作部门的资产和权力的来源,是与其他部门进行利益协商和交换的资本,甚至将数据收费所得作为部门的收入来源之一。② 这些部门担心数据免费开放会降低部门收入和话语权。随着人们对数据价值的认识逐渐加深,一些政府部门对于开放数据的意愿反而降低了。

(二)安全层面的挑战

政府数据开放过程中,哪些数据可以开放、哪些数据不可以开放的问题,目前仍未有定论,这使得政府部门在开放数据时倍感纠结。③ 当前,涉及数据安全的现实困境包括以下两点:

1. 数据开放与保密的边界模糊

政府部门向社会开放数据不得涉及国家秘密、商业机密和个人隐私。目前我国国家层面和地方层面都缺少明确的、清晰的、具有可操作性的政策和标准来指导实际工作的开展,之前政府信息公开的相关法律规定也不完全适用于指导政府数据开放工作。虽然过去制定的一些用来保护数据的规章制度仍然有效,如《保守国家秘密法》《网络安全法》等,但是这些法规政策也没有明确列出

---

① 郑磊.开放的数林:政府数据开放的中国故事[M].上海:上海人民出版社,2018.
② 许晴.政府数据"沉睡":一些部门认为是本部门私有资源[EB/OL].(2017-08-08)[2022-6-22].https://www.sohu.com/a/163023932_157267.
③ 曹雨佳,黄伟群.政府数据开放生态系统构建:以数据安全为视角[J].图书馆理论与实践,2016(10).

哪些数据不得开放,特别是对不涉密但敏感的数据没有进行清晰界定。因此,数据开放和数据保密之间形成了一个模糊的中间地带,两者的范围和边界都不清晰,使政府部门分不清哪些数据可以开放、哪些数据不可以开放,最后的结果往往是政府会选择不开放数据,以规避潜在风险和麻烦。①

2. 数据开放负面清单制度的压力

一些地方政府开始探索并制定数据开放负面清单,只要没有被列入负面清单的数据就必须开放。但是,有一些地方政府认为采用负面清单的压力太大,因为可以开放和不可以开放的数据中间还存在一个"模糊地带",即一些数据可以有限度、有条件地开放。如果采用负面清单的方式,意味着这部分数据就要开放,这样风险太大,也难以真正实现。因此,这些地方政府更倾向于在现阶段采用同时制定开放清单和禁止开放清单的方法,而对于中间的"模糊地带"的数据则在未考虑成熟前暂时不予确定,以降低安全风险和压力。

(三) 能力层面的挑战

政府数据开放工作需要配合一定的能力建设,包括设置主管部门,获得领导支持以及人员、资金、技术的保障等。目前,这些方面的保障都比较缺乏。

1. 缺乏专门的主管部门

政府数据开放主管部门所处的行政层级与数据提供部门之间的关系影响着政府数据开放的推动力度。目前,全国只有贵阳市专门成立了一级委办局"大数据发展管理委员会"来统筹数据开放等工作,其他地方政府大都还没有设立专门的负责推进数据开放工作的部门,②或者即使设有主管部门,其部门层级也不高,推进数据开放工作和协调的能力都较弱。③

2. 领导重视和支持力度不够

地方领导的重视和支持对开放数据工作具有决定性的作用。④ 领导的重视也有利于政府部门获得推进数据开放所需要的资源,推动部门的流程再造,进

---

① 郑磊.开放的数林:政府数据开放的中国故事[M].上海:上海人民出版社,2018.
② 赛智时代:我国公共数据治理存在的问题与建议[EB/OL].(2021-04-25)[2022-6-22]. https://www.sohu.com/a/462586584_100018121.
③ 郑磊.开放的数林:政府数据开放的中国故事[M].上海:上海人民出版社,2018.
④ 徐慧娜,郑磊.面向用户利用的开放政府数据平台:纽约与上海比较研究[J].电子政务,2015(7).

而推动政府与用户的协作。缺乏领导重视和支持成为许多地方政府数据开放动力不足或难以持续的关键因素。

3. 人员意识不足和能力不够

人员的数据开放意识不足和能力不够,会严重影响到政府数据开放的效果。一些地方负责数据开放的工作人员,或者没有技术和数据背景,或者缺乏足够的业务知识和能力,这些都使得他们很难开展工作。[1]

4. 缺少专项经费保障

政府数据开放工作会增加政府部门的工作负担,超出其原有的业务范围和能力,还可能需要增加一些专业人才,这些都需要专门的资金保障,否则可能挤占部门其他工作的预算。

5. 技术能力不足

技术能力不足也会阻碍政府部门推进政府数据开放。一些基层部门信息化水平低,技术能力弱,甚至还没有建设信息化系统。在实际工作中,由于政府部门技术能力跟不上,做不了相关工作,还需要引入第三方提供技术支持。[2]

(四)数据层面的挑战

在数据层面上,缺乏可开放数据或数据的质量低下等都是政府数据开放面临的挑战。

1. 缺乏可开放的数据资源

(1)数据未被电子化。政府数据开放要求所有数据都要以电子化形式开放,然而,一些落后地区的政府还没有采用电子形式采集和存储数据,因此大量数据仍以纸质形式存在。

(2)数据碎片化。我国政府数据治理工作仍处于起步阶段,政府数据散落在各个部门,既阻碍了政府数据的共享整合,也制约着政府数据开放的推进。行政体系中存在着条块管理模式,信息系统和数据资源各自为政,条块分割,"信息孤岛"问题严重。加之,很多部门未进行数据编目和数据清单整理,对自

---

[1] 郑磊.开放的数林:政府数据开放的中国故事[M].上海:上海人民出版社,2018.
[2] 同上.

己的数据家底比较糊涂,不清楚自己有什么数据,也不知道数据在哪里。①

2. 数据资源质量低下

(1) 数据标准化程度低。如果数据集不是完整的、原始的、可机读的,即使开放了也很难被用户利用,难以产生价值。标准化的数据更便于再利用。② 目前,我国政府数据开放的数据标准化程度比较低,所以数据开放就需要把标准做好,并及时更新。

(2) 数据质量参差不齐。政府部门采集和生成了各种各样的数据,每个数据集在准确性、完整性、全面性和及时性方面都有各自的特点,不同数据集所涉及的数据类型、采集目的和利益相关者都不相同,对于政府部门来说很难保证数据质量。另外,部门之间的职能交叉也容易带来数据重叠或者数据"打架"的问题,不同部门可能会开放涉及相同字段的数据集,但有可能出现内容不一致的情况。

(3) 数据价值密度低。政府数据开放应该基于需求导向和问题导向,③开放随意选择的数据或者仅仅是"易于开放"的数据,对用户来说不一定具有价值,只有开放真正高价值高需求的数据才能带来更高的效益。目前我国各地政府开放出来的数据普遍存在需求导向不强、价值密度低的问题,对企业的吸引力不够。

二、我国政府数据开放的发展路径

(一) 制定法规政策,坚持数据开放

政府数据开放的有效运行需要完善的政策体系作为支撑。④ 国家应制定相关的法规政策,明确规定开放数据是政府的一项责任,确定政府数据的默认开放原则。法规政策还需要对数据开放主体权责、开放数据范围、开放数据标准、开放方式与机制、开放数据平台建设、开放数据利用、开放数据安全保护等方面

---

① 郑磊.开放的数林:政府数据开放的中国故事[M].上海:上海人民出版社,2018.
② 陈美.开放政府数据价值评估:进展与启示[J].情报杂志,2017(11).
③ 以用户需求为导向,政府数据开放要有产品化思维[EB/OL].(2019-08-09)[2022-6-22]. https://www.163.com/dy/article/EM3K31D005129QAF.html
④ 肖敏,郭秋萍,莫祖英.政府数据开放发展历程及平台建设的差异分析——基于四个国家的调查[J].图书馆理论与实践,2019(3).

进行指引和规范,使地方政府在推动政府数据开放工作时做到有法可依、有章可循。目前,已有学者呼吁适时制定"政府数据开放条例",还有学者呼吁在立法条件成熟的情况下制定"政府数据开放法"。

(二) 基于分级分类,确保数据安全

数据开放并不是绝对的,毫无限制地允许数据流通也会带来风险和问题。[①] 如何在数据开放和安全保护之间获得平衡?如何在创造价值的同时控制风险?关键在于分级分类的精细化管理和全过程安全管理。[②]

1. 分级开放

需按照相关法律法规和政策文件,对政府数据进行分级分类管理,编制开放数据清单,明确数据开放范围。根据敏感程度对不同数据集标注不同等级的开放属性,如普遍开放、有条件开放、不开放等。对暂时没有明确规定的、处于开放和不开放中间的"模糊地带"的数据,可以列为"有条件开放",然后在开放过程中不断探索数据开放和保护之间的边界。[③]

2. 分类获取

可按照数据的开放属性设置不同类别的数据获取和保护方式,如直接获取、注册后获取、实名认证后获取、申请后获取、获取后监测等。通过设置不同级别的获取门槛,进行精细化管理,避免一刀切。

3. 全过程安全管理

政府需对数据开放和利用的全过程进行事前、事中和事后的动态安全管理。在数据开放前,政府部门要对数据进行安全审查和脱敏处理,通过管理手段和技术措施,防范不同数据集关联后可能产生的风险,并建立预警机制,制定应急预案。在数据开放后,还需对其使用情况进行安全监测。由于数据利用的风险不可能完全依靠政府自身的力量进行事先预估,因此应该建立动态纠错机制,发现风险后随时纠错或撤回数据。同时,在政府内部还应建立容错机制,对因事先难以预测到的风险而造成的损失,要免除相关部门和人员的责任,在政

[①] 郑磊.开放不等于公开、共享和交易:政府数据开放与相近概念的界定与辨析[J].南京社会科学,2018(9).

[②] 郑磊.开放的数林:政府数据开放的中国故事[M].上海:上海人民出版社,2018.

[③] 同上.

府部门内部创造允许探索和出错、允许在实践中不断改进的氛围。①

(三)加强能力建设,推动数据开放

在政府部门内部,需要设立政府数据开放的主管部门,并加强人员能力、资金保障等方面的建设。

1. 设立主管部门

政府数据开放作为一项需要系统、长期、跨部门推进的工作,需要一个相对层级较高的主管部门,并赋予其足够的职权来进行政府数据开放的决策规划、顶层设计、组织实施、规范指导和监督考核。② 尤其需要建立一套跨部门统筹协调的机制,来组织、指导和监督各个业务部门开放数据。③

2. 获得领导支持

在政府数据开放的过程中,高层领导支持不仅对于推动政府数据开放具有关键影响,而且有利于政府部门更好地获取开放数据所需要的资源。尤其是当前我国政府数据开放仍处于起步阶段,各级政府领导的重视、支持和推进力度,可为各个部门开展这项工作增加底气和动力。④

3. 提升人员意识和专业能力

政府数据开放离不开专业人员,因此,需要加强培训教育,提升人员相关能力。首先,在政府内部,强化各级各部门领导干部和工作人员对数据开放的概念、原则、价值、风险等方面的认知和理解,培育有利于数据开放的组织文化;其次,对具体负责的工作人员进行具有操作性的专业培训,提升其专业技能。

4. 资金保障

设立政府数据开放专项预算能够为这项工作的开展提供稳定的资金。同时,可将政府部门信息化新建项目的申请与数据开放工作挂钩,在各个部门提出新建项目申请时便要求列明该项目建成后采集和开放的数据,并配备相应的预算。此外,政府数据开放专项预算的申请还可与政府数据开放的绩效挂钩,

---

① 郑磊.开放的数林:政府数据开放的中国故事[M].上海:上海人民出版社,2018.
② 张涛.开放政府数据法制化的地方实践与制度完善——以浙江等9个省市为分析样本[J].贵州大学学报(社会科学版),2019(5).
③ 同上.
④ 郑磊.开放的数林:政府数据开放的中国故事[M].上海:上海人民出版社,2018.

根据数据开放的实际效果来配置相应的资金支持,从而激励政府部门开放数据。①

（四）强化数据治理,确保数据质量

政府数据治理是政府数据开放的基础。政府数据治理是一项涉及方方面面的系统性工程,需要对数据从生成、存储、共享、开放、利用到退出的全生命周期进行管理。根据我国政府数据治理现状,②政府数据治理工作可以从以下几个方面入手:第一,将政府内部以纸质形式存在的数据进行电子化、结构化和标准化;第二,盘点和摸清数据家底,梳理数据资源,编制数据资源目录,对数据进行分类分级;第三,制定数据标准和规范,提高数据质量,确保数据的完整性、准确性、时效性和适用性。

思考与练习

1. 什么是开放政府？什么是开放数据？什么是政府数据开放？三者具有怎样的联系？
2. 简述政府数据开放与政府信息公开、公共数据开放的区别。
3. 政府数据开放的价值主要体现在哪些方面？为什么说政府数据开放构成一个生态系统？
4. 我国政府数据开放面临的挑战有哪些？

案例分析与讨论

政府数据开放已是国家治理能力现代化与数据治理体系构建中不可或缺的行动维度。目前,发达国家与地区已从国家政策、组织架构、数据资源储备、平台建设等层面延伸至政府开放数据的社会化利用,以应用开发为代表引领数据的挖掘,以最大限度发挥其效用。

---

① 郑磊.开放的数林:政府数据开放的中国故事[M].上海:上海人民出版社,2018.
② 同上.

从政府角度来看,开放数据应用一方面可用于优化政府业务,如一款名为 Request Tracker 的应用,将以往仅限于美国大型城市使用的地方政府综合管理技术平台扩展到中小型城市,通过统一的在线平台来解决政府管理过程中存在的信息孤立和数据冗余问题,在数字通信、民众休闲、会议管理等方面提升行政效率,现已应用于美国和澳大利亚多个城市的政府数据管理。另一方面,开放数据应用在提高行政透明度与公众信任度的同时深化公众参与,帮助政府优化决策。例如,另一款由墨西哥环境和自然资源部自主开发的应用使用了政府部门收集到的待接受环境影响评估的项目的数据,经过整理,向公众开放待评估项目的基本信息,包括项目名称、申请者、评估时间段、相关文件等。公众可通过该应用了解正在进行环境影响评估的项目,在线提交意见、参加会议,帮助政府决策。

从企业角度来看,企业可以根据开放数据应用提供的经济、政治、社会、文化、技术等多方面信息来调整部署、优化业务。例如,Economic RESTful Client 使用了欧洲统计局、世界银行等机构的多来源经济统计数据,并以图表形式实现可视化和对数据的简单处理,涵盖欧盟、美国、中国等国家和地区近年的经济指标、股票指数等。企业可依据相关信息调整布局和业务范围。加拿大的 Industry Canada 可以帮助做国际贸易的企业了解加拿大有哪些从事进口商品的企业、哪些进口品类、从哪些国家进口等信息。

从公众角度来看,开放数据应用的效果在于提高公众生活质量。大量关于衣食住行、医疗、就业、教育等的应用,让公众能快速找到自己需要的生活信息并享受相关服务。例如新西兰 Affordability in New Zealand 应用通过用户提供的收入、工作地点、通勤方式、可承受租金和通勤费用等信息,筛选出合适的居住地,从而帮助公众获知对照其经济能力与需求的较优租房位置。加拿大 Cereal Aphid Manager 应用能预测 7 天内蚜虫的数量,帮助农民决定使用杀虫剂的最佳时间。再如,多个国家均有关于药品、食品、汽车等的召回信息的应用,能够有效帮助用户规避不同方面的安全危机。同时,开放数据应用也有助于提高公众的政治参与意愿。例如美国 iCitizen 应用能实时跟踪当选官员活动、关注政治热点问题,让公民参与投票,为所在联邦和州的当选官员评分等。欧盟 Legislative Train Schedule 应用汇总整合了提交至议会的法规文件和草案以及相关的提交记录等数据,让立法过程可视化为时间表,向公众详细展示法规文件由提出至生效的全过程,便于公众了解欧盟立法过程和细节,从而帮助公众提供更有针对性的反馈意见。

资料来源:周文泓等.面向政府开放数据利用的发达国家与地区应用开发调查及其启示[J].情报杂志,2020(2).

思考并讨论:

1. 从政府角度看,开放数据应用可以带来什么样的好处?
2. 从企业角度看,开放数据应用可以为企业提供什么帮助?
3. 从公众角度看,开放数据应用能为生活带来什么便利?
4. 你认为,对于政府数据开放及其开发应用,什么是重要的。

第七章　政务信息化

■ 学习目标

本章主要阐述政务信息化的基本内涵、主要作用与发展现状。通过本章的学习,要求掌握:(1)政务信息化的发生背景、基本内涵与主要作用;(2)政务信息化建设的主要内容;(3)我国政务信息化建设的成效与不足;(4)政务信息化的国际经验与启示。

■ 引　例

"十四五"推进国家政务信息化规划

到2025年,政务信息化建设总体迈入以数据赋能、协同治理、智慧决策、优质服务为主要特征的融慧治理新阶段,跨部门、跨地区、跨层级的技术融合、数据融合、业务融合成为政务信息化创新的主要路径,逐步形成平台化协同、在线化服务、数据化决策、智能化监管的新型数字政府治理模式,经济调节、市场监管、社会治理、公共服务和生态环境等领域的数字治理能力显著提升,网络安全保障能力进一步增强,有力支撑国家治理体系和治理能力现代化。

资料来源:国家发展改革委关于印发《"十四五"推进国家政务信息化规划》的通知[EB/OL].(2021-12-14)[2023-05-09].http://www.gov.cn/zhengce/zhengceku/2022-01/06/content_5666746.htm.

第七章 政务信息化

第一节 政务信息化概述

一、政务信息化的发生背景

随着新一轮科技革命和产业革命的迅速发展,数字技术蓬勃兴起,推动人类社会迈向数据化、网络化、智能化的数字社会,政府正面临着愈加复杂的治理问题,传统以科层制、行政法规等为核心要素的官僚制政府面临着多重困境,亟需利用信息技术再造政府内部运作流程,整合其内部职能,改进履职效率和服务效能,以满足数字经济发展和数字社会建设的需要。在现实需求的推动下,信息技术与政府治理实践的结合在全球掀起了一阵热潮,以数据驱动和数字治理为核心特征的数字化转型也因此成为全球政府创新的核心议题。在此背景下,西方发达国家纷纷根据自身情况,制订了信息化发展规划,并将政务信息化建设作为一项优先的发展战略加以实施。例如,早在1980年,美国联邦政府就颁布了《文书削减法案》,并在其后的十几年里不断进行修订,致力于在最大限度地减少联邦政府信息的开支与负担的同时,最大限度地发挥政府信息的效用。[1] 从1999年开始,联合国经济及社会理事会连续两年把通过信息化改革发展中国家的政府组织、重组公共管理、最终实现信息资源的共享作为其工作的重点。2000年4月,英国政府发布了《电子政府:信息时代公共服务的战略框架》,启动"英国在线"计划。[2] 2000年11月,日本政府通过《高速信息通信网络社会形成基本法》,将"行政管理信息化"和"信息技术在公共部门的应用"作为发展战略的基础。[3]

现阶段,我国政务信息化建设已具备三大基础:第一,我国大数据、人工智能、云计算、区块链等数字技术发展迅猛,数字技术核心竞争力显著增强,为政务信息化建设奠定了技术基础。例如,北京首都之窗"一网通查"搜索服务便着力破解政务信息"找不到、找不快、找不准"的问题。上海建立大数据联合创新实验室,汇聚多方数据资源,在金融、医疗、交通等领域取得了一系列创新成果。

---

[1] 李晶.美国联邦政府信息资源管理体制研究[D].安徽大学,2010.
[2] 李重照,黄璜.英国政府数据治理的政策与治理结构[J].电子政务,2019(1)
[3] 马颜昕等.数字政府:变革与法治[M].北京:中国人民大学出版社,2021:70.

浙江创建了全国首个区块链电子票据平台,实现了电子票据全过程"上链盖戳"。第二,多年电子政务建设的探索和耕耘,为政务信息化建设奠定了实践基础。一方面,在电子政务工作机制上,国家层面已经形成电子政务统筹协调机制和重大事项会商机制,地方网络安全和信息化领导小组也能充分发挥作用。国家电子政务专家委员会咨询作用的有效发挥,激发了地方建立电子政务专家咨询机构的积极性。另一方面,在电子政务工作开展上,全国一体化在线政务服务平台进入了全面提速期,各地根据本地实际发展情况不断创新电子政务管理模式,在健全管理机制、建设数字政府、提升政务服务水平、完善信息资源管理方式等方面积极探索新方式、新路径。① 第三,政府工作人员数字素养的不断提升,为政务信息化建设奠定了理念基础。党的十八大以来,以习近平同志为核心的党中央高度重视网络安全和信息化工作,指出要以信息化推进国家治理体系和治理能力现代化。以企业和群众的办事体验为导向,以用户为中心,动态更新的"好差评"政府服务评价制度体系基本建立。随着工作的进一步深入,政府工作人员逐步树立起数字工作理念。

二、政务信息化的基本内涵

关于政务信息化的基本内涵,学界主要从两种视角出发展开讨论:第一,模式视角,即将政务信息化视为一种管理模式。政务信息化是将现代信息技术全面应用到政府的行政管理领域,从而提高政府的办公效率,改善决策,增强政府的管理透明度,实现为民众服务、增强政民互动的现代管理模式。② 第二,过程视角。高锡荣、周萍等将政务信息化视为一种动态过程,即政府为了适应信息时代的到来,运用信息技术、通信技术、网络技术等手段,对传统的政府管理和公共服务进行改造,从而提升政府管理的有效性,满足社会及公众对政府公共管理和公共服务的期望,促进社会经济发展的动态过程。这一过程具体表现为,从最初级的网站建设、信息发布到在线服务,实现了面向公众的网上信息发

---

① 何毅亭.中国电子政务发展报告(2019~2020)[M].北京:社会科学文献出版社,2020:15.
② 杨莉.政务信息化与政府职能的转变[J].科技管理研究,2008(4);董必荣,徐怀宁,凌华.政务信息化与地方政府预算资金使用效率[J].南京审计大学学报,2022(1).

布和公共服务。① 而侯宝柱则在此基础上,提出了政务信息化融合的概念,即以提高政府服务效益为原则,以信息化技术与理论为基础,以实现政府部门战略规划、业务计划、组织结构、业务流程与其信息化战略规划、信息化框架、信息流程之间的相互协调、相互促进发展为目的的过程。②

上述关于政务信息化的讨论初步勾勒了政务信息化的基本轮廓。考察现有研究成果,政务信息化主要包含以下三个层次:第一,作为日常办公的一种技术工具,即办公自动化;第二,作为一种信息发布形式,即政府上网;第三,作为一种内部管理应用,即政府内部电子政务。

办公自动化主要指利用现代化的办公设备、计算机技术和通信技术来代替办公人员的手工作业,从而大幅度地提高办公效率,如政府部门办公自动化系统可以实现公文流转和会签、网上文件传递、电子邮件交换、个人办公环境建设、移动办公、权限设置与安全机制、内部电子档案馆访问等功能。③

政府上网,即政府职能上网,是指政府通过建立门户网站,用信息技术为社会公众提供服务,以及通过信息技术实现政府与其他社会主体在网络空间中的交流,促进政府职能由管理向服务转变。④ 政府上网的内容主要包括政府部门形象上网、组织机构和办事程序上网、相关政策产业信息上网、政府自己专有的信息上网四个部分。我国的"政府上网工程"始于1999年,多家部委联合策划发起,各省、自治区、直辖市电信管理局作为支持落实单位,联合信息产业界(互联网服务提供商、内容提供商、软硬件厂商、新闻媒体)等各方面力量,推动我国各级政府各部门在163/169网站上建立正式站点并提供信息共享和便民服务。⑤

政府内部电子政务是政府通过现代通信技术和网络技术等电子化手段,使政府业务流程得到充分实现的过程和结果,通常表现为上下级政府之间、政府

---

① 高锡荣,单玲玲,李红波.基于创新扩散理论的政务信息化发展水平影响因素研究[J].情报学报,2013(8);周萍,勒中坚.政务信息化水平群组决策的模糊评价模型[J].情报杂志,2007(12).
② 侯宝柱.政务信息化融合度研究[J].情报杂志,2011(A2).
③ 徐晓林,杨兰蓉.电子政务[M].北京:科学出版社,2010:32-43.
④ 李锋,周舟.数据治理与平台型政府建设:大数据驱动的政府治理方式变革[J].南京大学学报(哲学·人文科学·社会科学版),2021(4).
⑤ 冷荣泉.中国电信关于政府上网工程的实施方案:在政府上网工程启动大会上的报告[J].当代通信,1999(C1).

部门之间或同一政府部门内设机构之间的一类特殊的电子政务项目,具体包括政府内部网络办公系统、电子公文系统、电子档案管理系统、电子财政管理系统、电子绩效管理系统、电子通信系统等。①

综上,结合现有研究成果,笔者将政务信息化定义为:政府以提升内部管理效率与效能为主要目标,运用现代数字信息技术,为实现部门间战略规划、组织结构、业务流程、信息公开、日常办公的相互协调发展,降低政府运行成本,持续提升办公效能和决策质量的一种信息化政务协同工作体系。

三、政务信息化的主要作用

就政务信息化在政府治理中的作用而言,主要体现在以下三个方面:

一是政务信息化对政府内部管理工具的变革。同技术进步对于工业生产的影响一样,信息化对于行政管理系统工具的改造,也是从部分工具和局部业务开始,最后扩展到整个工具系统,再扩展到所有的行政部门和行政业务的。信息化对行政管理系统工具的改造和提升,大大提高了行政工作的效率。② 这种将政务信息化与行政管理系统结合所带来的效率提高具体体现为:通过虚拟办公、电子邮件交换和远程连线会议等方式,减少文山会海和公文旅行等现象,节约人力、财力。③ 同时,政府信息网络平台对于政府部门职能的整合与重塑,使得政府部门对于人员与事务的管理能够更加科学与高效。此外,政务信息化的建设还将带动其他领域的网上应用,进而推动我国信息化建设的全面启动和经济建设的高速发展。④

二是政务信息化对政府内部工作流程的再造。信息化使得管理和服务工具智能化程度提高,与此同时,管理和服务流程与方式也在发生变化。传统的政府工作流程复杂而分散,整个业务数据流按照地理位置和人力分配被分割在多个部门,增加了交换环节和复杂程度。⑤ 而开展政务信息化改革,为管理与服务流程的精简再造提供了基础,实现了"数据跑路"代替"人跑腿",打破了

---

① 李传军.电子政务[M].上海:复旦大学出版社,2011:272-275.
② 王金友.行政管理体制改革的信息化机制探析[J].西南民族大学学报(人文社科版),2008(10).
③ 杨莉,段兴利,权丽华.信息化在促进甘肃省政府职能转变中的作用[J].科技管理研究,2007(1).
④ 刘兴宇.积极推进政府政务信息化建设[J].新视野,2003(3).
⑤ 李传军.电子政务[M].上海:复旦大学出版社,2011:96.

部门之间的条块分割模式,降低了信息交换的成本,突破了地域、层级和部门的限制,政府内部工作流程也实现了从以"部门"为中心到以"业务""公众"为中心的转变,这使得政府部门间的协同性大大增强,工作效率也在逐步提高。

三是政务信息化对政府内部组织机构的重塑。政务信息化推动政府组织机构朝着扁平化的方向调整。扁平化是指上下级政府之间突破层级限制,建立上下统一的业务信息系统和中心数据库,更为专业地、一致地和高效地行使职能。① 扁平化是一种纵向的压缩与横向的扩容。例如,我国的金税工程、金关工程等纵向一体化的信息系统工程都是使数字政府走向扁平化的重要措施。通过利用多级网络和中心数据库技术支撑各个层次的政府职能部门建立统一的信息系统平台,高层组织机构在互联网的支持下,直接进入数据库提取基层的组织信息,能够有效避免以往出现的信息瞒报、信息失真等问题,从而"拉近"层级组织之间的"距离"。

第二节 政务信息化建设的主要内容

一、政府办公信息化

政府办公信息化主要依托办公自动化(Office Automation,OA),是将现代化办公和计算机技术结合起来的一种新型办公方式的统称,主要表现为利用现代化的办公设备、计算机技术和通信技术来代替办公人员的手工作业,从而大幅度地提高办公效率。而办公自动化系统则是指包括计算机、通信、声像识别、数值计算及管理等多种技术的综合系统。计算机技术、通信技术、系统科学和行为科学被视为办公自动化的四项支撑,工作站和局域网络是办公自动化的两大支柱。② 政府部门的信息化是社会信息化的重要基础。构建政府机关办公自动化网络系统,实现网上办公、监督电子化、电子招标与资料电子化,不仅对本地政府的政务信息化有着重大意义,而且对其他各级政府电子政务工程的开发

---

① 樊博,孟庆国.顶层设计视角下的政府信息资源共享研究[J].现代管理科学,2009(1).
② 郑浩,伍培.智能建筑概论[M].3版.重庆:重庆大学出版社,2016:129.

起到了良好的示范作用。政府的办公自动化系统的设计,在保留一般办公自动化系统功能的基础上,也根据其实际业务需求存在着一些特性。已有研究认为,政府 OA 系统的集成设计遵循着五个方面的原则,即安全性和可靠性、成熟性和先进性、开放性和可扩展性、集成性和可管理性以及经济性。[①] 下面,我们将从结构层次和系统环境两个方面来认识政府的办公自动化系统。

(一)政府办公自动化系统的结构层次

在了解政府办公自动化系统的结构层次之前,我们需要对政府办公室职能有一个大致的了解。部门内部设置的办公室与办公部门一样,其职能可以划分为三类:一是政务类职能,这类职能以信息工作为中心,发挥参谋助手的作用,基本上属于智能性、资政性服务,包括信息工作、调查研究、督促检查、沟通受理、文稿撰写等;二是业务类职能,这类职能以公文处理为中心,基本上属于程序性、业务性服务,包括公文处理、会务组织、政务值班、机要保密、档案管理、印信管理等;三是事务类职能,这类职能以日常服务为中心,基本属于保障性、服务性服务,包括通信、礼仪应酬、内部管理、条件保障和交通服务、生活服务和安全服务等。[②]

作为 G2E 模式的实现基础,政府办公自动化系统的设计回应了政府的职能所需。从政府办公自动化系统结构层次来看(如表 7-1 所示),主要包括事务处理层、信息管理层和决策支持层。对应地,实现以上三层任务的办公自动化系统,分别为事务型办公自动化系统——事务处理系统(DPS)、管理型办公自动化系统——管理信息系统(MIS)和决策型办公自动化系统——决策支持系统(DSS)。[③] 这些系统的组成,通常包括计算机类设备、办公用基础设备、通信网络和数据库。并且,这三个层次的办公功能互有依存关系,决策支持功能依赖于信息管理层提供的信息;信息管理层也依赖事务处理层对数据信息的采集、处理和筛选,最后提供可资全局性使用的数据信息。

---

① 田路,陆国栋.电子政务 OA 系统的设计与实现[J].计算机工程与设计,2005(4).
② 张锐昕.办公自动化概论[M].北京:清华大学出版社,2004:44-79.
③ 同上.

表 7-1　办公自动化系统的结构层次、任务及技术基础

结构层次	任务	技术基础
事务处理层	文字处理、办公日程管理、个人日程安排、行文管理、电子邮件处理、文档管理、轻印刷、编辑排版、复印分发、电子报表、其他数据处理等	文字处理
信息管理层	负担事务型系统的全部工作,完成本部门信息管理	数据库管理技术
决策支持层	以事务处理、信息管理为基础,负担辅助决策的任务	人工智能

（二）政府办公自动化系统的系统环境

以上介绍的政府办公自动化系统的有效运转离不开相应的硬件环境和软件环境。其中,硬件环境是由以计算机为核心的相关设施组成的,硬件包括计算机、计算机网络、通信线路和终端设备。软件环境是指计算机软件环境,计算机软件系统一般分为系统软件和应用软件两类。[①] 系统软件为应用软件的开发和运行提供工作环境,例如 UNIX、Linux、Windows 等等。应用软件包括通用软件和办公自动化系统专用软件。通用软件是指商品化、大众化的办公应用软件,例如 MS Office、WPS、钉钉、飞书、腾讯会议等。办公自动化系统专用软件是指面向特定单位、部门开发的具有针对性的办公应用软件,这类软件一般不作商用,仅供内部工作人员使用。

二、政府协同信息化

政府协同信息化,即政府部门间的协同信息化,主要是指依托统一的网络平台和基础软硬件平台,实现数据的共享、业务流程的再造以及部门的协同活动。政府部门产生协同的动机,一方面是由于内部存续发展的需要,另一方面是应对不断变化且愈发复杂的行政生态环境。而政府协同信息化得以实现的重要前提则是政务信息化对政府组织机构形态的改变,包括组织结构的网络化、纵向结构的扁平化以及横向结构的整合化。政府协同信息化主要包括资源共享的信息化、政务流程的信息化和部门协同的信息化。

[①] 张锐昕.办公自动化概论[M].北京:清华大学出版社,2004:44-79,156-169.

(一) 资源共享的信息化

政务信息化中的信息资源共享主要有三种类型:一是上下级政务系统之间的互联互通,主要是指政务信息的上报下达;二是同级政府部门系统之间的信息资源共享,即打破"信息孤岛"现象;三是政府与社会之间的信息资源共享,即政府部门依法向社会公开政府所掌握的信息资源。[①] 政务信息化中,信息共享的高效性体现在其四种模式之中:一是政府信息公众开放系统模式,主要提供公告性内容、服务性内容和透明性内容。二是政府信息资源的增值服务模式。政府拥有国家最完整、最庞大的统计系统,同时又是最大规模工作数据的积累者。这些数据若能在规范指引下被社会充分利用,将会对社会经济的发展作出巨大的贡献。三是政府部门间信息共享系统模式。有学者将之划分为点对点、星形和总线形三种信息共享模式。[②] 四是政府业务自动管理系统模式。这类模式主要用于政府规范性业务的处理过程中,如税收、工商登记、年审、进出口管理等,由基层操作人员使用。[③]

(二) 政务流程的信息化

政务流程的六个基本组成要素为资源、角色、活动、结构、目标和规划。[④] 已有研究指出,造成传统政府业务流程复杂性的根本原因是政府对信息流程认识不清,不能从复杂业务中发掘关键的工作节点,从而使其在处理某一项业务时,信息流经过许多不相关的节点,造成了信息传递的延迟甚至是信息失真的问题。在政务信息化中,政务流程再造是指利用现代信息技术,重新优化传统业务流程并实现政务流程的电子化与智能化,从而提高政府业务的在线处理能力与效率。从整个生命周期来看,政务流程再造的具体实施主要可以分为六个阶段,即构思设想、项目启动、流程分析、流程设计、流程再造与监测评估。其中,"先简化后量化"是政务流程再造的基本思路,即首先利用先进的信息流程重组方法,如关键路径法、网络图表法等,对政务流程进行简化,减少信息流通过的

---

① 丁波涛.电子政务中的信息共享研究[J].电子政务,2006(4).
② 杨兴凯.政府部门间信息共享模式与决策方法[M].北京:科学出版社,2014:109.
③ 汤志伟,张会平.电子政务的管理与实践[M].成都:电子科技大学出版社,2013:100-104.
④ 伊文霞,张承伟.政务流程结构化问题浅析[J].电子政务,2007(12).

非关键节点数量。其次,将符合条件的政府业务内容转换成相应的数字、图形等计量单位,同时采用运筹学、计量学、概率与统计学等多学科理论方法描述业务流的结构、运行与处理,以实现政务流程的量化。① 可以说,政务信息化实现了政府业务的业务流与信息流的融合。

(三)部门协同的信息化

在新公共管理改革时期,政府改革理论的显著特征为市场竞争机制和分散化管理。而随着社会治理和公共服务需求日趋复杂,碎片化公共服务与碎片化公共管理的缺陷也日趋明显。因此,在后新公共管理时期,跨部门协同成为政府改革理论与实践的迫切需求,其中,佩里·希克斯的整体性政府理论就是这种跨部门协同理论体系中的代表性研究成果。根据希克斯的总结,以网络为中心的协调机制是部门间开展协同运作的核心机制。② 我国的政务信息化中的部门协同重点围绕执政能力、民主法治、综合调控、市场监管、公共服务、公共安全六大系统工程展开,因此政务信息化中部门协同蕴含着更深层次的政府职能转变,即在信息资源共享与政务流程优化再造的基础上,跨越部门间的限制,打破时间与空间的分割,快速、高效、全方位地实现政府信息共享和信息服务,缓解政府部门之间、政府与企业之间、政府与公众之间的信息不对称矛盾,从而推进政府办事过程的法治化、透明化与高效化,最终促使政府职能从管理型向服务型转变。

三、政府决策信息化

政府决策是政府实现善治的基础环节和发挥行政职能的重要方面,主要指国家行政机关为实现一定的行政目标,根据法定权限,按照法定程序对其职责范围内的公共事务做出决定或确定行动方案的活动与过程。③ 政府的决策过程呈现出显著的信息依赖性,即信息作为政府决策的原材料,在识别界定决策问题、拟定选择决策方案、评估反馈决策结果的全过程中发挥着关键作用,政府信息收集与处理的能力在一定程度上也决定了政府决策的水平。因此,信息技术

---

① 汤志伟,张会平.电子政务的管理与实践[M].成都:电子科技大学出版社,2013:13-60.
② 曾维和.后新公共管理时代的跨部门协同:评希克斯的整体政府理论[J].社会科学,2012(5).
③ 杨寅.行政决策程序、监督与责任制度[M].北京:中国法制出版社,2011:8.

的应用价值与政府决策的技术需求具有内在的目标一致性,政府决策信息化的实质就在于通过拓展信息技术的应用场景来满足政府决策过程的信息化需求。随着新一轮信息技术革命的兴起,大数据、人工智能、云计算等新型数字信息技术为推进政府决策能力现代化提供了新的驱动力。新型数字信息技术具有信息量大、信息类型多、信息处理速度快和信息来源真实等特点,使得获取充分的决策信息成为可能,也加速了政府决策流程的优化与决策方式的变革。数字技术驱动下的政府决策信息化主要表现为决策议程设置的信息化、决策方案设计的信息化和决策结果评估的信息化。

(一)决策议程设置的信息化

决策议程设置是政府决策的首要环节。是指在政府注意力资源有限的情况下,将一定的社会问题纳入政府决策系统,进而将其转变为决策问题的过程。相较于传统的决策议程设置模式经常面临"有限信息"困境,首先,决策议程设置的信息化保障了社会主体表达诉求的权利,即智能媒体技术促成的"表达零障碍"特点打破了传统的自上而下议程设置的强势地位,赋予了每个社会主体"拇指话语权",极大地拓宽了社会问题的反映渠道。① 其次,运用各种类型的感应终端技术可以全方位获取社会公众反映的社会问题,通过收集新闻媒体、网络舆论、专家学者意见等信息数据,及时准确地听取来自不同社会群体的焦点声音,通过大数据分析技术和可视化技术对社会问题进行分类梳理与精准识别并将其以生动直观的形式呈现出来,将数据分析的结果作为决策议程设置的依据,从而推动议程设置的民主化与科学化。

(二)决策方案设计的信息化

设计有效可行的决策方案是政府决策的核心环节。是指针对决策问题,在明确决策目标的基础上,运用适当的技术设计或规划诸多种实现决策目标的可能方案的过程。根据赫伯特·西蒙的决策理论,政府决策者存在"有限理性"的"缺陷",这就对决策方案的设计过程提出了更高的技术需求。决策方案设计的信息化推动了由精英主导的决策方案设计模式向多元协商的决策方案设计模

---

① 张玉容,陈泽鹏.网络舆情推动下政策议程设置的多源流分析:基于网络直播营销监管政策的案例研究[J].人文杂志,2021(11).

式的转变,各种社会力量可以通过互联网平台提出备选方案,并在网络公共领域中不断辩论、协商,最后达成共识,形成一致方案。① 此外,文本挖掘技术、云计算技术等提升了政府对决策方案的选择能力。一方面,文本挖掘技术可以将高维的文档词语空间转化映射成低维的主题向量空间,帮助政府决策者快速地理解海量非结构化备选方案中的语义信息和内容主题,提升决策方案的设计效率;另一方面,借助人工智能、模拟仿真技术可以模拟预测决策备选方案可能产生的结果,并根据模拟结果对备选方案进行调适和优化,从而提升决策方案的质量,最大限度地降低决策风险。

(三) 决策结果评估的信息化

决策结果评估是政府决策的保障环节。是指采用科学的方法,系统评估一项政府决策对决策对象需求的满足程度及其对社会系统、政治系统以及环境的影响程度。由于决策目标具有模糊性和抽象性,决策影响具有多样性和分散性,因此决策结果评估面临较大的困难,而新型信息技术则为化解决策结果评估难题提供了可能。在评估信息收集方面,利用大数据技术可以收集来自多个地区和多种格式的数据以及决策方案执行和行为变化过程的数据等,确保评估数据的全面、准确和真实。在评估信息处理方面,数据挖掘、文本分析等基本分析工具和预测建模、机器学习及自然语言分析等高级分析工具为分析复杂的数据集提供了强大的手段,提升了对评估数据的分析能力。在评估结果反馈方面,数据可视化有助于清晰有效地传播与沟通评估结果,且社交媒体的交互性也为评估结果的反馈提供了便利。②

四、政府监管信息化

政府监管是政府职能的重要组成部分,主要指政府以矫正市场失灵、维护社会正义为目的,通过基于法律制定的相关规范标准,对市场主体的经济活动以及伴随经济活动所产生的社会问题进行的干预和控制。③ 当前,以数据资源为关键要素、以现代信息网络为主要载体、以数字经济为主要代表的新经济形

---

① 曹光煜,傅昌波.新互联网对公共决策的影响及对策建议[J].中国行政管理,2015(12).
② 杨代福,云展.大数据时代公共政策评估创新研究:基于过程的视角[J].电子政务,2020(2).
③ 马英娟.监管的概念:国际视野与中国话语[J].浙江学刊,2018(4).

态蓬勃发展,导致政府监管的对象呈现出高度复杂性、动态性和不确定性,所以政府监管方式亟需革新以适应市场经济的数字化转型。美国麦肯锡全球研究院的一份研究报告指出,数字技术不仅是经济发展的催化剂,同时也可以帮助政府对监管对象进行分类,并通过自动决策、创新产品及服务供给使政府监管变得更加透明和有效。① 因此,政府监管信息化就是运用物联网、大数据、人工智能等数字技术实现监管信息有效整合、高度共享、深度应用,打造政府智慧监管模式的过程,具体包括监管手段的智能化、监管结构的集成化和监管主体的多元化。

（一）监管手段的智能化

选择恰当的监管手段是保障政府监管质量的基础。传统的政府监管手段主要包括现场检查、材料审批等方式,其手续繁、收费高、周期长、效率低等弊端严重抑制了市场活力,制约着经济社会的发展。信息技术驱动的政府监管信息化推动了政府监管手段的智能化升级。在监管信息管理方面,运用非现场、物联感知、掌上移动等新型监管手段对监管对象的运行活动进行全程记录并实时传送至政府监管部门的数据服务器,通过云计算、数据挖掘等技术对数据信息进行迅速分析,在数据汇集的基础上发现风险点和薄弱环节,可以为政府监管行为提供及时、全面、精准、可追溯的监管依据,推动政府监管由被动型的事后整治向主动型的事前预警转变。在监管资源配置方面,综合运用企业信用等级、生产风险等级、产品安全等级等多源数据为市场主体精准"画像",在此基础上,通过大数据技术实现对不同地区、不同时间、不同人群、不同事件分类分级的差异化监管,从而实现监管资源的优化配置。

（二）监管结构的集成化

推动政府监管结构集成化是克服传统监管体系分化、功能单一弊病的关键手段,即利用新型信息技术减少传统社会信息不对称的约束,实现政府监管体系从"大部制"的物理裁并向"大平台"的内在集成结构跨越。在监管功能层面,通过构建"一网统管"应用体系,实现城市管理、应急指挥、综合执法等领域的监管功能集成,可以对城市运行的态势感知、体征指标监测、统一事件受理、

---

① 王宇航,王西.论大数据在政府监管应用中的法律障碍与完善[J].河南社会科学,2020(5).

智能调度指挥、联动协同处置、监督评价考核等全流程进行集成式监管。在监管职能层面,依托大数据、人工智能等信息技术形成全域统一的监管平台,将分散在不同监管领域的多部门监管职能集成在统一的共享平台上,实现监管数据和行政执法信息的归集共享与有效利用,促进政府监管机构从大部制集成升级为大平台集成,全面推进政府监管职能在线上完成问题诊断、流程整合、业务协同和处置协调。[1]

(三) 监管主体的多元化

政府通过分享和开放监管权来组建构成多元的监管主体是政府监管信息化变革的重要方面。传统政府主导的监管模式缺乏对社会微观运行状况的全面具体的认知,而信息技术则赋予了社会公众参与监管的机会。公众可以利用社交媒体平台及时反映身边的情况,并可以突破时空界限与政府实现互动,开创政府与公众共同监管的新局面,如"12369环保举报""12336自然资源违法线索举报""上海12321举报中心"等微信公众号为公众参与监管提供了平台。此外,可利用数字技术驱动下新经济形态的开放性和透明性推动实行监管对象的自我监管,发挥企业、行业组织与社会组织的功能,激发多元主体自我监管、相互监管和行业自律监管的积极性和主动性。

第三节 我国政务信息化建设的成效与不足

我国的政务信息化建设起始于20世纪80年代中期的办公自动化工程。1992年为推进政府机关自动化,在政府机关普及推广计算机的使用,国务院办公厅下发了《关于建设全国行政首脑机关办公决策服务系统的通知》。90年代末,在"政府上网工程"的推动下,政务信息化建设取得了长足的进展,开始进入实质性应用阶段。[2] 经过近40年的发展,我国政务信息化建设在基础设施建设、融合共享方面取得了明显成效,但也存在"数字鸿沟""信息孤岛"等问题。

---

[1] 郭剑鸣,赵强.智慧社会视域下的政府监管创新:使命、困境与进路[J].社会科学战线,2021(6).
[2] 徐晓林,杨兰蓉.电子政务[M].北京:科学出版社,2010:141-142.

一、我国政务信息化建设的阶段演进

根据侧重点的不同,我国政务信息化的政策演进进程大致可以分为以下四个阶段:

第一阶段为方向摸索期。1997年,《国家信息化"九五"规划和2010年远景目标纲要》的通过,标志着政务信息化建设的开始。同年12月,国务院批准成立了第一个国家层面的信息化管理机构——国家经济信息化联席会议,正式启动了"三金工程",标志着政府信息化在基础设施、信息网络、业务系统方面开始发力。[①] 1997年,第一次全国信息化工作会议上,邹家华在工作报告中提出:要加快金字工程建设和加快国民经济重要领域的信息化建设。此次会议上提出的"统筹规划,国家主导;统一标准,联合建设;互联互通,资源共享"信息化建设二十四字原则至今仍十分重要。2001年,国家信息化工作领导小组召开第一次会议,作出"中国建设信息化要政府先行"的重要决策,明确以电子政务带动信息化的政策方向。《全国政府系统政务信息化建设2001—2005年规划纲要》推动了公共信息基础设施、政府网络和业务系统的铺开建设,我国政府电子政务建设拉开帷幕。[②] 这一时期,一大批业务系统逐步按照"条条"模式建立起来,从中央一直延伸到地方甚至基层,逐步建立起全国上下贯通的信息通道,这也成为后来业务系统"烟囱林立"局面的源头。[③]

第二阶段为标准锚定期。2002年到党的十八大以前,在《国家信息化领导小组关于我国电子政务建设指导意见》的引领下,各级政府围绕"两网一站四库十二金"的发展重点有序展开政务信息化建设。2006年1月,我国中央人民政府门户网站正式开通。同年,《2006—2020年国家信息化发展战略》出台,该文件总结了信息化发展的基本形势并指出了信息化发展的战略目标和战略重点。《国家电子政务总体框架》的发布指导了"十一五"期间各地区、各部门更好地推行电子政务,促进全国电子政务健康发展。2009年,《政府网站发展评估核心

---

① 翟云.改革开放40年来中国电子政务发展的理论演化与实践探索:从业务上网到服务上网[J].电子政务,2018(12).
② 朱琳,刘雨欣,顾文清.基于共词分析的中国电子政务政策变迁研究[J].电子政务,2020(11).
③ 黄璜.中国"数字政府"的政策演变:兼论"数字政府"与"电子政务"的关系[J].行政论坛,2020(3).

指标体系(试行)》对在线办事的考核内容进行了优化调整,引入了服务的人性化程度及服务框架设计优劣等考核指标。2011年,《国家电子政务"十二五"规划》指出,电子政务正处于转变发展方式、深化应用和突出成效的关键转型期。这一阶段的政策特征表现为强调推进信息共享建设、法律法规建设,重视总体规划与标准规范的制定。①

第三阶段为融合发展期。党的十八大以来,我国政务信息化的相关政策特征表现为:依托政务服务一体化平台,深度融入"互联网+"、大数据与人工智能等新兴信息技术,稳步推动数据开放与政务信息化协同发展。2013年出台的《基于云计算的电子政务公共平台顶层设计指南》《"宽带中国"战略及实施方案》,2015年出台的《"互联网+"行动计划》《促进大数据发展行动纲要》,2016年出台的《国家信息化发展战略纲要》《"十三五"国家信息化规划》,2017年出台的《"十三五"国家政务信息化工程建设规划》,2018年出台的《进一步深化"互联网+政务服务"推进政务服务"一网、一门、一次"改革实施方案》,2019年修订的《政府信息公开条例》等相关政策,均表明中国正在经历一场由信息化促进现代化的变革。

第四阶段为全面创新期。进入乘势而上开启全面建设社会主义现代化国家新征程、向第二个百年奋斗目标进军的新发展阶段,我国进一步对"十四五"时期政务信息化发展的主要任务进行了系统的战略部署。2021年3月公布的《"十四五"规划纲要》指出:加大政务信息化建设统筹力度,完善国家电子政务网络,集约建设政务云平台和数据中心体系,推进政务信息系统云迁移。加强政务信息化建设快速迭代,增强政务信息系统快速部署能力和弹性扩展能力。2021年12月,国家发展改革委印发了《"十四五"推进国家政务信息化规划》,明确指出到2025年,政务信息化建设总体迈入以数据赋能、协同治理、智慧决策、优质服务为主要特征的融慧治理新阶段,并确定了数据资源赋能新动力、协同治理形成新模式、政务服务得到新提升、共建共享形成新局面和安全保障达到新水平五项主要目标。

---

① 朱琳,刘雨欣,顾文清.基于共词分析的中国电子政务政策变迁研究[J].电子政务,2020(11).

二、我国政务信息化建设的成效

（一）基础设施建设取得进展

在我国政务信息化的发展过程中，技术变革逐渐侧重于供给领域，推动信息基础设施进一步升级完善，主要表现在基础设施体制机制改革优化、国家电子政务内外网横纵贯通和政府网站集约型建设水平提升，为政务信息化建设提供了坚实的网络支撑。

第一，基础设施体制机制改革优化。各省份带头组建大数据管理机构，县市相应成立政务服务数据管理机构，整合重组原本分散的数据资源，并将其统筹至全省各级政府和部门，有效进行数字化、网络化管理。根据《2022—2028年中国网站优化行业发展规划建议及未来发展潜力报告》的统计数据，截止到2021年12月，我国共有政府网站14 566个，主要包括政府门户网站和部门网站。其中，中国政府网1个，国务院部门及其内设、垂直管理机构共有政府网站890个。①第二，国家电子政务内外网横纵贯通。国家电子政务内网初步建成，实现了31个省（区、市）和新疆生产建设兵团、122个中央国家机关的互联互通。国家电子政务外网实现了四级骨干网络100%全覆盖，依托已有的数据中心基础，形成了1+3的国家电子政务云数据中心体系，各地方各部门政务云平台建设全面提速，初步形成数云网一体融合的公共基础设施。第三，政府网站集约型建设水平提升。各省政府集约全省网站平台资源，统一建设标准、技术平台、安全防护、运行维护、监管，开设政务公开、政府服务、政民互动等服务专栏，构建了体系完整、功能齐全、集中高效的门户网站和信息资源管理平台。

（二）政务信息共享开发有所突破

政务信息资源的共享与开发利用所取得的进展主要体现在两个方面：

第一，政务信息资源共享取得突破性进展。2021年9月，全国一体化政务服务平台建成，直通国务院46个部门的1376项政务服务事项，以及31个省（区、市）和新疆生产建设兵团的537万多项政务事项。截至2021年12月31

---

① 智研咨询.2021年中国政府网站总体发展状况及发展趋势分析[EB/OL].(2022-04-24)[2023-02-10].https://www.sohu.com/a/540605174_120950203.

日,全国一体化政务服务平台实名用户超过8亿人,总使用量为338.9亿次。依托全国一体化政务服务平台,我国实现了异地就医结算备案、社会保障卡申领等高频政务服务事项"跨省通办""全程网办"。在2021年全国政务服务办件中,主动评价中的好评率达99%,差评整改率接近90%。第二,部分地区和部门探索开展信息资源社会化开发。目前全国各地开发政务信息资源、释放经济发展活力的愿望十分迫切。一些地方政府和部门在政务信息资源开发方面展开探索,取得了初步成效。例如,2016年2月,全国首个获批建设的国家级大数据综合试验区在贵州成立。此后,贵州持续推进大数据制度创新、数据中心整合利用、数据共享开放、大数据创新应用、大数据产业集聚发展、大数据资源流通与交易、大数据国内外交流合作等七项系统性试验,取得了明显成效,形成了试验区的辐射带动和示范引领效应。

三、我国政务信息化建设的不足

当前,我国政务信息化发展进程已经形成稳中育新、长期向好的趋势。但是,随着数字化转型的不断更迭,未来政务信息化发展在实践层面上还面临着数字鸿沟问题、数据壁垒问题和数据安全问题。

(一)"数字鸿沟"问题亟待解决

第一,纵向看各级政府间的数字鸿沟。长久以来,我国传统行政管理体制是科层制,以垂直管理为主,具备严格的从属关系和等级制度,上下级分工明确,交互方式单一。虽然我国已经跃步到数字化管理时代,但科层制仍对当下的行政管理有着不可忽视的影响。上级政府通常掌握着大量信息和资源,拥有决策权,能随着国家政策的发展变化灵活调整政策信息;下级政府信息相对滞后,往往处于被动地位;双方平台资源互通不充分。尤其是,基层公务员数字素养较低,存在对政务信息化理解片面等数字化意识薄弱的问题,一定程度上加大了城乡间的数字鸿沟,对基层政府数字化转型提出了挑战。

第二,横向看不同地区政府以及政府不同部门间的"数字鸿沟"。由于各省份经济发展水平以及发展重心的定位不同,所以各地区掌握的信息资源数量不对等,再加上国家资金拨付水平及获取资金来源的途径不一,导致信息技术队伍规模、素质参差不齐,发展水平各异。政府的不同部门间也由于工作涉及领域的不同,存在着系统建设供给的差异。根据"信息不对称"的原理,只要存在某一地区或部门在某些信息方面的优先权,就可能导致信息的富有和贫困,形成各地区各部门之间的"数字鸿沟",①从而阻碍政务信息化和相关产业的发展进程。

(二)数据壁垒问题依然存在

政务信息化的主要目的是充分聚集信息资源,利用功能齐全、系统完善的云平台,通过政务数字化的方式,强化政府部门之间的协同联动,提高行政效率。但由于系统之间缺乏统一的标准、规范以及兼容性,形成了众多分散、异构、相互封闭的信息资源系统,难以有效实现信息共享。②究其原因,还是各部门受制于利益壁垒,出于部门主义和地方主义的惯性思维,往往从自身的利益出发行事,导致各地方和各部门间条块分割、各自为政现象的出现。在纵向层面,各层级政府间信息沟通渠道不畅通,数据资源难以共享;在横向层面,各个职能部门间平台建设的标准不统一,系统数据信息不兼容。这些问题均催化了数据壁垒的形成,并进一步导致了信息资源使用效率低下,加大了数据交换、协同治理的难度,堵塞了部门寻求协同优势的路径。因此,在信息高速流通的当下,提升跨层级、跨地区、跨部门的数据交换效率是推进政府治理现代化的必然要求。

(三)数据安全问题提出挑战

政务信息化包含政务大数据范畴,其中涉及大量国家重要数据和个人隐私数据,且这些数据关联错综复杂,由此产生了平台安全机制、数据安全保障、用户安全风险等政府数据安全方面的风险和挑战。第一,平台安全机制亟待完善。政务大数据的平台基础通常是政府内网,亦或是与第三方合作的云平台。政府内网建设往往在授权访问、安全密钥、身份鉴定等技术问题上稍有欠缺,而第三方云平台多由社会承担建设,对于安全防控、软件漏洞等防范问题的应对相对薄弱。政府一体化信息资源管理平台体系的复杂性、系统部署的分散性、访问用户基数的庞大性和政务信息网站的开放性使得其难以精准设置访问范

---

① 宁华强.信息化条件下政府部门内部控制研究[D].武汉大学,2011.
② 董海欣.电子政务环境下政府信息资源共享模式与运行机制研究[D].吉林大学,2008.

围,从而使黑客攻击、Web应用程序攻击、注入攻击、拒绝服务攻击、网络钓鱼及用户身份盗取等一系列威胁有机可乘,①使政务信息化被迫承受保密性、完整性等障碍的压力。第二,数据安全保障有待加强。数据协同共享为政府汇集大量资源,不断催化、驱动、升级相关产业,创新业务需求,为提升政府治理现代化提供了支撑。然而,传统的基于边界隔离的围栏式安全保护方法不能满足数据流动的安全防护需求,②数据的相互流动及其衍生过程中出现的多种情况,会导致使用权与所有权分离、数据权属不清和安全责任不明等风险,进而导致侵犯数据所有者权益等情况发生。第三,用户安全风险亟需重视。移动互联网为公众提供了便捷高效的社会服务,逐渐渗透到社会的方方面面,是公众日常生活工作至关重要的一环。与此同时,公众大量的基础信息也留存在政务大数据系统以及各个厂商的服务器中,一旦出现黑客攻击、系统崩溃等安全事件,便会导致严重的信息泄露问题,这也对平台的安全防护、运维监管等提出了更高的要求。

第四节 政务信息化的国际发展与经验

数字技术的迅速发展为政府的内部管理提供了改革的契机,在此背景下,西方发达国家纷纷根据自身情况,制订了信息化发展规划,并将政务信息化建设作为一项优先的发展战略加以实施。当前,政务信息化已成为国际社会共同面对的一项关键议程,不同国家的实践可能会经历类似的发展阶段,面临许多带有共性的问题。基于此,本节将介绍美国、新西兰和韩国政务信息化的先进经验,挖掘其对我国的实践启示。

一、发达国家政务信息化的先进经验

(一)美国政务信息化的发展概况

美国的政务信息化工作是由美国联邦政府统一发起和组织的。从组织架构来看,联邦政府设有一个专门的组织机构——政府技术推动小组,负责全国的政务信息化管理指导工作,主要工作内容包括技术推进、法规政策建议、管理

---

① 叶战备.政府数据化:内涵、数据安全风险及治理入口[J].贵州省党校学报,2021(4).
② 柳遵梁.数字化转型背景下政府数据安全整体规划[J].中国信息安全,2021(5).

投资、改善服务、业绩评估等。从信息网络来看,美国政府信息网络基本上是在公共电信网络上建立起来的虚拟专网,在州政府一级,大部分已经规划或实施了统一的连接州政府各个机构或公立学校、图书馆的网络。政府虚拟专网在运行模式上主要委托电信公司或系统集成公司进行建设和维护。在应用系统方面,美国政府机构的应用系统已经跨过机构内部自动化程度较高的业务应用阶段(办公自动化系统和管理信息系统),走向了更加复杂的机构内外结合的网络高级阶段,成为政府机构履行职责的必要组成部分。从政府网站建设来看,美国联邦一级及州一级政府已全部上网,所有县市都建有自己的站点。白宫网站就是最典型的例子。它实际上是所有美国政府站点的中心,连接了美国政府所有已上网的官方站点。美国的政府网站内容非常丰富,以人口调查站点为例,用户可以通过直观地图的形式,查看到州一级甚至县一级的极其详尽的统计数据,包括当地从事各种职业的人口组成等。①

(二) 新西兰政务信息化的发展概况

新西兰政府长期以来一直致力于推动信息技术在本国的发展和应用,相继出台了《电子政务战略》《教育信息与通信技术战略》以及《社区连接战略》等相关计划。在国家战略规划方面,新西兰经济发展部牵头,联合其他30多个部门共同制定了《数字战略》,将政务信息化的诸多措施纳入统一的框架。该战略于2005年5月开始实施,目标是使新西兰成为利用信息技术实现经济、社会、文化目标的世界领先国家。从项目建设来看,新西兰政府于2005年批准了政府共享网络工程建设,该工程建设连接了所有政府机构站点并可进行相应的数据处理。该工程建设帮助机构之间建立了相互协作的关系,降低了机构间进行数据交换的成本,在现有设备的基础上,它能够以低成本在机构间进行音频、视频及其他数据的传输。此外,新西兰政府还通过建立共享工作区、构建电子政府体系结构、创建机构间的数据交换协议等举措,极大地增强了政府部门之间的协同工作能力。

(三) 韩国政务信息化的发展概况

韩国政务信息化建设主要从国家骨干网建设、软环境建设和法律规范建设

---

① 郭少友.美国政府信息化建设及对我国的启示[J].情报杂志,2003(5).

三方面展开。在国家骨干网建设方面,韩国于1987年选择了国防、行政、金融、教育、公安等五大重点领域,以提高部门的工作效率和打造信息产业发展基础为目标,开展了轰轰烈烈的第一次国家骨干网建设。在软环境建设方面,到2006年,韩国完成了行政机关网页的构建、行政机关电子批示系统的引进、电子文件的传输等。在法律规范建设方面,韩国政府颁布了如《对公众机构的公众档案管理条例》《数字内容管理条例》《关于推进行政部门的信息化以实现电子政务的条例》《关于建立信息系统安全与保护个人信息隐私的条例》《缩小数字鸿沟条例》等法律规范,为政务信息化建设保驾护航。[①]

二、对我国政务信息化的启示

(一)优化政务信息化的统筹协调体系

应加强国家政务信息化工作的管理统筹力度,推进政务信息化工程项目统筹规划、共建共享、业务协同和安全可靠运行。按照以统为主、统分结合、注重实效的原则组织跨部门、跨层级的重大工程项目建设,明确目标、责任、牵头单位和实施机构,提出具体的协同共享关键指标。落实部门一把手责任制,建立健全部门内部工程统筹、业务衔接、资源共享、运行保障的一体化工作机制。

(二)健全政务信息化的标准规范体系

政务信息化是一个庞大的系统,包含若干子系统,是数字政府建设成功的关键因素之一。若不采用规范化和标准化的方法,政府之间的各种自建系统势必难以兼容,信息资源将难以共享,并且为了避免信息孤岛的产生还要重新开发接口程序,这又是一项繁琐的附加工作。因此,必须建立统一的政务信息化建设的标准规范体系。围绕统一基础设施共建共用、跨部门重大工程建设、数据共享交换等实际工作需要,不断优化和完善政务信息化标准体系,构建科学先进、层次分明、管用实用的标准体系,重点研究制定政务大数据中心、政务云、政府数据质量管理、政企数据流转等一批标准规范,建立健全政务信息化工程技术参考框架,提高各类标准的科学性、权威性、实用性,以标准先行推动系统互联、业务协同、信息共享、集约建设。

---

① 胡延晟,张娇.韩国电子政务建设对我国的启示[J].国土资源信息化,2009(4).

（三）完善政务信息化的安全保障体系

政务信息安全是指政府数据信息在接收、产生、处理、分发、存档等过程中不被窃取、篡改等，它涉及信息网络和通信基础设施、法律保障、人才队伍培养、制度管理等多方面的安全需要。因此，我们要高度重视政务信息安全保障体系建设，严格落实网络安全各项法律法规制度，全面构建制度、管理和技术衔接配套的安全防护体系，切实守住网络安全底线。加强数字政府网络安全体系顶层设计，推进国产密码的应用，严格落实等级保护和分级保护制度。强化政府数据安全管理，避免政府数据被违规截留和商业化使用，建立健全政务信息化工程全过程的安全监督机制，明确安全责任边界，落实网络安全工作责任制，形成跨部门、跨地区条块融合的安全保障工作联动机制。健全完善政务云服务评估制度，强化政府数据的安全保障工作。

思考与练习

1. 政务信息化的基本内涵是什么？
2. 政务信息化的主要作用有哪些？
3. 政务信息化建设包含哪些主要内容？
4. 我国政务信息化建设的主要成效与不足有哪些？
5. 发达国家政务信息化建设可以为我国提供哪些可借鉴的经验？

案例分析与讨论

浙政钉——掌上办公平台

一、案例背景

随着"互联网+转型"带来的政务业务模式和管理模式的变化，传统的协同办公越来越难以满足政务运行需要，普遍存在使用体验差、接入不方便、协同效率低、应用生态差和存在网络安全隐患等问题。2017年3月，浙江省人民政府办公厅印发了《浙江省人民政府办公厅关于开展政务移动办公系统建设的通知》。2019年4月,中共浙江省委办公厅印发了《中共浙江省委办公厅关于推广"浙政钉"移动办公应用的通知》,要求全省建成统一的移动办公平台,建设"掌上办公之省"。浙江省委办公厅、省政府办公厅联合阿里巴巴集团,合力打造了数字化协同管理平台——"浙政钉",目的是通过平台建设,探索强协同、提效能、促公开的政务新模式,推进治理体系和治理能力现代化。

二、实施情况

（一）试点建设期（2017年4月至2018年12月）

2017年4月,杭州、衢州等地开始试用钉钉系统,先行在政务移动办公、"全民网格"共管等领域试用试点,开启钉钉即时通信、消息提醒、协同办公等基础服务。试点期间,浙江省政府基于政府数字化转型总体方案"四横三纵"的设计思路深化平台功能建设,组织线上、线下培训,推动全省各级组织及用户"上钉"。2018年5月22日,省、市、县政府领导分别建立工作群,开展协同应用,标志着"浙政钉"正式上线运行。至2018年底,"浙政钉"接入省市县乡村组六级组织机构,建立各类部门群、业务群2.1万个,接入钉应用381个。

（二）推广优化期（2019年1月至今）

2019年,"浙政钉"基础支撑功能不断优化,建设了千人千面移动工作门户和应用管理平台,统一权限和用户管理,进一步提升用户体验。浙江省充分发挥"浙政钉"安全可靠、沟通高效、信息必达等特点,分阶段逐步推进"8+13"重点项目、10个防范化解重大风险项目、6个新启动重点项目的应用"上钉",助力经济调节、市场监管、公共服务、社会管理、生态环境保护等政府职能数字化转型重点领域应用整合,加快微应用接入,建立钉钉应用集群。打造机关内部"最多跑一次""掌上执法"等一批效果显著的标杆应用。截至2020年4月,"浙政钉"覆盖全省11个地市、90个县（市、区）、1375乡（镇、街道）、28 568村（社区）以及近70 000个小组（网格）,接入各级组织节点30余万个,激活用户120余万,拥有80万日活跃用户,日均消息数180余万条,建立工作群20余万个,已上线988个移动应用。

三、实施效果

（一）创新政务沟通方式

基于全省政务通讯录在线,支撑实现通信从层级化向扁平化转变,沟通由点对点向工作群多点对多点转变,权限范围内快速找组织找人,极大地提升了政务沟通协作效率,全省级的任务下发和反馈由以往的几天级迅速压缩为分钟级,效率提高近百倍。

（二）创新政务协同方式

通过业务中台和数据中台,统一各地、各部门之间业务流、数据流、审批流汇聚到"浙政钉",完成了从省到村、组的六级纵向大联动,实现了全省各级党政机关、人民团体、企事业单位、基层组织的业务协同,极大消除了"信息孤岛"现象。

（三）创新移动办公模式

将现有PC电脑上的邮件收发、公文阅处、文件签批等应用功能整合接入到"浙政钉"工作平台,实现了随时、随地、全天候移动办公、掌上办公,打破了时间、地域限制,极大地提高了办公效率。

（四）创新应用建设模式

通过统分结合的集约化建设模式,有效解决了政务信息化长期存在的分散和各自为政的烟囱式建设弊端,建设统一的基础支撑平台,有效实现了各上层应用的统一接入、统一监管,打通了数据流和业务流。

资料来源:浙政钉——掌上办公平台[EB/OL].[2023-05-09].http://zld.zjzwfw.gov.cn/art/2020/4/10/art_1229004464_42545498.html.

思考并讨论：

请围绕政务信息化建设对传统府际关系的影响展开小组讨论。

第八章　政府数字化公共服务

■ 学习目标

本章主要阐述政府数字化公共服务的形成背景、主要内容与现实进展。通过本章的学习,要求掌握:(1)政府数字化公共服务的内涵与背景;(2)政府数字化公共服务的内容构成;(3)我国政府数字化公共服务的发展现状与存在的问题;(4)政府数字化公共服务的国际发展及其启示。

■ 引　例

数字赋能促进公共服务精准化高效化智能化

高质量公共服务既是推动我国经济高质量发展的强劲动能,更是扎实推进共同富裕的重要保障。中国特色社会主义进入新时代,我国社会主要矛盾已经转化为人民日益增长的美好生活需要和不平衡不充分的发展之间的矛盾。"美好生活需要"反映出人民群众对公共服务高质量供给的期待,尤其是对幼有所育、学有所教、劳有所得、病有所医、老有所养、住有所居、弱有所扶等七大基本公共服务的热切期盼。党的十九届五中全会通过的《中共中央关于制定国民经济和社会发展第十四个五年规划和二〇三五年远景目标的建议》进一步提出:"加强数字社会、数字政府建设,提升公共服务、社会治理等数字化智能化水平。"这说明数字化智能化手段逐渐成为社会治理的主要方式,为推动我国公共服务实现高质量发展提供了支撑。"十四五"期间,随着数字技术的发展以及数字技术与公共服务的深度融合,数字赋能公共服务的积极效应将会得到进一步释放和彰显。

资料来源:数字赋能促进公共服务精准化高效化智能化[EB/OL].(2022-01-04)[2023-05-09].https://k.sina.com.cn/article_1893278624_70d923a002000yei0.html.

第一节 政府数字化公共服务概述

一、政府数字化公共服务的形成背景

党的十八大以来,我国迈入新的发展阶段,社会公众对公共服务数量与质量的要求不断提高,政府适应新形势,为公众提供更公正、更有质量、更贴合民众需求的公共服务,是我国数字政府建设的应有之义。①

（一）政策背景

2006年党的十六届六中全会首次提出"服务型政府",这意味着政府将不断建设惠及全民、可持续发展的公共服务体系,更好地实现发展为了人民、发展依靠人民、发展成果由人民共享的目标。2016年发布的《国家信息化发展战略纲要》标志着我国进入数字治理时代。2019年党的十九届四中全会通过的《中共中央关于坚持和完善中国特色社会主义制度、推进国家治理体系和治理能力现代化若干重大问题的决定》提出要"建立健全运用互联网、大数据、人工智能等技术手段进行行政管理的制度规则。推进数字政府建设,加强数据有序共享",为中国国家治理体系和治理能力现代化指明了方向。2020年,党的十九届五中全会进一步提出"加强数字社会、数字政府建设,提升公共服务、社会治理等数字化智能化水平"。《"十四五"规划纲要》提出的加强公共数据开放共享、推动政务信息化共建共用、提高数字化政务服务效能,更是对数字政府建设的明确要求。2022年6月,国务院印发《关于加强数字政府建设的指导意见》,从打造泛在可及的服务体系、提升智慧便捷的服务能力、提供优质便利的涉企服务、拓展公平普惠的民生服务四个方面提出要"持续优化利企便民数字化服务,提升公共服务能力",为全面提升公共服务数字化、智能化水平提供了根本遵循。

---

① 王志刚.财政数字化转型与政府公共服务能力建设[J].财政研究,2020(10).

（二）现实背景

近年来，我国政府高度重视数字化对经济、社会和国家治理等多个领域全面转型的重大意义。随着数字时代的到来，具有网络化、智能化、移动化等典型特征的数字技术不断驱动公共服务领域的创新，为公共服务高质量发展提供了有力的技术支撑。政府数字化的公共服务供给方式突破了传统的"物理空间"限制，通过运用大数据、人工智能技术使其逐渐向"数字空间"的形态转变。这种整合了大数据、5G、人工智能等新一代信息技术的高效能治理体系，是公共服务高质量发展的核心动力之一。数字化信息技术的应用，使得政府提供公共服务的方式发生了很大的变化，公共服务供给的方式与流程不断优化。同时，数字技术在公共服务领域的广泛实践，驱动了基础教育、医疗卫生、公共安全、政务服务等的革命性变化。[①] 因此，运用大数据、云计算、区块链、人工智能等数字化信息技术推动公共服务手段、服务模式、服务理念创新，促进数字化公共服务智能化、智慧化，是推动数字政府建设的必由之路。

二、政府数字化公共服务的基本内涵

目前学界对"政府数字化公共服务"尚无统一和明确的界定。谢秋山和陈世香在研究中强调公共服务数字化转型的核心目标是实现服务模式由"部门中心"到"用户中心"的转变。[②] 刘晓洋认为大数据驱动的公共服务变革方向包括供给主体协同化、供给内容清单化、供给方式智能化以及供给监管精准化。[③] 梁波认为公共服务的数字化变革，将强化服务理念，加快建设服务型"数字政府"，进一步推动政府公共服务流程再造，从而助推实现政府服务均等化和普惠化。[④] 马志敏将大数据时代政府公共服务的内涵界定为政府部门作为公共服务的供给主体，通过充分运用大数据技术，将政府部门内部资源及社会资源进行重组整合，并加强企业、社会组织、公众等的参与，以更精准高效的方式向公众提供

---

① 陈弘,冯大洋.数字赋能助推农村公共服务高质量发展:思路与进路[J].世界农业,2022(2).
② 谢秋山,陈世香.中西部农村公共服务数字化转型面临的挑战及其应对[J].电子政务,2021(8).
③ 刘晓洋.大数据驱动公共服务供给的变革向度[J].北京行政学院学报,2017(4).
④ 梁波.加快推进基本公共服务均等化的改革举措[J].理论探讨,2018(4).

无缝隙服务的过程。①

基于此,笔者认为:政府数字化公共服务是指政府部门利用数字化工具和技术,在基本公共服务领域、非基本公共服务领域和生活服务领域,围绕公众多元化公共服务需求,通过要素重组、信息整合、服务共创和机制协同等工作机制,整合跨区域、跨部门、跨职能主体的力量,促进公共服务向数字化、智能化、智慧化转型升级。

三、政府数字化公共服务的理论逻辑

（一）政府数字化公共服务在数字政府治理内容中的意义

从技术层面来看,政府数字化公共服务是移动互联网、大数据、云计算等信息技术的综合应用,具有协同效应明显、互动反馈便捷、智慧化水平高等优势。第一,政府数字化公共服务促使业务架构由分散走向统一,依托平台共享等特征,通过功能整合、集中开发,推动公共服务的集中统一管理和标准化建设,全方位地提升政府治理能力。第二,在政务业务流程统筹规划的基础上,政府数字化公共服务能够促进业务流程的精简、协同,实现由流程范式向数据范式转型,提升公共服务跨界治理能力,构建起贯穿上下层级、跨越行政边界、联结多元主体的数字政府治理网络,提升数字政府治理的协同效应。第三,政府数字化公共服务促进数字基础设施建设,拓宽信息共享、资源共用的渠道,通过应用云计算、人工智能技术,提升公共服务的智能化、自动化、精细化水平,实现数字政府按需供给服务、精准高效管理。

从价值层面来看,数据是治理的基础,政府数字化公共服务以数据的整合、开发、共享、应用为基础,以算力作为治理驱动的"引擎"。一直以来,供给与需求的匹配受限于技术手段和制度的落后,传统的公共服务以供给主体为中心,缺乏对服务对象需求的感知,导致公共服务低效、公共责任缺失,难以满足日益多样的治理需求。作为政府数字化公共服务的底层技术,云计算可以促进算力提升,创新服务方式,满足个性和共性的需求。通过对技术设施、平台、软件、信息的集中统一管理,数字平台可实现资源的规模效益,为不同需求用户提供精

---

① 马志敏.大数据驱动下政府公共服务:创新机制及发展路径[J].经济问题,2020(12).

准服务,带来范围效益。运算能力的提升将有助于深入挖掘数据背后的需求信息,及时反馈到公共服务供给端,实现供需双方精准对接,整合共识碎片,促进公共利益最大化,有利于构建"供给与需求双轮驱动"的政府数字化公共服务业务新模式,确保政府管理、服务职能的实现,以数据效益创造性转化促进公共服务价值重塑。

从制度层面来看,政府公共服务数字化转型是以技术创新为驱动的制度完善过程,数字平台的引入不仅能够提升公共服务治理效能,更能促进公共服务管理的角色重置、流程优化、职能转变以及结构调适,建立现代化公共服务治理体系。在角色重置上,政府公共服务数字化能够满足复杂化、多样化、精准化的公共服务治理需求;在流程优化上,可在数据的统合下实现业务流、信息流和责任链统一,促进治理效能提升;在职能转变上,有利于合理分配管理职能,理顺职能关系,促进构建协作治理机制;在结构调适上,将推动组织逐渐由传统的垂直行政向扁平化、弹性化方向转变,数字平台将承担线下政府的部分职能,保障组织内部资源的最优匹配。①

(二) 政府数字化公共服务与政府数据治理、政府数据共享的关系

政府数据的治理、共享和开放推动政府公共服务数字化转型。首先,以物联网、云计算、大数据、人工智能、5G等为代表的新一代信息技术,为政府数据治理、数据共享提供了技术手段和工具,极大地丰富了政府数据的来源,完善了政府数据采集、传输、存储、分析挖掘与分发应用的全生命周期的数字化、智能化管理体系。② 其次,以数据共享交换系统为支撑的数字技术,能够扩大政务服务事项网上受理和办理的范围,简化办理程序,提供"及时化"的服务,提高政府公共服务的效率。同时,通过大数据采集、开放共享、整合分析以及筛选和甄别可以形成精准的公共服务需求信息,不断弥合公共服务供给现实与理想目标之间的鸿沟,提高政府公共服务的精准性。

数字时代公众的公共服务需求要求政府提供数字化、多样化、个性化的公共服务,从而进一步倒逼政府提升数据治理、共享和开放能力以及多元主体数

---

① 丁煌,黄彦智.平台驱动创新:机关事务治理数字化转型研究[J].中国机关后勤,2022(3).
② 李广乾,张学艺,赵建航.政府数据资源管理体系的建设要求与优化建议[J].改革,2022(1).

据开发利用能力等。因此,需要加快建立健全数据治理、数据质量评价和数据开发利用技术服务体系,以及加强数据安全、数据验证、数据溯源、算法核查、风险评估、数据交易监管等数据治理能力,为政府数字化公共服务的有序运转和高质量应用服务奠定基础。

第二节 政府数字化公共服务的主要内容

党的十九大以来,我国社会的主要矛盾变为人民日益增长的美好生活需要和不平衡不充分的发展之间的矛盾,公众对公共服务的需求也发生了深刻变化,迫切要求政府的公共服务能力提升。① 进入数字时代以来,数字技术的广泛应用驱动了政府公共服务的数字化转型,其框架构成、服务内容、供给方式、价值导向与传统政府公共服务相比都发生了较大的变化。

一、政府数字化公共服务的框架构成

在数字政府建设中,政府数字化公共服务是由以移动互联网、云计算、大数据、人工智能和区块链为代表的数字化、信息化技术驱动公共服务的转型、升级和创新。与传统公共服务相比,政府数字化公共服务的框架构成在理念层、流程层和工具层都实现了创新变革。

(一)政府数字化公共服务的理念层

伴随着大数据、云计算、人工智能、区块链等技术在公共服务领域的持续应用,数字赋能政府公共服务高质量发展迎来了新的发展机遇,推动政府的数字化公共服务建设已然成为促进全社会共享发展红利的必然选择。政府数字化公共服务首先表现在以数字化推进公共服务供给方式高效便捷、服务智慧精准等理念的革新方面,从而为推进政府数字化公共服务建设提供价值引导,切实增进全体人民的获得感、幸福感、安全感。

政府数字化公共服务的服务理念更加强调高效便捷。与传统政府公共服

---

① 吴克昌,闫心瑶.数字治理驱动与公共服务供给模式变革:基于广东省的实践[J].电子政务,2020(1).

务相比,在高效便捷的理念指引下,政府数字化公共服务的供给方式得到优化、供给效率得到显著提升。在传统的政府公共服务中,由于信息壁垒的限制,公共服务的供给主体和需求主体之间存在信息不对称问题,供给的效率较为低下。在应用数字技术后,社会公众可以利用公共服务云平台、政务热线、移动APP等渠道实时反馈公共服务需求。同时,数字技术的嵌入和政府数据的开放也在不断拓宽社会主体、市场主体参与公共服务供给的渠道,优化公共服务设施布局和场景应用,简化公共服务的办事环节和流程,全面提升公共服务供给效率。

政府数字化公共服务的服务理念更加注重智慧精准。目前,人民群众对公共服务的需求不仅表现在服务需求总量的增加,也表现在对服务质量和水平有了更高的要求,且出现个性化、多样化和异质性的倾向。数字化公共服务更加凸显"以人民为中心"的发展思想,在满足公众需求、扩大服务范围和提升服务水平等目标导向下,强化数字化公共服务的优势。应用数字技术,能够通过信息系统、数字平台等载体,深入挖掘、分析、梳理各类公共服务需求,从需求感知、信息处理、服务供给、服务反馈等全过程实现服务需求与供给精准对接。数字技术与公共服务的深度融合可以不断丰富公共服务应用场景,将数字技术应用于交通、医疗、教育等服务领域,可以多渠道提供数字化公共服务,提高公共服务供给智慧化水平。

(二) 政府数字化公共服务的流程层

在政府数字化公共服务建设中,公共服务的流程层立足于数字化时代的跨界融合特点,更加注重公共服务供给中的一站式服务流程和多元评估反馈流程,避免公共服务的碎片化,从而提高公共服务的质量和水平。

政府数字化公共服务需求表达包括需求反馈、需求分析、需求响应等。第一,利用数字技术对公共服务需求情况进行收集,实时获得社会公众的公共服务需求反馈,对公共服务质量进行实时监管,切实保障数字化公共服务供给的质量。第二,利用数字技术的存储功能和预测功能,对社会公众的多样化需求进行综合分析,迅速进行服务对接。第三,形成个性化的需求响应方案,依据公共服务数据库和供给资源库,加快形成公共服务的响应流程,确保公共服务需求能够及时得到有效的满足。

政府数字化公共服务供给包含内部信息传递流程和外部服务流程两个方面。一方面,在信息的开放共享中,实现内部信息传递流程优化。公共服务与数字技术的有效对接,进一步减少了公共服务供给层次,缩短了公共服务供给链,政府主要围绕社会公众的服务需求来设计公共服务的供给结构和递送方式,利用现代数字技术进行线上线下的流程协同。另一方面,通过"一站式"服务、"一网通办"、"接诉即办"等服务流程变革,实现公共服务的外部服务供给流程优化。政府数字化公共服务以服务需求、服务中的棘手问题为导向,结合现代化信息技术,形成问题识别、分类、派单、办理、考评、通报、预警等全过程的流程管理。同时,在数字化公共服务中,将线下政务大厅分散于各窗口的办理事项集中在虚拟大厅,实现部门、事项和流程的全覆盖,为群众提供全天候、全透明的公共服务。[①]

(三) 政府数字化公共服务的工具层

政府数字化公共服务的精准高效供给和服务质量的提升,离不开有效的服务工具。数字化公共服务的工具除了数字技术外,还包括服务设施布局、品牌建设等关键工具。

首先,数字技术提供了政府数字化公共服务的基础性工具。在数字化时代,以互联网、物联网、大数据、云计算、人工智能等为代表的现代数字技术是推动公共服务数字化、智能化的基础支撑。在算力、算法、数据、应用资源协同中,大数据为公共服务的需求分析提供了集成信息,人工智能为公共服务供给方案提供了分析方法,互联网和物联网为公共服务的服务递送和资源整合提供了可行路径。在数字化技术的综合运用下,政府数字化公共服务精准化、高效化和智慧化理念转化为具体可行的行动方案。

其次,科学的服务设施布局是政府数字化公共服务的保障性工具。在政府数字化公共服务中,现代信息技术融入政府公共服务过程,能够对公共服务供给半径、服务对象数量、服务覆盖范围等进行科学测算,从而合理地分布服务设施,适度控制服务设施规模和密度,提高公共服务设施的利用率和覆盖率,以保障社会公众能够在科技和社会进步中享受公共服务。

---

① 杨冬梅,单希政,陈红.数字政府建设的三重向度[J].行政论坛,2021(6).

最后,公共服务的品牌建设是政府数字化公共服务的提升性工具。在新业态、新模式发展中,品牌建设已经成为数字化公共服务的重要内容。在数字化公共服务中,通过推动公共服务的在线服务、数字场馆、虚拟场景等新型服务品牌建设,已形成一批具有代表性、特色化的公共服务品牌,为持续提升公共服务数字化水平提供动力。

二、政府数字化公共服务的服务内容

迈入数字时代,政府数字化公共服务建设更加突出数字化、智能化和融合化,数字技术嵌入有助于公共服务供给形成全新的驱动力。数字化公共服务可分为一般性公共服务和公共信息服务两大类。一般性公共服务具体分为基本公共服务、普惠性非基本公共服务和多层次多样化生活服务三种。基本公共服务的内容覆盖幼有所育、学有所教、劳有所得、病有所医、老有所养、住有所居、弱有所扶、优军服务保障和文体服务保障九个方面,贯穿人民群众的全生命周期。普惠性非基本公共服务主要包括普惠托育、普惠学前教育、县域普通高中、普惠养老、均衡化优质医疗、住房等六大内容。[①] 生活服务主要包括精准医疗、智慧养老、文旅、家政等服务内容。公共信息是指与公共利益、公共政策制定、公共管理制度安排与执行以及公共事务管理活动相关的信息。[②] 公共信息服务是指政府依据使用主体对公共信息服务的需求,受使用主体委托提供,主要集中在交通、通信、卫生、公共安全、民政、旅游等行业领域,涵盖信息搜集与分析、信息咨询、信息监控和反馈等内容。

由于公共服务需求的多样性、复杂性和动态变化性,以下主要依据公共服务获取的需求迫切性及其应用场景,聚焦于社会保障、公共教育、医疗卫生和公共文化四大领域的数字化公共服务内容。

(一) 社会保障

步入数字时代,在人口老龄化趋势下,借助数字技术提升社会保障服务效

---

① 张润君.公共服务体系现代化:政府、社会和市场[J].西北师大学报(社会科学版),2022(6).
② 周毅,袁成成.论新情境下公共信息服务发展问题的出场及其内在逻辑[J].情报理论与实践,2020(5).

能势在必行。① 各地依托建好用好人社一体化信息平台,持续深化拓展就业运行监测、社保风险防护、人才服务、职业技能培训、农民工欠薪预警、农民工综合信息、新就业形态就业人员职业伤害保障等应用场景的开发运用,在数字化转型中持续发力、开拓创新,保民生、兜底线、促发展。社保方面,能够在网上大厅、手机社保APP、社区和银行自助经办终端进行多层次、多渠道申报、缴费等业务操作,极大地便利了居民。② 扩大社会保险覆盖面、提高制度可及性是保障和改善民生、彰显社会公平正义的重大举措。各地充分利用全民参保数据库及外部数据资源,精确锁定未参保人员,开展精准登记、宣传与服务,将尚未参保的群众纳入社会保障范围。各地在建成全民参保数据库的基础上,积极打通内外部数据接口,推动数据实时动态管理。浙江省在全国范围内率先以省为单位完成了登记工作,建成全民参保登记数据动态管理机制,初步实现了参保信息的实时比对和动态更新。另外,各地也在积极创新工作方法,摆脱传统路径依赖,采取优化流程"打包办"、全程网上"快捷办"等措施,提升参保缴费的便捷性。

(二) 公共教育

公共教育数字化即智慧教育、教育信息化,是指在教育领域全面深入地运用现代信息技术来促进教育改革与发展,以智能网络系统、智慧校园为依托,打造由云计算、大数据和开放学习空间构成的"数字校园"。它的技术特点是数字化、网络化、智能化和多媒体化,基本特征是开放、共享、交互、协作、泛在。公共教育数字化是利用5G、云计算、人工智能等新一代信息技术,打造物联化、智能化、感知化、泛在化的新型教育环境,利用人机协同的教育智能系统形成一种全新的教育形态和教育模式,构建出能培养智能时代创新人才的教育新体系。2022年3月,国家智慧教育公共服务平台启动,政府着力促进新基建核心技术与学校教学的深度融合,对各类管理系统进行整合或嵌入式处理,实现各层次、各类型、各场景管理系统的深度融合贯通,实现各类校园管理业务流程的简化和再造,为师生提供精准、便捷、个性化的教育服务,促进教育数据资源的统一

---

① 何文炯.数字化、非正规就业与社会保障制度改革[J].社会保障评论,2020(3).
② 苏晔.Web 2.0下智慧社保的服务创新机制与对策研究[J].社会保障研究,2016(4).

采集、按需调配、有效共享。引进智慧课堂教学系统、智能授课助手、智能录播系统等软件,可提升线上线下教学融合的体验感,优化教育管理。[①]

（三）医疗卫生

"互联网+医疗卫生服务"是数字赋能医疗卫生服务高质量发展的典型模式,指的是以互联网为载体、以信息技术为手段的一种新型医疗健康服务业态。数字赋能公共医疗服务有助于不同地区的人平等享受优质医疗资源,例如新冠疫情期间,我国智慧医疗服务形成以政府、医院、互联网企业和病患为主体的四方关系结构,改变了政府公共部门应对突发公共卫生事件的被动状态,应急反应速度和处置效率大幅提高。基于人口数量和电子支付的领先优势,我国的智慧医疗服务存在巨大的发展空间,互联网公立医院和平台化发展是未来的主要发展趋势。[②] 针对人民群众看病就医的瓶颈问题,政府创新医疗服务举措,发展互联网医疗服务,不断改善人民群众的就医体验。推进基层智慧医疗建设,促进医疗资源共享下沉,健全居民人口信息、电子健康档案和电子病历三大数据库,实现与公共数据共享交换平台的数据对接。建设"智慧卫监"综合监管平台,实现了卫健、人社、市场监督管理、医保等部门的全方位监管。我国在居民健康管理服务、社区常见疾病诊治、医疗紧急救护和医院基本药物等方面正在逐步实现医疗、养老和护理等机构的信息互通与资源共享,旨在为居民提供优质的医养护一体化服务。

（四）公共文化

公共文化服务是指由政府主导,社会力量参与,以满足公民基本文化需求为主要目的的公共文化设施、文化产品、文化活动以及其他相关服务。公共文化服务体系的数字化服务是一项基本建设项目,其内容是将政府提供的公共产品、文化设施和文化服务以智能化、数字化的方式呈现。2017 年我国正式开通的公共数字文化服务总平台"国家公共文化云",整合了三大公共数字文化工程,实行预约式、超市化、菜单式等一站式服务方式,是公共文化服务数字化平

---

① 陈革英.基于智慧校园的线上线下教学融合实践与创新:以宁夏"互联网+教育"示范区标杆校为例[J].中国电化教育,2021(12).
② 夏杰长,王鹏飞.数字经济赋能公共服务高质量发展的作用机制与重点方向[J].江西社会科学,2021(10).

台建设的重大突破,是公共文化数字化发展的新模式。① 在公共文化数字化服务云平台设立定期需求采集板块、不定期满意度评价板块、留言板和答疑区等数字化信息收集板块,妥善运用互动功能与群众交流,提供预约、下载、查询、分享等功能,在现有平台上进行网络调查,以有偿的形式增加群众的参与度,建立线上线下相结合的调查式反馈机制和以满意度为导向的评估机制为一体的需求识别机制。②

三、政府数字化公共服务的供给方式

在政府数字化公共服务中,大数据、人工智能等新一代信息技术的发展和应用,推动政府公共服务供给方式从单一的集中供给向多元合作供给转型,有效提高了数据资源的利用效率,促进了跨区域、跨城乡公共服务的合作与共享。当前,政府数字化公共服务供给方式主要分为政府供给、市场供给、合作供给三大类。

（一）政府供给

公共服务供给的底层逻辑是"政府+市场+社会"的共建共治共享机制。③在数字政府建设蓬勃发展的背景下,进一步明确政府在公共服务供给中的主体责任,以政府为主导、多元主体参与的供给方式成为必然选择。

政府供给体现了政府"资源统一配置"的公共服务供给方式,主要体现在政府直接生产和购买公共服务两个方面。一是政府直接生产公共服务。在数字化公共服务中,数字技术有助于政府精准把握和预测社会需求,更好地在国防、外交、安全、司法、立法、公共政策等纯公共服务④供给上发挥主导作用,并且借助信息共享平台让社会组织和个人更加快捷便利地获取相应的公共服务产品。二是政府购买公共服务。在推进数字化政府建设的背景下,强调通过技术手段加强政府对市场组织和公益性社会机构在公共服务生产方面的资助、补助、财政支持等,可以更好地满足群众多层次、多样化需求,优化政府对公共服务资源

---

① 李桂霞,解海,祁爱武.新时代公共文化服务高质量发展的路径[J].图书馆建设,2019(A1).
② 姜雯昱,曹俊文.以数字化促进公共文化服务精准化供给:实践、困境与对策[J].求实,2018(6).
③ 范黎波,刘佳.形成政府与社会组织共同提供公共服务的合力[N].光明日报,2022-1-25(11).
④ 徐凯赟.全面建成小康社会进程中的公共服务供给方式研究[D].中共中央党校,2017.

的统一管理、配置与供给,进一步明确政府在基本公共服务保障方面的主体责任,发挥政府对市场和社会组织的引导作用。此外,因受到控制幅度和管理内容不匹配等方面的限制,传统公共服务供给方式存在资源配置和服务供给效率较低、供需不匹配等问题。要解决这一问题,可在大数据、人工智能等新一代信息技术的应用中,通过搭建互联互通的公共服务信息化平台等方式,进一步强化政府在公共服务供给中的主体责任,优化政府供给模式和提高公共服务质量。

(二)市场供给

在传统公共服务中,供给主体和供给方式主要以政府单向供给为主,而市场是在政府引导下参与公共服务的生产过程。在数字时代,公众需求趋于多样化,在网络化治理的不断推进与数据驱动下,在供需矛盾突出的公共服务领域内,市场主体和公益性社会机构等主体能够以自身资源优势,主动承担公共服务供给责任,重点加强社会保障、公共教育、医疗卫生、公共文化等领域服务供给,面向广大人民群众提供价格可负担、质量有保障的公共服务。基本公共服务要求实现目标人群全覆盖、服务全达标、投入有保障,以及均等化享有和便利可及。政府是基本公共服务保障的责任主体,同时承担引导市场主体和公益性社会机构补充供给的责任。而普惠性非基本公共服务是为满足公民更高层次的需求,以可承受的价格付费享有,满足大多数公民需要的公共服务。尤其是在普惠性非基本公共服务领域中,市场主体和公益性社会机构是主要的供给主体。此外,为满足公民多层次、多样化生活服务需求,政府应支持社会力量增加非基本公共服务供给,使市场主体和公益性社会机构在数字化公共服务供给中发挥更广泛的作用。

(三)合作供给

在数字政府建设中,政府数字化公共服务多元化供给与区域合作多元化成为可能。公共服务合作供给更有助于及时响应公共服务需求,提高公共服务水平。从合作供给主体来看,政府、市场和社会三大供给主体之间既相互独立,又相互交叉、相互依存和相互促进。从合作供给的实践来看,政府数字化公共服务供给是"政府+市场+社会"的合作机制在实践中的具体应用。在合作供给的实践中,我国探索建立起公共服务众包机制,发挥数字化平台优势,利用分布式的平台和合作供给项目,广泛地吸引共同生产的潜在参与者,推进公共服务共同生产。数字化公共服务的合作供给方式能够充分发挥政府部门与各类企业、社会组织在数字化公共服务基础设施建设、服务供给等方面的积极作用,全面提升数字化公共服务的可及性与可负担性。同时,激活以政府为主导、市场和社会协同参与公共服务供给的多元合作机制,能够进一步深化区域间的协同合作,满足公共服务的配置需求,平衡公共服务在城乡间、区域间的供需数量与质量差距,营造多元主体共同参与的良好生态。

四、政府数字化公共服务的价值导向

数字化公共服务以公共价值为核心,强调由"以组织为中心"转为"以客户为中心"的价值导向。数字化公共服务从"以人民为中心""建设人民满意的服务型政府"要求出发,立足于客户的服务需求,以提高客户满意度为目标,在公共服务供给和数字技术应用中实现公共价值创造,寻求数字政府治理的公共价值。[①] 我国在政府数字化公共服务建设中,始终坚持从客户出发、运用客户中心思维,充分挖掘客户的需求内容和需求类型,借助大数据、物联网、云计算和人工智能等数字技术,提供丰富多元的公共服务产品,精准对接客户需求。此外,数字化公共服务不仅以信息化的服务方式满足人民群众的服务需求,而且针对公共服务的"数字鸿沟"问题,加强了信息无障碍建设和公共服务适老化改造提升,提高面向特殊群体的数字化社会服务能力,让数字化公共服务更多更公平地惠及全体人民。

总体而言,政府数字化公共服务在高效便捷、智慧精准的服务理念下,不断优化公共服务流程,发挥公共服务多元化工具的综合效应,不断拓展公共服务的服务领域和应用场景。在数字赋能下,我国坚持以客户为中心的价值导向,形成政府主导、市场参与、社会支持的公共服务供给方式,充分发挥多元供给主体的资源优势和服务能力,共同构成结构上互动、功能上互补、机制上互联的数字化公共服务体系。

---

① 刘银喜,赵森.公共价值创造:数字政府治理研究新视角——理论框架与路径选择[J].电子政务,2022(7).

第三节 我国政府数字化公共服务的成效与不足

一、我国政府数字化公共服务的进展

以数字化改革为引领,构建大数据赋能体系,深化大数据融合应用,是推进政府治理体系和治理能力现代化的必由之路,也是提升政府公共服务能力和水平的重要方式。当前,在数字技术的快速发展下,面向广大群众的公共服务日益便利、触手可及,政府数字化公共服务在供给方式、赋能机制和供给水平等方面都取得了重大进展。

(一)政府数字化公共服务的供给方式完善

我国政府数字化公共服务的发展促进了政府公共服务供给方式的完善,同时也为公民的参与和意见表达提供了更多渠道,主要表现在政府数字化公共服务的供给对象由模糊转向精准,供给内容由粗放转向精细,供给流程由迟缓转向迅捷。第一,政府数字化公共服务的供给对象由模糊转向精准。在大数据、云计算、人工智能等信息技术驱动下,社会公众能够实时反馈公共服务需求,政府能够对公共服务的对象进行精准识别和全局画像,有效地改变了传统政府公共服务对象模糊的困境。第二,政府数字化公共服务的供给内容由粗放转向精细。由于公共资源较为分散,传统的公共服务无法准确地锚定公众的特定需求,只能向公众提供粗放的公共服务。数字化公共服务依托先进的数据收集、整理、分析和处理方式,能够向社会公众提供个性化、精细化、多样化的公共服务。第三,政府数字化公共服务的供给流程由迟缓转向迅捷。在传统公共服务供给流程中,受到部门分割、业务不通、技术不完善等因素的制约,供给流程较为缓慢。在政府数字化转型中,公共服务供给实现了全网通办、一站式办理,极大地压缩了公共服务供给流程。

(二)政府数字化公共服务的赋能机制创新

在数字政府建设中,数字赋能已经成为新一轮科技革命的普遍特征。作为推动政府数字化转型的一种创新治理模式,敏捷赋能为数字政府建设提供了一

种全新的机制,促进了政府数字化公共服务的智能化、网络化和系统化。[①] 在公共服务的设计和供给过程中,敏捷治理一般应用于初始需求分析中,数字政府建设部门的工作人员可运用信息技术手段对公众需求进行精准识别和分析,然后通过沟通平台与公众进行互动来联合定制服务,以增强政府的快速响应能力,实现有效赋能。目前,我国除港澳台之外的 31 个省、自治区、直辖市都已建立起政务服务平台并设置了领导信箱、咨询投诉、政务论坛、群众热线等互动交流栏目,成为政民互动的重要渠道,方便与公众进行互动并为其提供快捷的公共服务。在公共服务的不同领域,数字赋能所能促进政府数字化公共服务高质量发展的重点也有所不同,总体而言,目前我国公共服务的重点领域包括在线教育、互联网医疗、养老医疗社区信息化平台、公共文化服务等。[②]

在政府数字化公共服务的赋能机制中,运用大数据、区块链、人工智能等技术赋能公共服务需要将数字赋能、大数据思维等理念深度融入社会治理,一方面需要引导领导干部用数据研判、管理与服务,推动社会治理手段由"管控"向"智控"转变;另一方面需要总结推广一些地方的"城市大脑"和"智慧城市"经验,推进"数字化+网格化"建设,让大数据应用在网格管理中发挥核心作用。同时,还需要依托基层互联网平台,提升人民群众参与社会治理的积极性,凝聚"整体智治"的社会共识。

(三) 政府数字化公共服务的供给水平提升

随着政府数字化公共服务的供给方式和赋能机制的日益完善,政府数字化公共服务在供给水平上实现了从普惠化、均等化到优质化的跃升,更加追求"扎实推动公共服务高质量发展"的核心目标。[③] 目前,我国政府数字化公共服务的供给水平提升主要表现在:第一,公共服务的可及性不断增加。在数字赋能下,传统公共服务的时空限制和服务垄断问题得到有效解决,优质的公共服务资源

[①] 曹海军,侯甜甜.敏捷赋能视角下的数字政府建设:实践缘起与理论建构[J].吉林大学社会科学学报,2021(6).

[②] 夏杰长,王鹏飞.数字经济赋能公共服务高质量发展的作用机制与重点方向[J].江西社会科学,2021(10).

[③] 姜晓萍,吴宝家.人民至上:党的十八大以来我国完善基本公共服务的历程、成就与经验[J].管理世界,2022(10).

在不同地区、不同群体间均衡配置,打通了公共服务供给的"最后一公里"。第二,公共服务的创新性不断增强。在数字政府的建设推动下,"大数据+公共服务""人工智能+公共服务""区块链+公共服务"等新型公共服务模式不断被创造出来,服务于人民群众智慧共享的新型数字生活,推动了泛在可及、智慧便捷、公平普惠的数字化公共服务体系的建设。第三,公共服务不断迈向高质量发展。在满足人民群众基本公共服务和普惠性非基本公共服务需求的同时,多层次、多样化的生活服务作为公共服务体系的补充,成为公共服务质量提升的重要补充。在数字化公共服务建设中,公共服务要素保障不断健全,技术融合、数据融合和服务融合统筹推进,公共服务的服务水平和服务层次不断提档升级,推动公共服务由数量增长、服务扩容迈向服务高质量发展。

二、我国政府数字化公共服务存在的问题

在政府数字化公共服务建设取得巨大成效的同时,也暴露出快速发展中存在的一些问题与短板,主要表现为:政府数字化公共服务的有效供给能力不足、数据共享协同性不强、发展不均衡等问题。

(一)有效供给能力不足

数字化公共服务之所以备受推崇,是因为通过线上与线下相结合的方式,实现了公共服务的"随处可得""随时可得""随需可得"。在信息技术发展的同时,必须推进数字化公共服务的理念转变和组织变革。但目前,我国政府数字化公共服务的有效供给能力不足,主要表现在:统一的互联互通的公共服务信息化平台尚未全面布局、公共服务终端智能化水平还需进一步提高、数字化公共服务相关政策和服务宣传力度不够等。尤其是在欠发达地区,利用数字技术来提供公共服务的理念尚未成为普遍共识。提高政府数字化公共服务的有效供给能力,不仅要通过数字化技术的应用构建新的服务场景和服务供给渠道,更要致力于推动数字化公共服务组织变革和观念转变,树立与数字时代要求相适应的现代化服务理念、服务流程、服务模式。

(二)数据共享协同性不强

新时代政府数字化公共服务发展的重要方向之一就在于有效地破除层级、

区域、系统、部门、业务之间的壁垒,以人民为中心,按照人民的需求,利用数据驱动,打造便捷高效的公共服务体系。目前,我国信息数据资源80%以上分散在各级政府部门,但受到政府组织结构的限制,"信息孤岛""数据烟囱"一直是数字化公共服务建设中的瓶颈问题。在政府数字化公共服务数据共享问题上,横向和纵向的数据共享存在一定的堵点,并且在业务部门内部存在数字化能力发展不平衡的问题,使得政府部门在数字化公共服务中协同能力较差,无法有效整合公共服务资源。

(三)发展不均衡

目前,我国政府数字化公共服务存在发展不均衡的问题。2022年《第51次中国互联网络发展状况统计报告》显示,截至2022年12月,我国10.67亿网民中,使用在线政务服务的网民用户数量为9.26亿,占整体网民数量的86.7%。此外,我国互联网普及率为75.6%,①这意味着仍然有不少公众被排除在数字化公共服务覆盖范围之外,降低了公共服务的普惠性。同时,数字化公共服务中存在的"数字鸿沟",一直是制约政府数字化公共服务发展的关键难题。老年群体是"数字困难群体"的典型代表,受技术、制度、文化与老年人自身因素制约,老年群体与其他群体在信息技术拥有程度、应用程度上存在着巨大差别,其在养老服务、医疗服务上可能成为"数字遗民""数字难民"。

同时,政府数字化公共服务发展的区域和城乡差距也较为明显。农村公共服务数字化转型中缺少统一协调的领导机构,农村地区人口的数字化素养也不高。因此,加强"数字乡村"建设,在中西部农村推进数字化公共服务建设是进一步缩减与东西部发展差距的应有之举。

第四节 政府数字化公共服务的国际发展与经验

以互联网、大数据、人工智能等为核心的新一轮的科技和产业革命带来了人类社会生产生活方式的巨变,同时也对政府治理、公共服务转型提出了新的

---

① 中国互联网络信息中心.第51次中国互联网络发展状况统计报告[R/OL].[2023-08-02]. https://www3.cnnic.cn/NMediaFile/2023/0807/MAIN169137187130308PEDV637M.pdf.

挑战和更高的要求。推动政府数字化公共服务发展是建设数字政府的重要任务。政府数字化公共服务发展受到越来越多的关注,以美国、英国、丹麦、新加坡等国为代表的国外政府数字化公共服务发展也较为迅速,为我国政府数字化公共服务的发展与完善提供了域外经验。

一、政府数字化公共服务的国际发展

国外的政府数字化公共服务实现了服务信息由单向到双向、公民参与由离散向互动、公众响应由交易到协调的转型,强调公共服务的透明性、参与性、预期性、个性化、共同创建、服务感知。①

(一)美国数字化公共服务的战略与发展

2012年,美国白宫发布了《21世纪数字政府:构建一个更好地为美国人民服务的平台》。美国政府公共服务的数字化转型成效显著:一个以公共服务为导向,采用国家与社会共同治理的小政府—大社会模式的新型政府基本建立;同时,政府的治理观念也有了革新,政府治理结构也完成了重大调整,形成了以公众和用户为导向的政府运行机制。美国政府公共服务数字化转型遵循了以信息为中心原则、用户至上原则,以及安全和隐私原则。

(二)英国数字化公共服务的战略与发展

随着数字技术的发展,英国公共部门不断提升其在公共服务领域的数字技能、管理能力、资源可用性。② 2011年7月,为持续推进公共服务改革深化,英国政府发布的《开放的公共服务》白皮书提出了开放公共服务的五项原则:(1)选择。公众自主选择公共服务获取渠道和方式。(2)放权。行政职权、审批权向下一级地方政府下放,让服务尽可能地直接面向公众。(3)多元化。实行公共服务供给主体多元化并降低服务供应商准入门槛,促进更广泛的社会参与。(4)公平性。所有人都公平地享有公共服务,尤其是公众普遍关注的教育、住房、医疗、体育等公共服务的机会均等和公平。(5)责任。公共服务管理

---

① BERTOT J, ESTEVEZ E, JANOWSKI T. Universal and contextualized public services: Digital public service innovation framework[J]. Government information quarterly, 2016(2).

② OMAR A, WEERAKKODY V, SIVARAJAH U. Digitally enabled service transformation in UK public sector: a case analysis of universal credit[J]. International journal of information management, 2017(4).

者应对使用者和纳税人负责,确保公共财政支出透明、高效和公正。①

同时,英国政府从完善领导机构、创设服务团队、选择技术供应方、调整政策法规等方面出台了 16 项政府公共服务数字化的具体措施。其基本要点是:(1)建立政府数字化服务领导机构和工作机制;(2)建立政府数字化服务小组和专业团队,持续改进政务服务流程;(3)加强政府部门及公务员的信息素质、数字化能力建设;(4)内阁办公室负责跨部门的数字化协调;(5)政府部门重新设计年度业务量超过 10 万项的业务系统;(6)确保重新设计的业务系统全面符合默认数字化标准;(7)所有政府门户网站统一整合,实现一站式服务;(8)提高部门和公务员的数字化服务意识;(9)为信息弱势群体提供数字化服务以外的离线(线下)服务;(10)简化政府数字化项目招标采购程序;(11)定义、开发和提供可共享的技术平台;(12)适时调整不适应数字化服务的法律规章;(13)基于服务一体化和一致性的绩效评价;(14)利用社交网络促进政民之间数字化参与、咨询和交流互动;(15)与社会合作,引导第三方参与公共服务创新;(16)开放政府数据和业务。②

(三)丹麦数字化公共服务的战略与发展

长期以来,丹麦作为福利国家为所有公民提供从摇篮到坟墓的广泛的社会转移支付和社会服务。丹麦的数字化政府建设成效在全球位列前位,丹麦数字战略取得成功的关键就在于公共服务的整合协调,特别是地方和国家层面的合作。丹麦公共部门采用的信息和通信技术(ICT)是长期政策制定的结果。自 20 世纪 90 年代初以来,丹麦政策制定者一直认为使用新技术对福利国家和公共部门的现代化至关重要。即便如此,数字化的具体治理方式以及与该领域相关的政治话语,随着时间的推移也发生了相当大的变化。从广义上讲,丹麦的数字化公共服务决策分为两个截然不同的阶段:第一阶段由研究部发起,从 20 世纪 90 年代初到 21 世纪初;第二阶段由财政部牵头,从 2001 年起至今。③

---

① 朱锐勋.英美国家电子公共服务发展战略比较及启示[J].行政与法,2017(4).
② 吴贤纶.英国政府发展数字化内容产业和公共服务的政策[J].有线电视技术,2009(9).
③ 彼得森,休乌.数字化时代的丹麦福利国家:政策变革与战略困境[J].高静华,译.社会保障评论,2019(2).

第八章 政府数字化公共服务

（四）新加坡数字化公共服务的战略与发展

新加坡是世界公认的电子政务和数字治理领域的领先者，新加坡的政务服务的数字化也走在全球前列。新加坡政府科技局更强调应用信息通信新技术，从大数据分析中洞悉社会现实，辅助政府决策，并"由外而内"地从公民角度思考，打造行之有效的服务。首先，新加坡组建了由 1800 名数据科学家、技术人员和工程师组成的团队，并面向全国乃至海外招揽人才，在应用开发、数据科学、政府基础设施建设、地理空间技术、网络安全、传感器与物联网 6 个关键方面深入钻研，为变革和创新数字服务提供智力支持。其次，新加坡政府打造"我的信息"平台，公民可以授权平台向银行提供自己的个税证明、房产信息等。相关数字服务还包括使用高频大数据为经济发展和城市规划提供新指标的"经济脉搏"、与教育部合作让家长在线付费及签署知情同意书的"家长门户"、与海关合作为企业提供一站式贸易资讯管理平台的"新加坡商贸通"等。同时，公民参与也是新加坡政府推动数字公共服务变革的重要环节，政府科技局提供平台向公民开放数据和应用程序接口，促进政府与民众的创新合作，共同推动数字化公共服务发展。①

二、对我国政府数字化公共服务的启示

（一）加强政府数字化公共服务的顶层设计

公共服务顶层战略设计决定着公共服务的能力与水平，是促进公共服务均等化、普惠化、共享化的重要支撑和保障。政府在完善数字化公共服务中，应当站在顶层设计角度，结合数字化公共服务的实际推进情况，对既有相关法律法规和政策予以细化、完善和优化，指明数字化公共服务的发展方向和建设路径。同时，要针对推进数字化公共服务过程中出现的新问题、新趋向和新要求，加快制定兼具针对性和有效性的法规政策，制定阶段性规划和实施意见，为提高公共服务能力与水平提供有力的法规政策保障。此外，还要推进地方政府数字化公共服务发展战略的制定，结合地方数字化发展水平和经济发展水平，适度加

---

① 马亮.新加坡推进"互联网+政务服务"的经验与启示[J].电子政务,2017(11).

大地方政府数字化公共服务的财政投入,积极探索数字化公共服务方式和供给模式,更好地服务于地方政府决策和社会治理工作。

（二）推进政府数字化公共服务的技术创新

推进政府数字化公共服务发展要求推动数字化公共服务供给中的技术创新与升级。第一,要加快数字技术人才培养。地方政府应积极与掌握大数据、人工智能、云计算等技术的企业合作,大力支持本地高校与企业联合培养数字技术人才,以满足数字化公共服务发展中的人才需求。第二,进一步加强数字化公共服务的基础设施建设,尤其是加快建设偏远地区、农村地区的信息基础设施。政府要对公共服务领域的信息基础设施建设进行统筹规划、合理布局,重点提高养老、教育、医疗、文化等公共服务领域的基础设施覆盖面。第三,建立起统一的、互联互通的公共服务信息平台。政府要将本地政府门户网站软件和硬件资源统一进行规划和管理,将相关应用数据标准化和集中化,推进公共服务数据上的互通互用,将涉及公众衣、食、住、行等日常生活的公共服务全部纳入公共服务信息平台,加快将信息平台的服务范围由中心城市向县、区、乡镇等基层延伸。

（三）完善政府数字化公共服务的有效供给

提高政府数字化公共服务能力与水平,要充分挖掘数据资源的潜力,加强政府数字化公共服务的有效供给,推动政府公共服务朝着更科学、更便捷、更高效的方向发展。第一,精准对接社会公众的公共服务需求。利用大数据、云计算等信息技术,及时掌握社会公众对公共服务的基本需求和个性化需求信息,精准研判公众在公共服务中的"急难愁盼"问题和各类风险矛盾,为实现数字化公共服务的精准化、高效化提供前端需求信息基础。第二,提升政府数字化公共服务的供给质量。提升公共服务供给质量最关键的就是要实现政府数字化公共服务的精准化、精细化。针对服务地区、服务群体的不同和供给对象的服务获取能力差距,提供个性化、差异化的公共服务。第三,建立起政府数字化公共服务的合作供给。公共服务的主要供给方是政府,除此之外,也要积极吸纳企业、慈善组织、公益组织、志愿者等多元主体参与到数字化公共服务供给中,积极利用市场和社会主体的信息技术优势、服务递送能力等,形成互补协作机制。第四,强化政府数字化公共服务评价。公共服务的有效供给要坚持"以人民为中心",重视服务信息公开,并为社会公众评价、反馈和监督提供制度化的参与渠道,将社会公众对数字化公共服务的评价和满意度放到重要的位置上,建立起便捷快速的数字化公共服务评价机制。

思考与练习

1. 政府数字化公共服务的基本内涵与理论逻辑是什么?
2. 请阐述当前我国政府数字化公共服务建设的主要内容。
3. 请比较国内外数字化公共服务发展的异同。
4. 请论述促进我国政府数字化公共服务高质量发展的路径。

案例分析与讨论

四川推进公共服务适老化改造提升 带老年人跨越"数字鸿沟"

"我省老年人口已突破1700万大关,人口老龄化率超20%,进入深度老龄化社会。"2021年2月9日,四川省政府新闻办举行四川省公共服务适老化改造提升行动新闻发布会,相关负责人在发布会上这样介绍。发布会通报了四川省公共服务适老化改造提升推进情况,阐述相关部门针对老年人在改进办事流程、优化生活场景、畅通融入渠道等方面做的工作和取得的成效。

围绕老年人群体最为关注的就医、出行、办事等"身边事""烦心事",为了让广大老年人群体真正享受到便捷生活,2020年9月,四川省在全国范围率先出台《四川省公共服务适老化改造提升2020年10项行动及任务清单》,提出了就医绿色通道优化行动、金融机构网点适老化升级行动等10项行动计划,全面实施公共服务适老化改造提升,着力消除老年人"数字鸿沟"。

(一)数据跑路、智慧助老,养老保险待遇认证、办医保更方便

养老保险待遇领取人员每年需要进行一次领取待遇资格认证。为了让老年人方便、快捷地完成认证,四川省在领取养老保险待遇资格认证方面,强

化领取养老保险待遇资格相关数据的比对核实,加快数据共享,实现"寓认证于无形"。

通过对待遇领取人员出行、住院就医等信息比对校验,待遇领取人员不需要自己办理认证。2020年,用这种方式完成认证的有300多万人。人社部门通过完成社保办理APP认证功能"适老化"改造,多形式帮助老年人进行手机APP人脸识别认证,为高龄、病残等老年人建立服务台账并提供上门认证服务。

在办理医保方面,四川省提供全流程线下业务办理,服务大厅开通老年人优先服务和办事引导服务;扩大异地就医直接结算定点医药机构覆盖面,将符合条件的所有定点医院接入国家跨省异地就医管理子系统,提供异地就医电话备案、窗口备案、网络备案。

为优化老年人就医流程,四川省开展"智慧助老"行动。全省41家冠名红十字医疗机构设立红十字导医志愿服务岗,为行动不便的老年患者提供咨询、导医、缴费、取药等就医便利服务。

(二)改进金融机构服务场景,让老年人步入移动互联网时代

四川省改进金融机构服务场景,提升服务质量,鼓励金融机构开发适合老年人群的网银和APP版本;引导老年人使用智能终端,针对老年人升级改造排号系统;推进营业网点无障碍设施改造,为因特殊情况不能亲临网点的老年人开设绿色通道,提供上门办理等形式的延伸服务。

移动互联网时代,为方便老人出行,全省共设置公交卡、地铁卡办理网点919个,人工服务窗口818个,公共汽电车、城市轨道交通人工服务窗口的城市覆盖率达100%。四川省公交卡、地铁卡办理及充值网点全部可实现人工充值。为丰富老年人文化生活,全省公共图书馆、文化馆、博物馆、美术馆均实现提供现场购票、人工核验进馆等线下服务,场馆内为老年人设置人工咨询服务点位,并提供手机导游服务。

(三)全省3级老年大学开设实用课程,助老年人适应数字化生活

为了照顾老年人生活习惯,四川省公共服务各领域都保留了传统办理方式。但新技术的使用,本质是提升人们生活品质,让生活更加便利。基于此,四川省积极开展各类培训和助老活动,帮助老年人更好更快掌握信息化技能,更好享受科技发展成果。

为了帮助老年人群体融入数字生活,四川省3级老年大学针对性地开设了热门软件使用、手机与生活等老年人用得上、接地气的信息技术课程,2020年首批培养学员10 000人次。

资料来源:四川推进公共服务适老化改造提升 带老年人跨越"数字鸿沟"[N/OL].四川日报,2021-02-10. https://epaper.scdaily.cn/shtml/scrb/20210210/250017.shtml.

思考并讨论:

1. 四川省人民政府在为老年人提供数字化公共服务中采取了哪些具体措施?
2. 请谈谈老年人"数字鸿沟"的生成逻辑和消解路径。
3. 请论述弥合"数字鸿沟"对促进数字化公共服务的重要意义。

第三编
数字政府的治理体系

第九章　数字政府的法律体系

■ 学习目标

本章主要围绕数字政府的法律体系展开,阐释数字政府法律体系的意义、内涵、构成、建设难点、优化路径以及国外经验。通过本章的学习,要求掌握:(1)数字政府法律体系的内容;(2)数字政府法律体系建设的突出难点;(3)数字政府法律体系建设的优化路径;(4)国外数字政府法律体系的发展与经验。

■ 引　例

全面建设数字法治政府

《法治政府建设实施纲要(2021—2025年)》提出要"健全法治政府建设科技保障体系,全面建设数字法治政府"。新形势下,我们要把数字政府建设与法治政府建设有机结合起来,为全面建设法治政府筑牢"数字基石",更好推动科学决策、民主决策、依法决策。从数字政府到数字法治政府,有关表述的变化表明数字政府建设绝不只是"监管的数字技术"或者"数字技术的监管",而是一种适应数字时代的要求,对政府理念、机构、职能、流程再造的法治化进程,因此必须坚持技术维度与法治维度并重。

资料来源:伍爱群.全面建设数字法治政府[N].人民日报,2022-08-03(11);张树军.数字法治政府迈向未来[N].中国纪检监察报,2021-08-17(5).

第一节 数字政府法律体系概述

一、数字政府法律体系的意义

当前,数字政府建设不断深化发展。推动数字政府建设工作,首先要做到"有法可依"。法治对于数字政府建设具有"压舱石"的作用。面对数据相关基础性立法缺失、数据安全和个人信息保护不足、数据权利与责任划分不明等突出问题,数字政府法律体系构建意义重大。首先,数字政府法律体系的构建是推动数字政府改革的重要依托。数字政府建设呼唤数字法治,数字法治为数字政府建设提供坚实的法治保障。① 数字政府法律体系的构建为数字政府建设提供了法律规范,明确了数字政府改革及决策的边界。其次,数字政府法律体系的构建是丰富法律体系的应有之义。法律体系的内容也应随数字时代的发展而不断更新。最后,数字政府法律体系的构建是完善政府治理体系的重要支撑。政府治理体系内容丰富,数字治理是新时代政府治理体系的重要部分。数字政府建设需要遵循法律规定,不能超越法治政府的要求。数字政府法律体系的构建完善了政府治理体系,拓宽了政府治理的范围,彰显了政府数字治理的真实水平,对提升数字治理效能有重要的推动作用。可以说,数字政府法律体系的构建不仅是我国数字政府治理水平的根本保障,而且是现代化治理体系的内在需求。

二、数字政府法律体系的内涵

"法律体系也就是法律规范的体系。"②在法学领域中,法律体系也称"法的体系"或简称"法体系",它是指一国现行的全部法律规范按照不同的法律部门分类组合而形成的一个呈体系化的有机联系的统一整体。③ 基于建设中国特色社会主义法治体系的要求,广义的数字政府法律体系还应包括党内法规体系。故此,在我国,数字政府法律体系是关于数字政府建设的党规国法

---

① 马长山.数字法治概论[M].北京:法律出版社,2022:144.
② 拉慈.法律体系的概念[M].吴玉章,译.北京:中国法制出版社,2003:54.
③ 张文显.法理学[M].5版.北京:高等教育出版社,2018:100.

所形成的一个呈体系化的统一整体。数字政府法律体系的特征表现为：其一，系统性。数字政府法律体系是由一国现行关于数字政府建设的全部法律规范构成的整体，涵盖了数字政府建设的相应法律法规依据，涉及政府数据管理、数据安全、数据共享等多方面的内容，呈现出系统化、整体化的特征。其二，复合性。数字政府法律体系是主观属性和客观属性的复合统一。一方面，它反映的是中央层面对数字政府建设的规划与支持力度，是具体的政府部门落实数字战略的法律体现；另一方面，它反映着数字时代政府建设的升级与转型，契合数字时代公共服务的现实需求。其三，时代性。数字政府法律体系具有明显的时代特征，涵盖政府对数据的治理、政府依数据的治理等方面的法律规定，这些法律规定均根据实践需要制定并不断完善，与数字时代社会经济发展等时代需求相一致。

三、我国数字政府法律体系的构成

数字政府法律体系是由现行关于数字政府建设的一系列法律规范所构成的整体，为数字政府建设提供系统性的规范指引。当前我国数字政府法律体系主要由法律、行政法规、地方性法规、部门规章、规范性文件等层级性法律形式构成。

（一）法律规定

2017年6月1日起施行的《网络安全法》是一部保障网络安全，维护网络空间主权和国家安全、社会公共利益的专门性法律，主要规定了网络安全支持与促进、网络运行安全、关键信息基础设施的运行安全、网络信息安全、监测预警与应急处置等方面的内容。《电子签名法》对电子政务工作中的数据传输、实名认证、数据加密等环节进行了规范。2021年1月1日起施行的《民法典》第四分编第六章涉及个人信息保护的问题，为个人信息保护问题提供了法律依据。2021年9月1日起施行的《数据安全法》是一部规范数据处理活动、保障数据安全、促进数据开发利用的法律，其规定了数据安全与发展、数据安全制度、数据安全保护义务、政府数据安全与开放等内容。2021年11月1日起施行的《个人信息保护法》是保护个人合法权益、规范个人信息处理活动、促进个人信息合理利用的专门性法律。该法首次明确了个人信息的概念和处理规则,规定了敏感个人信息的处理规则,强调要注重保护个人信息,不得过度收集个人信息。

(二) 法规规定

1. 行政法规

2019年4月26日起施行的《国务院关于在线政务服务的若干规定》旨在规范全国一体化在线政务服务平台建设,全面提升政务服务水平,优化营商环境。2019年5月15日起施行的《政府信息公开条例》,规定政府信息公开坚持公开为常态、不公开为例外,明确政府信息公开的范围,不断扩大主动公开范围;明确依申请公开程序,切实保障申请人及相关各方的合法权益,同时对少数申请人不当行使申请权、影响政府信息公开工作正常开展的行为做出必要规范;强化便民服务要求,通过加强信息化手段的运用提高政府信息公开实效,切实发挥政府信息对人民群众生产、生活和经济社会活动的服务作用。2021年9月1日起施行的《关键信息基础设施安全保护条例》规定了关键信息基础设施的认定、运营者的责任义务以及关键信息基础设施的保障与促进等内容。

2. 地方性法规

针对数字政府建设,不少地方人大出台了地方性法规,为地方数字政府建设提供法律依据。例如,贵州省出台了《贵州省大数据发展应用促进条例》《贵州省大数据安全保障条例》《贵州省政府数据共享开放条例》。《贵州省大数据发展应用促进条例》主要对大数据的发展应用进行了规定;《贵州省大数据安全保障条例》作为首部关于数据安全的地方性法规,为数字政府建设中大数据安全保障提供了清晰的规范依据;《贵州省政府数据共享开放条例》主要规定了数据共享和开放的原则以及公权力主体在政府数据开放和共享上的限制。上海市2022年1月1日起施行的《上海市数据条例》主要规定了数据权益的保障、公共数据、数据要素市场、数据资源开发和应用、浦东新区数据改革、长三角区域数据合作以及数据安全等内容,同时对首席数据官、数据交易的管理、服务机构以及禁止性活动均作出了相应的规定。作为国内首部省级人大制定的数据条例,其将数据纳入法治的范畴,开启了数字治理的新范式。浙江省为推进"十四五"规划中的数字政府建设工作,2022年3月1

日起施行《浙江省公共数据条例》。该条例规范公共数据提供主体、使用主体和管理主体间的权责关系,明确公共数据的边界和范围,健全数据共享和开放制度,促进数据流动和高效应用;加强数据安全和个人信息保护,形成公共数据资源市场化配置机制;构建数字政府建设标准体系,加快制定出台数据标准、政务服务标准、应用技术标准、基础设施标准、运行管理标准、数据安全标准等,推动标准实施和监督管理。

（三）规章

全国许多地方相继出台了有关数字政府建设的地方政府规章,如《北京市政务信息资源管理办法（试行）》《上海市公共数据和一网通办管理办法》《湖北省政府数据资源应用与管理办法》《辽宁省政府数据资源共享管理办法》《山东省电子政务和政府数据管理办法》《重庆市政府数据资源管理暂行办法》等。上述地方政府规章包括政府数据采集、政府数据分享、政府数据开放、政府数据安全以及政府数据资源的保障与监督等方面的内容,为地方政府数字政府建设提供了制度遵循。（详见表9-1）

表9-1 部分地方政府数字政府建设相关规章

规章名称	施行日期	相关规定
《福建省电子政务建设和应用管理办法》	2015年4月1日	电子政务规划与建设、应用与服务、监督与管理等规定
《福建省政府数据管理办法》	2016年10月15日	政府数据采集处理、登记汇聚、共享服务、开放开发、安全保障等规定
《北京市政务信息资源管理办法（试行）》	2017年12月27日	政务信息资源汇聚、共享、开放,政务信息系统整合,政务信息资源安全、保障与监督机制等规定
《上海市公共数据和一网通办管理办法》	2018年11月1日	公共数据和"一网通办"工作的规划、建设、运维、应用、安全保障和监督考核等规定
《重庆市政府数据资源管理暂行办法》	2019年7月31日	数据目录、数据汇聚、数据共享、开放应用、安全管理、监督管理等规定

（续表）

规章名称	施行日期	相关规定
《辽宁省政府数据资源共享管理办法》	2020年1月1日	政府数据资源共享的管理、分类、处理、监督等规定
《山东省电子政务和政府数据管理办法》	2020年2月1日	电子政务和政府数据发展规划与建设，政府数据管理、应用与服务，电子政务和政府数据的安全与保障等规定
《湖南省政务信息资源共享管理办法》	2021年3月1日	政务信息资源管理、利用、安全保障与监督管理等规定
《安徽省政府数据资源管理办法》	2021年3月1日	政府数据开发建设、数据归集、数据共享、数据应用与开放、监督管理等规定
《湖北省政府数据资源应用与管理办法》	2021年4月1日	政府数据采集、政府数据分享、政府数据开放、政府数据安全以及政府数据资源的保障与监督等

（四）规范性文件规定

1. 国务院规范性文件

《促进大数据发展行动纲要》指出，要推动政府数据资源共享，形成政府数据统一共享交换平台，形成国家政府数据统一开放平台。《政务信息资源共享管理暂行办法》强调，政务信息资源共享应遵循"以共享为原则、不共享为例外，需求导向、无偿使用，统一标准、统筹建设，建立机制、保障安全"的原则；同时规定了政务信息资源目录的编制工作流程，各政务部门依据统一的《政务信息资源目录编制指南》，分别编制并维护、更新部门政务信息资源目录，在此基础之上，形成动态更新的国家政务信息资源目录体系；同时要求各部门业务信息系统尽快与国家数据共享交换平台对接。《政务信息系统整合共享实施方案》围绕政府治理和公共服务的紧迫需要，提出了加快推进政务信息系统整合共享、促进国务院部门和地方政府信息系统互联互通的重点任务和实施路径。《推进"互联网+政务服务"开展信息惠民试点实施方案》提出，在发达国家经验的基础上进一步总结和推广试点区域的成功经验，着力构建我国政务服务体系。

2. 部委规范性文件

2017年出台的《加快推进落实〈政务信息系统整合共享实施方案〉工作方案》提出,要按照新的形势和要求,进一步加快政务信息系统整合共享工作,明确责任分工和时间节点,加强统筹协调和督查考核,确保2017年底前,围绕制约"放管服"改革深入推进的"信息孤岛"问题,初步实现各部门整合后的政务信息系统统一接入国家数据共享交换平台。《政务信息资源目录编制指南(试行)》明确了政务信息资源目录,同时对政务信息资源目录编制提出了相应的要求。

3. 地方规范性文件

许多地方出台了关于数字政府建设的规范性文件。例如在省级层面,《广东省"数字政府"建设总体规划(2018—2020年)实施方案》提出,要加强保障支持,完善法规制度。《广东省数字政府改革建设2023年工作要点》明确提出要加快完善与数字政府建设相适应的法规制度体系和建设运营模式。在地市层面,深圳市人民政府出台的《关于加快智慧城市和数字政府建设的若干意见》中关于强化网络信息安全管理的规定指出,要落实《网络安全法》《密码法》以及网络安全等级保护制度、关键基础设施安全保护制度等。

第二节 我国数字政府法律体系建设的突出难点

数字政府建设的基础是政府数据。政府数据的权属直接关乎数字政府建设的法治保障问题。政府数据采集、共享、开放、安全是政府数据管理的重要环节。现阶段,我国数字政府的建设总体上处于技术先行的状态,而规范建设是局部的、零散的,没有全面系统的明确规则。[①] 数字政府的法律体系不够健全,中央层面尚未直接针对数字政府进行专门立法;地方层面依据各地实际,针对性地出台相关法律法规。立法的欠缺及碎片化加剧了数字政府法律体系构建的难度,也为实践中政府数据权属分配、政府数据采集标准、政府数据共享范围、政府数据开放内容、政府数据安全保障带来了一系列困难。

---

① 余凌云.数字政府的法治建构[J].中国社会科学院大学学报,2022(1).

一、政府数据权属不明

政府数据是行政机关在依法履行职责过程中制作或者获取的,以一定形式记录、保存的各类数据资源。政府数据权属问题一直以来存在争议,对于政府数据的所有权归属主要存在两种观点。一种观点认为,政府数据是由行政机关在履行行政职责过程中所制作或产生的数据,所以政府数据的所有权应当归属于政府。另一种观点认为,政府数据具备公共物品的属性,属于国家数据的重要组成部分;政府数据具备财产属性,多国将其列为新型国有财产,①因而,政府数据属于国有资产的范畴,其所有权归属于国家。学界一般认为,政府数据归国家所有,属于国有资产。但在实际中,中央层面尚未对政府数据权属问题作出明确规定。在地方层面,各地对政府数据的权利规定也不一致。厘清政府数据的权属,是数字政府建设的前提。② 近些年来,我国一直致力于数字政府的建设,在政府数据方面积累了一些经验。党的第十九届五中全会审议通过《中共中央关于制定国民经济和社会发展第十四个五年规划和二〇三五年远景目标的建议》,提出要"加强数字社会、数字政府建设,提升公共服务、社会治理等数字化智能化水平。建立数据资源产权、交易流通、跨境传输和安全保护等基础制度和标准规范,推动数据资源开发利用"。这为厘清政府数据的权属提供了宏观政策支持。因此,中央层面应当尽快出台专门的法律法规,明确政府数据的所有权、使用权、管理权等内容。

二、政府数据采集标准不统一

政府数据采集主要是由政府有关部门在履行职责的过程中采集涉及交通、医疗、卫生、就业等相关领域的数据内容,是政府数据管理的起点。我国在中央层面尚未出台政府数据采集的专门立法,关于政府数据采集的相关规定散见于《民法典》《网络安全法》等法律之中。《民法典》对于个人信息保护作了专章规定,首次将个人信息保护权益提升到法律层面。其中,第1035条规定,处理个人信息的,应当遵循合法、正当、必要原则,不得过度处理,并符合下列条件:

---

① 宋烁.论政府数据开放中个人信息保护的制度构建[J].行政法学研究,2021(6).
② 马颜昕等.数字政府:变革与法治[M].北京:中国人民大学出版社,2021:225.

(一)征得该自然人或者其监护人同意,但是法律、行政法规另有规定的除外;(二)公开处理信息的规则;(三)明示处理信息的目的、方式和范围;(四)不违反法律、行政法规的规定和双方的约定。《网络安全法》第41条规定,网络运营者收集、使用个人信息,应当遵循合法、正当、必要的原则,公开收集、使用规则,明示收集、使用信息的目的、方式和范围,并经被收集者同意。网络运营者不得收集与其提供的服务无关的个人信息,不得违反法律、行政法规的规定和双方的约定收集、使用个人信息,并应当依照法律、行政法规的规定和与用户的约定,处理其保存的个人信息。《网络安全法》第42条规定,网络运营者不得泄露、篡改、毁损其收集的个人信息;未经被收集者同意,不得向他人提供信息。但是,经过处理无法识别特定个人且不能复原的除外。网络运营者应当采取技术措施和其他必要措施,确保其收集的个人信息安全,防止信息泄露、毁损、丢失。在发生或者可能发生个人信息泄露、毁损、丢失的情况,应当立即采取补救措施,按照规定及时告知用户并向有关主管部门报告。

地方层面,各地均探索建立政府数据采集的相关制度,力图规范政府数据采集工作。如《贵州省大数据发展应用促进条例》第16条规定,省人民政府信息化行政主管部门会同有关部门制定公共数据资源分级分类管理办法,依法建立健全公共数据采集制度。第17条规定,任何单位或者个人不得非法采集敏感数据,采集数据不得损害被采集人的合法权益。通过公共平台可以获得的共享数据,公共机构等也不可重复采集。

综上可以发现,我国在中央和地方层面对政府数据采集提出了明确的要求,即政府数据采集应当坚持"合法、正当、必要、适度"的基本原则。在法律法规未规定的领域,政府数据采集应以当事人"知情同意"为前提,不得随意采集公民、法人或者其他组织的数据信息,也不得泄露或篡改政府数据信息。政务信息采集应当在合法的限度内进行,同时保护好个人信息,达成公共信息与私人信息之间的动态平衡。目前,我国正在大力推进政府数据采集体系建设。各地关于政府数据采集的标准、管理制度等并不统一。长期以来,地方各政府部门有关政府数据采集的标准也存在一定的差异,政府数据采集过程中技术标准不统一。为此,应当规范政府数据采集的标准,按照国家政务信息资源规定的相关标准有序推进政府数据采集工作，消除政府数据采集不统一问题，实现政府数据采集标准规范化、科学化、一致化。

三、政府数据共享不力

近些年，国家陆续出台了政府数据共享相关规范，旨在打破政府部门之间的数据壁垒，真正实现政府信息共享，充分利用数字信息，推动数字政府建设稳步发展。① 实践中，数字政府建设过程中政府数据共享仍存在一些问题：其一，政府数据共享的标准不统一。政府数据共享的标准包括政府数据的采集标准、数据技术标准、接口标准等，但在我国，这些标准不统一、不兼容，成为目前制约政府数据共享开放的瓶颈性问题。② 另外，政务系统代码不一、质量参差，难以实现数据统一标准的格式化归统，也成为政府数据共享的障碍。③ 其二，政府数据共享平台建设有待进一步完善。各地区数字政府发展情况差距较大，水平不一，导致政府数据共享的实际水准受到较大影响。具体体现为各地的政府数据共享平台建设进度不一致、平台服务水平差异过大、各政务系统间的数据兼容困难等问题。④ 对此，中央和地方仍需继续推进政府数据共享的相关法律法规建设，完善政府数据共享的标准，消除跨地域、跨部门、跨层级政府数据共享的壁垒，从而畅通政府数据开放共享渠道。

四、政府数据开放不足

中央层面尚未针对政府数据开放进行专门立法。只有少数地方在政府数据开放方面率先进行尝试，例如上海和浙江。当前政府数据开放相关立法亟待完善。首先，数据开放范围须进一步予以明确。当前各地立法对"公共数据"范围的规定尚未统一。其次，地方立法中通行的做法是对政府数据进行分级分类管理，将其分为"普遍开放的数据"（无条件开放的数据）和"授权开放的数据"（有条件开放的数据），但实践中对于"条件"界定标准过于模糊，出于谨慎

---

① 马长山.数字法治概论[M].北京：法律出版社，2022：144.
② 中国行政体制改革研究会.数字政府建设[M].北京：人民出版社，2021：247.
③ 周雅颂.数字政府建设现状、困境及对策：以"云上贵州"政务数据平台为例[J].云南行政学院学报，2019(2).
④ 中国行政体制改革研究会.数字政府建设[M].北京：人民出版社，2021：14.

开放的态度,政府部门极易将部分"普遍开放的数据"列入"授权开放的数据"范围内,增加社会公众获取政府数据的难度。最后,数据开放程序尤其是有条件开放数据的申请、获取等细则有待进一步完善。政府数据开放应当坚持正当程序原则,保障公民、法人和其他组织的合法权益,及时处理申请人提出的申请。

五、政府数据安全面临风险

保障政府数据安全是进行政府数据共享和政府数据开放的前提。随着政府数据的大量汇聚,数字政府建设中的政府数据安全保障工作也面临着一系列挑战。目前,我国政府数据面临的安全风险表现为个人隐私数据安全风险、政府数据授权运营风险、新型基础设施安全风险等。[①] 具体而言,个人隐私数据安全风险即政府在数据采集、存储、使用、删除等环节存在泄露个人、企业信息的风险;政府数据授权运营风险即第三方数据运营商利用受权使用政府数据的便利,产生过度采集数据、过度分享数据、过度开放数据,进而侵犯个人、企业或国家的合法权益的风险;新型基础设施安全风险即承载政府数据的基础设施技术依赖性高,有遭受外部网络攻击的风险。

第三节 我国数字政府法律体系建设的优化路径

我国数字政府法律体系建设可以从明确政府数据权属、规范政府数据采集、优化政府数据共享、强化政府数据开放、加强政府数据安全保障等五个方面着手,实现建设数字法治政府目标。

一、明确政府数据权属

明确政府数据权属问题实际上是政府数据确权问题。政府数据确权关乎多个利益主体,是不同利益主体权力博弈的产物。数字政府在履职中,会对大量的数据进行采集、运营和管理,这些公共数据具有重要的经济价值和社会价

---

① 丁伟峰.政务数据安全风险与法律规制[J].人民论坛·学术前沿,2022(9).

值。① 政府数据确权应当综合考虑政府数据采集等诸多环节,考量多种影响因素,以化解政府数据权属不明的困境。若政府数据是政府部门在行使职能过程中产生的不涉及个人信息和隐私的数据,则政府数据所有权应当归属国家,这时由相关职能部门代替国家行使政府数据使用权,可以充分利用政府数据为公民创造社会价值和提供更多便利,真正做到"让数据多跑路,群众少跑腿"。若政府数据是关乎个人信息和隐私的数据,一般情况下可参照欧盟《一般数据保护条例》(GDPR)的相关规定,将权利私有化,赋予公民个人所有权,以示对公民个人信息和隐私的充分尊重。但出于对社会公共利益的考虑,可以在立法中将涉及个人信息和隐私的政府数据合理使用情况明确化,在保障个人信息和隐私的基础上进行数据脱敏。

二、规范政府数据采集

数字政府建设过程中,相关职能部门会基于实际需要采集大量的数据,政府数据采集的法治化是规范政府数据采集的必然选择,可以从出台政府数据采集的专门立法和明确政府数据采集的标准两个维度加以规范。第一,出台政府数据采集的专门立法。完善政府数据采集的法律规定,从法律制度建设层面为政府数据采集提供明确的参考依据,以减少各地政府数据采集法律规定不统一的现象。其中,政府数据采集的专门立法应当明确政府数据采集的基本原则、职责主体、采集标准、采集程序、责任追究、监督机制等,构建一个系统性的政府数据采集法律规范体系。第二,明确政府数据采集的标准。政府数据采集标准是推进政府数据采集工作的重要内容。政府数据采集标准涉及政府数据采集的内容、政府数据采集的技术、政府数据采集的管理等。其一,关于政府数据采集的内容,应当依据国家政府信息资源规定的相关标准进行细化,明确政府数据采集的范围、边界,避免过度采集和不当采集。其二,关于政府数据采集的技术,应当采用安全可靠的技术,明确政府数据采集的技术接口、储存标准等,加强政府数据采集安全保障。其三,关于政府数据采集的管理,应当明确政府数据采集的管理主体、管理内容、管理责任、监督机制等具体内容。

---

① 马长山.数字法治概论[M].北京:法律出版社,2022:441.

三、优化政府数据共享

针对政府数据共享的现状,可从明确政府数据共享标准和加强政府数据共享平台一体化建设两个路径出发,优化政府数据共享。第一,明确政府数据共享标准。国家政府数据资源主管部门应当明确数据共享标准,并在全国范围内推行统一标准,如政府数据分级分类标准、数据转换标准等,优化政府数据共享机制,细化政府数据共享的类型、边界、方式、要求、程序、责任主体、监督管理等内容,提高地方政府数据共享的规范化、标准化、科学化水平。第二,加强政府数据共享平台一体化建设。一体化的政府数据共享平台能够汇集来自不同地方的各类政府数据,打破之前政府数据共享平台各自为政的局面,实现政府数据的有效整合。具体而言,一体化的政府数据共享平台在区块链技术的强力支撑下,能够推动全国政府数据的共享与整合,连接中央与地方数据共享平台,将不同区域的政府数据汇集到统一的入口,实现不同数据库之间的有效连接。

四、强化政府数据开放

强化政府数据开放,主要从实体层面和程序层面展开。实体层面涉及政府数据开放的范围问题,即哪些政府数据能够对外开放,哪些不能开放,或哪些可以有条件地对外开放。为此,应明确政府数据开放的类型,依法分级分类进行政府数据开放。具体可通过制定政府数据开放目录的形式,明晰政府数据开放的具体条件,为政府数据开放提供参考依据。程序层面则是对政府数据开放的具体流程和重要细节加以明确,涉及政府数据开放的申请程序、答复程序、复核程序等。特别地,对于政府数据开放范围、程序等有异议的当事人,应依法保障其合法的救济权利。

对于政府数据开放的路径规制,主要从实体层面和程序层面具体展开。实体层面主要界定政府数据开放的边界问题,即哪些政府数据能够对外开放,哪些政府数据不能对外开放;程序层面则针对政府数据开放的具体流程和重要细节予以明确。第一,明确政府数据开放的范围。明确政府数据的内涵,确定政府数据的种类,依法分级分类进行政府数据开放。制定政府数据开放目录,明确不能开放的政府数据种类并加以列明。政府数据开放的范围问题是内容层面的实质性问题,对于政府数据能否开放具有决定性的参考意义。第二,完善政府数据开放的程序。除了相关职能部门主动开放政府数据之外,可以考虑增加申请政府数据开放的规定。具体的程序可以归纳为以下几个方面:一是申请程序。由当事人提交政府数据开放的申请,启动政府数据开放的审核程序。根据当事人的申请,及时对照政府数据开放的清单目录,审核是否予以开放政府数据。二是答复程序。相关职能部门在收到当事人的申请之日起10日内作出答复,对于符合政府数据开放条件的依法进行数据开放,对于不符合政府数据开放条件的依法说明理由。三是复核程序。对于有异议的当事人,赋予其申请复核的权利。复核机关应当在合理期限内依法复核,并答复当事人。具体期限可以出台统一的规定。

五、加强政府数据安全保障

做好政府数据安全保障工作是一个系统性工程,需要制度、技术和人员的有效配合。为了减少政府数据泄露引发的个人信息和隐私权益受损的风险,可以从以下三个方面进行强化:首先,在制度层面,国家应当进行政府数据保护相关的顶层制度规划,通过制定相关法律规范,为政府数据保护指出明确的方向。在此基础上出台政府数据保护方面的法律规定,加强有关部门对政府数据的安全保护。同时,各地在法律规定的基础上,结合当地情况细化相关政府数据安全保护规定,完善相关法律配套设施。其次,在技术层面,政府部门应当提高政府数据安全保障技术,减少政府数据被个人、组织攻击、窃取的情况发生,从技术层面修复政务服务平台系统漏洞等。技术安全是数据安全的基线,[①]为此应当高度重视技术在政府数据安全保障中的作用,保障政府数据的完整性、安全性和可用性。最后,在人员层面,政府部门工作人员应当树立政府数据安全保护意识,思想上提高保护政府数据安全的警觉性,积极履行保密义务,自觉践行公职人员的职责。同时,加强专业人员队伍建设,包括设立专门机构,选拔专业人员。加强政府数据安全保护是数字经济时代下建设数字政府、打造数字社会的必然要求,也是提高公共服务水平的重要内容。

---

① 马长山.数字法治概论[M].北京:法律出版社,2022:198.

第四节 数字政府法律体系的国际发展与经验

一、国外数字政府法律体系的发展

(一)美国数字政府法律体系的发展

在推动数字政府的建设过程中,美国十分注重法律规范的作用,制定了一系列的法律法规,形成了基础性立法与专门立法相结合的典型模式。

1. 实施电子政务的基础性法律

美国于 1986 年制定了《计算机反欺诈与滥用法》并于 2000 年修订,1993 年通过了《政府绩效与结果法案》,1996 年制定了《电信法案》《电子信息自由法修正案》《克林格-科恩法案》,1998 年制定了《反垃圾邮件法案》《政府纸质文书消除法》《因特网税务自由法案》等,这些法律加快了美国数字政府的治理进程。2000 年,美国通过《全球及全国商务电子签名法案》(简称《电子签名法》),规定数字签名和书面签名具有同样的法律效力,允许企业以电子形式保存有关的商务文件,一方面有利于减少电子商务发展的阻碍,提高效率,另一方面也可以减少纸质办公的费用,节约成本。2002 年,美国发布了《电子政府战略:简化公众服务》和《电子政府法》,以推动联邦政府更广泛地使用互联网为公众提供信息和服务,美国电子政府的发展逐渐步入成熟期。

2. 以信息公开、隐私保护为主要内容的法律

美国在 1996 年修订了《信息自由法》,强调行政机关有主动公开信息的义务,推动了行政机关信息电子化改革。[①] 2014 年,奥巴马签署了《数字问责和透明度法》,旨在使联邦财政信息更易获取、更加透明。2016 年,奥巴马签署了《信息自由法修正案》,对信息公开的方式和途径提出了新的要求,顺应了政府数据开放的潮流。2019 年,特朗普签署了《开放政府数据法》,将奥巴马政府以来开放政府数据的相关战略、政策上升到法律层面,为美国政府数据的开放和利用提供了更有力的保障。

此外,美国于 1974 年通过了《隐私权法》,旨在保护美国公民以及具有永久

---

① 后向东.美国 2016 年《信息自由法》改革法案述评[J].电子政务,2016(10).

居留权的外国人的个人信息安全。该法案比较详尽地规定了政府部门收集和公开个人信息的程序和内容。1988年出台的《电子匹配与隐私权法》主要是对美国1974年的《隐私权法》进行修改并增加了一些新条款,但没有改变公民有要求政府机关公布信息的权利。①

3. 以促进电子商务发展为主要内容的法律

1999年,美国制定了《统一电子交易法》,规定了电子记录、电子签名及电子合同的效力、归属、保存等电子交易环境下的特殊问题。同年制定了《统一计算机信息交易法》,对以计算机信息为标的的交易问题作出了较为全面的规定。此外,1996年美国出台了《全球电子商务政策框架》,作为一部通过完善基础环境促进经济发展的法律,其分别对关税与税收、电子支付系统、统一商务法则、知识产权保护、个人隐私安全、电信基础结构、内容和技术标准等方面进行了规范。

4. 以知识产权保护为主要内容的法律

1998年,美国颁布《数字千年版权法》《数字千年著作权法》,加强了对著作权人利益的保护。此外,1999年美国总统克林顿签署通过《美国发明人保护法》,其内容后来成为美国专利法的一部分。该法案的宗旨是针对发明人权益保护不力的现实,通过立法的方式加强对发明人、企业界及消费者的保护。

(二)欧盟数字政府法律体系的发展

欧盟在数字政府建设的过程中,十分重视法律规范的作用,希望通过建立一个统一的法律框架为欧洲成员国以及其他国家数字政府的建设提供引导和帮助,其立法主要涉及以下几个方面:

1. 关于数据利用与保护的法律

欧盟1994年发布信息化建设报告,奠定了国家信息自由化的基调,以保护信息化领域的多元竞争,此后几年出台的相关法律规定均是在遵循该报告原则的基础上制定的。② 1996年欧盟制定的《促进公共与私人部门在信息市场的协

---

① 罗伟.依《信息自由法》与《1974年隐私权法》——申请政府信息公开之公民指南:第二次报告[EB/OL].(2012-09-11)[2022-03-24]. http://www.110.com/ziliao/article-317611.html.

② 陈婧.国内外政府信息资源协作管理研究进展[J].图书情报工作,2011(19).

作指导原则》加强了公共部门与私人部门之间的协作。1991年初欧盟委员会发表的《公共部门信息:欧洲的重要资源——关于信息社会公共部门信息的绿皮书》从促进公共部门与私人部门间公平竞争的角度提出提高政府部门信息资源共享程度的观点。数据利用离不开数据保护。2016年4月27日,欧洲议会和欧洲理事会通过《一般数据保护条例》(GDPR),目标在于保护处理个人数据过程中公民的个人权益,[①]使公民不受隐私数据泄露的侵害。GDPR被称为史上最严数据保护条例,该条例于2018年5月25日生效并适用于欧盟所有成员国。2018年11月21日,欧盟发布《联盟各机构处理和流通个人数据的权利保护条例》,该条例于2018年12月11日起生效,目标在于保护个人数据权和隐私权,进一步完善欧盟有关机构在处理个人数据时的规范,使欧盟各类机构的规则与通用数据保护法规保持一致。

2. 关于电子商务的法律

关于电子商务的法律涉及基础性法律和电子采购领域的专门立法。为规范政府对商业领域的管理,2012年6月13日欧洲议会和欧洲理事会修订了《关于商业登记册互联的指令》,并于2012年7月7日生效,规定了成员国在商业登记册方面的新义务,例如必须提供关于本国法律规则的信息、在收到有限责任公司提交文件后的21天内需提供商业登记册、尽量使公司的有关信息及时更新等。关于电子采购,欧盟的政府电子采购起步较早,1994年就开发了电子招标日报(TED)系统,内含欧盟所有的政府招标信息,对所有成员国的投标者开放,直至2004年欧盟将原有的4类公共采购法进行合并,制定了新的政府采购指令,即《公共事业部门采购指令》和《公共部门采购指令》,这两个指令可以视为对政府电子采购作出的革命性规定。[②] 2014年2月26日,欧洲议会和欧洲理事会通过《关于公共采购的指令》,并于2014年4月26日生效。该指令引入竞争性谈判程序,以提高公共采购的效率。2014年7月23日,欧洲议会和欧洲理事会通过《关于内部市场电子交易的电子身份识别和信托服务的条例》,也称eIDAS条例,该条例于2016年7月1日起适用于欧盟所有成员国。在这之前,欧盟各国的电子签名法律没有达成互通,给跨境电子交易带来很多不便。

[①] 胡苗苗等.欧盟非个人数据自由流动框架条例指南[J].北外法学,2020(1).
[②] 李章程.欧洲电子政府公共服务研究[J].图书情报工作,2011(23).

而 eIDAS 条例的目标在于通过构建一体化的数字化经济共同体来驱动创新,为电子身份认证提供法律框架,为电子身份认证和电子信托服务提供跨境法律认证。欧盟在 eIDAS 领域处于领先地位,是世界上第一个也是唯一一个拥有全面、可行的跨境使用 eIDAS 法律框架的地区,为跨境在线活动提供了极大的便利。

3. 促进公共信息再利用的法律

2013 年 6 月 26 日,欧洲议会和欧洲理事会通过《关于公共信息再利用的指令》,该指令重新规定了使用公共信息的条件框架,包括规范使用公共信息的相关授权程序,规定尽可能以标准化和可机读的格式开放文件和元数据,[①]目的在于让欧盟内部市场中的商业机构享受平等的待遇;同时,授权再利用的公共部门或组织继续拥有版权和相关权利,并规定它们必须以有利于再利用的方式行使版权。

(三)日本数字政府法律体系的发展

21 世纪初期,日本政府以技术为基础,以法律体系建设为指引,全面推进信息化进程。

1. 纲领性立法

2000 年 3 月,日本政府正式启动"电子政务工程",该工程的主要内容是通过网络系统办理法律手续,实施网上采购计划。同年 11 月 29 日,日本政府通过了《高速信息通信网络社会形成基本法》,也称《IT 基本法》,旨在建立一个全体国民都可以利用的高度信息化的网络社会,促进电子商务、电子政府发展的同时确保网络和个人信息安全。

2. 具体领域立法

关于信息公开方面,日本 1999 年 5 月制定了《关于行政机关保有的情报公开的法律》,简称《情报公开法》,规定了国家机关进行情报公开应负的义务。关于电子签名方面,2000 年 3 月,日本政府向国会提出了《电子签名与认证法案》,确认了电子签名的法律效力。[②] 之后的《数字化日本之发端——行动纲

---

① 迪莉娅.欧盟新公共信息再利用指令研究[J].图书馆学研究,2014(23).
② 张锐昕.电子政府概论[M].2 版.北京:中国人民大学出版社,2010:115.

领》则细化了关于电子签名的规定。关于个人信息保护方面,2003年日本颁布的《个人信息保护法》及2013年颁布的《个人号码法》等都属于日本政府通过立法加大对个人信息保护的实践。在电子商务领域,日本政府通过颁布《电子商务准则》《修改商法等法律部分规定的法律》《修改关于特定商业交易法实施规则的部分规定的部门规章》等一系列法律条文推动电子商务的发展。

3. 关于电子政务的法律

日本有计划地推进电子政务是从1993年起草的《推进行政信息化基本计划》开始的。作为日本政府推出的第一个政府信息化建设五年计划,其主要目标是在国家行政机关营造信息化基础环境。此后,日本政府2001年开始推进的"E-Japan"系列信息化战略计划,2003年推出的《电子政府构筑计划》,2006年后相继出台的《IT新战略改革》《重点计划2006》《重点计划2007》和《重点计划2008》等,均是日本电子政务发展路径的延续。① 2012年发布的《开放政府数据战略》是日本政府从电子政务时期转向数字政府时期的转变节点。2018年,日本政府制定了《数字政府实行计划》,颁布了一系列关于数字政府的政策和法律文件,日本的数字政府发展进入繁荣期。《日本政府CIO法》《行政机关信息公开法》《在线行政程序法》《数字程序法》《电子投票法》等法律的颁布,均进一步推动了日本政府信息系统的改革,提高了行政透明度。

二、国外数字政府法律体系的经验启示

从更好建设数字政府的目的出发,我国应从各个方面强化数字政府建设的法治保障。对此,国外相关法律规定可以给我们一定的经验启示。

(一)理清战略政策与构建数字政府法律体系的逻辑关系

各国对于数字政府的建设均采取战略政策先行先导、法律规范后来居上的步调。以美国为例,2012年奥巴马政府为代替此前的《电子政府战略》而提出《数字政府战略》,后来的特朗普政府就将经过实践检验的相关政策上升到法律层面。此外,英国卡梅伦政府发布《政府数字化战略》,日本政府发布《数字政府

---

① 张锐昕.电子政府与电子政务[M].北京:中国人民大学出版社,2010:289-290.

促进战略》等,这些战略规划为各国数字政府法律体系的建设提供了方向上的指导。而作为落实数字政府建设相关战略政策的法律法规不仅赋予建设数字政府以法律层面的价值,更反过来为行政改革服务,保证改革成果不变质。因此,在建设数字政府法律体系时,应注重从国家宏观战略出发,及时出台相应的指导性政策文件,为构建数字政府法律体系提供目标指引,同时强化法制理念、构建法律体系,以保证政策在实践中的延续,从而推动新战略的提出。总之,实施战略政策与构建数字政府法律体系互为起点,两者在矛盾中不断更替式前进。

（二）构建数字政府法律体系需要贯彻民本位思想

建设数字政府归根结底是为民服务,需要以公民利益为本位,所以在构建数字政府法律体系时需要注意以下几点:首先,要减少政府对市场的直接干预,从刚性政策和强制性立法向柔性劝导转变,激发市场主体参与的积极性和公民主体的主动性。例如,新加坡注重对电子政务平台的开放共享,于1998年出台《通信和多媒体法》,该法作为新加坡政府电子政务立法领域的一项基础性法律,全面规定了电子通信方式和多媒体信息的相关问题,尤其肯定公民主体主动参与的合法性以及行政机关应负的义务,进一步在数字政府法律体系构建中突出"政民互动"。[1] 其次,要更加注重对公民权益的保障,避免对个人信息的滥用和对隐私的侵犯。瑞典1998年生效的《个人数据法》取代了1973年颁布的《数据法》,旨在保护个人数据的完整性免受侵害。不仅如此,瑞典政府还出台了《个人数据条例》作为《个人数据法》的配套法规,细化了侵害个人数据安全的法律责任。[2]

（三）构建数字政府法律体系需要坚持服务型政府理念

构建数字政府法律体系需要牢固树立服务型政府理念,以公民需求为导向发挥立法的基础作用。具体来说,首先,要推动政府部门间的合作,促进跨部门资源共享与协作,推动建设低成本高效能的数字政府。欧盟委员会个人资料保

---

[1] 徐双敏.电子政务概论[M].2版.北京:科学出版社,2012:155.
[2] 李传军.电子政务[M].上海:复旦大学出版社,2011:44.

护工作组于1997年制定的《关于个人资料向第三国传递的第一个指导——评估充分性的可能方案》即规定了各国相应部门在个人资料跨国传递中的协作义务。其次,将技术作为工具的同时发挥法律规定对技术"黑箱效应"的弱化功能。美国的《计算机安全法》和《网上电子安全法案》均明确了在使用计算机技术时应严格遵守的程序规定。再次,法律规定严格落实透明政府理念,需要政府积极落实信息公开制度,确保公民意见渗透到关键民生领域的决策中。欧盟制定的《个人数据自动化处理中的个人数据保护公约》明确了个人数据自动化处理涉及的行政机关应承担的告知义务。最后,将服务型政府理念落实到相应的法律中有助于提升政府竞争力。例如,在电子商务中推行一体化在线申报、许可、企业注册登记以及电子化采购,在电子政务中推行政府与公众、企业间各种手续的电子化,这在提高行政效率的同时加深了民众对政府的信任,有助于政府竞争力的加强。

（四）树立全局观念以构建系统完备的数字政府法律体系

数字政府的建设是一个复杂工程。各国在搭建数字政府法律体系时,需要法制覆盖至所有行政权涉及的领域,包括电子政务领域,政府信息公开、信息共享和信息安全领域,电子商务领域,以及信息知识产权领域等。例如美国和日本的相关立法均涉及宏观调控、信息、基础设施、电子商务、知识产权以及计算机安全等领域。[1] 因此,构建数字政府法律体系首先需要注意立法的完备性。其次,就大部分国家而言,数字政府相关规定多散见于各层级法律规范,体现为大量纷繁复杂的法律条文,其法律效力不一。因此,为了政府能够高效运用各层级的法律规定,需要及时进行立法统计工作,以查漏补缺。最后,在构建数字政府法律体系时,需要考虑本国的法制化以及数字政府的建设进程,包括人力、物力、财力等实际情况,结合国家现实问题,因地制宜、因时制宜地推进数字政府的建设。同时,也应注意与国际接轨,在经济全球化背景下,顺应世界信息革命的浪潮,关注领先国家和地区的法制进程,进一步为我国数字政府法律体系的构建提供指导和借鉴。

---

[1] 杨兴凯.电子政务[M].2版.大连:东北财经大学出版社,2011:281-283.

思考与练习

1. 数字政府的法律体系指什么?
2. 数字政府法律体系的构成内容包括什么?
3. 数字政府法律体系建设的实践中有何突出难点?
4. 数字时代下国外数字政府法律体系建设对我国的借鉴意义何在?

案例分析与讨论

澳大利亚拟修订本国隐私法

2022年9月22日,澳大利亚第二大电信公司澳都斯称公司遭到网络攻击并发生数据泄露事件,成为澳大利亚历史上最大的数据泄露事件之一。案件发生后,多名澳大利亚政府官员强调将加强个人信息保护力度,并推动新一版《隐私法》(Privacy Act)修订。多位专家学者也指出,目前很多国家都在尝试通过提高信息的披露比例和披露时效,增强应对各种安全风险的处置能力。

大规模数据泄露倒逼立法改革

据官方披露,本次泄露的数据涉及用户的姓名、出生日期、地址、联系方式、驾驶执照、护照、身份证号码等,除澳都斯本公司的数据外,其曾经的两个子公司的用户数据也遭到泄露。澳大利亚律政部长就相关问题接受媒体采访时表示,澳都斯数据泄露事件中近1000万澳大利亚人的敏感信息被盗,《隐私法》的紧急修订可能会在年底前提交议会。26日,澳大利亚总理安东尼·阿尔巴尼斯表示,政府已将全面修订《隐私法》提上日程,以要求任何遭受数据泄露的公司跟银行分享可能受影响客户的详细信息从而减少欺诈。

国际参考意义获关注

自1988年澳大利亚《隐私法》颁布以来,其隐私保护法制体系就经历过多次完善。2014年,澳大利亚引入"隐私保护原则",2018年,引入"个人数据泄露申报计划",但当前澳大利亚的法律体系仍然难以有效保障公民的信息安全权益。

早在2021年10月,澳大利亚官方公布了"在线隐私法案"的立法草案,该草案引入了"在线隐私守则",扩大了1988年《隐私法》的域外管辖范围,并针对社交媒体、数字代理服务平台提出了一套更为明确具体的规则。而本次拟对《隐私法》做出的关于公司发生数据泄露后需和银行等共享信息的修订,也是澳大利亚政府进行立法探索的方向之一。

王新锐表示,从这个意义上来说,新的修订内容对其他国家立法存在一定参考意义。

除信息共享层面的前沿探索外,当涉及海外的数据和个人信息的企业发生数据泄露时,其数据是否需提供给银行等机构,也是本次澳大利亚《隐私法》修订活动备受瞩目的原因之一。本次立法上的探索对境外数据跨境后在澳大利亚境内的再转移增加了一种新的法定情形,且其再转移的对象不是一个政府部门,而可能是多个商业性银行机构,澳大利亚境外的数据控制者可能会对澳大利亚相关银行的数据保护能力存在怀疑。王新锐指出,要解决上述问题,一方面需要明确数据泄露通知的颗粒度;二是涉及其他国家储存于澳大利亚的数据时,在立法层面排除数据泄露方对银行等机构的通知义务。吴沈括表示,目前包括澳大利亚在内的大部分国家的立法中,都还没有对相关问题的直接回答。随着类似制度的落地,必然会产生新的问题,而这也会成为后续制度完善的一个新的切入点。

资料来源:吴立洋.史上最大数据泄露案发生后,澳大利亚拟修订本国隐私法[EB/OL].(2022-10-01)[2023-05-09].http://news.qq.com/rain/a/20221001A027TY00.

思考并讨论:

1. 政府在数字治理过程中如何规避数据隐私泄露风险?
2. 结合实例,探讨澳大利亚隐私数据泄露事件对中国的启示。

第十章　数字政府的政策体系

■ **学习目标**

本章从政策的角度出发来阐释数字政府的支撑体系,主要介绍数字政府政策体系的相关概念、构成要素、发展历程、面临的问题和挑战等内容。通过本章的学习,应掌握:(1)数字政府政策体系的内涵和构成要素;(2)我国数字政府政策体系的发展历程及现状;(3)当前我国数字政府政策体系建设过程中存在的问题和面临的挑战;(4)国外数字政府政策体系建设的基本情况。

■ **引　例**

"数字政府"在政策中的定义与具体目标和任务相衔接,侧重于应该怎么做。比如,广东省在《广东省"数字政府"建设总体规划(2018—2020年)》中指出:"数字政府"是对传统政务信息化模式的改革,包括对政务信息化管理架构、业务架构、技术架构的重塑。所谓"传统政务信息化模式"也即过去的电子政务建设模式,而改革则涉及管理、业务和技术三个层面,是"政务信息化建设体制改革"。浙江省将数字化视为政府及其治理本身改革的契机和条件,在《浙江省深化"最多跑一次"改革推进政府数字化转型工作总体方案》中提出,"政府数字化转型是政府主动适应数字化时代背景,对施政理念、方式、流程、手段、工具等进行全局性、系统性、根本性重塑,通过数据共享促进业务协同,提升政府治理体系和治理能力现代化的过程"。

资料来源:黄璜.数字政府:政策、特征与概念[J].治理研究,2020(3).

第一节 数字政府政策体系概述

一、数字政府政策体系的内涵和意义

（一）数字政府政策体系的内涵

公共政策在辞海中的释义为政府管理社会公共事务,尤其是社会经济生活的基本手段和工具,包括政府制定和发布的各种条例、文件、规范、决定以及为解决公共问题而采取的各种措施、办法。从形式上看,公共政策表现为一系列国家与地方性战略、规划、方针、法令、措施、办法、方法、条例;从功能上看,公共政策是一种管理手段,具有导向性,在国家与地方公共事务管理中起到奖励、激励、调和、调节的作用。① 公共政策主体为政府,客体涵盖社会生活中各种公共问题和人群。公共政策通常包含主体、客体、目标、工具、社会环境等构成要素。不同政府部门围绕着特定目标制定的政策集合形成特定政策体系。各级各类公共政策所集合而成的公共政策体系是国家治理体系的重要组成部分。其中,数字政府的政策体系可以理解为政府数字化转型过程中由中央和地方各级权力机关及其他政治组织制定的一整套围绕政府数字化转型相关问题的战略、规划、方针、法令、措施、办法、方法、条例等构成的系统结构,是政府为提升其在经济、文化、社会等领域数字化管理与服务水平而制定的一系列政策的集合。

（二）数字政府政策体系的意义

政府数字化转型是一个复杂的系统工程。在数字政府建设的过程中,政策是其支撑体系的重要组成部分,指明数字政府的宏观发展方向,并规范其微观层面的实施过程。一方面,数字政府的政策体系是数字时代政府的治理工具:政策在政府数字化管理与服务过程中的导向性治理手段集中体现在制定核心目标、提供顶层设计、设置政策议题、搭建业务架构以及打造技术基础等领域。② 另一方面,数字政府的政策体系为政府的数字化转型提供了制度性保障:政府

---

① 黄建刚,骆勋.新公共政策学[M].北京:北京大学出版社,2010.
② 黄璜.中国"数字政府"的政策演变:兼论"数字政府"与"电子政务"的关系[J].行政论坛,2020(3).

通过制定宏观、中观、微观层面各种政策,统筹和协调各种社会资源与参与主体,推动自身流程再造、职能变革、结构调整和体制机制创新,以一系列原则和规则的制定为数字政府全方位多角度协调发展提供制度保障,并进一步指导实践活动。

二、数字政府政策体系的构成要素

数字政府政策体系通常包含政策层级、政策目标、政策实施领域等关键要素。

(一)政策层级

层级是数字政府政策体系的核心议题之一,也是其核心要素。从治理主体的视角出发,数字政府政策的制定和执行涉及跨国组织,主权国家中央、省(州、郡等)级、市级、区(县)级政府等多个组织机构层级。一般可从宏观、中观、微观三个层次对数字政府现行政策体系各层级特点进行梳理。宏观层面的层级主体通常包含跨国组织(如联合国、欧盟、经合组织等)及各主权国家中央政府。中观和微观层面的层级主体则指各省(州、郡等)级、市级、区(县)级政府。

不同层级政府拥有不同的资源调配能力,面对不同施政对象、治理范围及治理领域。在政策体系中,宏观层面政策主体提供系统性的规划和管理方案,制定框架和概念体系,从而形成数字政府建设的顶层设计。[①] 在中观和微观层面,各政府机构及职权部门则负责统筹、组织和制定针对本级政府管辖区域和特定领域数字政府建设的总体方案,具体实践路径、实施步骤、流程及路线图等。不同层面政策主体面对的治理对象和所拥有的资源具有差异性,中央政府作为政策主体在宏观层面对全社会进行数字化治理;中观层面的政府机构则通过整合社会公共事务相关数据,对信息的共享、开放、利用进行监督和管理,并逐步对数字化治理进行制度上的规范;而在微观层面,政府及其各职能部门则对行政管理过程中产生的数据进行治理。[②] 数字政府政策的分层体系应当是在

[①] 张绍华,潘蓉,宗宇伟.大数据治理与服务[M].上海:上海科学技术出版社,2016;郑大庆,黄丽华,张成洪等.大数据治理的概念及其参考架构[J].研究与发展管理,2017(4).

[②] 安小米,白献阳,洪学海.政府大数据治理体系构成要素研究:基于贵州省的案例分析[J].电子政务,2019(2).

特定逻辑下通过可持续手段逐步推动建立的。①

（二）政策目标

数字政府政策体系中的另一要素是政策目标，即政府机构在制定和执行政策时所设置的目的、要求和结果。政策目标即政策实施的前提，也是进行政策效果评估的基础。当前各种数字政府政策目标可以分为总体目标和具体目标两类。总体目标为数字政府建设指明方向，具体目标则为政策执行者提供明确可以遵循的指令。

在宏观层面，各跨国组织及主权国家中央政府常常通过数字政府战略性规划和发展框架设置本组织或本国政府在特定时期内数字化建设的总体发展目标。例如，我国政府的数字政府建设要服从于加强国家治理体系和治理能力现代化这个总目标。在国际上，联合国发布的《2020电子政务调查报告》中将推动可持续发展作为国际数字政府建设的最终目标。② 欧盟委员会将提升欧盟区域数字化竞争力，支撑欧盟区域数字化水平在经济、社会及文化领域保持全球领先地位作为其一系列数字政府政策的根本目标。美国在奥巴马执政时期将利用信息技术提升政府的开放水平和政务透明度作为其数字政府政策的总体目标。

在中观和微观层面，各地方政府和行政部门制定数字政府建设具体实施方案，指明在特定政策有效期内其管辖区域内现实、可行的目标。以浙江省为例，《浙江省深化"最多跑一次"改革推进政府数字化转型工作总体方案》将在全省范围内充分利用大数据和互联网技术打造高效、协同的政府机构，建成"掌上办事之省"和"掌上办公之省"作为本省数字政府政策目标。杭州市在《"数字杭州"（"新型智慧杭州"一期）发展规划》中将推动数字基础设施建设、提升政务服务协同水平、提供便捷化民生服务、提升社会治理智慧化和精细化水平以及推动产业经济高质量发展作为规划执行期内的任务和目标。

（三）实施领域

数字政府政策的实施领域是构成其政策体系的另一个关键要素。上文中

---

① 赵娟,孟天广.数字政府的纵向治理逻辑:分层体系与协同治理[J].学海,2021(2).
② UN Department of Economics and Social Affairs. UN e-government survey 2020[R]. New York: United Nations, 2020.

提到,数字政府建设是一个复杂的系统工程,涵盖多个社会层面,涉及多方利益主体和多项社会事务。因此,数字政府的政策体系也覆盖了国家发展和社会公共事务管理中的多个领域。

作为数字政府的核心内容,政务服务是其政策体系中最主要的施政领域之一。各层级政策主体以政务服务数字化转型为主题制定了各种规划、办法、方案、计划等,力图优化政府数字化服务手段与提升服务效能。另一个关键施政领域为数据治理。如何加强政府数据的全生命周期管理,保护数据安全,优化数据利用,逐渐成为数字政府建设过程中政策体系的核心议题与主要领域之一。除此之外,数字政府政策体系还涉及数字经济、文化旅游、公共卫生、社会保障、教育与科技等重要领域。

第二节 我国数字政府政策体系建设的路径

一、我国数字政府相关政策的早期发展历程及特点

20世纪80年代初,我国政府开始将大规模集成电路与计算机技术引入社会管理应用领域,由此揭开了政府信息化转型的序幕。从早期政府信息化建设,到以电子政务为中心的政府改革,再到明确提出建设数字政府,我国数字政府相关政策的发展大致可划分为三个主要阶段。[①] 本节内容重点回顾20世纪80年代开始的早期政府信息化建设和21世纪初以电子政务为主要内容的政务转型这两个时期我国政府数字化政策体系的发展情况。

（一）政府信息化建设时期相关政策发展情况

我国早期的政府信息化建设在政策研究领域并没有明确的专有概念,同时也缺乏专门性的、针对特定行业和领域的国家及地方政策。20世纪80年代初到90年代末,政府信息化主要集中在国家经济管理领域,并主要由中央政府通过成立专门管理机构自上而下地在全国范围内推广。1983年,国务院成立了首

---

① 张锐昕,王玉荣.中国政府上网20年:发展历程、成就及反思[J].福建师范大学学报(哲学社会科学版),2019(5);黄璜.中国"数字政府"的政策演变:兼论"数字政府"与"电子政务"的关系[J].行政论坛,2020(3).

个专门针对政府管理领域信息技术应用的机构——国家计划委员会经济信息管理办公室,负责统筹全国经济信息管理的规划和发展。该机构的设立拉开了我国信息技术应用向政府管理领域拓展的序幕。

随着电子计算机和信息系统的发展,我国政府自 1984 年开始逐渐将这些新技术引入金融、铁道、电力、气象、地质、人口等国家经济和社会管理领域中以提高政府工作效率和效能,并先后确立了一系列规划和管理相关活动的机构。同年,国务院决定成立电子振兴领导小组,加强对电子和信息事业的统一、集中领导。该领导小组于 1986 年发布《关于搞好我国计算机推广应用工作的汇报提纲》,建议利用计算机、电子技术改造传统产业,促进我国生产、建设、流通和各项经济事业发展。该文件同时提出我国"七五"期间电子计算机和信息技术在国家产业和经济管理方面应用的发展目标,以及包括建立邮电通信、国家经济信息、天气预报、电网监控系统等在内的十一个大型信息和业务系统重点工程建设计划。1987 年,经国务院批准,原国家计委所属的计算中心、预测中心和经济信息管理办公室合并,组建国家经济信息中心。新机构作为专门的宏观经济信息化管理机构,隶属于国家计划委员会,负责统筹和规划全国经济信息体系建设。此后,中央其他机关和地方政府相关部门也逐渐开展本机构信息系统建设工作。

随着 20 世纪 90 年代初国际互联网迅速发展,我国开始筹备引入互联网技术,同时通过互联网和电子计算机技术进一步促进国家经济发展和改革开放。1993 年,我国设立了国家经济信息化联席会议,负责统一领导和协调管理国家公用经济信息通信网的建设。1997 年首届全国信息化工作会议召开,并通过信息化建设二十四字指导方针:统筹规划、国家主导;统一标准、联合建设;互联互通、资源共享。大会通过的《国家信息化"九五"规划和 2010 年远景目标》,提出将互联网列入国家信息基础设施建设工程,通过互联网产业带动国民经济信息化发展。该规划成为我国这一时期宏观层面指导信息化建设的总体方案。

这一时期的政府管理信息化政策均强调政府尤其是中央政府的中心地位。在国务院的统一领导和布局下,各部委和地方政府通过自上而下的方式逐步推进国家经济相关事务管理的信息化建设。"政府信息化是在政府主导下进行的业务信息化,资源配置方式以科层制为主,信息技术对当时政府治理变革的作用是有限的。在这一阶段,数据是一种资料,不对外公开,处于保密状态。"①在此基础上建立的气象、电力、铁路、银行管理等大型业务信息系统"从中央一直延伸到地方甚至基层,逐步形成全国上下贯通的信息通道"。②而这些政策的核心目标则是利用信息技术来提高政府行政管理效率。

(二)电子政务时期相关政策发展情况

进入新世纪以来,中央政府出台了一系列宏观层面的总体方针,逐步形成了各级政府打造电子政务的总框架和理论依据,并为全国范围内电子政务发展指明了前进的方向。2002年8月公布的《国家信息化领导小组关于我国电子政务建设指导意见》明确提出国家将电子政务建设作为未来信息化工作的重点。该意见中提出的具体发展目标形成了我国电子政务的基本框架,包括中央和地方综合门户网站,政务内网和外网,人口、法人单位、空间地理和自然资源、宏观经济四个基础数据库,以及十二个重要领域业务系统,简称"一站""两网""四库""十二金"。同年底,党的十六大报告和国务院《政府工作报告》先后强调了推行电子政务的必要性和紧迫性,以及电子政务对于国家深化行政管理体制改革这一重大战略目标的意义。2006年,国家信息化领导小组发布了《国家电子政务总体框架》,进一步细化了此前提出的全国电子政务发展规范和重点领域,并提出由服务与应用系统、信息资源、基础设施、法律法规与标准化体系、管理体制五部分组成的电子政务宏观发展框架。2012年,工业和信息化部公布了《国家电子政务"十二五"规划》作为对我国"十二五"期间电子政务发展的综合指导方针。2016年国务院印发了《"十三五"国家信息化规划》,提出"十三五"期间将"互联网+政务服务"作为十二项优先行动之一。

除了上述总体发展方案,国家层面还出台了针对特定行业和领域的电子政务政策,为全国范围内电子政务在特定领域和行业的实践提供指引。2004年公布的《关于加强信息资源开发利用工作的若干意见》,指导全国各政府机构在政务服务领域提升政府信息公开和共享水平。2006年公布的《关于加强电子口岸建设的通知》将电子政务引入口岸服务领域,提出建设具备一个"门户"入网、一

---

① 陈小华,潘宇航.数字政府:演进阶段、整体形态与治理意蕴[J].观察与思考,2021(1).
② 黄璜.中国"数字政府"的政策演变:兼论"数字政府"与"电子政务"的关系[J].行政论坛,2020(3).

次认证登录和"一站式"服务等功能的电子化通关口岸。2010年出台的《通信网络安全防护管理办法》和《关于加强国际通信网络架构保护的若干规定》提出在信息安全系统领域以"积极防御、综合防范、分级保护"的原则,提升我国电子政务系统安全保障体系的建设水平。2013年公布的《基于云计算的电子政务公共平台顶层设计指南》指导电子政务在云计算领域的应用发展,提出利用云计算技术发展高效、少浪费、避免各自为政和信息孤岛的政府工作方式,开发新的电子政务技术支撑体系。

在中央政府的指导下,地方政府也陆续展开了电子政务建设,并发布了相关政策文件,用于指导各自管辖区域内的电子政务实践。与中央政策相比,地方政策具有更强的灵活性与开创性,成为全社会电子政务政策体系的重要理论补充和地方性实践基础。2001年,北京市印发了《关于加快政务信息化建设的意见》,提出建成首都公用信息平台,两年内实现面向企业和公众的审批、管理和服务业务上网进行以及行政机关内部办公初步实现电子化和网络化等政策目标。2006年公布的《上海市统计信息化"十一五"建设规划纲要》,提出发展"电子统计"工程,整合完善政府统计性信息的开发与利用,更好地推动本市电子政务发展。

电子政务建设时期,相关政策的中心逐渐由此前政府信息化时期的"政府为中心"向"人民为中心"转变。各类大政方针中政府信息公开的服务对象不再局限于公务人员,而是扩大为全社会。政府逐渐把信息技术作为改进组织内部效率的工具,"块"状的各级政府开始建设政府门户网站,推出政务微博,及时回应公众参与需求,积极改进政府服务质量。由于政府服务改进的动力来自不断迸发的公民网络参与,因而电子政务是在政府主导下对公民网络参与的吸纳,其资源配置方式开始以网络作为新机制,形成对科层、市场配置方式的重要补充。此外,在电子政务阶段,数据成为一种工具,并在《政府信息公开条例》的规范和要求下,逐渐开始对外公开,保障公众的知情权。[①]

二、我国当前数字政府政策体系特点

经过早期政府信息化和电子政务建设阶段,我国利用信息技术推动政府服

---

① 陈小华,潘宇航.数字政府:演进阶段、整体形态与治理意蕴[J].观察与思考,2021(1).

务转型的改革逐渐进入深水区。从中央到地方各级政府纷纷开展数字化治理机制体制创新的实践，并出台相关政策以指导数字政府的总体建设方案和具体实施步骤。数字政府在我国已经由一个抽象的国家战略性概念逐渐发展成具备多层级、多领域特点的政策体系，并且与国家治理体系现代化建设这一宏观战略目标相结合。同时，我国的数字政府政策体系具有鲜明的中国特色社会主义价值取向。下面我们将从政策层级、实施领域、目标和价值取向这四个方面探讨我国数字政府政策体系的主要特点。

（一）中央顶层设计与地方实践相结合的多层级结构

我国的数字政府政策体系具有明显的层级性特征，并且呈现中央顶层设计与地方实践相结合的多层级特点。依据我国行政区划，数字政府政策体系层级可分为中央、省（自治区、直辖市）、市以及包括区县在内的基层。各层级的资源和目标不同，从而在制定和实施政策时有区别于其他层级的着眼点。但各层级所制定的政策并不孤立存在，而是相互关联，形成纵横交错、"条""块"结合的数字政府政策体系。

在我国国家治理体系中，中央政府发挥宏观治理功能，其所制定的政策在数字政府建设中具有战略性指导作用，构成数字政府政策体系的顶层设计。而居于中观层面的省级政府在制定相应政策回应中央政府宏观战略规划之余，还统筹和领导本省（自治区、直辖市）数字政府的整体发展。市域政府则介于中观和微观层面之间，一方面回应国家和本省层面数字政府总体发展战略；另一方面制定切实可行的实施目标和方案细则推动数字政府在实践领域的发展，及时通过相应政策对实践中出现的问题予以解决。在微观层面，包括区县级政府在内的各基层政府机构直接与社会大众、企业、公益组织等多元参与主体互动，制定政策直接回应特定管辖范围内的社会需求，是数字政府政策体系的基础。

在国家层面，党中央通过制定社会与经济发展总体规划以及部署全社会数字化建设的总体战略，国务院及各职能部门通过制定政府数字化转型的具体方向、步骤和执行路线图，为我国数字政府建设提供了宏观指导。党中央在十九大报告中提出了建设"数字中国"的重大战略构想，并在十九届五中全会上为推动全社会的数字化转型进程作出了总体布局。2022年6月，国务院通过印发《关于加强数字政府建设的指导意见》对全国数字政府建设进行部署，提出将施政重点放在推动探索建立综合论证、联合审批、绿色通道等项目建设管理新模式,建立健全全国一盘棋的统筹推进机制,并提出了两个阶段性目标、七个重点任务。

在此基础上,国务院各职能部门根据党中央"数字中国"总体战略,提出了政府部门利用现代信息技术在各个专业领域提升服务质量的发展目标和实施方案。例如,国家发展改革委、中央网信办印发了《关于推进"上云用数赋智"行动 培育新经济发展实施方案》,提出政府利用大数据和"互联网+"技术深化其数字化转型服务;工业和信息化部发布的《中小企业数字化赋能专项行动方案》中要求政府引导搭建数字化平台、加强数据资源共享和开发利用、加强网络和数据安全保障以推动中小企业进行数字化转型。这些国家层面的大政方针形成了数字政府政策体系的顶层设计。

在地方层面,各省及地市政府和相关职能部门通过制定适应本地区的数字化政府服务转型总体发展规划、改革路线图和实施手段,为数字政府在中观及微观层面的实践活动提供了具体的规范性指导。按照国家"数字中国"总体战略的要求,各省级政府分别制定出适合本省省情的数字化建设中长期规划,例如《浙江省数字化转型标准化建设方案(2018—2020年)》《智慧江苏建设三年行动计划(2018—2020年)》《"数字龙江"发展规划(2019—2025年)》《贵州省"十四五"数字政府建设总体规划》《上海市全面推进城市数字化转型"十四五"规划》等。省级政府的总体规划为数字政府在本省的中长期发展指明方向。通过省级指导文件的统筹协调下,各级地方政府及职能部门制定特定领域政府服务数字化转型措施,为数字政府建设在省、地市、区县范围内多角度全方位执行提供了具体实施方案。

(二)全社会多领域融合发展

我国数字政府是涉及全社会多个治理领域的实践过程,与之相对应的政策体系也形成了跨部门、多领域融合发展的格局。作为数字政府的核心内容,政务信息化是其政策体系涵盖的主要领域之一。国务院、国家发展改革委等中央政府机构先后发布了《加快推进"互联网+政务服务"工作的指导意见》《全国深化"放管服"改革优化营商环境电视电话会议重点任务分工方案》《"十四五"推进国家政务信息化规划》《关于深入推进审批服务便民化的指导意见》《关于加快推进全国一体化在线政务服务平台建设的指导意见》《关于在线政务服务的若干规定》等宏观工作指导方案，统筹全国各级政府利用互联网、大数据、人工智能等技术手段提高行政管理效率，加强一体化政府服务，优化跨部门、跨层级、跨行业政务协同处理水平。在该领域，各级地方政府也出台相关政策回应中央总体部署。例如，上海市发布了《上海市深化"一网通办"改革工作要点》等政策指导本市政务数字化转型。

同时，数字政府政策还与数字治理相关议题交叉、融合，并常常涉及利用数据进行社会治理以及对数据进行治理的议题。① 国家发展改革委在《"十四五"推进国家政务信息化规划》中要求通过建立国家级基础信息库、开发政府数据共享应用、建造智能化政务云平台等手段提高数字政府数据开放共享和深化利用的水平。

此外，数字政府与数字经济、数字社会一脉相承、互相融合，共同组成了"数字中国"这一重大国家战略方针。在政策领域方面，数字政府既包含政务信息化这一核心内容，同时还涵盖对社会各种关系、资源和活动的治理，并与经济管理、社会管理与文化建设等多个领域相结合。

(三) 以国家治理体系现代化与能力建设为核心的政策目标

我国数字政府政策体系将推进国家治理体系和治理能力现代化作为终极目标。作为一个政策概念，数字政府是在党的十八大以来中央关于国家治理体系现代化建设的一系列论述中逐渐形成的。党的十八届五中全会形成了网络强国战略和国家大数据战略，并提出要支持基于互联网的各类创新。党的十九届四中全会指出要通过"建立健全运用互联网、大数据、人工智能等技术手段"对当前政府治理体系进行完善的制度。党中央在十九届五中全会上则进一步将数字社会、数字政府建设与提升公共服务、社会治理水平联系起来。习近平总书记在2022年4月召开的中央全面深化改革委员会第二十五次会议上重申了网络强国战略的重要性，并指出数字技术在政府管理领域的应用会成为推进国家治理体系和治理能力现代化的有力支撑。

---

① 黄璜.数字政府:政策、特征与概念[J].治理研究,2020(3).

我国社会在以数字技术为标志的新一轮科技革命背景下逐渐发展出网络化、信息化、智能化等特点,并出现新的组织、生产、分配方式。这些变革对传统国家治理体系形成了挑战,而利用数字技术赋能国家治理现代化建设成为我国数字政府政策的主要任务。因此,从中央到地方,数字政府的政策目标均在于通过政府数字化转型提高治理过程中的协同性、整体性和网络化水平,从而以数字政府建设提升社会治理智能化水平。国务院在 2015 年 8 月印发的《促进大数据发展行动纲要》中指出"数据已成为国家基础性战略资源","大数据成为提升政府治理能力的新途径"。在 2016 年 7 月发布的《国家信息化发展战略纲要》中,进一步强调信息化技术在政府服务领域中的应用是推进我国国家治理能力现代化的重要推动力。在 2022 年 6 月发布的《关于加强数字政府建设的指导意见》中,国务院明确提出要通过推进政府履职数字化、智能化水平提升来促进政府治理能力现代化,并指出数字政府政策需要与国家治理体系和治理能力现代化建设相适应。

(四)以人民为中心的政策价值取向

以人民为中心既是新时代中国特色社会主义思想的核心理念,也是我国数字政府政策体系的价值取向。早期我国政府管理信息化到电子政务的发展历程,展示了从"以政府机构为中心"到"以人民为中心"的政务服务理念的转变过程,而数字政府相关政策则进一步显示了为人民服务和以人民为中心的价值取向。

政务体系中常常采用以管理者为中心的价值理念,相应政策则将关注点放在对业务水平、流程、系统的标准化水平提升上。与之相反,数字政府的政策理念则常用"大数据""数据共享""数据归集""数据开放""数据交易""数据治理""大数据局"等词语,并强调个性化、精准化、敏捷化,是"以服务对象为中心"的思维模式。数据导向的设计从根本上来说是面向服务对象的,或者是按照服务对象的逻辑来展开的。对于数字政府而言,无论是决策、管理还是服务,数据范式或数据导向的思维就是要以人或者服务对象为中心来创造价值。数字政府的意义,显然不是为了政府能够获得某种技术,而是让政府利用数据来创造更大的价值。数字化不仅改变世界,而且正在重新定义世界。数字政府不是信息技术与政府治理的简单叠加,而是这场"再定义"活动中最重要的一环。①

第三节 我国数字政府政策体系建设面临的挑战与优化路径

一、我国数字政府政策体系建设面临的挑战

我国数字政府政策体系尚处于发展初期,面临很多挑战。本节内容主要从概念理解、数据安全风险、数字鸿沟等方面进行阐述。

首先,当前我国数字政府政策中存在基本概念释义不够清晰明确的问题。作为一个疆域辽阔的国家,我国各地区之间经济和文化存在明显差异性。尽管近年来各地纷纷出台了数字政府建设的相关总体规划和具体实施方案,但不同地区对数字政府作为一个政策概念的理解存在着明显差异。同时,"政府信息化""电子政务""数字政府""数字化政府""智慧政府"等概念在同一时期交叉使用,内容重叠,内涵和概念难以区分。这些问题的存在弱化了政策的针对性,同时对政策的有效实施造成了挑战。

其次,如何降低数据安全风险已成为当前数字政府政策体系中急需解决的核心问题。在信息化技术水平高度发达的当代,个人信息随时随地被各种设备和技术所采集,并通过网络上传到各种在线平台和数据库中。政府收集、分析和储存个人信息,并通过共享和开放数据提高社会服务和管理水平,但同时也存在着公民个人隐私泄露的隐患,如果数据安全保障不力则会给国家安全、社会安全和用户个人的人身财产安全带来威胁。因此,如何通过切实可行、有针对性的政策指导数据安全保障体系的建设,并协调和平衡日益扩大的信息收集、利用及共享需求和公民个人隐私保护之间的矛盾,成为数字政府政策体系建设面临的一大挑战。

最后,如何最大限度地确保不同人群接受政府服务的公平性成为数字政府政策体系建设的又一大挑战。由于我国各地区信息化建设水平并不平衡,不同群体对数字技术接受能力并不一致,数字政府建设过程中不可避免地面临由教

---

① 黄璜.数字政府:政策、特征与概念[J].治理研究,2020(3).

育水平、经济状况、年龄差异等因素造成的数字鸿沟问题。不断升级的智能化政府公共服务使老年人群和贫困人群面临被现代社会边缘化的危机,从而产生社会不公平的危险。因此,如何通过政策调节,尽量消除数字鸿沟,提升困难群体接受日益智能化、数字化的公共服务的水平,成为我国数字政府政策体系建设过程中必须面对的挑战。

二、我国数字政府政策体系建设的优化路径

如前文所述,我国数字政府政策体系构建仍要面临很多挑战。本节就如何应对这些挑战、进一步完善数字政府政策体系提出几针对性点建议。

首先,在中央层面,政府可出台更多顶层设计文件,进一步明晰数字政府作为一个政策概念的内涵以及统一数字政府相关术语在政策文件中的表述。针对当前各地政府数字化建设中政策术语使用混乱的情况,国家层面的顶层设计可作为改善这一情况的突破口。通过发布全国范围内通用的指南,从宏观层面提供数字政府的规范性概念解释,明确"数字政府""智慧政府""政府信息化""电子政务"等相似术语之间的关系以及应用范围和场合,对于指导和规范地方实践有着重要意义。

其次,针对数字政府建设过程中存在的信息安全及其他技术相关的隐患,有必要建立完善的国家和地方数据安全保障政策体系,通过政策进一步规范数据的收集、开发、使用和共享。在顶层设计中可通过强调数据作为国家战略性资源的重要地位,引导全社会重视数据的科学、有效利用。各地方政策中可通过完善数据治理、共享、开放等相关规定,推动政府数据与社会数据的融合。同时,可在各层级数字政府实施框架中细化数据库安全标准和评估标准,并建立相关追责机制,进一步确保数据安全。

最后,针对"数字鸿沟"问题,顶层设计中可通过强调"以人民为中心"的数字政府建设理念引导各地方政府关注所辖区域内社会数字化发展过程中的不公平现象。而各地方政府社保、文化和教育主管机构可在相应领域制定针对性政策以推动数字政府的具体实施。例如出台政策鼓励社区为老年人群提供适网教育以促进老年人适应公共服务数字化的发展趋势。

第四节　国外数字政府政策体系建设情况

一、欧洲地区数字政府政策体系建设情况

欧洲地区是全球范围内数字化政府改革起步较早的区域之一，其数字政府政策体系涉及多个治理层级。作为跨国政治经济组织的欧盟为各成员国提供数字政府实践的基本框架，同时欧洲区域内各主权国家根据本国特点也构建了具有不同侧重点的政策体系。下面我们以欧盟、丹麦和英国为例，探讨欧洲区域内数字政府政策体系特点。

（一）欧盟：开放性数字政府政策

作为世界上最主要的区域性跨国政治经济组织之一，欧盟为各个成员国开展政府数字化建设提供了顶层设计。其数字政府政策框架不仅成为各成员国开展相关实践的依据，同时也为我们从超国家组织的视角理解数字政府的政策体系的形成和政策实施过程提供了案例。

欧盟数字政府政策的核心目标是打破区域内不同国家、不同领域、不同行业以及不同社会层面之间的信息藩篱，促进数据在区域内的共享和流通，打造开放的欧洲单一数字市场。欧盟早期数字化战略可追溯至 2000 年通过的《里斯本战略》。作为规划期长达十年的区域性社会经济总体发展规划，《里斯本战略》提出通过全面推动知识经济和科技创新将欧盟打造成世界上最具竞争力的经济实体。在此基础上，欧盟第一个针对数字政府的框架性政策——《电子政府公共服务互通性框架》(IDABC) 于 2005 年开始实施。该框架致力于提高不同领域政策的互通性，打破公共管理机构与企业和社区之间的信息藩篱，并且鼓励创新性无线电通信技术在公共服务机构的应用。随后，欧盟推出的《i2010 电子政府行动计划》为区域内政府数字化建设提供了具体的路径引导。该行动计划首次提出欧盟数字政府建设的五大重点政策目标，即"全社会受益""提高效率""提供有影响力的数字政府服务""启动关键领域""决策过程多方参与"。2018 年欧盟委员会发布了《迈向共同体的欧洲数据空间》，作为宏观层面的纲领性政策文件，倡导数据在欧盟单一市场内的自由流动及政府对数据的公开和再利用。

(二) 丹麦:中央政府推动下的数字政府政策体系建设

与我国相似,丹麦政府早期数字化改革政策可追溯至 20 世纪 90 年代初期。经过 30 多年的发展,如今丹麦在数字政府建设方面已成为欧盟区域乃至世界范围内的领跑者。2017 年《欧盟数字经济与社会指数》(DESI)报告显示,丹麦是欧盟成员国中数字化程度最高的国家。在联合国经济和社会事务部发布的《2020 电子政务调查报告》中,丹麦已经连续两年蝉联政府电子信息化发展水平全球榜首。

中央政府自上而下推动是丹麦数字政府建设的主要路径。① 中央政府出台的战略性大政方针形成了指导全国数字化转型的顶层设计。在国家层面,丹麦政府先后发布了《2004—2006 年电子政府战略》《2011—2015 年电子政府战略》和《2016—2020 年电子政府战略》这三版全国性数字政府实施总体规划,为从中央到地方的公共服务部门数字化改革提供了宏观指导和实施方案。例如,《2016—2020 年电子政府战略》明确了数字化建设对于公共服务的意义,同时设定了数字政府建设的总体目标,包括提供快速、易于使用和高质量的数字化公共事务解决方案,政府通过数字化治理服务经济增长等。② 此外,该战略设定了 9 个重点发展领域和 33 项具体行动措施。

在这些总体规划的基础上,丹麦政府又将信息安全作为近年来数字政府政策关注的核心领域,并针对该议题制定了国家层面的整体方针。例如 2017 年实施的《中央政府资讯及通信科技管理战略》,规定各机构采取中央政府的信息和通信技术系统管理模式,以确保政府部门之间在数据共享过程中的安全性,并要求国家信息和通信技术委员会进行审查与监督。③ 此外,丹麦还制定了《2018—2021 年网络和信息安全战略》,从国家层面提示全社会关注数字风险,并要求相关部门采取措施保障政府数字化建设过程中信息开放、共享的安全性,将网络安全上升到国家战略的高度。

---

① 徐国冲,吴筱薇."数字丹麦"建设:战略、特点与启示[J].学习论坛,2021(2).
② 杨巧云,梁诗露,杨丹.国外政府数字化转型政策比较研究[J].情报杂志,2021(10).
③ 徐国冲,吴筱薇."数字丹麦"建设:战略、特点与启示[J].学习论坛,2021(2).

(三) 英国:以政府平台为核心的数字政府政策体系建设

英国数字政府政策将"政府即平台"这一理念作为指导思想和战略核心。[①] 英国的政府数字化政策体系建设起步较早,自20世纪90年代便开始在数据隐私保护领域发布多项具有针对性的政策来规范电信通信领域对用户信息的使用。2000年以后,随着政府数字化建设的步伐加快,英国中央政府在国家层面在政府数据开放、信息基础设施建设、信息资源管理与利用等领域做出了战略性安排,先后颁布了一系列宏观方针,包括《迈向第一线:更聪明的政府》《提高政府及其服务的透明度》《国家信息基础设施:第一次迭代》《国家信息基础设施:第二次迭代》《公共部门信息原则》《开放数据白皮书:释放潜能》等。

2010年以后,英国数字政府进入高速发展期。中央政府下属的数字服务小组于2015年首次提出了"政府即平台"这一理念。该理念强调政府角色在数字政府治理中的转变,即从管理者逐步过渡为平台的提供者,通过促进企业、民众和第三方组织的参与推动社会进步。在"政府即平台"理念的引导下,数字服务小组认为英国的数字化公共服务应该摆脱传统官僚管理体制的约束,而以用户为中心重新定位政府的服务职能,通过打造数字化的在线平台提供公共服务。此后英国政府又出台了《公共服务标准》,为细化政府在线平台建设提供了具体方案,设置了14条标准用于评估数字政务服务的用户满意度。最新出台的《政府数字服务:2021—2024年战略》又将政府在线平台建设的政策关注点聚焦于优化跨部门服务的协同性。

欧洲地区的数字政府政策体系的建设为我国提供了重要参考。欧盟和各主权国家在中央政府指导地方政府及全社会的实践这一自上而下的实施路径提示我们应当重视顶层设计的作用。同时,欧洲各国关于数据共享框架、数据安全体系和数字政府平台建设的实践为我国未来发展相关领域提供了样板。

二、美国数字政府政策体系建设情况

美国的数字政府建设起步早,并在国际上长期保持着领先地位。自20世

[①] 张晓,鲍静.数字政府即平台:英国政府数字化转型战略研究及其启示[J].中国行政管理,2018(3);李重照,黄璜.英国政府数据治理的政策与治理结构[J].电子政务,2019(1).

第十章 数字政府的政策体系

纪90年代初克林顿执政开始,美国逐步发展出了较为完善的数字政府政策体系。自克林顿以来的历任总统根据自己的施政理念和执政路线对具体政策进行了修订,丰富和完善了本国的数字政府政策体系。① 因此,美国的数字政府政策体系建设过程具有明显的阶段性特征。

在克林顿执政时期,数字政府政策的落脚点在于如何利用信息技术推动政府改革。在国家层面,联邦政府通过"重塑政府"运动,将新兴的信息技术引入政府服务,以期提升政府运行效率,从而拉开了美国数字政府建设的序幕。借鉴英国80年代起开始推行的政府绩效评估信息化体系,克林顿政府于1993年成立了国家绩效评估委员会,着手调查阻碍美国政府运行效能的弊端所在。该机构先后发布了《创建经济高效的政府》和《运用信息技术改造政府》两份报告,明确提出应打造电子政府,以信息技术为手段改革美国现行政府管理及服务供给,提升政府效率。国家绩效评估委员会从而成为美国电子政府政策的主要推动者之一。1994年美国政府信息技术服务小组提交了以《政府信息技术服务的前景》为题的报告,建议实施以顾客为导向的电子政务,从而为民众提供更多获取政府服务的途径。1996年克林顿政府正式启动"重塑政府"运动,提出联邦政府服务信息化的具体实施目标。这些政策为美国数字政府政策体系搭建了基本框架。

小布什政府将对技术的关注转移到如何利用技术更好地服务民众,并将"以公民为中心"的理念加入数字政府政策体系。② 自2001年开始,小布什政府先后成立了多个专门机构负责政府数字化政策的制定和实施,包括电子政务工作小组、电子政务及信息技术办公室、电子政务跨部门协作小组、联邦特别工作小组等。这些机构的设立为美国数字政府政策体系的建设提供了强有力的组织保障。美国总统管理与预算办公室于2002年发布了《电子政务战略》,并于2003年作了修订。该战略提出了以公民为中心、以结果为导向和以市场为基础这三大原则,成为这一时期美国政府信息化改革的纲领。③

奥巴马当选总统后又在数字政府政策体系中引进了开放型政府的内容,致

---

① 姚水琼,齐胤植.美国数字政府建设的实践研究与经验借鉴[J].治理研究,2019(6).
② 胡税根,杨竞楠.发达国家数字政府建设的探索与经验借鉴[J].探索,2021(1).
③ 姚国章.美国电子政务战略规划解析[J].电子政务,2009(12).

力于通过制定国家层面的政策法规推动公共数据开放机制的建设。2009年奥巴马签署了《透明与开放政府备忘录》,要求各联邦机构向公众公开所有政府数据。同年颁布的《开放政府指令》提出数字政府建设的透明、参与和协作三原则,并要求各政府机构在线公开政务信息、改善公开数据质量、打造开放型政府文化并将开放共享的政府体系制度化。《透明与开放政府备忘录》和《开放政府指令》的实施为奥巴马执政时期美国开放型数字政府的建设提供了顶层设计,为打造更加透明、开放、合作的政府提供了政策框架。2012年《信息技术共享服务战略》发布,在共享这一基础理念下提出开放型数字政府建设的中长期战略发展目标和近期实施路线图及主要内容。2013年奥巴马又签署了题为《让公开和机器可读成为政府信息的新常态》的总统令,进一步对政府向公众公开数据提出了具体指标性要求,要求公开的政府数据需具备开放性、易于获取、免费使用、机器可读等特性。奥巴马执政时期提出的开放型数字政府战略为美国向数字经济、数字城市、数字治理和数字政府转型奠定了基础。

进入特朗普执政时期,联邦政府将提升智能化水平这一新主题引入数字政府政策体系。2017年成立的美国科技委员会专门负责实现联邦政府对信息技术的安全有效利用。同年,白宫发布了《联邦政府信息技术现代化报告》,建议对现有网络设施进行改造,以适应数字社会智能化发展趋势。2018年特朗普政府颁布了《国家网络战略》,鼓励加强政企合作,大力发展未来网络基础设施建设,促进跨境数据自由流动,以技术创新推动美国数字政府服务向智能化转型。这一时期的美国数字政府政策将推动技术革新作为核心,希望通过政策工具鼓励技术创新,从而向公众提供更加便捷优质的服务,促进政府更加经济、安全、有效地管理和应用大数据,并推动社会创新与政府对创新工具的采购。

美国数字政府政策体系的发展对我国有几点重要启示。首先,信息化技术可以为政府赋能,帮助政府提升工作效率和扩展服务范围,从而更好地满足公众不断增长的公共服务需求。其次,政府数字化、智能化转型的目的是更好地服务大众,因此数字政府政策的制定以促进政府治理能力和水平提升为目标和指向。最后,要高度重视和完善数据应用、共享、安全保障方面的政策法规,从而促进政府更好地利用数字化技术创新,并防范数据使用过程中的安全风险。

第十章 数字政府的政策体系

思考与练习

1. 什么是数字政府政策体系？它在数字政府建设中发挥着怎样的作用？

2. 数字政府政策体系有哪些基本构成要素？

3. 我国数字政府政策体系发展经历了几个阶段？每个阶段各自的特点是什么？

4. 我国当前数字政府政策体系具有哪些特点？

5. 如何看待我国数字政府政策体系建设面临的挑战？面对这些挑战，有哪些可行的优化路径？

6. 简述欧洲和美国数字政府政策体系的形成过程。它们分别有怎样的特点？对我国建设数字政府政策体系有哪些启示？

案例分析与讨论

浙江省数字政府政策体系建设情况

作为我国较早开展数字政府建设的地区，浙江省现在已经形成较为完善的数字政府政策支撑体系。2014年，浙江省试点"四张清单一张网"改革，通过上线浙江政务服务网推动了以电子政务为基础的服务型政府建设。2016年12月浙江省委经济工作会议上首次提出"最多跑一次"的改革理念，以数据共享为手段，将行政体制改革与"互联网+政务服务"结合起来，从而达到"让百姓办事少跑腿"的政府服务目标。以此为契机，浙江省开启了政府服务的数字化转型，并陆续出台了一系列专项政策，推进数字浙江改革，促进本省数字政府建设。

浙江省以自上而下的方式，通过省级政府牵头统筹协调、各级地方政府具体执行，打造出了符合本省省情的数字政府政策体系。通过调整原有机构职能，浙江省组建了多个专门工作小组以及数据管理机构以促进政府的数字化改革。2018年7月省人民政府办公厅发布《浙江省数字化转型标准化建设方案（2018—2020年）》。根据该方案的要求，政府应为数字化建设提供强有力的组织保障。同年,政府数字化转型工作领导小组正式成立,由省长及常务副省长分别担任组长、副组长,负责本省数字政府建设的统筹和领导。各区县也相应成立各自的政府数字化转型工作领导小组。此外,省、市、区县各级政府还成立了专门的大数据管理部门以整合公共数据管理职能,加快推进政府的数字化建设。

自2018年开始,浙江省陆续制定了一系列省级层面的总体规划及方针,明确了政府数字化转型的目标、原则及内容,为本省数字政府建设指明了方向及实施路径。《浙江省数字化转型标准化建设方案(2018—2020年)》提出了浙江省政府数字化转型的总体目标、基本原则、重点任务及组织保障。该方案将建立数字化转型的标准化机制、体系及打造可重复推广的标准化项目、成果作为目标,提出"科学规划,系统布局;开放共享,协调发展;需求导向,重点突破"的原则。同年12月发布的《浙江省深化"最多跑一次"改革推进政府数字化转型工作总体方案》将政府服务数字化的目标进一步细化,提出数字技术与政府职能全面深度融合,多应用、多部门核心业务全覆盖,用大数据处理复杂治理问题这三大主要目标。在2019年11月召开的浙江省委十四届六次全会上,数字政府建设的重要性再次受到了肯定。全会指出必须坚持以数字化治理为支撑,高水平建设数字浙江、信用浙江,一体推进数字政府、数字经济、数字社会建设,促进治理方式现代化。

近几年,浙江省又先后出台了《浙江省数字经济促进条例》《浙江省数字化改革总体方案》《浙江省数字政府建设"十四五"规划》。2020年12月通过的《浙江省数字经济促进条例》将数字经济与数字政府建设结合,提出政府利用数字技术手段管理社会经济活动、为产业发展保驾护航的具体任务。2021年3月出台的《浙江省数字化改革总体方案》,对浙江省数字化改革作出了总体部署。该方案指出浙江省数字化改革"是围绕建设数字浙江目标,统筹运用数字化技术、数字化思维、数字化认知,把数字化、一体化、现代化贯穿到党的领导和经济、政治、文化、社会、生态文明建设全过程各方面,对省域治理的体制机制、组织架构、方式流程、手段工具进行全方位、系统性重塑的过程"。其中,政府执政的数字化建设则是"省域经济社会发展和治理能力的质量变革、效率变革、动力变革"的有机组成部分。同年6月,《浙江省数字政府建设"十四五"规划》正式发布。该规划提出了近期浙江省数字政府发展的具体内容、时间安排、实施路线,以及远景展望。该规划再次强调了数字政府在实现省域治理现代化中的示范性作用,并提出了"整体智治、唯实惟先"的建设目标。机关效能、政务服务满意度、数字及智慧治理、智慧监管、数字生态成为数字政府建设的主要内容。该规划提出,建设一系列应用平台及项目,包括以"浙政钉""浙里办"为代表的政务服务和政府运行类应用,以电子"健康码""浙里畅行"为代表的公共服务类应用,以"智慧警务""数字乡村"为代表的社会治理类项目等。此外,规划还为数字政府保障体系的建设提出了具体实施方针,包括组建工作专班,完善跨层级、跨部门、跨领域高效协同机制,鼓励企业和科研机构参与,加强政务公开和公众参与,健全公共数据管理的制度规范,加大政府数字化专业人才引进力度,优化实施过程中各要素配置以及建立科学合理的数字政府考核评价体系。

除了省级层面的总体规划及方针,浙江省政府各职能部门及市、区县政府也参与制定了相关政策,为数字政府建设在全省范围内多角度全方位执行提供了具体实施方案。2019年发布的《浙江省推进数字化园区建设实施方案》,对本省范围内的园区管理和服务的数字化转型提出了具体要求。方案提出,将加强数字技术在本省范围内各类开发区、高新区等园区和产业集群中的应用以促进园区资源整合,运用信息技术为园区管理和生产赋能。2021年的《浙江省教育领域数字化改革工作方案》及《浙江省文化和旅游厅文化和旅游数字化改革方案》,对浙江省教育和文旅领域数字化政府建设作出了战略部署。根据《浙江省教育领域数字化改革工作方案》,浙江省计划在全省范围内推广"教育魔方"工程,搭建云网端一体化系统、大数据仓系统等基础构架和共享数字化教育平台,将信息技术融入教育管理和教学,提升教育领域的数字治理水平。《浙江省文化和旅游厅文化和旅游数字化改革方案》则提出使用数字技术整合和统筹全省文化旅游资源,打造一体化管理平台和文旅数字化标准体系,提升游客和居民满意度。此外,自2019年起,杭州、宁波、温州、绍兴、湖州、嘉兴等浙江省主要城市均出台了政府数字化转型的实施方案,为市、区县层面数字政府建设提供了有力支撑。

思考并讨论：

1. 从政策层级和实施领域的角度出发，简述浙江省是如何开展数字政府政策体系建设的。

2. 浙江省数字政府建设的政策目标有哪些？该省省级数字政府顶层设计是如何体现这些政策目标的？

3. 针对当前浙江省数字政府政策体系情况，谈谈未来在哪些领域可以有所提升。

第十一章　数字政府的组织体系

■ 学习目标

本章主要介绍数字时代政府组织体系的基本内容。通过本章的学习,需要掌握:(1)数字时代政府组织体系面临的多方位挑战;(2)数字政府组织体系的内涵与要素;(3)我国省域数据管理机构的发展现状与问题;(4)首席数据官制度的域外发展与本土实践。

■ 引　例

优化政府机构设置和职能配置　提高行政效率

精干设置各级政府部门及其内设机构,科学配置权力,减少机构数量,简化中间层次,推行扁平化管理,形成自上而下的高效率组织体系。明确责任,严格绩效管理和行政问责,加强日常工作考核,建立健全奖优惩劣的制度。打破"信息孤岛",统一明确各部门信息共享的种类、标准、范围、流程,加快推进部门政务信息联通共用。改进工作方式,提高服务水平。加强作风建设,坚决克服形式主义、官僚主义、享乐主义和奢靡之风。

资料来源:中共中央关于深化党和国家机构改革的决定[EB/OL].(2018-03-04)[2023-05-09].http://www.gov.cn/zhengce/2018-03/04/content_5270704.htm.

第一节　数字时代政府组织体系的变迁

数字政府的本质在于数字技术推动下的组织转型。政府信息化发展初期的电子政务建设对于政府组织体系的改变相对较小,基本上是在原有组织架构和工作流程的基础上实施信息化改造。随着数字技术的不断发展与应用,经济社会的数字化变革显著,政府组织的外部环境发生了深刻的改变。伴随第四次工业革命的兴起,基于工业化"物理空间"的政府组织形态有望向大数据时代"数字空间"的政府形态转变。[1] 在此过程中,政府的组织体系会在多个层面发生转变。

一、政府组织结构层面

在数字时代,传统的高度集中的金字塔型政府组织结构面临着较大的挑战。如加里斯·摩根所说,只有组织结构随着信息技术的应用进行相应的调整,原有的服务产品才会随信息技术的发展越来越好。[2] 金字塔型政府内部结构源自韦伯的科层制,是大多政府现在采用的一种部门结构,以横向分工和纵向指挥结合的等级制为基础,有较为单一的、自上而下的、统一划分的管理层次和管理幅度。在这种上级与下级间以等级制作为重要协调和控制手段的传统科层制模式中,管理层级越多,管理幅度越小;管理层级越小,管理幅度越大。这种传统的组织结构使下位者受到上位者的监督,信息和权力更集中于等级结构的上层,信息资源需要在政府的各个层级间经过不断加工和解读,最终才能抵达社会被大众所接收。

然而在今天,伴随数字浪潮到来的是全新的数字化、智能化的政府信息传递方式。利用共享数据网络构建的纵横交错的扁平化沟通互动平台,使原来在政府组织中起上传下达作用的中间层被削弱,并逐渐走向消失。政府的管理层次的减少,使得政府组织结构由原来自上而下的垂直型转化为扁平型,由科层型转变为水平型。[3] 扁平沟通网络的构建实现了多方位、交互式的主动沟通,而数字技术突破了信息、知识流动的障碍,实现了信息和知识的传递全覆盖。政府组织中的上级决策者可以根据实际情况进行及时的决策领导,整合相互关联

---

[1] 米加宁,章昌平,李大宇等."数字空间"政府及其研究纲领:第四次工业革命引致的政府形态变革[J].公共管理学报,2020(1).

[2] MORGAN G. Riding the waves of change: developing managerial competencies for a turbulent world[M]. San Francisco: Jossey-Bass Publishers, 1988.

[3] 徐顽强."数字政府"与政府管理体制的变革[J].科技进步与对策,2001(11).

的管理部门,减少分工细化的管理组织,用重新整合的政府"平台"部门取代传统科层制的中间层级并履行中间层级相应的职能。同时,社会大众也可以通过网络移动终端享有更多的个人权利。政府的组织结构从传统的金字塔型转变成为现代的网络状水平型。

二、政府组织职能层面

数字化发展趋势在多个领域对政府职能提出挑战。第一,数字技术的创新发展。政府需要不断加大科技投入,推动数字技术的发展;对数字知识与技术的相应人才进行培养和储备,培育和支持社会经济领域的技术创新,加快对关键领域卡脖子技术的攻关,紧抓新一代技术革命的契机。第二,数字赋能的公共服务。以数字技术赋能公共服务,以数字社会与数字经济高水平需求为导向,建设以人民为中心、数据公开、回应民意的数字政府。[①] 第三,数字空间的安全保护。在政府对数字技术的应用过程中,需要确保数字安全和网络安全。要加紧制定有关数字安全领域的相关法律政策,规范数字技术的使用方式与途径,从而确保政府、企业、公众在对数字技术使用过程中的信息安全。第四,数字时代的公平正义。在数字时代,每一个公民都有公平接触数字信息以及享有数字化服务的权利。政府需要为公民提供更为多元的获取和使用数字信息的方式,这样也会有效地促进数字信息行业的公平竞争,为公众提供更好的数字化服务。政府还可以通过相关政策,鼓励政府部门、企业、公众合理开放数据,使数字化服务普遍化,使公众可以更加容易地接触到数字网络,更为便捷地获取学习与使用数字技术的机会。第五,政府要积极推动数字技术相关产业的发展和数字化企业的转型,加速产业间供应链的数字化,推动建立和发展企业与供应商及客户间的交易网络,节省交易成本。同时,要促进数字社会的转型,促进文化事业、教育事业、金融服务业和都市生活的数字化。[②]

三、政府组织流程层面

为满足数字时代社会经济发展对公共服务供给内容与供给方式的新要求,

---

① 张成福,谢侃侃.数字化时代的政府转型与数字政府[J].行政论坛,2020(6).
② 同上.

政府部门内部、跨部门以及对外服务的业务领域,均面临流程再造、重组和优化的现实压力。其一,在政府部门内部,改善职能重叠、业务重复、机构冗余等问题需要行政业务流程再造。政府内部行政业务流程再造以各部门业务关系为联系纽带,需要将传统的上下级间围绕科层制建立的严格隶属关系转变为以公众需求为主的协作关系。其二,在政府部门之间,跨部门协作需要面向政府部门的流程重组和革新。跨部门业务协同需要以公众需求为牵引,通过数据共享和数字技术的应用有效整合政府不同部门的相关业务。其三,实现公共服务高质量发展目标,需要政府对外服务业务流程再造。政府部门应真正围绕公众话语中的"一件事"重新梳理工作流程,应用数字技术,实现有效的政民互动与公共服务供给,使公众可以通过数字信息技术在互联网平台足不出户地办理业务,对公众的服务由被动转变为主动,由以往的供给逻辑转为需求逻辑,从而实现政府服务途径的虚拟化、便捷化和一体化。

四、政府人员能力层面

数字治理对政府行政人员队伍的数字意识与能力提出了更高要求。提升数字政府的领导力,提高行政人员的数字素养是建设数字中国以及推进政府数字化转型的必然要求。首先,政府部门领导者需要具备数字化理念和领导能力。即对数字技术持有前瞻性和审慎的态度,合理构建数字化发展的布局,提升技术赋能社会经济意识,增强规则意识和公共服务意识,保持对数字治理的开放性、参与性和协同性的认知。此外,需要增强数字政府建设的底层数据管理能力与应用层的协同创新能力,以公众的获得感、幸福感和安全感衡量与审视数字政府的效能实现。其次,公务员队伍的数字素养需要提升。在数据层面,公务员需要有一定的数据管理与应用能力,可以对信息来源的可信度和可靠性进行检验,并对数据进行分析和应用;在技术层面,需要具备相应数字技术软件和设备的操作技能;在业务层面,需要有一定的数字化服务能力、协同能力和回应能力,能够基于数字化管理与服务实现业务协同、服务供给和政民互动;在规范层面,需要具备一定的数据安全保护能力,在合理利用数据的同时,保护个人隐私、商业机密和国家秘密不受侵害和泄露。

第二节 数字政府组织体系的内涵与要素

一、数字政府组织体系的内涵

要明确数字政府组织体系的内涵,首先应明确什么是政府组织,以及什么是政府的组织体系。切斯特·巴纳德认为,组织是由两个以上的人的协作活动构成的体系。① 政府组织是一国公共事务管理中最主要的组织,代表国家行使公共权力。广义的政府组织涵盖立法、司法和行政机关,狭义的政府组织即指行政机关。政府组织是人类社会各类组织中的一类重要组织,是政府内部复杂权力关系相互作用下形成的特定结构。② 公共组织是政府组织的相近概念,公共组织是以管理社会公共事务、协调社会公共利益关系为目的的组织,包括政府组织和第三部门组织,政府组织可理解为狭义的公共组织。③

组织通过基于一定秩序和联系形成的各类系统,实现了组织中个体的整合、协调、分工与合作,以达成组织的使命与愿景。组织体系即对上述过程中维持组织运转的各类系统的整体性描述。一般而言,政府组织体系主要涵盖政府组织的目标宗旨、职能范围、机构设置、组织成员、规章制度等内容。数字政府组织体系首先仍然是政府的组织体系,但更加强调数字时代的政府组织得以有效运转的内部结构及其特征,集中描述数字政府的内部环境。

与传统政府相比,数字政府的本质在于数字技术推动下的组织转型。可以说,数字政府组织体系是数字政府建设得以实现的组织保障。数字政府组织体系运行于整体社会的外在环境之中,对内支持政府部门内部的数据治理、数据共享和政务信息化建设,对外支撑政府部门的数字化社会管理和公共服务,赋能数字社会与数字经济的发展。数字政府组织体系建设亦是数字政府"刀刃向内"改革的集中体现。

---

① 巴纳德.经理人员的职能[M].北京:中国社会科学出版社,1997:61.
② 杨楠.政府组织如何制约美国国际战略转型?——基于美国国安会的分析[J].美国研究,2020(6).
③ 陈振明.公共管理学:一种不同于传统行政学的研究途径[M].2版.北京:中国人民大学出版社,2003:42-44.

二、数字政府组织体系的要素

为了适应数字时代的特征,数字政府组织体系不仅遵循传统行政组织的一般原则,如依法组织原则、行政分权原则、组织效率原则等,而且要符合数据治理对协作性、权威性、参与性等的特别要求。① 概括而言,可将数字政府的组织体系划分为组织目标、组织职能、组织结构、组织流程、组织制度、组织人员、组织文化七类基本要素。下面,我们将对这七类要素予以概述(见表11-1)。

表 11-1 数字时代政府组织体系的要素

要素维度	内容描述
组织目标	组织的愿景与使命,决定组织的发展方向
组织职能	组织目标的具体化,明确组织具体的工作任务与活动领域
组织结构	组织各部分关系的抽象化,体现组织内部权责划分与任务分工
组织流程	组织完成一项任务或一项活动的全过程
组织制度	有关组织如何组成的规则和各种内部规则、章程等
组织人员	组织领导者与成员,包括人员能力与意识等
组织文化	长期积淀于组织中的行为取向、思维模式和价值观念

(一)组织目标

组织目标是组织所寻求达到或维持的一种状态,②这种状态代表着组织对未来事务的一种预期成效。③ 政府组织有其共通的使命与愿景,如提升综合国力,提高现代化治理能力与治理水平,增强居民获得感、幸福感,等等。不同政府部门也有其在不同阶段的具体发展目标。

从宏观层面出发,我国的数字政府建设需要面向数字中国的总体目标,适应数字时代发展趋势,提升国家治理体系和治理能力的现代化水平,对内实现数字政府的转型再造,对外支撑数字经济发展、服务数字社会需求。从微观层

---

① 张涛.数据治理的组织法构造:以政府首席数据官制度为视角[J].电子政务,2021(9).
② 威尔逊.官僚机构:政府机构的作为及其原因[M].孙艳等,译.北京:生活·读书·新知三联书店,2006.
③ 李声宇.目标模糊如何影响公共组织的研究述评[J].公共行政评论,2016(6).

面出发,数字政府的日常管理与服务工作涉及诸多不同的具体目标。这些目标对应的具体任务、工作内容、管理与服务对象的差异性显著,但无外乎效能与效率两个层次。效能衡量组织工作目标的实现程度。效率衡量在一定的工作目标实现程度下,所投入的资源和成本的多寡。值得注意的是,效能是政府组织管理与服务工作首先需要考虑的目标。政府组织应当在追求最大化实现其效能的基础上提升效率。

(二)组织职能

组织职能是指在组织目标的指导下,组织需要完成的任务、工作和需要承担的责任。通过组织职能定位,可以实现对组织目标的具体化,明确组织的工作任务和活动领域。一般而言,政府组织的职能包括经济调节、市场监管、社会管理、公共服务、生态环境保护等。

数字时代的到来给政府组织的职能转变带来了新的挑战。在一些传统领域,由于互联网信息技术的发展,不再需要政府部门深入一线进行管理和干预,那么就可以将这部分功能交由市场和社会来承担,实现简政放权、激发市场活力、发挥社会共创价值的目的。而在一些新兴领域,如数据开放、数据交易、数据跨境流通等,需要政府部门发展新的组织职能,应对数字领域的变革与创新,制定数字经济与数字社会中的安全规则、隐私规范以及划定法律底线。在此过程中,政府组织需要不断更新与调试各项职能以适应数字时代的发展,增强服务意识与制度供给能力,维护社会安全、公平与正义。党的十九届五中全会通过的《中共中央关于制定国民经济和社会发展第十四个五年规划和二〇三五年远景目标的建议》,对加快转变政府职能作出重要部署,为全面加强政府建设、完善国家行政体系指明了方向。未来,我国将围绕推进国家治理体系和治理能力现代化,构建高水平社会主义市场经济体制,建设人民满意的服务型政府来推进政府职能的转变。[①]

(三)组织结构

组织结构是对组织各部分排列顺序、空间层次、聚散状态、联系方式以及各部分之间相互关系的一种抽象化表达,其本质是组织各层级和各部门之间依据

---

① 肖捷.加快转变政府职能[N].人民日报,2020-12-03(06).

组织目标、遵循法定规则所建立的一种正式的相互关系。结构是组织的基本属性之一,它确定组织的总格局,描述和规定组织的架构、层次以及组织中的权力关系、等级关系,指导组织中各机关部门及其成员的工作关系等。

传统政府组织结构遵循韦伯的科层制原则,其核心特点是等级分明、分工和专业化显著、垂直流程、横向割裂等。这样的集中管理和分层结构是适应于工业时代的。然而在数字时代,政府组织面临的外部环境日趋扁平化、网络化,更加强调共享、互动、协同、开放、多中心和互联互通。一方面,虚拟世界与物理世界交叠,网络空间治理的重要性凸显;另一方面,公众对政府公共服务多元化、个性化、网络化需求增加。面对外部环境的变迁,科层制的政府组织内部正在发生适应性变革。等级分明的金字塔式结构逐步向非集中、扁平化的网络结构转变。与此同时,与技术发展相匹配的治理结构(如数据治理结构等)在科层体制内做出了适应性调整。数字政府建设的终极目的在于把等级森严、金字塔式的、适应于工业经济时代的管理型大政府,变革为适应虚拟的、全球性的、以知识为基础的信息经济的无缝的、网络化的服务型政府。① 在此过程中,技术是工具而不是核心,需注意技术的采纳不必然带来组织的变化,正如简·芳汀所指出的,"技术和制度之间的互利效果不是直接的和结果性的,而是复杂的和高度相互依赖的",组织转型受到官僚决策者和部门利益等多重因素的影响。②

(四) 组织流程

组织流程是指组织完成一项任务、一个事件或一项活动的全过程,这一全过程由一系列逻辑相关的工作环节或步骤所组成,这些环节或步骤相互之间有先后的顺序,有一定的指向。组织流程具有目标性、整体性、动态性、层次性和结构性,由活动、活动之间的连结方式、活动的承担者、执行活动所借助的技术和工具等要素构成。③

组织流程再造是数字政府转型的重要抓手与实现途径。基于政府部门的公共管理和公共服务目标,面向服务对象的需求,重新梳理组织工作的流程,实现流程再造,并在这一基础上寻求和应用最为合适的技术,提升新流程的工作

---

① 赵娟,孟天广.数字政府的纵向治理逻辑:分层体系与协同治理[J].学海,2021(2).
② 芳汀.构建虚拟政府:信息技术与制度创新[M].邵国松,译.北京:中国人民大学出版社,2010.
③ 金海卫.管理信息系统[M].杭州:浙江科学技术出版社,2004.

效率与效果,这是数字政府转型的内在逻辑。需要注意的是:首先,组织选择与采纳的技术不是越"新"、越"高大上"越好。流程的重新优化和设计与技术无关。在满足流程优化重组要求的前提下,如果需要技术来帮助新的流程提速提质,那么选取在满足相应功能需求情况下成本最低的技术路径即可。其次,新技术可能会固化原有不合理的组织流程。不改变不合理的组织流程,技术最多能够提升组织的工作效率,而不会从本质上改善组织的管理与服务效能,甚至给社会公众带来更多不便,这与政府组织"以人民为中心"的根本性目标相悖。被技术固化的不合理流程,其更改难度与更改成本更高,在其难以为继时,只能下更大成本优化或整体抛弃,从而造成资源的严重浪费。

(五)组织制度

组织制度是规范组织的各种内、外规则,影响着组织的绩效。狭义的组织制度指的是有关组织这种主体的构造形式或结构的内部规则,它是不同组织区分开来的依据。广义的组织制度还包括外在于组织的各种对组织有规范作用的制度规则。组织制度是保证共同劳动得以有效进行的重要管理手段,良好健全的制度是组织健康运行的根本保证。[①]

数字时代的社会治理对政府的制度供给能力提出了更高要求:一方面,数字应用领域的扩展需要政府部门对数据的采集、归集、储存、清洗、共享、开放、利用、交易等过程进行全生命周期式的规范,推进相关法律、政策、标准等制度的建设;另一方面,数字时代的政府也需为自身的组织建设提供制度性保障,在面对数字赋能的机遇与挑战时,优化政府组织的运行程序,明确不同部门、不同层级乃至每个具体行政单位的数据管理和应用的相关权力与责任,为政府的数字治理活动提供内在的制度支撑。

(六)组织人员

组织中的人是组织的有机组成单位,是组织目标、愿景与使命的践行者。因此,组织领导者和组织成员的能力与素养对组织目标的实现程度具有重要影响。在数字政府建设背景下,应当着重考量组织领导人员的数字领导力,以及组织成员的数字素养。

---

① 袁庆明.制度含义刍议[J].南京社会科学,2000(11).

管理学中的领导力概念侧重有效领导的可能性,关注实现有效领导的各种要素,包括领导者的性格特质、环境因素(组织文化、组织纪律、组织目标)、领导魅力、责任心等。① 一般认为,领导力指通过领导者的魅力、权力、说服力或其他行为影响团队或个人,最终实现某些既定目标。② 数字领导力(E-leadership)是指认识当前信息通信技术、选择性地采用新的信息通信技术并具备使用所选信息通信技术的能力。③ 政府数字领导力包括表11-2中的内容:

表11-2 政府数字领导力的主要维度及其能力构成

维度	能力	
目标维度	构建数字化发展共识的能力	
	促进数字化价值共创的能力	
体系维度	推动数字经济发展的能力	
	实现数字政府构建的能力	
	建设数字生态环境的能力	数字信用体系
		数字安全体系
		数字评价与责任体系
结构维度	组织领导的数字化理念和领导能力	
	数字化领导机构的组织协调能力	
	行政人员的数字化管理与服务能力	

资料来源:杨国栋.政府数字领导力建构的三重维度[J].领导科学,2021(11):18-21.

数字素养是指通过数字技术,安全、恰当地访问、管理、理解、集成、交流、评估和创建信息的能力,包括计算机素养、信息通信技术素养、信息素养和媒体素养。④ 公务员的数字素养主要指公务员使用数字化技术与工具,以及利用这些技术与工具提升业务和服务水平的意识与能力。当前,面对数字化发展的整体目标,

---

① 柴宝勇,李梓琳."领导力"的理论溯源与中国共产党领导力的理论观察[J].管理世界,2021(8).
② 罗凤英.领导力测评:内涵、方法及趋势[J].上海行政学院学报,2021(6).
③ WART M A, ROMAN A, et al. Operationalizing the definition of e-leadership: identifying the elements of e-leadership[J]. International review of administrative, 2017(1).
④ A global framework of reference on digital literacy skills for indicator 4.4.2[EB/OL].[2021-1-19]. http://uis.unesco.org/sites/default/files/documents/ip51-global-framework-reference-digital-literacy-skills-2018-en.pdf.

政府部门领导者的数字领导力和公务员群体的数字素养还需继续提升,才能为政府的数字化转型提供人员保障。

（七）组织文化

组织文化是组织在长期的发展过程中逐步生成和发展起来的日趋稳定的基本精神和价值观,以及以此为核心而形成的价值观念、行为规范、道德准则、群体意识、风俗习惯等。① 政府组织文化是指人们关于行政系统的价值观念,由此价值观念所影响或决定的行政组织及其成员普遍遵循的行为模式,以及外在的物质表现符号。其核心是长期积淀在政府体系中的行为取向、思维模式和价值观念。② 政府组织文化在调节行政系统工作人员的行政心理、行政精神、服务理念以及保证行政组织有序正常运转、为社会提供优质高效的服务等方面都起着巨大的作用。③

组织文化能够固定并持久地影响组织执行任务的行为方式。④ 当政府的组织文化更强调公平、协同、创新时,这种文化就会正向影响组织成员信息共享的意愿。⑤ 而封闭性的政府组织文化会阻碍政府数据开放的进程。⑥ 可以看出,如果政府组织具备公平、开放、创新、回应、协作的文化氛围,其成员会趋向于具有平等互动而非保守封闭的态度来对待公共管理和服务工作,从而利于数据的共享和开放,同时也会有利于创新以及政府与市场和社会的合作。⑦

第三节 我国数字政府建设中的组织机构创新

下面,我们将以省级数据管理机构为例说明我国数字政府建设中的组织机构创新。

---

① 刘海藩,郑谦,何平等.现代领导百科全书:经济与管理卷[M].北京:中共中央党校出版社,2008.
② 卓越,刘永良.政府管理的创新机制:从组织文化到绩效文化[J].行政论坛,2010(4).
③ 同上.
④ WILSON J Q. Bureaucracy: what government agencies do and why they do it[J]. Journal of politics, 1991(1).
⑤ BOCK G W, LEE J N. Behavioral intention formation in knowledge sharing: examining the role of extrinsic motivators, social-psychological forces, and organizational climate[J]. Mis quarterly, 2005(1).
⑥ VEENSTRA A F V, et al. Opening moves-drivers, enablers and barriers of open data in a semi-public organization[C]. Lecture notes in computer science, 2013.
⑦ 樊博,陈璐.政府部门的大数据能力研究:基于组织层面的视角[J].公共行政评论,2017(1).

一、设立背景

当前,数字化、网络化发展促进了社会生产力跃升,同时也推动了数字时代组织体系的变迁。为迎接数字治理命题的新挑战,2014 年以来,各地纷纷成立数据管理机构,2023 年 3 月印发的《党和国家机构改革方案》亦将国家数据局的组建提上议程。从地方层面来看,设立数据管理机构是地方积极落实党中央网络强国战略,加快数字中国进程,以数字技术手段提高政府治理能力的创新性实践。① 设立专门性的数据管理机构有助于整合各级政府的数据治理能力,打破"信息孤岛",进行跨区域跨层级的统筹协调,从而提升数字政府的统筹、协同、管理和服务能力。② 特别是对于省级数据管理机构而言,其上承发改委、工信部等国家机构,下启各地市及区县数据管理工作,不仅起到上下衔接的重要作用,而且通过集约化、一体化的机构设置,减少中间节点,优化资源配置,形成上下贯通的数据业务体系。③ 可见,组建省级数据管理机构是在技术发展、政策指导、政府治理和现实要求的多重因素影响下进行的一次组织体系创新实践,代表数字政府的组织转型迈出重要一步。

二、我国省级数据管理机构的发展现状

我国省级数据管理机构发展的第一阶段为 2014—2018 年。2014 年 2 月广东省成立了我国第一个省级大数据管理机构,为广东省经信委下属单位。随后在国家《促进大数据发展行动纲要》推动下,贵州省成立大数据发展管理局,与广东不同的是,贵州省大数据发展管理局由贵州省人民政府直接管理,与贵州省经信委平级。2017 年,内蒙古、重庆、江西、陕西四地陆续成立相应的大数据治理机构,2018 年 4 月,上海市成立上海市大数据中心,7 月天津市成立天津市大数据管理中心。④

以 2018 年机构改革为分水岭,2018 年后大数据管理局进入发展新阶段,不

---

① 张克.省级大数据局的机构设置与职能配置:基于新一轮机构改革的实证分析[J].电子政务,2019(6).
② 吴沈括.数据治理的全球态势及中国应对策略[J].电子政务,2019(1).
③ 戴长征,鲍静.数字政府治理:基于社会形态演变进程的考察[J].中国行政管理,2017(9).
④ 黄璜,孙学智.中国地方政府数据治理机构的初步研究:现状与模式[J].中国行政管理,2018(12):.

仅机构数量迅速增加,在机构类型、机构职能等方面也做出了合理调整。

从机构类型上看,现有省级数据管理机构可分为省政府直属机构、部门管理机构和挂牌机构。① 属于省政府直属机构的有山西、辽宁、贵州、山东、吉林、安徽、广西、重庆、四川、内蒙古等地的数据管理机构。属于部门管理机构的有浙江、福建、广东、河南、江苏、天津等地的数据管理机构。挂牌机构包括北京市经济和信息化局挂大数据管理局牌子、陕西省政府办公厅加挂省政务大数据牌子、江西省信息中心加挂省大数据中心牌子等。

从机构职能上看,我国省级数据管理机构处于上承国家数据发展战略、下启地方数据管理工作的重要位置,因此其职能配置范围广,且兼顾宏观层面的统筹设计和大数据综合治理职能,包括顶层设计、数字政府应用、统筹协调、数据管理四个维度,具体内容如表11-3所示。从总体上看,目前省级数据管理机构着重处理数据战略规划和政府部门之间的统筹协调以及数字政府建设等综合性事务,同时也兼顾数据安全、数据标准制定等具体性工作。

表11-3 省级数据管理机构职能范围

职能范围	具体方面
顶层设计	制定大数据政策法规、发展规划②
数字政府应用	智慧城市、政务改革、互联网+政务服务、政府数字化建设、基础设施、数字经济
统筹协调	加强省内统筹协调(决策权)、产业发展和推广应用(执行权)、大数据市场监管与政务监督(监督管理权)、政府各部门间的统筹协调、资源整合
数据管理	数据安全、数据标准、技术保障

三、我国省级数据管理机构存在的问题

在快速发展的热潮之下,我国省级数据管理机构存在的问题也值得实务界与学术界省思。一是机构性质。目前我国部分地区数据管理机构仍为承担行

---

① 张克.省级大数据局的机构设置与职能配置:基于新一轮机构改革的实证分析[J].电子政务,2019(6).
② 门理想.地方政府数据治理机构研究:组建方式与职能界定[J].兰州学刊,2019(11).

政职能的事业单位。事业单位主要职责是提供社会公益服务,若其承担行政职能容易造成政事不分、管理不规范的问题。① 二是机构定位。数据管理机构的定位在实践中存在较大争议。设立省级数据管理机构的初衷是解决信息化建设"九龙治水"的局面,这一点在其职能配置中有明显体现,但实际上,由于其在行政序列中排序靠后,影响力较小,②难以有效协调发改委、财政、工信等部门,③综合统筹能力有待进一步提高。三是职能权限。数据管理机构的机构定位问题导致其职能权限也存在漏洞。职能范围上,省级数据管理机构与其他部门在数字化建设、数据资源开发利用和数据安全等方面界限模糊,职能交叉情况明显。职责权限上,省级数据管理机构的职权不够完整,大部分机构缺少行政许可和行政处罚权力,对外的行业管理能力不足。④ 四是机构设置。部分省级数据管理机构或是"有名无实",只有牌子没有职责,或是机构设置随意,经常反复,⑤导致数据管理工作推进困难。五是数据供给能力。省级数据管理机构的成立使数据使用权和所有权相分离,而数据产权模糊的直接结果就是政府职能部门生产和提供数据的积极性越来越低,从而逐渐丧失数据供给动力,最终使得数据管理机构在数据管理工作中陷入更加被动的局面。⑥ 最后是基本配置问题。目前省级数据管理机构一方面缺少技术、经验支持;另一方面,政府与互联网头部企业等营利性组织相比,缺乏吸引人才的优势,难以留住紧缺人才。⑦

第四节 首席数据官制度的发展

在数字政府建设中,建立首席数据官制度是组织管理转型的典型尝试。下面,我们将以首席数据官制度为例分析数字政府的组织管理转型。

---

① 戴长征,鲍静.数字政府治理:基于社会形态演变进程的考察[J].中国行政管理,2017(9).
② 夏义堃.论政府首席数据官制度的建立:兼论大数据局模式与运行机制[J].图书情报工作,2020(18).
③ 戴长征,鲍静.数字政府治理:基于社会形态演变进程的考察[J].中国行政管理,2017(9).
④ 同上.
⑤ 董新宇,苏竣.电子政务与政府流程再造:兼谈新公共管理[J].公共管理学报,2004(4).
⑥ FAN J, ZHANG P, YEN D. G2G information sharing among government agencies[J]. Information & management, 2014(51).
⑦ Ibid.

第十一章 数字政府的组织体系

一、美国首席数据官制度的发展经验

首席数据官（Chief Data Officer, CDO）最早出现在企业，后来被政府部门采用。数字时代政府组织体系的内在变革为首席数据官制度的建立提供了契机。随着政府数字化转型的深入，数据总量激增、数据业务分工精细化、数据利用滞后、专业人才欠缺等问题迫使政府部门对数据管理体制做出反思和调整，首席数据官制度应运而生，意图兼顾数据业务的专业化和数据治理思维的系统性，提升政府数字治理效能。① 2009年美国最先将首席数据官引入政府内部，此后其他国家也开始了应用实践。2015年英国、法国分别设立首席数据官，② 2017年新西兰任命首席数据分析与管理官。

（一）美国首席数据官制度的缘起

美国首席数据官制度起源于首席信息官（Chief Information Officer, CIO）制度。20世纪90年代，美国政府责任办公室反思自1982年以来美国在信息建设方面的巨大投入和有限回报，认为项目失败的主要原因在于政府在信息战略规划、项目管理等方面存在失误，③ 对此采取了一系列措施，其中就包括建立首席信息官制度。1995年，美国通过《信息技术管理改革法》正式授权设立联邦首席信息官办公室，④ 此后政府各部门相继建立首席信息官制度。2002年，美国在《电子政务法》中对13011号总统令关于设立首席信息官委员会的决定再次进行了法律确认。⑤

随着信息技术的发展，"数字战略正在挑战政府首席信息官的职责范围"，⑥ 要实现数据的有效治理，适应数据管理格局变化和理念调整，就需要进一步明确界定数据管理人员的职责。⑦ 为此，2009年美国科罗拉多州设置政府首

---

① 张涛.数据治理的组织法构造：以政府首席数据官制度为视角[J].电子政务,2021(9).
② 胡税根,杨竞楠.发达国家数字政府建设的探索与经验借鉴[J].探索,2021(1).
③ 乔立娜.美国政府首席信息官制度发展概况[J].电子政务,2007(4).
④ 马玉红.美国政府首席信息官制度的特色与启示[J].情报资料工作,2012(2).
⑤ 乔立娜.美国政府首席信息官制度发展概况[J].电子政务,2007(4).
⑥ FIORENZA P. Why we need more chief data officers? [EB/OL].[2021-12-05]. https://www.govloop.com/why-we-need-more-chief-data-officers/.
⑦ 夏义堃.政府首席数据官制度的核心要义与运行分析[J].图书情报知识,2020(1).

席数据官,成为第一个设置首席数据官的州;2011年,芝加哥市设立首位市政首席数据官;2013年,联邦储备委员会任命首位首席数据官。2019年特朗普总统签署的《开放政府数据法》规定每个机构都应任命首席数据官;同年,特朗普总统签发的《基于循证决策的基础法案》详细规定了首席数据官的具体职责;①随后美国《联邦数据战略和2020年行动计划》中提出成立联邦首席数据官委员会。② 至此,美国数据管理制度实现了从首席信息官到首席数据官的转变。

（二）美国首席数据官制度的现状

目前,首席数据官有三种运行模式,即集中型、分散型和混合型,美国实行行政领导下的集中型领导。③ 表11-4显示的是设置了首席数据官的美国联邦政府部门。

表11-4　美国联邦政府首席数据官设立情况②

设立部门	设立年份
联邦储备金监察小组	2013
国际开发署	2014
消费者金融保护局	2014
卫生和公众服务部医疗保险和医疗补助服务中心	2014
交通部	2014
总务管理局	2015
美国邮政服务局监察长办公室	2015
卫生和公众服务部监察长办公室	2015
商务部	2015
环境保护署	2015
农业部	2016

---

① Foundations for evidence-based policymaking act of 2018[EB/OL].[2021-12-05]. https://www.congress.gov/bill/115th-congress/house-bill/4174.

② 夏义堃.论政府首席数据官制度的建立:兼论大数据局模式与运行机制[J].图书情报工作,2020(18).

③ 同上.

(续表)

设立部门	设立年份
劳动部、工资和工时司	2016
卫生与公众服务部	2017
联邦航空管理局	2017
国家海洋和大气管理局	2017

在职责方面,美国首席数据官的阶段性和层次性明显。早期首席数据官的职责更多是依从性的,即负责较为具体的支持性工作,包括数据采集汇聚、数据质量维护,随着政府数据开放运动在全球影响加深,政府首席数据官的职责范围逐渐扩大,首席数据官成为数字政府建设的重要力量,直接参与领导数据驱动型的政府变革,①拥有重大数据问题的话语权。除此之外,联邦政府与州政府的首席数据官职责定位有很大不同,前者负责宏观层面政策法规制定、推进重大数据战略规划、统筹协调各部门数据关系、跟进数据治理等,后者则更注重具体性事务,包括数据资源使用流程、开放数据平台建设、数据挖掘利用、数据安全管理等。②

在职权方面,美国首席数据官拥有数据治理的决策权和领导权。2019年特朗普总统签署的《基于循证决策的基础法案》进一步规定了首席数据官的具体职能:③(1)负责数据生命周期管理;(2)与使用、保护、传播和生成数据的人员进行沟通;(3)管理数据资产,包括数据格式标准化、数据资产共享、依法发布数据资产等;(4)在可行范围内,使数据资源符合数据管理的最佳实践;(5)推动机构雇员、公众和承包商参与使用公共数据,改进数据使用方式;(6)支持绩效改进官(Performance Improvement Officer)识别和使用数据;(7)确保评估者获取数据;(8)审查基础设施对数据资产的影响,改善基础设施,减少数据资产访问

---

① 夏义堃.论政府首席数据官制度的建立:兼论大数据局模式与运行机制[J].图书情报工作,2020(18).

② NEWCOMBE T. Big data or big hype? has data analytics delivered on its radical promise? [EB/OL]. [2021-12-05]. https://media.erepublic.com/document/PCIO_DataAnalytics_SR2018.pdf.

③ Foundations for evidence-based policymaking act of 2018[EB/OL].[2021-12-05]. https://www.congress.gov/bill/115-congress/house-bill/4174.

障碍;(9)促进数据深度利用,保证网络安全和改善机构运作;(10)明确和开放数据利用相关的职位与责任的联系点;(11)作为联络人与其他机构和管理预算办公室沟通,确定数据用于统计的最佳方式;(12)进行认证和培训。

(三)美国首席数据官制度的实践经验

美国是世界上最早设立首席数据官的国家,具有丰富的实践经验。第一,将首席数据官制度与数据战略相结合。《2010年GPRA现代化法》《开放数据倡议》《数字问责和透明度法》和《联邦数据战略和2020年行动计划》中均提出成立联邦首席数据官委员会,将首席数据官制度上升至战略高度。第二,首席数据官制度具备合法性保障。从1995年《信息技术管理改革法》授权成立联邦首席信息官办公室,到2019年的《基于循证决策的基础法案》规定每个机构都应有首席数据官,美国联邦政府非常重视制度的法律保障。不仅如此,在地方政府层面,一半以上的州政府都制定了各自的数据开发政策和各类执行原则及行动方案,使得首席数据官制度具有权威性和合法性。① 第三,首席数据官实现团队化运行。美国首席数据官是由数据科学家、数据架构师、政策分析师等组建的专业团队,各团队独立负责一部分数据业务,如芝加哥市的首席数据官办公室有四个团队:高级分析团队负责数据分析和平台运营,开放数据团队负责政府数据门户,业务智能团队负责市政内部工作人员使用的用户界面,数据管理团队主要职责是管理数据库。② 第四,注重市场化发展。美国首席数据官团队重视与高校、科研机构和企业建立伙伴关系,通过社会众包的方式委托数据项目,一方面减轻了公共部门压力,获得社会资源,如芝加哥的首席数据官就和企业建立了合作关系,并得到了资金上的无偿支持;另一方面,市场在技术和经济方面的内在优势能够保障数据项目顺利落地,实现数据价值释放的最大化。第五,高层领导支持。美国的实践表明,首席数据官制度得到高层领导的全力支持,以及被视为政府的战略要务,这为首席数据官赢得了更多资源和参与决策的机会,推动首席数据官逐渐迈向政府组织结构顶层。除高层领导支持外,

---

① 夏义堃.政府首席数据官制度的核心要义与运行分析[J].图书情报知识,2020(1).
② 夏义堃.论政府首席数据官制度的建立:兼论大数据局模式与运行机制[J].图书情报工作,2020(18).

社会权威也为其背书。美国大数据传播者艾米·奥康纳指出首席数据官的战略地位应为 C 级,即最高级。① 最后,数据基础能力较强。根据联合国《2020 电子政务调查报告》,美国是全球电子政务排名前十的国家;②在开放数据晴雨表中,美国位列第四。③ 由此可以看出,良好的数据基础能力为建立首席数据官制度提供了可能,二者相互促进,共同发展。

二、我国的首席数据官制度发展情况

(一)我国首席数据官制度现状

2021 年 4 月我国广东省开始首席数据官试点工作,试点范围为省公安厅、人力资源社会保障厅、自然资源厅、生态环境厅、医保局、地方金融监管局等 6 个部门,以及广州、深圳、珠海、河源、茂名、肇庆、中山、江门、佛山、韶关等 10 个地级以上市。现有的首席数据官相关政策规定了首席数据官的领导层级、职责范围、评价机制和保障措施。我国首席数据官一般由行政副职及以上领导兼任,推进数字政府建设是其目前的主要任务。为保障首席数据官有效开展工作,应建立首席数据官履职评价机制,此外,在组织领导、人才支持、技术研发、财政经费、学习培训、工作机制等方面也应予以保障。

我国首席数据官制度与美国相比开始较晚,且以地方规范性文件为依据,法律基础层级较低。此外,我国首席数据官一般由行政副职及以上领导兼任,未来随着数据治理深入发展,数字政府建设任务繁重,数据管理工作更加复杂,首席数据官以兼任的形式是否能够达到政府期望的数据治理水平有待进一步商榷。最后,在职责范围上,美国中央和地方分工明确,相比之下,我国首席数据官制度缺少国家层面的统一规定和政策支持,地方难以把握正确的发展方向,且职责划分过于简单,内容不够细致。

---

① FIORENZA P. Why we need more chief data officers? [EB/OL]. [2021-12-05]. https://www.gov-loop.com/why-we-need-more-chief-data-officers/.
② UN e-bovernment survey 2020 [EB/OL]. [2020-11-15]. https://publicadministration.un.org/egovkb/en-us/Reports/UN-E-Government-Survey-2020.
③ The open data barometer [EB/OL]. [2021-12-05]. https://opendatabarometer.org/.

(二) 我国首席数据官制度的未来刍议

首席数据官制度是政府数据治理组织模式的创新性实践,为使首席数据官制度更好地融于本土实践,推动我国数字政府建设,应注意以下几点:

(1) 试点范围扩大化。目前首席数据官制度的试点范围仅限于广东省6个部门和10个地级以上市,未来随着实践深入,应以广东省为中心,根据实际发展情况合理扩大试点范围,做好工作经验总结,分级分类整理问题,为首席数据官制度在全国推广打好基础。

(2) 法规政策完善化。我国首席数据官制度缺少国家层面的政策法规支持,法律基础层级较低,且相关制度不健全。因此,一方面应出台中央政府层面的首席数据官法规条例,提高其权威性;另一方面,应继续推进首席数据官制度内容建设,包括首席数据官选拔任用制度、教育培训制度、绩效考核制度、职位晋升制度等。

(3) 组织领导专业化。我国数据治理已有多年实践经验的积累,从政府信息化建设到电子政务,再到政府数据开放,前期成果显著,数字政府建设具备良好条件。但不可否认的是,这一过程也在一定程度上造成了政府数据环境的混乱。[①] 因此,面对激增的数据量和数据治理的复杂问题,一方面应选择和培养专业的数据人才担任首席数据官;另一方面,通过专人专岗的形式,使首席数据官专注于数据治理工作,集中精力解决数据问题和提出优化方案,担负起组织和监督数据治理的责任。

(4) 职责范围具体化。目前,我国首席数据官的职责范围可大致分为数字政府建设、数据管理、数据利用、数据要素市场化、团队化建设、交流培训、绩效评估7个方面,但内容较为笼统,缺少详细规定。IBM的一项报告列出了首席数据官在数据基础设施、数据治理、数据分析等9个方面的26项职责。[②] 美国《基于循证决策的基础法案》也规定了首席数据官的包括数据生命周期管理、数据沟通协调、数据资产管理等12项具体职责活动。国外首席数据官制度的发展经验可为我国相关实践的深化提供参照。

---

① 夏义堃.政府首席数据官制度的核心要义与运行分析[J].图书情报知识,2020(1).
② WISEMAN J M. Data-driven government: the role of chief data officers[EB/OL].[2021-12-05]. https://www.businessofgovernment.org/report/data-driven-government-role-chief-data-officers.

第十一章 数字政府的组织体系

思考与练习

1. 数字政府组织体系指什么？构成要素有哪些？
2. 数字政府组织目标中效率和效能分别是何含义？
3. 数字时代对政府组织职能有何新的要求？
4. 组织流程再造的含义是什么？

案例分析与讨论

如何做好首席数据官？
——美国联邦政府部门首席数据官的经验建议

美国国际开发署成立于 1961 年，以弘扬人道主义、减少贫困和促进民主发展为目的。在开放数据的行政命令和联邦开放数据政策的要求下，2014 年美国国际开发署任命布兰登·普斯特约夫斯基为第一位首席数据官。普斯特约夫斯基认为，首席数据官首先要忠于服务对象，而非埋头于技术。他指出，"如果忘记我们要服务的对象，首席数据官将不会发挥作用"。他还建议新的首席数据官需要精通 IT 技术和公司业务，但无须成为该领域专家，并坦诚地承认自己在某些方面的无知，希望吸引相关领域的专业人才为自己提供建议和指导，共同实现目标。

美国交通部成立于 1966 年，旨在建立安全、高效、现代化的交通系统。2013 年交通部首席信息官发现由于数据量激增，自己无法快速准确地处理有关数据问题，因此设置了首席数据官职位。2014 年丹·摩根被任命为第一个内阁级的首席数据官。摩根认为，设立首席数据官首先是为了解决实际问题。通过调查和访问，摩根得知，交通部需要创建一个实时交通地图，但由于法律、管理和技术上的限制，一直无法实现。为此，摩根带领他的团队解决了这个棘手的问题，让所有人感受到了数据的力量。其次，首席数据官要以满足用户需求为目的。他指出，解决数据或技术问题很容易，但一个组织更重要的是解决关于"人"的问题，如让他人工作更轻松、在合作中了解他人需求。

总务管理局成立于 1949 年，为完善联邦政府行政职能、降低成本而设立，

2015 年克里斯·罗利被任命为首席数据官。作为联邦政府中任期最长的首席数据官之一，罗利提出，一是要明确客户业务优先事项，罗利每年花 3—4 个小时逐个与机构中的高级行政官交流，获取总务管理局的数据状况简报，然后得出最需要关注和提供数据资源的优先事项。二是确定超级用户(super users)并定期联系。他建议总务管理局的其他数据专业人员也可以通过这种方式来了解超级用户在做什么及数据官能够如何改进服务。三是不求完美而求足够好。罗利主张使用"足够好"的数据。他指出，不能由于数据质量不够完美就抗拒数据驱动型政府。罗利表示，"只要有 80%—85% 的准确率，数据就值得使用"。最后他提出，用一对一会议代替大型小组会议，以了解不同层次、类型的问题。

卫生和公共服务部监察长办公室成立于 1976 年，其使命是打击医疗保险、医疗补助等项目中的浪费、欺诈和滥用行为。2015 年该机构任命了第一位首席数据官卡罗·布里兹米奥克韦克兹。回顾三年的工作经历，她指出，首先要与用户建立交流。通过拜访每一位副监察长，与他们进行一对一的会面，询问"你最担心的是什么？你需要帮助的地方在哪里？"，根据这样的询问得出组织战略。其次，她认为有必要培养首席数据官的好奇心，即在研究数据模式和趋势时思考"如果"和"为什么不"的问题。此外，为加强员工团结，她指出要保持良好的沟通。最后布里兹米奥克韦克兹要求她的团队尽早考虑变更管理方式，以应对数据带来的客户业务流程的改变。

资料来源：IBM Center for The Business of Government. Data-driven government：the role of chief data officers［EB/OL］.［2023-08-25］. https://www.businessofgovernment.org/report/data-driven-government-role-chief-data-officers.

思考并讨论：

1. 美国联邦政府设立首席数据官的用意是什么？
2. 数据和技术性工作是不是政府首席数据官工作的全部内容？
3. 你认为对于做好一个首席数据官，什么是重要的？
4. 数字技术和政府组织的关系是怎样的？

第十二章　数字政府的多元参与体系

■ 学习目标

本章主要介绍政府、企业、社会组织等多元主体参与数字政府建设的内容、机制及实践。通过本章的学习,需要掌握:(1)数字政府多元参与体系的构建背景;(2)数字政府多元参与体系的内涵与构成;(3)数字政府多元参与机制;(4)我国数字政府多元参与实践与存在的问题。

■ 引　例

政务服务"好差评":"一网通办"服务绩效由企业和群众来评判

2019年7月23日,为持续优化政务服务,深入推进政府职能转变和"放管服"改革,上海市政府印发《建立"一网通办"政务服务"好差评"制度工作方案》,持续推进"一网通办"从"以部门为中心"向"以用户为中心"转变,建立政务服务绩效由企业和群众来评判的"好差评"制度,倒逼各级政务服务部门不断改进工作,提供优质高效的政务服务。方案提出,要科学设置"好差评"指标,构建全过程、全方位、多角度评价指标体系,实现"一网通办"的所有政务服务事项服务评价全覆盖,建立健全整改和反馈机制,持续提升政务服务质量和效率,实现政务服务从政府供给导向转变为企业群众需求导向的目标,努力建设人民满意的服务型政府。

资料来源:上海市人民政府办公厅关于印发《建立"一网通办"政务服务"好差评"制度工作方案》的通知[EB/OL].(2019-07-23)[2019-08-01]. https://www.shanghai.gov.cn/nw12344/20200813/0001-12344_61312.html.

第一节　数字政府多元参与体系的构建背景

广泛分布于政府、企业、社会组织与个体之间的数据,决定了政府部门不再是治理结构中的唯一主体,政府由封闭性结构向开放性治理结构转变,由政府包办的治理结构向多元共治转变。在数字政府条件下,国家治理机构将逐渐变得更加开放,市场组织与社会组织参与治理,治理主体的边界变得模糊。数字政府多元参与体系构建是国家治理现代化的必然要求,符合服务型政府建设的现实需要,亦是技术手段进步的迫切要求。

一、国家治理现代化的必然要求

2013年党的十八届三中全会第一次在文件中提出"国家治理"的概念,强调我国治理主体从"一元"到"多元"的转变,实现了国家管理到国家治理模式的转变。2019年党的十九届四中全会明确提出:建立健全运用互联网、大数据、人工智能等技术手段进行行政管理的制度规则,推进数字政府建设。到2020年10月,党的十九届五中全会强调,要"加强数字社会、数字政府建设,提升公共服务、社会治理等数字化智能化水平"。新时代背景下,建设数字政府,运用新一代信息技术提高公共服务效率、提升公共治理水平,已成为推动我国国家治理体系和治理能力现代化建设的必然要求。

为实现国家治理体系和治理能力的现代化,需要从社会发展的各个方面全面发力,也需要运用大量新技术并辅以全新的治理机制,这样才能构建一个全面系统的工程。在这一过程中,数字政府遵循"以人民为中心"理念,充分发挥数据和智能的驱动作用,为社会输出主动、精准、整体式、智能化、高效化的政府管理和服务,从而转变单向输出模式为共建共治共享、数字协商的共同治理模式,实现公共权力向多元主体的回归;通过社会成员多向互动,推动数字政府与其他治理主体的联动型变革以及共享发展,体现民主、公平、参与、共享等政治意涵,对于推动中国民主进程和治理能力现代化具有重要的现实意义。

二、服务型政府建设的现实需要

从2006年我国开始进行服务型政府改革至今,公众对政府的公共服务提出了越来越高的要求,希望政府在提高服务质量的同时,能够更加高效便捷。公众需求倒逼政府创新公共服务的供给模式,进行公共服务供给体制机制的改革。从电子政务发展为数字政府的过程,亦是我国服务型政府的建设过程。数字政府多元参与体系的构建是稳步推进数字政府治理进程的重要因素,可以助力我国政府决策科学化、社会治理精准化、公共服务高效化、政府治理民主化,是服务型政府建设的重要举措之一。

数字政府的推进,离不开政府主导、政企合作和公众参与,多元参与体系构建是推动服务型政府建设的主要路径。建设服务型政府就意味着政府的主要职能是掌舵而不是划桨,数字政府的建设需要发挥政府、市场和社会各自的优势与协同共治的作用,从关注政府内部组织和管理转向关注政民关系和社会协同,建立各种合作机制,促进跨领域、跨行业的对话互动和公共行动,提升公共价值。从实践来看,无论是数字政府管理部门还是业务部门,都在积极尝试通过各种方式与市场主体、社会公众建立协作互动的机制,争取为社会提供更好的政务服务,促进数字经济的繁荣发展。①

三、技术手段进步的迫切要求

技术手段进步是促进经济发展的重要力量,是衡量综合国力的重要标志,尤其是以信息技术等为代表的新兴技术的迅速发展和对经济社会各领域的广泛渗透,对人类的生活、工作产生了巨大而深刻的影响。技术的融合与应用也改变着人们对政府提供公共服务能力的期望,要求政府重新检视其治理方式和模式。随着数字治理的发展,政府技术能力不足的短板日趋明显,两者之间的张力促使政府部门寻求外部支持,尤其是吸纳互联网和技术企业来进行信息系统开发、数字化平台和渠道建设、大数据和人工智能技术应用等,从而推动数字治理领域公私合作的兴起和发展。② 在信息技术发展方兴未艾的背景下,政府需要充分使用数字技术和信息技术,与公众、企业和其他社会组织进行紧

---

① 马颜昕等.数字政府:变革与法治[M].北京:中国人民大学出版社,2021.
② 杨学敏,刘特,郑跃平.数字治理领域公私合作研究述评:实践、议题与展望[J].公共管理与政策评论,2020(5).

密的合作。①

数字技术的发展提高了人类整体性协同处理经济社会事务的能力。在推进数字政府建设的过程中,数字技术通过创新政府治理流程、治理工具、治理内容等,形成人机合作的线上线下一体化的治理体系,打造政府、社会、市场之间的技术、业务、数据、空间相互融合的治理生态,在政府治理过程中实现多治理主体、多治理机构之间的跨层级、跨区域、跨部门、跨业务的协同与联动。②

此外,政府内部系统的易用性和效率不能与企业比肩,尽管创新有所增加,但政府机构往往很难跟上技术发展趋势。在此背景下,数字政府的实现依赖由社会组织、企业和个人等不同主体组成的数字生态系统。在该系统内,各主体与政府交互,进行数据、内容的生产与互通,从而形成新的供需关系。③

第二节 数字政府多元参与体系的内涵与构成

一、数字政府多元参与体系的内涵

我国数字政府多元参与体系的构建充分体现了协同治理的理念:政府、社会、市场、公民个体相互之间对话、合作是数字政府协同治理的基础,其主要特征体现于政府、企业、公众和社会组织等利益相关主体参与集体行动,并采取基于共识的决策方式来应对社会治理问题。这些主体及其相互之间的关系构成了数字政府多元参与体系,对于发挥社会系统功能具有积极作用。

在数字政府建设和发展过程中,多元参与者及其交互的演化过程是数字政府服务创新的过程,在此过程中多元参与者的角色和作用存在差异,需要对多种资源进行科学配置与有效利用,做到既有分工又可以形成合力。其中,政府部门主要发挥创新行政理念、再造服务流程以及监管等作用;企业和公众既是创新的服务对象,也是创新的参与者,企业以技术能力直接参与到数字政府服务创新之中并承担政府疏解的部分服务功能,公众则通过多渠道的监督和评价为服务创新的可持续发展提供约束和动力;社会组织能够更加便捷地获取公众

---

① 王益民.数字政府[M].北京:中共中央党校出版社,2020.
② 王孟嘉.数字政府建设的价值、困境与出路[J].改革,2021(4).
③ 王益民.数字政府[M].北京:中共中央党校出版社,2020.

需求,高效提供公共服务,提高公众对公共服务供给的满意度,增强社会稳定性。

数字政府治理中塑造的治理结构将各个节点所具有的核心优势经过主动优化、选择搭配,以最合理的形式构成了一个优势互补、相互匹配的有机体,从而突破单一政府组织自身的能力缺陷,以提高数字治理系统处理问题的能力。[①]

二、构成数字政府多元参与体系的主体

(一) 企业

在数字政府建设过程中,政府对技术工具的支配性诉求,成为政府与私人部门合作的最初动力。[②] 以政务社交媒体和移动政务等为代表的数字化交流与互动平台的建设,一定程度上重构了公共服务供给的内容和方式,由此产生了大量的资源投入需求,随之而来的还有长期的风险。因此,在数字治理过程中,可以引入社会资本,利用私人部门在资本供给、项目运营、成本管理、风险承担等方面的诸多优势更有效地建设数字政府,最终提高公共服务供给的效率、透明度和有效性,降低财政压力并分散风险。

企业既是数字政府的服务对象,也是数字政府建设的参与者,如何准确定位数字政府建设中的企业角色,处理好其同政府、社会组织以及公众等主体之间的关系,关乎多元主体参与数字政府建设的成效和水平。[③] 数字经济发展浪潮下,国内外领军企业纷纷主动适应变革,将数字化转型作为企业发展战略核心,在技术创新、企业架构等方面实现全面数字化,凭借技术能力直接参与到数字政府的建设过程中。

地方政府在推进数字政府建设过程中,纷纷积极探索与企业开展公私合作的模式,通过整合其技术、资本与人力资源来共同推动数字政府规划、设计、建

[①] 徐顽强,庄杰,李华君.数字政府治理中非政府组织参与机制研究[J].电子政务,2012(9).

[②] ALLEN B A, JUILLET L, PAQUET G, et al. E-Governance & government on-line in Canada: partner ships, people & prospects [J]. Government information quarterly, 2001(2); AUNDHE M D, NARASIMHAN R. Public private partnership (PPP) outcomes in e-government a social capital explanation [J]. International journal of public sector management, 2016(7).

[③] 王张华,周梦婷,颜佳华.互联网企业参与数字政府建设:角色定位与制度安排——基于角色理论的分析[J].电子政务,2021(11).

设和运营,加快政府数字化转型。① 互联网思维与平台的引入,拓宽了政府与多元主体的接触渠道,提供了多维度的信息交互工具。② 通过政企合作整合社会资源,利用市场化手段找到最佳的企业合作者,可以有效地降低政府投入成本,提高公共服务质量和效率,提升政府管理和服务水平。加强政企合作已经成为推进数字政府建设的必然趋势和选择。

（二）公众

21世纪初,以提升社会满意度、增进社会福利、实现社会管理创新为目标的组织形式"众包"作为一种新兴的公共管理方式蓬勃兴起,这种方式主要体现为公众参与社会公共产品和服务的生产。③ 公众是国民经济和社会发展的主体,通过众包,公众从"旁观者"转变为"设计者"。数字政府建设中技术赋能拓展了政府吸收社会力量与民间智慧完善公共管理的行为边界,极大地降低了人们交换信息、组建群体与协作行动的交易成本,可以在更大范围内实现政府与公众间信息资源的共建和共享。通过数字政府建设过程中的公众参与与反馈,可以增强公共服务的可得性,极大提高公众参与社会治理的便利性和有效性。

随着我国电子政务应用的深入发展,公众参与意识逐步加强,对政府服务期许更高、需求更广,数字化参与也在政治协商、政策制定、公共服务等公共事务中得到广泛的应用。互联网信息技术的不断发展促使公民与政府、社会组织之间的关系产生新变化,公民的角色从公共产品与服务的被动接受者向主动创造者转化。④ 不论从政府服务的角度还是从公众意识觉醒的角度来看,公众通过数字化方式参与公共事务都成为一种新趋势。数字化参与是政府接近公众、保证公众参与管理的重要途径,一方面拓宽了公共参与的途径,降低了参与的成本,提高了参与效率,使公众能够有效地参与公共政策的制定、公共事务的管理等;另一方面,数字化参与为公众打通了获取政府信息的渠道,使公众拥有更加完备的信息。公众享有的信息越广泛,就会越有针对性地提出适合国情的改

---

① 郑跃平,杨学敏,甘泉等.我国数字政府建设的主要模式:基于公私合作视角的对比研究[J].治理研究,2021(4).
② 马颜昕等.数字政府:变革与法治[M].北京:中国人民大学出版社,2021.
③ 孟韬,杨薇.互联网环境下"公民众包"的兴起与公共管理创新[J].华东经济管理,2015(7).
④ 同上.

革意见,而这对提高政府决策的质量与效果具有重要作用,能从整体上优化行政组织结构,整合行政资源,提高行政资源的使用效率。①

(三) 社会组织

从数字政府治理的发展趋向来看,社会组织是数字政府治理的重要参与者,在数字政府治理过程中构建完备的社会组织参与机制是必然之举。通过社会组织的参与实现数字政府治理中政府与社会组织的整合,可以帮助数字政府采用一种新的整体的、全盘的思维方式来分配公共治理的职能与权力;同时,社会组织的参与有助于塑造一个信息开放的组织参与系统,增加公共决策的开放性与透明性。②

与政府部门相比,社会组织具有非政府性、自治性、非营利性、组织性和志愿性。③ 基于这些特征,社会组织与数字政府治理的目标在根本上一致,并且具备在数字政府治理过程中实现目标的组织基础,既能推进数字技术在多样场景中的广泛应用,又能发挥社会监督作用。④

第三节 数字政府多元参与机制

推进数字政府治理的关键因素之一就是升级与重塑数字政府治理的多元参与机制。要处理好政府与市场和社会的关系,建立多元主体协同互动机制,依托治理资源实现数字治理与价值创造,吸引数字政府治理多元主体积极理性参与。提高对多元主体协同治理重要性的认识,重塑数字政府治理的现代治理体系;建立数据要素流通与共享机制,推进公私数据融通,实现数据价值,拓展公私合作深度与广度。

一、政府、市场与社会之间的协同机制

数字政府的核心是作为一个数字平台和生态系统,使参与其中的政府、企

---

① 王益民.数字政府[M].北京:中共中央党校出版社,2020.
② 徐顽强,庄杰,李华君.数字政府治理中非政府组织参与机制研究[J].电子政务,2012(9).
③ SALAMON L M, ANHEIER H K. Social origins of civil society: explaining the nonprofit sector cross-nationally[J]. Voluntas, 1998(3).
④ 孟天广.数字治理生态:数字政府的理论迭代与模型演化[J].政治学研究,2022(5).

业、公民和社会组织等利益相关者都能够和谐共处并各取所需,[①]基于此,要以开放合作的理念,搭建和拓宽政府与市场、政府与社会对接合作的平台和渠道,实现数字政府共建共享的区域协同,实现数字政府共营共用的区域治理。为提升数字政府建设效能,必须构建政府与市场、社会之间的协同机制,进而有序引导、合理利用、集约共享信息资源。协同效应不是多个主体行为的简单相加,而是多元主体围绕共同目标,进行资源整合与协同行动,发挥更大的效应,[②]实现更加灵活和有弹性的政府治理活动,创造可持续的公共价值。

(一)政企合作,实现政府与企业的优势互补

加强政企合作已经成为推进我国数字政府建设的必然趋势和选择,通过政企合作,发挥优秀企业的价值,提升政府管理水平,实现政府与企业的优势互补。政企合作可以强化政府内部的数据整合,并能有效探索企业数据的共享路径,从而扩大数据总量和提升数据质量,以扩展数据的应用场景。基于政企数据和技术融合,可以构建起支撑分析决策的技术平台,运用大数据辅助政府决策更科学;基于企业专业技术力量,可以保障政府信息化建设,让政府管理更集约。企业通过开发公众友好的产品帮助政府实现"以人民为中心"的发展理念,让政民互动更紧密。基于政企合作的形式深度融合政府与企业的数据资源,企业还可以发挥自身的技术、渠道等优势,利用数据资源进行增值开发利用,从而催生出新产业、新业态和新模式,构建数字化建设大生态。[③]

(二)公众数字化参与提升政府公共服务供给能力

数字政府建设背景下,公共服务供给从以部门为中心的传统模式向以公众为中心的模式转变,强调政府不是简单地提供信息、服务或公众参与的平台,而是更加注重运用以公众为中心的双向互动的治理方式。

公众数字化参与本质上是一种积极的、全新的政治参与模式,随着政府微博、微信、网站"政民互动"栏目的广泛开设以及市民热线、听证会、圆桌会和议事会等公众参与渠道的建立,越来越多的公众参与到互动交流中,在传播速度

---

① 蔡聪裕,邓雪.制度关系差序格局:混合型组织在中国地方数字政府建设中何以可为?——基于广东省W公司的案例分析[J].湖北社会科学,2021(8).
② 胡玉桃.数字化转型视野下的地方政府数据协同治理[J].学习与实践,2021(6).
③ 马颜昕等.数字政府:变革与法治[M].北京:中国人民大学出版社,2021.

快且传播范围广的网络空间中形成了公众网络参与的公共领域;政府利用数字技术,加强与公众之间的沟通和联系,广泛听取公众的意见和建议,不断了解公众对公共服务的需求,不断创新及改进公共服务,通过数字化手段,扩大公众对公共事务的参与。政民之间传统的互动形式发生改变,公众参与和政治参与行为得到加强。不论从政府服务的角度还是从公众意识觉醒的角度来看,公众通过电子方式参与公共事务都成为一种新趋势。

此外,随着我国"好差评"制度的建立,政府以公众需求为导向,强化在线反馈、办事评价等互动功能,使得公众能积极参与到数字服务的满意度调查中,提高了政府业务的透明度;政府建立健全问责制,使得公众和公共部门之间、被治理者和治理者之间建立了信任。

(三) 社会组织助力实现数字政府治理目标

社会组织与政府部门在互动平台上的有机协同,能够有效提升公共服务供给的效能,并提升政民互动效能,最终助力数字政府治理效能的全面升级。社会组织是政民互动的重要平台,其本质是服务,社会组织作为政府与公众的"中间人",在政民互动中发挥不可忽视的作用。

目前,中国的治理主体中政府部门是数字政府治理方针的制定者和执行者,而社会组织和私营部门则作为社会力量,对数字政府建设进行有效的监督。[1] 非政府部门实行社会监督,一是对数字政府行为的合法性进行监督,防止出现腐败和权力寻租;二是监督数字政府行为的合理性,防止出现数字平台使用效率不高,甚至无效的状态。此外,社会组织还可通过第三方评估的方式,对数字政府绩效进行评估,推动数字政府的规范和有序运行。[2]

有效供给公共服务是数字政府治理的重要目标,社会组织参与数字政府治理能够助力该目标的实现。与政府相比,社会组织具有运作灵活、层级较少、直接接触新的信息技术等优点。社会组织的服务能力表现为对私营部门服务能力的弥补和对政府部门服务能力的延伸。首先,社会组织能够更加及时、准确地了解公众公共服务需求,在此基础上削减或增加自己所供给的公共服务,更

---

[1] 吕美璇.中国数字政府治理困境与解决路径研究[J].改革与开放,2020(16).
[2] 徐顽强,王守文,段萱.非政府组织参与数字政府治理:契机、价值与模式创新[J].电子政务,2012(9).

精准地满足公众需求;其次,在公共服务提供过程中,政府辖区交界区域常常出现公共服务供给效率低于核心区域的现象,社会组织参与数字政府治理之后,能够在政府的领导下借助网络更加有效地跨越政府部门面临的地理边界限制,为不同地理区域的公众供给同样的公共服务,为公共服务均等化创造条件,有效地提高数字政府治理水平。①

二、数据要素流通与共享机制

数字政府治理是数字政府对全社会的数据产生、流动和应用进行治理,而数据是驱动数字政府发展的核心要素。数字政府治理要以数据为纽带,即要在多元主体中建立起数据的流通和共享机制,保证数据在治理场景下的应用。

(一)建立数据要素流通机制,推进公私数据融通

数据驱动数字政府建设的一个重要前提是多源数据的融合利用。没有充足的数据,绝大多数政府治理和民生服务创新场景无法实现,②但是相应数据的来源常常是跨部门、跨行业、跨系统的,所以推进数据要素流通就成为深化数字技术对政府治理赋能的关键所在。建立数据要素的流通机制,要求深化数据在行业部门内和跨行业部门的协同共享,并着力推进公共部门数据和私人部门数据的融合利用,在保障数据安全的基础上,支持企业和公共组织的数字化转型升级,促进数字经济、数字社会与数字政府的协同发展。

(二)以数据要素流通共享为基础的在线协作运行机制

数字政府建设过程中数据要素的流通和共享要形成在线协作运行机制,具体包括以下三个方面:一是政府要强化数据资源统筹规划、分类管理、整合共享,实现公共数据资源一体化管理,为各参与主体开展大数据分析应用提供数据支撑;二是对数据进行资产化管理,实现数据有规律地跨组织边界流动,使不同部门更容易进行交互和提供更好的服务,专注于设计和实现以数据为中心的

---

① 王少泉.数字政府治理中公益部门参与机制分析[J].齐齐哈尔大学学报(哲学社会科学版),2018(6).
② 丁煌,马小成.数据要素驱动数字经济发展的治理逻辑与创新进路:以贵州省大数据综合试验区建设为例[J].理论与改革,2021(6).

策略和流程;三是数字政府改革的持续推进,要求政府数据共享兼顾市场、公众与政府职能部门。

第四节　我国数字政府多元参与实践与存在的问题

一、我国数字政府的多元参与实践

(一)数字政府建设与政企合作

1. 数字政府建设与营商环境优化

打造优质营商环境已成为各地政府数字化转型的重要契机和着力点。当前我国地方政府推进营商环境优化主要有以下几种模式:

(1)以行政审批为突破口,实现涉企事项"一网办"模式。数字政府推动各个部门数据全归集、全打通、全共享,在数据共享的基础上再造业务流程,推动网上申报受理和审批全程电子化运作、一网办理等,实现涉企行政审批从"群众跑腿"向互联网"数据跑路"转变,疏通了传统的条块分割所造成的行政审批流程中审批条件互为前置、信息不对称、衔接不连贯等问题的梗阻。目前,很多地区将推动涉企行政审批服务"网上办"乃至"一网办"作为数字技术赋能营商环境的主要举措,如江苏省"网上办、集中批、联合审、区域评、代办制、不见面"的"不见面审批"模式,安徽省"一窗受理、一网通办、一次采集、一套材料、一档管理、一日办结"的"皖事通办"模式,等等。

(2)以惠企政策为突破口,打造惠企政策一体化平台模式。惠企政策的质量和执行力度直接影响着营商环境的好坏。在数字政府建设背景下,运用智能化方式推送惠企政策、搭建平台实现惠企政策的在线办理等手段,增强了惠企政策的实施效果。越来越多的地区借助政府数字化转型契机着力打造惠企政策平台,探索惠企政策一站汇聚、精准查询、精准推送、在线办理和"免申即享"模式,如青岛市的"政策通"、泉州市台商区的"掌上兑现"、无锡市的"惠企通"、九江市的"惠企政策直通车"等。

(3)以政企互动为突破口,实现多场景全天候实时"云对话"模式。数字政府打破了政务服务提供时间和空间的约束,为政企沟通提供了全天候的对话平台,能更广泛地听取企业的意见和建议,更充分地了解企业需求,进而有针对性地做出回应和解答,如杭州市的亲清直播间、珠海市横琴新区的政企直播间等都通过与企业实时互动,共同解读政策,提供良好的政企互动环境。

(4)以市场监管为突破口,推行智慧监管模式。数字政府运用大数据技术,通过"数据+算力+算法"创新市场监管方式,提升监督的效能,让公共资源交易活动更公正透明。如云南省昆明市依托公共资源交易平台,创新"4+1"智慧监管"技术工具箱",对公共资源交易活动进行实时监测分析,以便及时发现并自动预警围标串标、弄虚作假等违法违规行为。①

2.企业技术助力数字政府建设

运用互联网技术和信息化手段驱动政府改革是数字时代推进国家治理体系和治理能力现代化的必然要求,而技术和信息化水平的提升需要借助第三方的力量参与开发建设。基于此,数字政府建设要构建政企合作机制,有效化解政府信息化和数字政府建设过程中的技术瓶颈和短板,从而保证数字政府高质量发展。

目前,我国政企合作已成为一种普遍的数字政府建设模式。企业在项目规划、方案设计、基础设施建设、业务应用开发、运维服务、政务信息资源利用、资金筹措等方面的作用日益显著,政府可以从企业获取更专业化、更高效能的产品和服务。各地政府部门在选择政企合作运作模式和管理手段时,基于自身实际,探索形成了多种实现方式。如广东数字政府改革构建了"管运分离"的数字政府建设管理新模式,成立了由国有电信运营商和行业领军企业共同出资的混合所有制企业,汇聚优秀技术力量提供全省数字政府建设运营服务。此外,在各地实践中互联网企业的参与亦有效地助推了数字政府建设进程,阿里巴巴、腾讯、百度等大型互联网企业在数字政府建设中发挥举足轻重的作用,扮演极为重要的角色。互联网企业将自身技术开发和平台运营等优势同数字政府建设目标相结合,为数字政府建设提供了强大助力。②

---

① 张秋梅.政府数字化转型助推营商环境优化:实践探索与未来路径[J].辽宁行政学院学报,2021(5).

② 王张华,周梦婷,颜佳华.互联网企业参与数字政府建设:角色定位与制度安排——基于角色理论的分析[J].电子政务,2021(11).

（二）数字政府建设公众参与实践

1. 基于公众数字化参与的政民互动

数字政府的建设过程，是政府运行从条块分割、封闭的阶段迈向开放、协同、合作的阶段的过程，以其为基础的公众数字化参与，亦体现了数字政府建设正从以政府为主体向"政府—社会"协同互动转变。该过程有助于保障社会公众的知情权、参与权、表达权与监督权，亦能助力政府倾听民意了解民生，化解潜在的社会矛盾，改进政府与公众的互动关系，提高政府的公信力。①

截止到 2022 年底，全国一体化政务服务平台实名注册用户超过 10 亿，其中，国家政府服务平台注册用户 8.08 亿，政务服务应用不断创新，企业和群众的满意度和获得感不断增强。我国网上政府服务发展已经由以信息服务为主的单向服务阶段，开始迈向以跨区域、跨部门、跨层级一体化政务服务为特征的整体服务阶段。②

2. 政务服务"好差评"制度

构建以公共利益和公共治理结果为导向的价值链评估，能够帮助政府及时发现服务供给过程中出现的问题，了解公众服务的实际需求，进而基于公众需求供给数字化公共服务或产品。从公众对政府的价值期望、政府服务的效用等方面构建政府服务的评价体系，可以促进政民之间的合作和责任的分担，有利于将公众满意、舆论监督等整合起来，实现评价、反馈、整改、监督全流程衔接，促进政务服务质量持续提升，进而助力建设人民满意的服务型政府。

我国政务服务"好差评"制度，通过制度化授权方式，凸显了办事企业和群众口碑对政务服务绩效评价的决定性作用。③ 2019 年《政府工作报告》中明确提出："建立政务服务'好差评'制度，服务绩效由企业和群众来评判。"2019 年 5 月，国家一体化政务系统上线运行，设置包括好差评在内的"七个统一"政务服务模块，为实践"好差评"提供运行保障和管理体系。同年 12 月，国务院办公厅

---

① 陶勇.协同治理推进数字政府建设：《2018 年联合国电子政务调查报告》解读之六[J].行政管理改革，2019(6).

② 数字中国发展报告（2022 年）[EB/OL].(2023-05-23)[2023-07-28].http://www.cac.gov.cn/2023-05/22/c_168402318492248.htm.

③ 沈丽琴.地方政府实施政务服务"好差评"制度的成效及其优化[J].中国行政管理，2020(12).

印发《关于建立政务服务"好差评"制度提高政务服务水平的意见》,要求全面建成政务服务"好差评"制度体系,建成全国一体化在线政务服务平台"好差评"管理体系,这也成为我国深化党和国家机构改革的目标之一。到2020年12月,省级政务服务平台全部按照全国一体化政务服务平台统一评价等级要求,通过整合对接原有政务服务评价渠道,建设了政务服务"好差评"系统。2021年1月1日,《政务服务评价工作指南》国家标准正式实施,全国范围内的政务服务"好差评"有了统一的方向指引和工作规范。一系列制度的落实为建立公众参与和反馈机制提供了制度保障,也给予了公众参与政务服务更大的话语权。

3. 数字赋能公众参与社会治理

数字政府建设不仅着眼于让数字技术赋能政府自身建设,更体现在数字治理、智慧治理等多个方面,即将现代数字化技术与治理理论融合,依托信息技术的运用扩展公众参与社会治理的深度与广度、丰富公众参与社会治理的方式与途径,最终实现向善治政府与服务型政府的转变。[①] 我国数字政府建设过程中,为实现智慧治理、数字治理,政府不断开阔视角,不断调整政府和社会在不断变化的技术环境中的相互作用关系,通过信息技术推进行政改革,扩大公众参与,并重塑国家和公民之间的关系。

在城市管理方面,多地探索智慧城管微信公众号、微信小程序、APP等城市管理应用平台,公众可通过应用平台进行问题咨询、投诉、日常城市管理问题上报等。例如,长沙市的城管"市民随手拍",贵阳市的"百姓拍"城市管理平台,武汉市的"城管随手拍"等APP或小程序,公众可以将拍摄到的城市管理相关情况上传至平台,各级城管部门收到转办问题后,在规定时间内完成整改。为提升公众参与积极性,各地还设置了奖励制度,鼓励公众参与到城市管理中来。

在智慧监管、智慧监督等方面,多地运用数字技术拓展公众参与监督的新途径。如通过江苏省无锡市开发的"无锡智慧农贸"小程序,公众可以搜索附近的农贸市场,浏览并监督农贸市场卫生状况与菜价;四川省宜宾市上线"明白了"村级智慧监管系统,公众通过在线查询即可实现对个人补贴、村级"三资"的

[①] 郑磊.数字治理的效度、温度和尺度[J].治理研究,2021(2).

实时查询和立体监督;山东省淄博市打造了智慧市场监管 APP,集监管、查询、整改、公示、投诉等功能于一身,公众可以通过扫描商家专属的二维码查询商家和企业的证照信息与监管部门的检查记录。

(三) 社会组织参与数字政府建设的实践

在数字政府治理过程中,在政府部门的领导下,社会组织能够承接部分公共职能,有效供给部分公共服务,促进政府职能转变,提高公众对公共服务供给的满意度,进而有助于社会的和谐稳定。2018 年 9 月我国民政部印发了《"互联网+社会组织(社会工作、志愿服务)"行动方案(2018—2020 年)》,鼓励积极运用互联网技术和信息化手段推动社会组织健康有序发展,通过数据共享推动社会组织依托互联网更好发挥作用,增强社会治理、公共服务的精准性和有效性。

在实践方面,社会组织逐步成为推动数字政府发展的重要力量。部分社会组织已在实行数字化转型,积极配合有关部门提供数字便民服务,如浙江省人力资源服务协会打造了大学生就业招聘数字化平台,为优化大学生就业市场提供助力。[①]

二、我国数字政府多元参与体系构建存在的问题

(一) 多元主体参与效能发挥不充分

当前,我国数字政府治理的现代治理体系和经营模式尚不完善,部分地方政府对多元主体参与不够重视,对数字政府治理演进结构存在认知偏差,对治理主体多元参与的意义和紧迫性认识尚有不足,导致多元参与机制失衡,致使数字政府治理的多元主体参与程度较低,理性参与和主动参与意识薄弱,多元参与机制效能未能全面发挥。

首先,多元主体之间不能有效协同。在数据治理中,政府、企业、社会组织等各主体协同中的职责、权限、义务以及协同边界等关键问题还不明晰。各主体之间协同机制的缺失,导致主体之间沟通不畅、互动不足,甚至出现相互冲突的情况,未能实现预期的协同效果。其次,部分企业和社会组织自身发展情况、

---

① 先藕洁.浙江社会组织用"硬核工夫"破解大学生就业难[EB/OL].(2023-07-31)[2023-08-01].http://baijiahao.baidu.com/o?id=177292064210168/8498&wfr=spider&for=pc.

发展程度参差不齐,尚不能完全达到数字政府发展的技术要求,难以运用数字技术参与治理。最后,部分企业和社会组织防范数据信息风险的能力较弱,面临获取数据资源困难、社会公众信任度低等问题,未能有效助推数字政府治理水平的提升。

(二)数据监管困难影响多元主体参与数字政府建设积极性

数字政府建设需要政府之外的企业、公民及其他社会力量参与到数据信息的搜集、整理、共享和使用中来,但随着参与主体不断壮大,政府对参与主体的监管难度增加,给政府数据监管工作带来了新的挑战。由于不同主体的目标不同,私人部门在追求商业利益的同时能否合法合规地使用数据、尊重和保护公共利益,影响到数据使用和共享的程度。新一代信息技术的广泛应用使得数据的传播途径变得更加复杂和多样,导致数据监管成本上升,监管效率下降。① 此外,政府数据监管强度亦会影响到数据价值的体现。如果对政府数据监管强度过大,会在一定程度上制约政府数据开放程度,影响数据的使用、营运、反馈;如果对政府数据监管强度过低,容易引发数据滥用、数据泄露等问题,造成数据信任危机。

(三)政企权责不清制约数字政府建设

数字政府建设过程中,大量企业深度参与到数字政府建设中,模糊了政府和企业在公共领域的边界,容易衍生出一系列合作难题。政府自身的性质决定了在数字政府建设过程中需要优先考虑公共利益,但企业的逐利性决定其参与数字政府建设的优先价值追求是盈利,这在一定程度上影响了政企合作的基础。此外,政府和企业的权责界定不清,亦会影响到政企合作效果。数字治理领域公私合作项目的运营与管理比传统项目更加复杂,有的地方政府对 BOT、PPP 等政企合作模式的认知和实施能力有限,在政企合作协议中对各方责任权利界定不清,导致合作企业在未经政府同意的情况下,擅自对政府数据进行开发利用。数据权属不能清晰界定的情况下,政府和企业在共享数据、应用数据等过程中如果发生安全事故,那么将无法追究问责。② 最后,由于政策层面的不

---

① 任晓刚.数字政府建设进程中的安全风险及其治理策略[J].求索,2022(1).
② 王伟玲.加快实施数字政府战略:现实困境与破解路径[J].电子政务,2019(12).

确定和复杂性,容易产生公共问责、政府机会主义、一把手变更等风险,影响公私合作的正常运行。

三、我国数字政府多元参与体系构建路径

(一) 构建持续有效的多元主体参与体制与机制

构建持续有效的多元主体参与体制与机制,实现多元主体协同治理是保证多元主体有序参与数字政府建设的有效路径。[①] 这就需要提高全社会对多元治理主体共同参与的重要性的认识,重塑数字政府治理的现代治理体系。首先,应当健全多元主体参与数字政府治理的体系。按照我国目前的数字技术水平、各主体参与程度、各地区治理现代化进程等,进行统筹规划和总体设计。其次,政府要为数字政府治理中其他参与主体提供有力支持,统筹调配资源,适当倾斜政策,促进多元主体的共参共治共建共享,促进数字政府治理多元主体积极理性参与。最后,要注重将多元治理主体的权利及职责制度化,加强数字政府治理的法治化建设。制定具有约束力和规范性的文件和法律法规,详细规定各参与主体的权利、职责、行为规则、领导关系、协调与监督关系等,保证各参与主体依法行事,提升参与质量。

(二) 加强数据监管工作,提升数据治理水平

数据治理是数字政府建设的关键一环,要实现"政府—社会—公众"有效联动,则需要重视数据监管工作,明确参与各方的权利、责任和义务,从而有效规避数字政府建设的风险,引导数字政府建设走上规范有序的发展轨道。

首先,要实现数据职责清单化管理,明确政府数据采集者、管理者和使用者的权责,规范化管理数据采集生成、更新维护、共享使用。其次,要健全激励和监督问责机制,提升数据采集者与其他数据使用者、管理者共享数据的积极性和意愿,构建正式的数据共享渠道,避免数据滥用现象产生,提升数据治理能力。此外,还需要加快构筑数据安全规范体系,不断细化数据安全政策法规实施细则,实现数字政府对数据发现、创建、获取、采集、整理、处理、储存、共享、增值等运行环节的监控和管制。最后,要加强政府数据分级分类管理,完善各主

---

① 黄璜等.数字化赋能治理协同:数字政府建设的"下一步行动"[J].电子政务,2022(4).

体间政府数据开放共享标准,实现数字政府数据开放带来的经济价值、科技价值和社会价值。

(三)厘清政企权责,激发企业参与活力

数字政府建设中的政企合作在一定程度上重构了传统意义上的政企合作关系。支持企业参与数字政府建设,探索政企合作的有效机制的关键是要界定政企合作双方的法律关系,明确政企合作双方的权利、义务边界,保障政企双方合法有序地进行合作。

首先,要明确政企合作法律关系的定位和政企权利义务的法律边界,既要认识到政企合作双方的关系具有民事法律关系的平等性,也要认识到政企合作双方存在指导与被指导的行政色彩,政府对企业可以进行必要的指导,以确保数字政府改革建设的方向不会偏。其次,要通过法律法规及契约的方式对企业进行适度授权,强化双方互信,避免职权交叉。最后,要探索建立有效的政府、企业和社会相互监管制约的机制,强化政府对企业、企业对政府、社会对政企合作的监督和制约,并通过法律法规的形式加以固定。

思考与练习

1. 我国数字政府多元参与体系构建的必要性体现在哪些方面?
2. 数字政府多元参与体系主要包括哪些主体?
3. 企业、公众和社会组织分别在数字政府多元参与过程中扮演什么角色?
4. 我国数字政府多元参与机制主要有哪些?
5. 我国数字政府多元参与体系构建存在哪些问题?
6. 论述我国数字政府多元参与体系构建的有效路径。

案例分析与讨论

中国联通助力数字政府建设

2021年11月26日至27日,第十六届中国电子政务论坛暨首届数字政府

第十二章 数字政府的多元参与体系

建设峰会在广州举办。中国联通积极参与大会各项活动,在确保大会通信畅通与网络安全的同时,集中展示了其助力广东省数字政府省域治理"一网统管"六大专题成果,以及医疗、工业、文旅系列产业平台。同时,中国联通重磅发布了"中国联通智慧数享大数据平台",并首发新品"中国联通公共卫生大数据平台"。

六大专题成果亮相助力政府数字化转型

中国联通依托"大联接""大计算""大数据""大应用""大安全"五大战略能力,构建了包括数据管理、数据平台、数据治理、数据融合、数据应用、行业方案、数据运营、数据安全等核心能力优势,助力各级数字政府建设,同时深度参与全国首个省域治理"一网统管"理论研究,积极参与省市试点建设工作。

在广东省政务服务数据管理局(简称政数局)指导下,广东联通作为唯一的运营商与广东省政数局、数字政府研究院、数广公司和华为公司共同发布广东省数字政府省域治理"一网统管"理论报告并上线粤治慧平台,为广东省数字政府建设贡献力量。

此外,经济、住建、应急、生态、水利、消防六大"一网统管"特色应用专题在联通成果发布展示专区亮相,全方位展现了中国联通作为数据运营商的独特优势。由中国联通承建的广东省首个亿级城市大脑建设项目——"中山城市大脑"也受到广泛关注,该项目实现省市协同善治,是市域治理现代化的标杆。

两大重量级大数据平台发布提升数据治理能力

在大会数字化发展重量级产品发布环节,"中国联通智慧数享大数据平台"重磅发布。平台围绕政府数据管理核心任务,基于联通数据资源优势及数据处理能力,深耕大数据市场。该平台以包括指标体系、隐私计算、安全分类分级在内的数据管理、数据联邦、数据安全三大能力为基座,赋能"一网统管"各专题建设,保障数据安全合规流通,推动数据要素市场化实践及政务数字化转型。

同时,"中国联通公共卫生大数据平台"也在首发产品展示区亮相。中国联通通过数据采集、数据治理、数据挖掘三大能力,帮助客户实现医疗资源一张图、疫情一网全监测、指挥调度全流程,赋能疾病监测、应急指挥、慢病管理等应用场景,全面支撑客户数字化转型。

三大行业大数据平台助力行业提升数字化治理水平

会上,中国联通还通过医疗、工业、文旅三大典型行业场景,突出展现了数据治理能力的成熟运用。

在医疗领域，中国联通公共卫生大数据平台实现对居民健康风险的"早发现、早预警、早处置"，使疫情预警时间缩短约50%，应急处置效率提升约50%，慢性病患者精准跟踪效率提升30%以上。

在工业领域，中国联通工业大数据平台面向各地工信部门提供工业大脑服务，面向制造业提供企业数据治理服务。全面助力政府一图了解区域经济运行数据、投资技改、园区建设。

在文旅领域，针对文旅管理部门缺乏客流、投诉、舆情等数据导致的产业监管漏洞，以及数据统计手段落后等问题，中国联通以集团文旅大数据中台为底座，面向各级文旅管理部门打造智游文旅大数据平台。此外，中国联通还积极参与大会各大专题论坛，协办"数字社会创新""数据要素""智慧城市建设"三大专题论坛，共同探讨数字政府发展新思路。

资料来源：中国联通助力数字政府建设系列成果亮相首届数字政府建设峰会[EB/OL].（2021-11-27）[2023-02-08]. http://www.chinaunicom.com.cn/news/202111/16379990940 52053632.html.

思考并讨论：

1. 你认为中国联通助力广东省数字政府建设的优势有哪些？

2. 结合案例分析建设数字政府过程中政企合作可能会出现哪些方面的问题。如何解决这些问题。

3. 谈谈未来数字政府治理过程中，如何处理政企关系。

第十三章　数字政府的绩效评估体系

■ 学习目标

本章介绍数字政府的绩效评估体系。通过本章的学习,要求掌握:(1)数字政府绩效评估体系的概念与演进;(2)数字政府绩效评估的方法与视角;(3)数字政府绩效评估的程序;(4)国内外典型的数字政府绩效评估指标体系构成。

■ 引　例

将数字政府建设工作作为政府绩效考核的重要内容

在各级党委领导下,建立常态化考核机制,将数字政府建设工作作为政府绩效考核的重要内容,考核结果作为领导班子和有关领导干部综合考核评价的重要参考。建立完善数字政府建设评估指标体系,树立正确评估导向,重点分析和考核统筹管理、项目建设、数据共享开放、安全保障、应用成效等方面情况,确保评价结果的科学性和客观性。加强跟踪分析和督促指导,重大事项及时向党中央、国务院请示报告,促进数字政府建设持续健康发展。

资料来源:国务院印发《关于加强数字政府建设的指导意见》[EB/OL].(2022-06-23)[2023-05-09].http://www.gov.cn/xinwen/2022-06/23/content_5697326.htm.

第一节　数字政府绩效评估体系概述

数字政府是数字中国战略的重要组成部分,是推动国家治理体系和治理能力现代化的重大举措,是创建人民满意的服务型政府的重要支撑。近年来,中国的数字政府建设取得了巨大成效,提高了公共管理的效能,创新了服务模式,满足了透明化和问责的需要,实现了有效资源配置与管理、刺激经济发展、增强社会包容性的目标。但各地数字政府发展水平很不均衡,对其建设绩效进行科学和有效的评估是衡量数字政府运行水平的重要手段,不仅能够及时发现数字政府建设、运行过程中出现的各种问题并提供解决方案,还能为数字政府的健康良性发展提供方向指导。

一、数字政府绩效评估体系的概念

数字政府绩效评估,从本质上来说是政府绩效评估的一个方面,是政府对其数字化程度及运行效果的一种绩效评价。因此我们有必要从政府绩效评估的概念入手,弄清数字政府绩效评估体系的内涵。

(一)政府绩效评估的概念

绩效评估源于西方,最初主要应用于对企业等私营部门工作成果的评价,后来逐渐演变为对企业组织、公共组织或者个人在一定时期内的工作成果以及效益等的综合评判。完整的绩效评估体系主要包含三个维度:一是评估指标体系,明确评估的方向和目标及主要的观测点;二是评估方法,界定数据采集方式,通过定性或定量分析方法对组织工作成果或个人表现进行评价;三是评估程序,需要明确评估的对象及主要的步骤。绩效评估通过这三个维度对组织或个人进行准确、客观、科学的分析评判。

政府绩效评估是指对政府组织在进行社会管理等活动时的工作投入、效益产出等进行衡量,就政府的工作服务能力、任务完成情况以及社会公众对政府工作的满意程度等方面进行估量,从而对其绩效进行一定的级别界定。[①] 政府绩效评估是将私人部门绩效评估引入公共部门,对政府机关等的工作成果进行评价,以此提升政府绩效的科学手段。同时,与企业绩效评估相比,政府绩效评估还注重目标达成期间对政府部门及其工作人员的有效监督、控制。[②]

---

① 蔡立辉.政府绩效评估的理念与方法分析[J].中国人民大学学报,2002(5).
② 中国行政管理学会联合课题组.关于政府机关工作效率标准的研究报告[J].中国行政管理,2003(3).

（二）数字政府绩效评估体系的内涵

根据政府绩效评估的概念，我们可以引申出数字政府绩效评估体系的内涵，即通过构建科学有效的评估指标体系，运用定性或定量评估方法，按照一定的评估程序和规范，对数字政府在一定时期内的公共服务能力、管理与服务效率、社会公众的满意度、运维水平等方面的综合评判与界定。

二、数字政府绩效评估的缘起与发展

20世纪80年代以来，政府信息化、数字化的发展先后经历了政府信息化阶段和电子政务阶段，当前我国已进入数字政府阶段。参考我国数字政府建设的进程，[①]对数字政府绩效评估的历史进行回溯，发现相关评估主要包括政府内部信息化水平评估、政府门户网站建设评估和电子政务评估三个方面。

（一）政府内部信息化水平评估

20世纪80年代至90年代中期，我国各级政府广泛使用计算机信息系统提升政府机关管理效率，文字处理软件、办公自动化系统（OA）、财务管理系统、人事与工资管理系统等是主要的应用领域。当时的政府内部信息化局限于一个层级或部门内部的信息技术应用，是对人工操作的一种补充，从本质上来说并未对政府内部的业务进行科学的重组和流程再造。人们尚未清楚地认识到信息化即将给政府内部事务管理乃至经济社会发展带来巨大变革。当时对组织信息化水平的评估主要集中在企业领域，西方国家运用各种信息化评估框架，对企业信息化投入与产出效率、业务信息化广度和深度、市场竞争能力等维度进行评价。后来，世界各国对政务信息化项目绩效评估进行了不同程度的探索。如美国政府2002年推出电子政务联邦事业架构，其中包含了"绩效参考模型"（PRM）；加拿大政府在政务信息化建设绩效评估方面着眼于用户的满意度和政府服务品质的提升，制定了"以结果为基础"的绩效评估体系。在我国，国家发改委曾基于《中央政府投资项目后评价管理办法》，开展过国家政务信息化工程项目绩效评价工作，提出了政务信息化项目绩效评估的指标体系。在省市

[①] 祁志伟.中国数字政府建设历程、实践逻辑与历史经验[J].深圳大学学报（人文社会科学版），2022（2）.

层面,不同省份也在积极探索政务信息化项目的绩效评估规范,其中也包含多套不同的绩效评估指标体系。总体上,这一阶段的评估,主要是针对具体的信息化项目的成效进行的评估,主要着眼于评价信息系统产出的效能、信息系统的信息质量(数据质量和数据共享等)、信息系统的系统质量(运行和安全等)。

(二) 政府门户网站建设评估

国际上对政府门户网站的评估起步较早,1999年起埃森哲公司就持续发布世界主要国家政府门户网站成熟度排名,随后联合国、Gartner公司、布朗大学等机构都发布各自的政府门户网站评估指标和排名,对世界各国政府门户网站建设造成了深远的影响。

随着20世纪90年代末期"政府上网工程"的推进,我国各级地方政府投入大量资金建设政府门户网站,从网站信息发布逐渐过渡到部分业务的网上申请与办理。在这一过程中,部分政府网站运维不佳,出现了一些"僵尸"网站——信息长时间不更新,对网民的提问和来信缺乏及时回复,造成公众不满,有时甚至影响了政府形象与公信力,所以,人们对政府网站开展评估的呼声越来越高。2002年《国家信息化领导小组关于我国电子政务建设指导意见》发布,对各级政府门户网站的评估提上议事日程,从中央到地方均开始对政府门户网站进行评估,并定期发布排名。这一时期国内的政府门户网站评估主要借鉴联合国、埃森哲公司等机构发布的政府门户网站评估指标体系,并结合国内门户网站的特点构建评估指标体系,在信息发布、在线服务、公众参与、运维效率等多个维度上,通过人工采集数据的方式,在一定时间段内对政府网站进行观察,记录其在信息发布的广度和更新频率、在线服务的覆盖率和深度、公众参与互动的功能性、运维机构与人员构成等方面的客观数据,进行评价打分。上述评估过程可识别出政府门户网站建设和运维过程中存在的问题,为减少"僵尸"网站,提升政府网站运维水平、信息更新及时性和群众参与互动性等提供了依据,也为后来"一站式电子政务"和"一网通办"等的推进奠定了良好的基础。

(三) 电子政务评估

2002年《国家信息化领导小组关于我国电子政务建设指导意见》发布后,

我国电子政务建设驶入快车道。但当时并未形成对电子政务进行评估的具体工作方案和指标体系，只是在《中央政府投资项目后评价管理办法（试行）》等文件中提到过要对中央政府投资的电子政务项目进行评价，而各地以政府门户网站作为主要的评估对象。2014年，《国务院办公厅关于促进电子政务协调发展的指导意见》提出要开展电子政务绩效评估，推动建立考核评估体系，由发展改革、财政、审计等部门对相关电子政务项目进行专项评价，并与现有项目管理手段相衔接，避免重复建设和盲目投资；要从成本效益、应用效果、协同共享、安全保密、创新服务等方面提出评估指南，开展自我评估；同时探索开展第三方评估。2015年1月30日，《关于开展国家电子政务工程项目绩效评价工作的意见》公布，对电子政务绩效评估的重要意义、总体要求、范围和主要内容、指标体系、程序和方法、组织和要求、成果利用进行了系统性说明，为保障电子政务绩效评价工作的规范性、科学性、有效性奠定了基础。同时指出，中国电子政务绩效评价指标主要针对电子政务项目建设的应用效能，以及建设形成的信息化能力和建设管理水平两个层面，其中，应用效能评估是重点。绩效评估采用综合指标体系评估法，通过定量分析与定性分析相结合的方式进行分析。在操作时，应尽可能采用定量方式进行绩效评估，对于可以采集数据的指标，应尽量采用定量分析方法；对于无法直接采集数据的指标，可通过资料审查、专家评价、公众问卷、抽样调查等方法转换为可量化的指标进行评估。

第二节　数字政府绩效评估的方法与视角

一、数字政府绩效评估的方法

数字政府绩效评估的方法与视角既是数字政府绩效评估体系的重要组成部分，也是科学评价数字政府建设成效不可或缺的方面，数字政府绩效评估的方法与电子政务绩效评估的方法一脉相承。尚处于电子政务时代时，就有学者从不同角度构建了电子政务绩效评估的方法体系，具体包括层次分析法（AHP）、德尔菲法（Delphi）、数据包络分析法（DEA）、电子政务作为公共产品的成本—收益分析法（CBA）、帕累托（Pareto）过程分析法、条件价值评估法（CVM）等6种电子政务绩效评估的方法。① 此外,也有学者分别从评估对象、评估功能、评估手段等维度系统梳理了电子政务绩效评估的方法,具体如表13-1所示。

表13-1 电子政务绩效评估的方法②

维度	视角		具体方法
评估对象	单项与综合区分法	单项	(以网站为例)分类测评各项指标法、重点测评指标法
		综合	4E评价法、平衡计分法、重点测评法
	内部与外部区分法	内部	领导评价法、部门评价法
		外部	企业评价法、公众评价法
评估功能	水平与鉴定区分法	水平	埃森哲政体成熟度法、赛迪五阶法
		鉴定	高德纳咨询公司功能鉴定法
评估手段	定性与定量区分法	定性	顾客满意度法、德尔菲法
		定量	净现值、成本效益分析法、组合分析法、数据包络分析、系统动力学

2019年以后,我国进入数字政府建设阶段,理论界开始关注数字政府绩效评估的问题,实践中已有包括清华大学、中共中央党校(国家行政学院)、国家网信办等多家机构发布了数字政府绩效评估报告。清华大学评估组对中国数字政府绩效评估采用的研究方法包括大数据研究方法和传统定性、定量研究方法,在采用多种路径进行数据收集的基础上,运用人工比对方法、机器复查方法、大数据交叉验证方法等确保评估结果的信度和效度。③

二、数字政府绩效评估的视角

数字政府绩效评估的视角是进行数字政府绩效评估的切入点,因此,不同的数字政府绩效评估方法会有不同的评估视角,而不同的评估视角也会有不同的评估指标体系。综合而言,从宏观、中观以及微观三个维度来看,现阶段关于

---

① 邓崧,孟庆国.电子政务绩效评估的方法技术论[J].社会科学,2008(4).
② 郭志峰,石会昌,王彦慧等.电子政务绩效评估方法研究[J].电子政务,2008(10).
③ 孟天广,张小劲.中国数字政府发展研究报告(2021)[R].北京:经济科学出版社,2021.

数字政府绩效评估的视角,大致包括电子政务发展阶段的视角、数字政府发展成效的视角、组织核心能力的视角以及数据管理成熟度的视角等。电子政务发展阶段视角是一种宏观过程的维度,数字政府发展成效视角是一种中观效果的维度,而组织核心能力视角和数据管理成熟度视角则是一种注重组织微观能力的维度。

(一)基于电子政务发展阶段的视角

电子政务关键发展阶段始于20世纪90年代初,简·芳汀称这一时段进入到了虚拟政府的阶段。1993年,美国副总统戈尔启动了"国家绩效评估"(National Performance Review,NPR),检视美国政府在管理和服务方面存在的弊端,以创造效率更高、花费更少的政府。①

关于电子政务发展阶段,学者们基于信息技术发展阶段和电子化服务内容的不同,提出了电子政务发展二阶段模型、三阶段模型、四阶段模型、五阶段模型,还有少数学者提出了六阶段模型。② 世界银行在其发布的《发展中国家电子政务手册》中,将电子政务实施进程分为信息发布、与公众互动、事务处理三个阶段。钱德勒和伊曼纽斯提出了电子政务发展四阶段模型,③包括信息发布、与公众互动、在线事务处理和服务集成等四个阶段。联合国把电子政务发展分为初步出现、增强式出现、交互式出现、交易式出现、网络式出现五个阶段。④ 2001年,西尔科克从网站建设和应用的角度提出了另一个电子政务发展六阶段模型,包括信息发布、政民双向互动、多功能门户网站、个性化门户网站、公共服务集成、全面整合和企业化转型等六个阶段。总体来看,从电子政务发展三阶段模型到六阶段模型,虽然它们对电子政务发展有不同认识,但都是围绕服务内容、服务方式、服务关系的发展变化来分析的。

---

① 芳汀.构建虚拟政府:信息技术与制度创新[M].邵国松,译.北京:中国人民大学出版社,2004:24.
② 张毅,何庆,李梅等.政府部门采纳社交媒体过程模型:以"武汉交警"政务微信为例[J].电子政务,2016(5).
③ CHANDER S, EMANULS S. Transformation not automation[C]. Proceedings of 2nd european conference on e-government, Oxford, UK, 2002:91-102.
④ SIANK, LONG Y. Synthesizing e-government stage models: a meta-synthesis based on meta-ethnography approach[J]. Industrial management & data systems, 2003(4).

立足于宏观历史维度,基于电子政务发展阶段视角的数字政府绩效评估,主要是一种定位分析,通过界定电子政务发展所处阶段,为后续的建设和发展提供思路和目标。

(二)基于数字政府发展成效的视角

在中观维度,数字政府绩效评估主要基于数字政府发展成效的视角,对数字政府建设过程中的数据开放指数、政务服务质量以及公众便利度等进行透视。比如,复旦大学数字与移动治理实验室连续发布中国开放数林指数和《中国地方政府数据开放报告》,中山大学数字治理研究中心等机构发布《全国政务热线服务质量评估报告》,世界银行采取营商环境便利度指数。在此,重点介绍世界银行的营商环境便利度指数。营商环境一词源于世界银行集团国际金融公司(IFC)的 Doing Business 项目调查,世界银行于 2003 年起,连续多年对全球经济体营商环境进行评估排名。经过多年的发展和完善,该指数已由 2003 年的 5 项指标发展成 10 项指标(开办企业、办理施工许可证、获得电力、登记财产、获得信贷、保护少数投资者、纳税、跨境贸易、执行合同、办理破产)和 42 个二级指标。评估方式包括向各经济体发放调查问卷,进行电话访问、书信询问,以及现场调研。自 2015 年起,营商环境便利度开始采用距离前沿水平的计算方法。前沿水平指评估项目所覆盖的所有经济体自 2005 年以来在每个指标上曾达到的最高水平,100 为最优,0 为最差。综合排名的成绩是由 10 个大指标和大指标下的二级指标(部分二级指标下还有三级指标甚至四级指标)距离前沿水平的分数决定的。这样计算得出的营商环境便利度,能够反映出各个经济体历史上在各个指标上绝对改进或者倒退的程度。

由于数字政府绩效评估和营商环境评估本质上都是一种改革成效检验和用户感知评价,所以数字政府发展成效评价也可以借鉴和参考营商环境的评估方法,或者说以营商环境便利度指数来反映数字政府建设的水平和质量。

(三)基于组织核心能力的视角

组织核心能力是一种微观的数字政府绩效评估视角。核心能力理论诞生于 1990 年普拉哈拉德(C. K. Prahalad)和哈默(G. Hamel)在《哈佛管理评论》上发表的《组织核心能力》一文。后来的学者们在核心能力的内涵这一基本问题上逐渐达成共识,即认识到核心能力与组织的资源、知识之间存在着密切关系。李梦学和代宝从资源、知识、能力三个方面对组织核心能力进行了界定。①

组织的资源是指那些组织拥有所有权的或虽无所有权但能为组织所用的、投入到组织的生产经营过程中的、客观性的、可度量其价值的、相对静态的、具有存量资产性质的生产要素。它主要包括以下几种类型：物质资源、货币资源、人力资源、组织资源、社会资源、知识资源。

组织的知识是指组织中的人员和组织本身通过学习逐步积累起来的、与组织活动有关的各种认知(perception)。它必须以一定的客观事物(如人脑、文档、影像、组织架构、社会关系等)为载体。

组织的能力是指组织员工的个人能力在组织层面上加以有机整合而成的综合性资源配置才能，其本质是组织的各种知识，其作用的发挥需要以一定的资源作基础。

组织核心能力是以组织所能控制和使用的资源为基础，以组织的知识尤其是隐性知识为根本，以组织的多种能力为要素，并经过要素间复杂的互动整合过程形成的一种系统的、动态的能力；它通过物质化为组织的核心产品和最终产品的方式参与市场的竞争，并为组织在市场竞争中取得和保持竞争优势提供强有力的支撑。这需要重点把握两个方面：一是资源向核心能力的转化过程；二是核心能力成为组织持续竞争优势源泉的逻辑机理，即组织核心能力作用发挥的机制。

综合组织核心能力上述几个指标，数字政府绩效评估体系应该涵盖政府所拥有的各类资源、政府工作人员对数字政府的认知度以及政府工作人员的个人能力等在数字政府层面的体现。

（四）基于数据管理成熟度的视角

数据管理成熟度也是一种微观的数字政府绩效评估视角。企业数据管理能力成熟度(data management maturity, DMM)模型是由 CMMI 研究院于 2014 年发布的。它可以帮助组织构建、改进和度量其企业数据管理能力，在整个组织中提供及时、准确、易访问的数据，可以用来评估和提升组织的数据管理水平，帮助组织利用数据提高业务绩效。DMM 模型的数据管理分为 5 个等级，分别

---

① 李梦学,代宝.基于资源、知识与能力关系的组织核心能力内涵新界定[J].价值工程,2006(9).

为已执行级（performed）、可管理级（managed）、可定义级（defined）、可度量级（measured）、优化管理级（optimized）。该模型最初是应用于企业数据管理,若结合数字政府的特性,可以将该模型引入数字政府评估。

已执行级：该等级下,组织的数据管理过程具有临时性、非正式性、被动性的特点,没有形成统一量化的数据管理流程,存在大量"信息孤岛"和"数据壁垒"。该等级主要对数据的项目级别进行度量和分类执行。

可管理级：在该等级,主要度量政府是否储存相关数据作为政府关键虚拟资产,是否实现局部常态化管理,是否开展了数据管理的相关工作等方面。另外,还会考量政府有无按照数字政府的目标制定相关政策和执行过程,有无具备专业知识的数据管理人员来对数据进行管理以使核心数据受控制输出；若政府数据管理在局部范围开展,有无对部分数据部门进行专项监控、控制和过程审查。

可定义级：在该等级下,数据被组织视为关键生产要素。政府部门已经建立和统一一些数据管理的流程,解决"信息孤岛"和"数据壁垒"问题,制定满足政府跨系统、跨部门的特定需求数据管理方法,促进项目执行的流程化、规范化。

可度量级：在该等级下,数据被视为竞争优势的来源。该等级主要考量政府是否已经形成可预测和度量数据的指标体系,是否对不同类别的数据启动有差别的管理流程。在该等级下,政府一般能够使用元数据管理、数据质量管理、主数据管理等具体应用,对数据的业务含义、业务规划、质量规划进行统一的描述,并能够实现对数据的全生命周期管理,使政府管理行为、过程、效能在数据的量化指标体系中有清晰的测评基准,形成可度量、可跟踪的数据协同管理、数据量化分析和数据监控机制。

优化管理级：这一等级主要衡量数据是否被视为组织生存的关键,是否进行了持续优化和改进,是否通过创新性的数字技术改进政府数据管理能力,有无进行数据管理经验的分享等。

第三节　数字政府绩效评估的程序

数字政府绩效评估的程序是指根据相关数字政府绩效评估指标体系制定

具有计划性、循环性、科学性、规范性的具体评估步骤。评估程序安排不同,数字政府绩效评估最终结果的效度与信度就会不同。

一、数字政府绩效评估的基本程序

早期规范的政府绩效评估基本程序构建可追溯至对英国公务员工作的绩效评估体系,评估程序不仅是对评估指标的先后排序(procedure),而且是整个评估过程(process)中的重要一环。马克·霍哲提出政府绩效评估的七个基本程序:(1)收集大量信息、鉴别项目评估的内容和判断项目的优先级;(2)明确评估对象的目标、使命与计划;(3)根据目标与战略确定衡量指标和标准,并根据调查对象的满意度与理解度进行程序优化;(4)设置目标完成有效性和质量的系列标准;(5)对项目运作过程和结果形成链式可追踪的监督过程;(6)定期公开项目业绩评估制度报告;(7)使用公共部门业绩信息和执行结果,定期对项目目标和操作手段进行纠正和改进。①

我国学者普遍认为政府绩效评估程序的具体安排分为三大阶段:(1)评估准备阶段,主要明确评估对象、项目内容、评估主体、评估方法和标准。(2)评估实施阶段。在坚持真实性、一致性、独立性原则上,对项目信息进行收集、归纳、整理、加工,对评估结果偏差性进行纠正。(3)结果运用阶段。根据上一阶段的评估结果对后续政府工作进行改进,促进绩效评估基本程序形成一个有效循环、螺旋上升的过程。②

最初数字政府绩效评估体系的基本程序构建,在流程和步骤设置上,不仅与评估对象即公共部门的使命和任务一致,且与安全和信息控制系统的构成紧密相关,目前国际公认适用于规范性数字政府绩效评估程序的管理体系有 COBIT 体系、COSO 内部控制流程、BS 7799 标准等。

其中 COBIT 体系由美国信息系统审计与控制协会(ISACA)于 1955 年发布,以组织目标和业务控制为导向,是通用的信息技术治理流程。在公共部门管理应用中,COBIT 体系以呈现数字政府治理目标为导向,指导公共部门有效

---

① 霍哲.公共部门业绩评估与改善[J].张梦中,译.中国行政管理,2000(3).
② 彭国甫.地方政府绩效评估程序的制度安排[J].求索,2004(10);于施洋,杨道玲.电子政务发展水平评估:方法、流程与阶段划分[J].电子政务,2010(10).

利用数据资源。① 该体系将数字治理流程分为以下4个阶段：

（1）计划与组织（planing and organization）：该阶段包括11项过程域，即政府目标与战略的制定、数据信息结构制定、项目方向确定、公共部门组织关系确定、数字投资制定、沟通手段确定、人力资源管理制定、外部环境确定、项目要求确定、项目管理、质量管理。该阶段的主要目标是发挥政府部门的统筹规划功能进行数字政府信息系统的统一设计，依托底层TIP/IP技术构建基础，成立统一领导、技术规范的领导小组，建构统一大数据应用平台。

（2）获取与实施（acquisition and implementation）：该阶段包括6项过程域，即解决方案自动化识别、应用软件的获取和维护、技术设备的获取和维护、大数据平台的获取和维护、安装与授权系统的获取和维护、管理权限变更。该阶段的主要目标是确定实现用户需求与目标、优化公共部门对接业务流程中的节点进入和系统转换程序、减少系统效能损耗和操作性成本。

（3）交付与支持（delivery and support）：该阶段包括13项过程域，即政务服务水平定义与管理、第三方服务管理、系统兼容和性能管理、不间断链接服务管理、系统安全保证、操作成本识别和分配、系统用户教育与管理、用户意见与建议管理、配置管理、突发事件和问题管理、数据管理、设施管理、具体运行管理。该阶段的主要目标是让政府内部储存的原有文档和现有数据管理系统兼容和衔接，扩大原有数据库信息域和服务域，同时通过加密算法保证各个部门的信息相对独立性和整体平台设计统一性，提升政府工作人员的基本信息管理能力和系统维护技术。

（4）监管（monitoring）：该阶段包括4个过程域，即监视过程、评估内部控制充分性、保证评估独立、提供独立审计。该阶段的主要目标是结合公众需求，定期对政府的数字系统进行内部控制和监管、由第三方提供独立审计报告，使系统程序运作不断优化，更加公平高效。

以上是数字政府绩效评估程序的基本步骤和内容。随着数字政府的不断发展，不同价值和目标导向的数字政府绩效评估程序逐渐产生。

---

① 郭顺利，杨小虎.COBIT控制目标体系研究及在电子政务中的应用[J].计算机工程与设计，2004(3).

二、以服务型政府为导向的数字政府绩效评估程序

服务型政府绩效评估程序坚持为人民服务的基本理念,坚持以人民为中心,满足人民群众多样化的需求,增强数字政府回应性,优化和创新绩效评估流程和内容。相较于上述数字政府绩效评估的传统基本程序,以服务型政府为导向的数字政府绩效评估程序强调考察跨部门的数据协同程度,以及面向公众的政务流程规范化和多元化程度,建立和创新以用户为中心的数字政府服务业务考核内容和评估体系,[①]根据电子政务流程再造进一步促进数字政府绩效评估程序创新,可分为提升公众满意度、公众参与度两大导向的电子政务绩效评估程序。

（1）以提高公众满意度为导向的评估程序。这类评估程序多以国外学者戴维斯提出的 TAM(Technology Acceptance Model)模型为基础进行相关政务服务系统的设计,[②]围绕用户感受有用性(perceived usefulness)和用户体验便捷性(perceived ease of use)进行数据系统构建。

（2）以提高公众参与度为导向的评估程序。这类评估程序多考察公民通过电子政务平台和政府部门进行沟通与交互的比例,多以公众对于数字政府治理的参与态度和参与意向为电子政务绩效评估程序的主要内容。[③]

第四节　数字政府绩效评估的指标体系

自数字政府概念提出以来,数字政府建设就进入迅猛发展的时期,脱胎于电子政务绩效评估的数字政府评估也进入新的阶段,国内外许多机构围绕数字政府建设目标、建设内容构建指标体系,推出不同维度的评价指标,为数字政府建设与运行提供方向与指引。国际上,影响力较大的评估指标体系有 OECD 数字政府评价指数(DGI)和联合国电子政务发展指数(EDGI)。在国内,自 2019

---

① 顾平安.面向公共服务的电子政务流程再造[J].中国行政管理,2008(9).
② DAVIS F D. Perceived usefulness, perceived ease of use, and user acceptance of information technology[J]. MIS quarterly, 1989(3).
③ 陆敬筠,仲伟俊,朱晓峰.电子政务服务公众参与模型及实证研究[J].情报科学,2010(8).

年以来,数字政府建设发展水平不断提高,相关评估研究也日益增多,各类研究机构从评估对象、评估方法、评估指标类别、评估程序等不同切面进行各有侧重的跟踪式研究。目前,国内已有清华大学数字政府发展指数评估体系、中共中央党校(国家行政学院)网上政务服务能力评价指标体系等数字政府评估体系。

一、OECD 数字政府评价指标体系

OECD 是由 38 个市场经济国家组成的政府间国际经济组织,旨在共同应对全球化带来的经济、社会和政府治理等方面的挑战,并把握全球化带来的机遇。为了帮助 OECD 成员尽快从"电子政务"升级到"数字政府",2014 年 OECD 发布了《经合组织数字政府战略建议》,提出了开放与参与、治理与协同、支持实施的能力 3 个方面 12 项具体建议。随后,OECD 设计了数字政府调查 1.0 以监测建议的实施情况,并协助政府评估从电子政务向数字政府发展。该调查框架基于数字政府战略委员会的建议,旨在将 OECD 数字政府政策框架(DGPF)转化为一套清单式的量化评估指标体系并作为评估基准,以衡量 OECD 成员和主要合作伙伴国家数字政府改革的进展情况。

2020 年,OECD 在 DGPF 的基础上首次发布了数字政府评价指数,针对 33 个国家(29 个成员国,4 个非成员国),衡量 2018 年至 2019 年其数字转型水平和数字政府成熟度。DGI 由 6 个评价维度(一级指标)和 4 个评价要素构成,形成了一份由 94 个问题构成的调查问卷,调查问卷共有 3 种类型的题目,分别是是否类问题、单选题和多选题。(见表 13-2)

表 13-2　DGI 评估维度与评估要素

评估维度	评估要素				项目合计
	战略方法	政策杠杆	实施	监测	
数字化设计	6	45	12	11	74
数据驱动的公共部门	3	20	8	2	33
平台政府	5	12	8	2	27
数据开放	1	7	9	5	22

（续表）

评估维度	评估要素				项目合计
	战略方法	政策杠杆	实施	监测	
用户驱动	11	6	11	5	33
主动性	7	3	10	1	21

资料来源：OECD digital government index（DGI）：nethodology and 2019 results［EB/OL］.［2023-08-02］.https://www.oecd.org/gov/oecd-digital-government-index-dgi-b00142a4-en.htm.

数字化设计维度指政府在多大程度上利用数字技术重新思考和设计公共程序，简化政务流程或操作程序，并创建与公共利益相关方沟通和接触的新渠道，以建立一个更高效、更可持续和以公共需求为导向的公共部门。

数据驱动的公共部门维度指政府通过在规划、交付和监控公共政策中重用（reuse）数据来产生公共价值，并安全可靠地重用数据的程度。数据被理解为设计政策和服务的推动因素。数据驱动型政府应确保公共部门数据交换和获取以维护国家和公共利益为前提，以保护隐私安全为明确规则，并以值得信赖的方式和渠道重用数据。

平台政府维度指政府提供清晰透明的指南、工具、数据和软件来源，使数字化公共服务开发团队能够提供用户驱动的、一致的、集成的和跨部门的服务交付标准的程度。政府作为服务主体，要求提供更广泛的数据交换平台和服务以及更一致的标准，以协助团队在公共服务设计和提供中专注于用户需求，而不是技术解决方案。

数据开放度维度指政府在现有立法的框架内，在与公众利益平衡的情况下，将技术和数据联系在一起的程度。数据开放度描述了公共部门数据、信息、程序和系统的开放程度。

用户驱动维度衡量政府是否将公众的需求置于制定流程、服务和政策的核心位置，从而使数字政府服务变得更加以用户为导向，以及是否为实现这一点建立了合理的数字包容性机制。

主动性维度指政府在多大程度上能够预测人们的需求并迅速做出回应。主动性建立在上述五个维度基础之上，旨在为公众提供无缝隙和便捷的服务交付体验，以至公众甚至不会察觉自己身处政务服务当中，因为政府有能力提供从端到端的跨部门数据和服务的通融,而不是通过分散的方法和渠道满足公众需求。

首次调查在2018年8月结束,主要是向33个国家的中央政府及其组成部门发放问卷;2019年8—11月完成了数据清洗、复核,计算上述6个指标的平均分;2020年4月28日发布最终结果。最终结果显示,韩国、英国、哥伦比亚、丹麦、日本、加拿大、西班牙、以色列、乌拉圭、葡萄牙分列前10位。该评估指出了当时各国数字政府建设中存在的突出问题。主要包括:

其一,政府部门数据管理和利用能力有待提升。从评估结果来看,目前大多数国家(88%)依然缺乏中央层面专门针对数据管理的政策,造成对数据治理战略目标和预期行动的指导不足。此外,约有三分之二的国家在中央或联邦层面没有设立首席数据官职位负责领导或协调数据政策实施。

其二,推动公民和相关主体参与数字政府建设的力度有待加强。评估结果显示,目前多数国家还缺乏推动用户积极参与数字政府建设的具体举措。如73%的国家没有建立具体机制保证公民参与公共服务提供,约三分之二的国家在提供服务时没有征集利益相关方的意见,有一半的国家没有把用户满意度作为衡量数字化服务水平的标准,仅有30%的国家制定相关举措支持公民参与数字化项目评估。此外,弱势群体(包括女性、老人、少数族群等)中利用数字技术参与政策制定和服务供给的比例仅为30%和36%。

其三,政府主动服务能力不足成为明显短板。评估结果显示,虽然大多国家重视主动服务能力的提升,如70%的国家要求政府部门提供"一次性"服务。但从整体看,政府主动服务能力指标得分最低。只有少数国家主动要求相关利益方参与政策执行和监督(39%),或评价(36%),仅有27%的国家制定具体服务供给措施引导公众参与公共服务的提供。

二、联合国电子政务发展指数

自2001年以来,联合国经济与社会发展部门每年都会发布一次覆盖全球大多数国家和地区的基于EGDI的综合测评报告。EGDI指数主要从在线服务指数、电信基础设施指数和人力资本指数三个维度构建指标体系。在线服务指数衡量会员国电子政务发展水平,由一系列定量调查生成其数值。电信基础设施指数是四个指标的算术平均综合指数,四个指标分别是:每百名居民的互联网用户估计数;每百名居民的移动电话用户数;每百名居民的无线宽带用户数;每百名居民的固定宽带用户数。国际电信联盟是每个指标数据的主要来源。人力资本指数由四个部分组成:成人识字率;初等、中等和高等教育综合毛入学率;预期受教育年限;平均受教育年限。

2020年联合国发布了电子政务调查报告,分别从区域电子政务发展与各国家分组的表现、区域挑战和机遇、城市和人类居住的地方电子政务发展、电子政务参与、以数据为中心的电子政务、政府数字化转型能力、COVID-19流行期间的电子政务等角度对参评国家的电子政务发展状况进行评估,并对全球电子政务趋势进行排名和总结,得出如下结论:

一是全球电子政务水平显著改善。在电子政务发展方面表现最好的国家有丹麦、韩国、爱沙尼亚、芬兰、澳大利亚、瑞典、英国、新西兰、美国、荷兰、新加坡、冰岛、挪威和日本。从全球范围来看,电子政务发展水平持续提升,中国在EDGI指标方面进步显著。研究表明,EDGI水平较高的国家都具有较强的整体性政府理念和较好的制度化协同方式,且强调公民参与,政府门户网站建设以公民为中心,同时国家收入和电子政务发展呈正相关。

二是区域电子政务差距较大,数字鸿沟仍然存在。2020年评估报告将各洲EDGI指数分了非常高、高、中等、低四个级别。非洲、亚洲、美洲、欧洲、大洋洲五个区域2020年的EDGI指数较往年有所提升。欧洲仍然处于领先地位,接下来依次是亚洲、美洲、大洋洲和非洲。调查结果再次表明,尽管全球范围内的电子政务取得了进展,但是大洋洲和非洲电子政务发展仍较为落后,尤其是非洲区域没有入选发展指数"非常高组"的国家。在亚洲区域,法律和政策框架差距较大,在入选的47个国家中有87%的国家制定了电子交易的相关法律,但只有57%的国家有隐私保护法。

三是机遇和挑战并举。电子政务的发展给全球各国带来了发展机遇,如数字经济、数字贸易、数字产业等。与此同时,不同区域政府也面临挑战:如区域运营模式待整合优化、缺乏熟悉业务和管理流程的人员、"信息孤岛"依然存在。该报告指出,面对和解决挑战最好的办法是促进不同区域间和部门间进行积极合作。

四是电子参与率较低。全球 170 多个国家的相关部门都会围绕就业、社会、信息、社会保障、司法等方面发布信息,但是数据表明,即使政府发布信息和提供了少数电子参与机会,在线参与率仍然较低。该报告指出,将在线参与活动与常规任务集合起来,促进参与程序制度化,是提升公众信任度的有效举措。

五是在线服务办理覆盖面正在扩大。2020 年,一些网上服务如申请办理建筑许可证、驾照、个人身份证的普及率显著提升,会员国在线服务办理事项比 2018 年增加了 40%。67%—80% 的联合国会员国为青年、妇女、移民、老年人、残障人士和贫困人口提供了具体的在线服务。大多数会员国在线公布和提供了采购/投标的结果,并拥有功能性的电子采购平台,大约有一半(67 个)国家提供电子发票。

六是政府快速响应能力不断提升。在新冠疫情期间,各国政府通过其国家门户网站、移动应用程序和社交媒体平台公开信息,快速响应公众需求。对 193 个会员国的国家门户网站的调查表明,各国政府在报告和分享与疫情有关的信息时展现了很高的透明度。很多会员国的政府开通了专门的防疫网站和应用程序,在信息和资源更新方面表现出极大的灵活性。

七是数据治理框架不断完善。在接受调查的会员国中,59% 的会员国制定了开放政府数据政策,62% 的成员方制定了元数据或数据字典,57% 的会员国接受公众对新数据的请求,52% 的成员方提供使用开放政府数据的指导,49% 的会员国开展数据黑客马拉松等宣传工作。

电子政务调查报告数据显示,我国 EDGI 指数从 2018 年的 0.6811 提高到 2020 年的 0.7948,2020 年排名比 2018 年提升了 20 位,首次升入到"非常高组"。其中,作为衡量国家电子政务发展水平核心指标的在线服务指数上升至 0.9059,指数排名提升至全球第 9 位,国家排名位居第 12 位,在线服务达到全球"非常高"的水平。同时,参照其他"非常高组",我国要加快政府数字化转型,地方政府必须不断完善数字战略和数字政策框架。

三、清华大学数字政府发展指数评估体系

清华大学社会科学学院数据治理研究中心于 2021 年 10 月发布了《中国数

字政府发展研究报告(2021)》。报告围绕我国数字政府建设的研究主题,从战略地位、发展测评、理论探讨、实践研究和典型案例五个方面进行了全面系统的研究。中国数字政府发展指数评估分为省级和市级:省级政府的测评主要涉及31个省(区、市);市级政府的评估包括国家统计局公布的70个大中城市,所有副省级、省会城市,以及2019年GDP排名全国前80位的城市。

为了更好地了解我国各地区数字政府的建设情况,该研究中心在吸纳国内外已有评估指标体系的基础上,运用科学的研究方法,原创性地设计了中国数字政府发展指数评估体系,从组织机构、制度体系、治理能力和治理效果等维度构建了4个一级指标、12个二级指标和65个三级指标,并对全国31个省级政府和101个市级政府展开测评。

组织结构。该指标主要衡量数字政府发展过程中不同类型组织的发展水平与完备程度。该指标下设二级指标党政机构和社会组织。党政机构指标考察的主体包含与数字政府发展相关的各类办公室和部门以及为推动数字政府发展而成立的领导小组和管理部门。在党政系统之外,以数字技术为主要业务的行业协会、产业联盟、促进会等社会组织,为推动数字政府发展提供了重要的社会基础和技术支撑。

制度体系。该指标衡量数字政府不同领域法规建设的发展水平与完备程度。该指标下设二级指标数字政府和数字生态。数字政府主要关注以数字技术提高政府管理水平和公共服务水平的政策法规建设,包含总体性政策、数据管理、数据标准、数据安全、互联网监管、"互联网+"政务服务6个三级指标。数字生态重点关注的是促进数字技术、数字产业、数字社会发展方面的政策法规建设,下设新兴业态、共享经济、数字经济、智慧社会等6个三级指标。

治理能力。该指标衡量政府数字化转型驱动治理能力全方位提升的状况。该指标涉及平台管理、数据开放、政务服务、政民互动4个二级指标。

治理效果。该指标衡量数字政府促进治理现代化的成效。该指标下设各类数字政府功能载体的覆盖度、渗透度、回应度和满意度4个二级指标。

总之,通过对省级和市级数字政府发展的总分、排名、分布情况的分析可以发现,我国在实践应用中数字政府的相关组织机构和制度体系渐趋完善,数字政府的治理效果尚待提升。同时,在各地区、各省份、各市域之间发展情况尚不均衡,一些省份和城市,如上海、杭州、深圳,发展虽然相对全面、领先,但仍存在短板和进步空间。①

四、中共中央党校(国家行政学院)网上政务服务能力评价指标体系

2021年5月,中共中央党校(国家行政学院)电子政务研究中心发布了省级政府和重点城市一体化政务服务能力调查评估报告,对全国31个省(自治区、直辖市)和新疆生产建设兵团以及计划单列市、省会城市政务服务"好差评"进行了评估调查。

评估在参照EDGI基础上,从在线服务成效度("好差评"制度建设)、在线办理成熟度、服务方式完备度、服务事项覆盖度、办事指南准确度5个方面进行指标构建。其中省级政府评估指标体系共包含5项一级指标,22项二级指标,66项三级指标;重点城市评估指标体系共包含5项一级指标体,17项二级指标,59项三级指标。

在线服务成效度。重点从"效能线上可评"的角度,衡量政务服务平台的用户使用、在线服务效率、服务质量等方面的实施效果。

在线办理成熟度。重点从"服务一网通办"的角度,衡量政务服务在线一体化办理程度。

服务方式完备度。重点从"渠道一网通达"的角度,衡量公众和企业是否可以方便、快捷和准确地找到所需服务。

服务事项覆盖度。重点从"事项应上尽上"的角度,衡量行政权力事项和公共服务事项通过一体化政务服务平台对外提供服务的情况。

办事指南准确度。重点从"指南精确实用"的角度,衡量办事指南公布的相关要素信息的准确性、翔实性和易用性。

该评估采用"用户感知"的方式,以由群众来评判政务服务水平为导向,对32个省级政府和32个重点城市在国家政务服务平台和省级政务服务平台提供的相关服务进行了动态跟踪,采集了64个评估对象涉及国家政务服务平台和省级政务服务平台数据共计240余万项,同时还整理了64个评估对象在一体

---

① 孟天广,张小劲.中国数字政府发展研究报告(2021)[M].北京:经济科学出版社,2021:64.

化政务服务平台规划、建设、运维等方面的有关材料。在此基础上,评估组依据评估指标,通过统计分析、交叉分析、文本分析、空间分析等分析方法,建立数据评估模型,对采集到的数据进行了全方位分析和研判。

评估结果表明,随着以国家政务服务平台为总枢纽的全国一体化政务服务平台建设成效逐步发挥,我国网上政务服务发展已经由以信息服务为主的单向服务阶段,开始迈向以跨区域、跨部门、跨层级一体化政务服务为特征的整体服务阶段。通过构建普惠均等、便民高效、智能精准的全国政务服务"一张网",政务服务平台的认知度、体验度持续提升,有力推动了政务服务向基层、向乡村、向困难群体延伸。企业群众办事便利度显著提升,办事渠道更加便捷,服务流程更加优化。一体化政务服务能力的显著提升已经成为我国现阶段数字政府建设的典型特征。

经过对评估数据的综合分析,目前各地区一体化政务服务还存在如下问题:一是服务能力与普惠全民的目标还有差距;二是政务服务线上线下融合不够;三是数据共享与业务协同仍需深化;四是用户体验仍需进一步提升;五是一体化平台相关运行规则尚需建立健全;六是相关法律法规的建设仍需加强。因此,未来还需要重点从这四个方面着手进行优化:一是持续深化一体化建设思路,从"快速发展"到"精准服务",全面推进政务服务标准化、规范化、便利化;二是加快建立健全政府数据共享协调机制,从"分散供给"到"业务协同",推动数据共享对接更加精准顺畅;三是全面推进政务流程优化再造,从"事项供给"到"场景服务",推动实现"跨省通办、一网通办";四是推动政务服务与公众数字素养同步发展,变"数字鸿沟"为"数字红利",让群众共享信息化发展成果。①

思考与练习

1. 数字政府绩效评估的历史演进及其内容是什么?
2. 比较分析本章提到的国内外数字政府相关的指标体系的联系与区别。

---

① 中央党校(国家行政学院)电子政务研究中心.省级政府和重点城市一体化政务服务能力调查评估报告(2021)[R/OL].[2023-08-02].http://zwpg.egovernment.gov.cn/xiazai/2021zwpg.pdf.

3.构建一个符合发展规划及具有中国特色的数字政府指标体系包括哪些方面？

案例分析与讨论

数字政府建设评价报告

（一）建立评估体系

国家网信办会同有关方面开展了 2021 年数字中国发展水平评估工作，重点评估了 31 个省（区、市）在数字基础设施、数字技术创新、数字经济、数字政府、数字社会、网络安全和数字化发展环境等方面的发展水平。同时，为了解各地区群众在数字中国建设中的感受和意见建议，首次开展了数字中国发展情况网络问卷调查活动。

其构建了如下的评估指标体系：

一级指标	二级指标	三级指标
数字基础设施	网络基础设施普及水平	5G 用户普及情况、5G 基站覆盖情况、千兆宽带接入用户情况等
	网络基础设施服务能力	固定宽带下载速率、移动通信网络平均下载速率、互联网省际出口带宽、重点网站 IPv6 支持水平等
数字技术创新	创新投入	ICT 相关产业 R&D 人员及经费投入情况等
	创新产出	ICT 相关高新技术企业情况、信息领域学术成果影响力等
数字经济	数字产业化	ICT 相关产业营业收入、IT 项目投资情况等
	产业数字化	农业生产信息化水平、企业两化融合水平、网上零售交易情况等
数字政府	政务服务	在线政务服务情况、省级行政许可事项网上办理水平、网上政务服务能力等
	政务网站和新媒体建设	政务网站无障碍水平、政务新媒体影响力等
	共享开放	政府数据共享与数据开放水平

第十三章　数字政府的绩效评估体系

（续表）

一级指标	二级指标	三级指标
数字社会	教育服务	多媒体教室、师生网络学习空间等教育服务情况
	医疗服务	远程医疗、预约诊疗等医疗服务便捷水平
	生活服务	电子社保卡、生活服务线上缴费便捷水平等
	交通服务	数字出行服务便捷水平
	法律服务	电子诉讼等法律服务情况
	城市管理	城市管理信息化平台建设情况、城市管理信息化平台运行水平等
网络安全	产品和服务安全	重要信息系统网络安全防护水平等
	网络安全监测和应急能力	网络安全检查评估、网络安全监测预警、网络安全应急等
	网络安全教育技术产业发展水平	网络安全人才培养、网络安全教育技术产业融合发展、网络安全宣传等
	国家网络安全重大工作支撑情况	网络安全重大工作支撑
数字化发展环境	统筹协调	政策环境建设、网络安全工作责任制等
	建设投入	信息化项目建设投入情况、网络安全经费保障等
	示范引领	重点领域先行先试情况等
网民评价*（参考）	互联网应用使用情况	基本互联网应用使用情况
	数字基础设施感知情况	网络基础设施建设、5G网络使用体验等
	数字公共服务感知情况	数字防疫应用、数字政务服务、新媒体平台政务公开、数字出行服务等
	网络空间治理感知情况	网络空间治理、网络安全知识等

＊注：网民评价暂作为参考指标，不计入综合得分，拟在优化完善后在下一年度正式纳入指标体系。

（二）整体评价情况

2021年，我国31个省（区、市）深入贯彻党中央、国务院战略部署，将数字中国建设摆在工作全局更加重要的位置,结合地区实际和优势特色,加快夯实数字化发展基础,释放数字化发展活力,提高数字化发展质量,优化数字化发展环境,构建数字时代地区发展新优势,推动数字中国建设向更高标准更高质量迈进。网民普遍认为,近年来数字中国建设取得了显著成效,在互联网应用、数字基础设施、数字公共服务、网络空间治理等方面感受满意度较高,在数字化发展中获得感、幸福感、安全感不断提升,期盼未来能够享受更便捷、更高效、更普惠的数字服务。

(三)数字政府建设评价情况

浙江、广东、北京、上海、贵州、四川、山东、湖北、江苏、福建等10个省(市)位列各省(区、市)数字政府建设水平全国前10名。上述地区深入推进数字政府建设,协同推进线上创新和线下机制流程优化重塑,加快提升"一网通办""跨省通办"水平,推进公共数据共享开放,持续优化营商环境,提升政府管理和服务效能。

(四)数字政府建设的展望

提高数字政府建设水平,增强管理服务效能,加强公共数据开放共享,健全完善各级政府的政府数据共享协调机制,将更多直接关系到企业群众办事、应用频次高的数据纳入共享范围,推动数据向基层服务部门回流。扩大基础公共信息数据安全有序开放,鼓励第三方深化对公共数据的挖掘利用。深入推进"放管服"改革和政府职能转变,加快推进政务服务标准化、规范化、便利化,扩大电子证照应用领域和"免证办"范围,推动更多政务服务事项"就近办、网上办、掌上办",不断提升"跨省通办"水平。加快构建数字技术辅助政府决策机制,强化数字技术在公共卫生、自然灾害、事故灾难、社会安全等突发公共事件应对中的应用,全面提升预警和应急处置能力。

资料来源:数字中国发展报告(2021年)[R/OL].(2022-08-02)[2023-08-02].http://www.cac.gov.cn/2022/08/02/c_1661066515613920.htm.

思考并讨论:

1. 上述材料对于数字中国发展的评价,分别运用了什么评估方法和程序?
2. 根据上述材料分析网民评价指标对于数字政府绩效评估的重要意义。

第四编

数字政府的前景展望

第十四章 数字政府的风险与挑战

■ 学习目标

本章主要阐释数字政府建设过程中可能面临的风险与挑战及其生成原因和应对措施。通过本章学习,要求掌握:(1)数字政府建设过程中面临的主要风险与挑战;(2)数字政府建设中面临的风险与挑战的形成原因;(3)在推进数字政府建设中,如何防范潜在风险与化解各种挑战。

■ 引 例

数据安全是数字政府的生命线

数字政府作为数字中国、数字经济的重要基础,已成为提升国家治理能力现代化水平的重要战略举措和推进服务型政府建设的有力抓手。当前,"一网通办""跨省通办"、政务"秒批""秒办"、身份证"网证"、"城市大脑"等试点示范措施,有力促进了政府和社会治理的高效化、精准化和智能化。但不容忽视的是,数字政府系统作为超级数据平台,面临巨大的安全威胁和风险,如黑客对政府网站的攻击、金融数据被不法分子窃取、个人敏感信息大规模泄露等。可以说,数据安全是数字政府的生命线,个人信息保护是数字经济的底线。

资料来源:喻文光.数据安全是数字政府的生命线[N].光明日报,2021-06-12(06).

第一节 数字政府面临的主要风险与挑战

数字政府面临的风险与挑战是数字化、信息化、技术化给政府治理带来的新风险与新挑战。从数字政府的内涵及其运行过程来看,数字政府潜在的风险与挑战源自"对数据进行治理"和"依数据治理"两个方面,充斥于数字政府建设的全过程。数字政府面临的潜在风险是政府推进数字化治理进程中多因素耦合引致的风险,也是推进政府治理体系和治理能力现代化必须面对的挑战。风险识别是风险管理的前提,也是风险消解的基础,从理论和实践两个层面来看,数字政府建设过程中主要面临以下潜在风险与挑战。

一、数据采集管理的质量风险

数据资源是数字政府建设的关键要素,也是政府数字治理的原材料。数据是数字政府治理的逻辑起点,数据资源需要通过挖掘采集统一汇聚到政府数据资源库,才能进入到政府数字治理的议程中,为政府数字治理提供依据和参考。但数字时代数据爆炸性涌现、几何级增长的现实,使得数据是否完整、真实与可靠成为对于政府数字治理至关重要的问题。数据采集管理过程中可能出现的数据残缺、数据冗余、数据失真都会影响到数据质量,数据质量问题成为数字政府的风险源头。

(一)数据残缺

数据残缺即数据不完整或不全面,也就是说应该采集的数据没有被采集,造成数据资源的缺失。数字政府数据池包含政府、市场、社会等领域的多源数据流,但在数据采集过程中,以下多种因素的叠加使得政府数字治理的数据完整性面临考验:数据采集范围不明确致使应该采集领域的数据没有被采集;数据采集者缺乏对特定数据采集的敏感意识;数据采集受人力、技术、财力等资源的限制;数据采集政策法规的缺失致使某些领域的数据采集缺乏依据而无法采集;等等。残缺数据不仅无法对政府数字治理提供全面的数据支撑,而且容易放大政府单纯地依靠数据进行决策和治理的风险。

(二)数据冗余

数据冗余即数据资源的重复、多余、无效,也就是说在数据采集过程中收集了大量无用的数据。大数据时代数据呈现出几何式的增长和爆炸式的裂变,数据不仅体量庞大,而且形式各异,这就给人们采集和使用数据带来一定的挑战。尽管数据资源是数字政府建设的关键要素和政府数字治理的原材料,无论是数字政府建设还是政府数字治理都需要充分的数据资源,但这并不意味着数据资源越多越好;政府数字治理需要完整、真实和可靠的数据,而不是重复、多余、无效的数据。在大数据时代,一方面我们不可能穷尽所有的数据,另一方面我们需要采集有用的数据。数据本身具有一定的时效性,数据冗余从长远角度来看存在着增加政府数据管理成本、降低政府数字治理绩效的风险。

(三)数据失真

政府数字治理不仅需要全面的数据,而且需要真实的数据,但在数据采集储存过程中,数据失真、失准的情形时有发生。一方面,数据采集管理过程中技术因素会引发原发性数据失真的情况。在数字时代,海量数据的采集、传输和存储都需要依靠互联网、传感器、计算机、数据库等技术工具完成,一旦这些数字技术工具本身出现或存在问题,就可能把一些重复数据、无效数据乃至错误数据储存到数据库中,造成数据真假难辨,导致数据分析的结果出现偏差。另一方面,数据采集管理过程中人为因素可能导致次发性数据失真。数据的采集、传输和储存等环节都离不开人的主观能动性的发挥,因而数据不可避免地受到人为因素的干扰。在这一情境下,如果数据采集管理的标准不统一、缺乏对数据采集管理者的责任约束,也会导致数据的真实性与准确性不足。数据质量直接关系着决策的质量,提高决策质量就必须防范由数据失真带来的决策风险。

二、数据处理应用的技术风险

数字时代,尽管海量的数据为政府准确把握事件整体和动态特征提供了充裕的数据支撑,但数字政府的价值并不在于拥有大量的数据,因为单就数据本身而言,它并不会自动成为高效能的生产要素,只有经过深度技术加工、处理和分析的数据才能充分释放其价值。但技术作为一把双刃剑,在"技术—政府—社会"的互动关系中,数字技术在推动政府治理方式变革创新的同时,也蕴含着侵蚀数字政府的技术风险。

(一)数字技术偏差

数字政府并非停留在表层数据的使用和发现表层数据的价值,而是透过对表层数据的深度挖掘和关联性分析,为政府数字治理发现新知识和创造新价值,这就要求数字政府具有对数据进行深度加工、处理和分析的技术能力。但数字时代的数据类型多样且结构复杂,如何将多种类型的、非结构化的数据转化为结构化的数据,通过数据深度挖掘和关联性分析发现数据潜在价值,就成为数据加工处理技术面临的挑战,而数据加工处理是保证数据可靠性和可利用性的前提。数据加工处理包括数据挖掘、数据清洗、数据脱敏和数据分析等。虽然目前各种数据加工处理技术为数字治理提供了一定的技术支撑,但对结构化、半结构化和非结构化混杂的数据的处理还缺乏有效的技术手段,数据挖掘的深度和数据关联性的精度仍然是政府数字治理面临的一个主要技术问题。数字时代信息具有多样性与复杂性,任何单一的技术与方法都难以对政府数字治理所需的数据进行加工处理,数字技术的不足或偏差都会使数字政府建设面临技术风险。

(二) 数字技术歧视

数字政府依靠数字技术实现政府治理的创新并不是引入数字技术和高级算法就可以一劳永逸的,还需要建立一套合乎社会规则和社会伦理的数字技术应用的评判尺度。这就要求数字政府既要重视数字治理的技术性,又要重视公平、正义等社会价值的指引性,推动技术理性与价值理性的融合,避免以技术理性代替价值理性。然而,在数字技术运用到政府的治理实践时,一旦技术决定论的观点占据主导地位,技术本身也会制造偏见——基于数字技术的算法可能导致无意识的偏见。[①] 因为数字技术一开始便将某些个体或群体排除在数字政府之外,技术治理所形成的路径依赖一方面提高了民众参与治理的门槛,另一方面也加剧了社会分层,民众的生活被数字技术、算法所控制在所难免。虽然数字技术在技术层面可以提升政府治理的精准度,但数字技术在道德层面无法识别公众需求的正义性。如果忽视数字技术背后的社会价值,可能会导致政策结果出现偏差、不公正和歧视的问题。

三、数据开放共享的运行风险

数字政府的运行不仅需要数据资源和数字技术的支撑,而且需要政府、市

---

① TAYLOR L. What is data justice? the case for connecting digital rights and freedoms globally[J]. Big data & society, 2017(2).

场、社会之间数据资源的流通与整合。数字政府唯有在真正意义上实现政府部门内部的数据共享以及政府、市场、社会之间的数据开放才能实现政府数字治理的目标,但目前数据开放共享过程中依然存在着数据孤岛、数据泄露、数字鸿沟等运行风险。

(一)数据孤岛

"数据孤岛"也称为"信息孤岛"或"数字孤岛",一般认为数据孤岛是指不同部门的数据来源彼此分离、数据平台相互排斥、数据加工难以关联互动、数据运用不能交换共享的数据堵塞和数据壁垒现象。[①] 数字政府建设所需的数据不仅包括政府内部的数据,而且包括政府外部的数据,即市场和社会所产生的数据。目前在数字政府建设进程中无论是政府部门之间,还是政府与其他组织或机构之间都存在"数据孤岛"现象。一方面,政府内部各部门之间数据共享水平低,条块分割、系统林立现象依然存在,数据流动受阻,数据没有得到有效整合,造成数字政府建设中跨区域、跨层级、跨部门数据共享无法实现,"数据孤岛"现象难以消除。另一方面,政府同企业、社会之间存在数据壁垒,数据开放效果不彰。数字政府建设中数字沟通桥梁的缺乏阻碍了数据流通,成为推进数字政府建设的主要"梗阻",影响着数字政府建设和政府数字治理的效能。

(二)数据泄露

数字政府建设需要数据的共享、开放及其充分流动,而数据流通势必产生隐私泄露和数据安全风险。如何保护公众隐私和保障数据安全,平衡数据共享、开放与隐私保护及数据安全之间的关系,合理运用现代信息科学技术引导数据安全共享、有序开放,是数字政府建设顶层设计的关键议题。我国高度重视网络和信息安全工作,先后出台了《网络安全法》《数据安全法》和《个人信息保护法》等相关法律,提出数据安全和促进数据开放利用并重的原则,这些法律对于数字政府建设中保护个人隐私和保障数据安全具有重要的意义。数字政府是建立在数字技术和海量信息基础之上的,互联网、大数据、区块链和云计算等数字技术应用带来了便捷和风险共存的网络空间,网络偷窥、网络诈骗、非法

[①] 陈文.政务服务"信息孤岛"现象的成因与消解[J].中国行政管理,2016(7).

获取个人信息等侵害个人隐私和网络攻击、网络窃密等危害国家安全的违法犯规活动客观存在。据《第51次中国互联网络发展状况统计报告》，截至2022年12月，我国网民个人信息泄露（19.6%）、网络诈骗（16.4%）、病毒侵袭（9.0%）、密码被盗（5.6%）等问题仍然比较严重。① 政府数字治理联通了社会不同主体和各个领域，数据流动与交互进一步加速，信息提取和识别更加无处不在，这使得数据泄露极易产生"蝴蝶效应"和"多米诺骨牌"效应。隐私保护和数据安全问题掣肘着数字政府建设，降低公众参与数字政府建设的意愿。

（三）数字鸿沟

数字鸿沟通常被定义为能获得新技术使用的人与不能获得新技术使用的人之间的差距，②即在政府数字化治理进程中，不同地区、组织、人群，由于对数字技术的掌握程度、应用水平及创新能力的差异而产生的不平等。数字技术的发展给人们生活和政府治理带来"数字红利"，但数字基础设施发展的不平衡和公民数字技能的不足等问题，也使得社会不同人群在数字技术的"可及"和"使用"方面存在不平等，进而引发数字鸿沟现象。目前，我国还有约三分之一的人口没有接入互联网，截至2022年12月，我国网民数量达到10.67亿人，互联网普及率达到75.6%，但60岁以上网民占比仅为38.6%。③ 受地域、收入、年龄和教育等诸多因素的影响，政府数字化变革给那些数字基础设施、资源和技能不足的群体带来了难以逾越的屏障，导致其被边缘化，并处于经济发展、政治参与、文化教育、服务获取和社会交往等方面的弱势地位，甚至被隔离于"数字红利"之外。数字政府建设中的数字鸿沟不仅没有使数字技术弱势群体在政府数字治理过程中提高获得感，反而带来了"被剥夺感"，最终影响到社会的公平性和包容性。

---

① 中国互联网络信息中心.第51次中国互联网络发展状况统计报告[R/OL].[2023-08-18]. https://cnnic.cn/NMediaFile/2023/0322/MAIN16794576367190GBA2HA1KQ.pdf.
② VAN DIJK J. Digital divide research, achievements and shortcomings[J]. Poetics, 2006(4).
③ 中国互联网络信息中心.第51次中国互联网络发展状况统计报告[R/OL].[2023-08-18]. https://cnnic.cn/NMediaFile/2023/0322/MAIN16794576367190GBA2HA1KQ.pdf.

四、数字技术外包的俘获风险

政企合作是当前数字政府建设的主要方式,如贵州省的云上贵州公司、广东省的数字广东公司等都参与了当地的数字政府建设。政府在数字政府建设过程中常常通过技术外包的方式将数字处理平台搭建、数字系统开发及数字系统运维等工作部分或全部委托给作为第三方的数字公司,政府与数字公司之间形成一种技术合作或技术外包关系。这种政企合作方式无疑对提高数字政府建设效率、降低数字政府建设成本具有重要意义,但鉴于政府与企业在组织性质和行为目标上存在差异,必然会出现合作风险和技术挟持风险。数字处理平台和数字运行系统的安全性、稳定性和保密性主要取决于第三方数字公司的技术能力和诚信水平。由于实践中政企之间存在核心技术差异、信息与技术不对称、数据权责不明、技术与管理脱节等问题,如果政府内部没有相应的技术机构与专业人员对第三方数字公司的技术方案和技术人员进行审查和监督,加之部分与政府合作的第三方数字公司内部管理机制不健全,疏于对技术人员的教育监督,那么就有可能出现第三方数字公司或其技术人员利用技术优势设置技术壁垒增加谈判筹码,非法窃取、收集、贩卖政府数据,甚至影响政府决策制定和数字政府的运行安全。

第二节 数字政府面临风险与挑战的成因

数字政府建设是一个多种因素相互协调、共同产生治理效能的过程。在数字政府建设及政府数字治理的过程中,制度缺位、技术偏差、能力限制、数据安全、网络安全等都是要重点关注的风险来源,这些风险是机制、制度、技术、人员等诸多因素耦合的结果。通过剖析数字政府面临风险与挑战的深层原因,可以探寻数字政府风险管控与挑战应对的着力点。

一、数字政府的体制机制不顺畅

健全的体制机制是整体规划、统筹协调、有序有力推进数字政府建设工作的前提条件。数字政府建设中"各吹各的号,各唱各的戏"不仅是造成重复建设、资源浪费的重要原因,而且是导致"数据孤岛""数据壁垒"产生的重要原因。虽然中央层面建立了国家电子政务统筹协调机制,厘清了中央相关部门在电子政务建设、运营和管理等方面的职责,在一定程度上避免了中央政府各部门之间的职责交叉,但在地方层面仍存在部门职责定位不清,各地数字政府建设水平参差不齐等问题。一方面,数字政府建设统筹规划体系不完善。在传统行政思维和条块分割行政体制的影响下,各地区、各部门在数字政府建设中只负责本地区、本部门的数字基础设施建设和平台系统运营管理等,导致各地区、各部门数字政府建设处于各自为政、孤立发展的状态;各地数字政府建设基础设施不平衡和事项标准不统一等,使得跨领域、跨地区、跨部门、跨层级、跨系统数据共享难以实现,数据孤岛难以消除。另一方面,数字政府建设联动机制尚未形成。数字政府建设涉及领导机构、决策机构、管理机构等不同机构和数据所有者、使用者、管理者等不同主体。数字政府建设各机构之间协调联动不足和数据所有者、使用者、管理者之间职责不明确,会造成数据确权不清、责任不明等突出问题,增加政府数字治理的难度。

二、数字政府建设的相关制度不完善

完善的制度体系是数字政府安全性和可靠性的重要保障。在数字政府建设中防止技术"扶持之手"变成"掠夺之手",强化制度建设、加强制度规范就成为关键。当前我国正处于数字政府建设的推进期,制度建设在一定程度上滞后于技术应用,制度缺失、制度冲突、制度不合理等问题依然存在,不仅阻碍了数字政府的纵深发展,而且引发了数据安全风险问题。一是数字政府建设的法律制度不完善。注重法规"立改废释"是实现数字政府规范发展和数字政府安全发展的重要制度保障。但人们更多看到数字政府发展所带来的"数字红利",而忽视了数字政府运行过程中的安全隐患问题。法律制度的缺失使人们对运用数字技术的尺度和程度把握不准,往往出现数据滥用、数据偷窃、数字欺诈、隐私泄露等安全隐患问题。虽然我国2020年出台的《数据安全法》中指出了"数据安全和促进数据开放利用并重"的原则,但数据开放、数据利用的管理规范、使用规则尚未明确细化,这在一定程度上阻碍了数据共享和开放,也带来了数据安全保护问题。二是政府数据共享开放制度缺失。数字政府唯有实现政府、

企业、社会之间信息的安全有效流通,形成双边或多边主体的信息共通、资源共享、行动协同的互动渠道,才能发挥数字政府的价值和实现数字治理的功能。但目前围绕数据共享开放标准、使用权限、规则体系和安全保密等的管理制度缺失,使得各主体不愿、不能、不敢共享开放的思想普遍存在,导致数据开放质量不高、共享难以实现。三是数字政府建设的监督管理制度不健全。政府数字治理"三分靠技术、七分靠管理",监督管理制度是数字政府安全运行不可或缺的制度保障。数字政府建设不仅要对数据来源方、数据使用方、数据管理方和技术提供方的职责权限进行清晰界定,而且要建立实现数据共享和保障数据安全的监督管理制度,督促各方落实数据安全责任。但目前数字政府建设的监督管理制度尚不健全,导致政府内部工作人员未经许可擅自储存、修改、转移数据的现象时有发生,政府外部技术提供方利用技术绑架服务、窃取政府内部数据的现象客观存在,数据安全问题时有发生。

三、数字政府建设的核心技术支撑不足

数字技术是改进政府服务供给方式和提升政府治理能力的关键。数据采集、加工、分析和应用等数字技术的不成熟或数字技术支撑不足,不仅使政府数字治理的效率和安全性得不到保障,而且可能进一步加剧社会的不平等和不公平。一是数据采集与处理技术支撑不足致使难以收集到全面真实可靠的数据。同传统数据相比,大数据时代的数据具有容量大、类型多、运行速度快等特点。如何快速地收集与处理多类型、非结构化的数据,这就对数据采集与处理技术提出了挑战。目前通行的做法是通过网站 API 接口、网络爬虫程序等技术获取数据;利用 SQL、ORACLE 等数据库储存数据;采用 OLAP 技术和最邻近算法(KNN)进行数据处理与清洗。这些数据采集与处理技术为数字政府建设提供了数字技术支撑,但对于快速有效地获取与加工海量复杂的数据仍缺乏有效的技术手段。数据采集与处理技术不足降低了数据质量,增加了行政成本,放大了安全风险。二是数据挖掘与分析技术支撑不足致使无法有效开发和利用高价值的数据资源。数据容量的大小与数字价值的高低不一定成正比,政府数字治理需要通过数据深度挖掘和数据关联性分析充分释放数据潜在价值。目前在数据挖掘方面采用的方法主要有在线评论数据挖掘、利用 Awstats 软件进行

数据挖掘等;在数据分析方面主要采用数学和统计模型、语义关联分析和动态社会网络分析等技术来寻找和发现数据之间的关联性。虽然当前各种数据挖掘和分析技术为政府数字治理提供了便利,但数据挖掘的深度和关联性的精度依然是一个突出问题,影响着政府数字治理的效能。三是数字互通互联技术不足致使跨层级、跨部门、跨领域数据流通受限,进而导致政务信息化和数字化公共服务的发展不均。数字政府建设依靠5G网络、云计算、人工智能等在内的现代信息技术及数字基础设施,但由于各级地方政府及部门可调配资源的差异,造成政府及部门在上述现代信息技术方面的差异和数字基础设施建设方面进度不一,无法实现互通互联,造成政务无法共享协同,数字化服务水平的差距进一步拉大。

四、数字政府建设的人才数字素养欠缺

人是行政之本。数字政府建设及其应用涉及的庞大的技术框架体系,不仅对行政人员的数字素养提出了更高的要求,而且对社会公众的数字素养提出了更高要求。随着现代信息技术的迭代发展,人们参与数字政府建设或获取数字化政务服务都需要具备一定的数字素养。但目前在数字政府建设进程中,无论是政府行政人员还是社会公众,都存在数字素养欠缺问题,这也是数字政府建设面临风险与挑战的一个重要原因。一方面,行政人员的数字素养不足导致数字政府建设中数据质量问题、数字技术运用风险的发生。数字政府建设对政府行政人员数字素养提出了很高的要求,获取数据、分析数据、运用数据成为行政人员的基本功。但值得注意的是,大多数行政人员受传统行政思维和行政体制的影响,与数字政府建设及运营所需的思维、知识、技能要求存在差距,数字安全意识和数字思维能力不足,因而不能充分地获取数据、处理数据、分析数据和应用数据等,造成数据采集管理质量不高、数据潜在价值难以发挥等,从而引发政府数字决策风险的发生。此外,政企合作成为数字政府建设的一种主要模式,但各级政府内部专业技术人员普遍缺乏,难以对第三方数据公司及其人员的规范性和专业性进行审查,"技术挟持"和"算法黑箱"等使数字政府建设的自主性面临挑战。另一方面,社会公众的数字素养不足导致数字政府建设中的数字鸿沟进一步加大。在信息技术时代,每一位社会成员都应当享有获得数字红利的权利,社会公众的数字素养正成为参与数字政府建设和获取数字政府服务必备的素质。但事实是,由于我国数字基础设施发展的不平衡,面向信息困难群体的政府网站信息无障碍建设不足,缺乏对数字素养能力欠缺人群的技术知识培训等,社会困难群体因数字技能不足而被边缘化,成为数字社会的"技术难民"。数字政府的数字化治理和服务供给给人们的生活带来数字红利的同时,也给那些数字资源、设备、技能不足的人带来难以跨越的障碍。同其他任何一种科学技术一样,数字技术也是"双刃剑",政府数字治理也给人类社会包容性发展带来巨大挑战,形成了不容忽视的数字鸿沟现象。

第三节 数字政府面临风险与挑战的治理向度

在高度复杂和高度不确定的风险社会背景下,数字政府建设及运行过程中的风险和不确定性增加,这就要求我们客观看待各种风险,综合分析各种风险因素,提高对风险因素的感知、预测和防范能力,从而切实保障数字安全,推动政府治理能力现代化。

一、强化顶层设计,完善数字政府风险管理体系

数字政府的风险管理模式不能采取"头疼医头、脚疼医脚"的应急处置模式,而需要建立与政府数字治理适配的风险管理体系。在传统科层制条块分割的行政管理体制下,受传统行政思维与行政习惯的影响和组织职责分工的限制等,政府对数字化转型过程中的风险重视不够,无法适应数字治理风险管理的需要。数字政府风险管理需要从风险管理意识与目标、组织与职责、考核与监督等方面完善风险管理体系,以保证风险管理嵌入政府数字治理的所有领域和全部过程。

首先,树立风险管理意识与明确风险管理目标。技术是一把双刃剑,数字政府是依托大数据、云计算、区块链、人工智能等新一代信息通信技术建立起来的现实与虚拟相结合的政府形态,其在提升政府技术治理效能的同时,也放大了政府技术治理的风险。网络威胁与传统威胁交织使得政府数字治理面临的风险与挑战不同于政府传统治理面临的风险与挑战,网络空间安全风险正加速

从虚拟空间向现实世界渗透扩散。政府部门及管理者要树立数字政府风险管理意识,正确认识数字政府面临的风险与挑战,积极学习相关风险管理的理论和知识,并将风险管理意识转化为政府部门的共识和管理者的自觉行动,贯穿数字政府建设的各个环节和政府数字治理的各个领域;在此基础上,应明确数字政府的风险管理目标,切实保障数据安全和保护个人隐私,确保数字平台和数字设施安全、技术应用和网络运行安全,防止黑客侵袭并制止权力侵害等。

其次,成立风险管理组织与明确组织职责分工。人类社会已进入到数字时代,政府的数字化治理方式必将成为政府的一种常态治理方式,数字政府风险管理也将成为政府的一项重要职能。各级政府在数字政府建设过程中,要组建导向明确、职能精细的数字政府风险管理机构,负责数据共享开放、数据安全运行、防范各种潜在风险等工作,以及统筹规划、协调推进数字政府风险管理的重大事项;从风险预警、风险识别、风险分析、风险评估、监督考核等风险管理过程构建数字政府风险管理体系,将数字政府的技术风险管理和数字政府的政府活动风险管理嵌入数字政府的各个领域和全部活动;积极引入外部"智力支持",建设地方数字政府风险管理专家咨询机构,组织不同领域的专家学者参与政府数字治理的过程,完善数字政府风险管理组织体系。同时,要明确组织职责分工,细化风险管理各部门的职责,把涉及数据流动、交换和共享的环节作为重点保护领域,对跨区域、跨层级、跨部门数据流动中涉及国家安全和个人隐私的数据加大保护力度,确保各部门在数据采集、储存、交换和共享中各负其责、各尽其力,同时加强各部门之间的协同合作。

最后,建立风险管理评估考核与监督体系。政府数字治理需要数据完整、真实和可靠,并达到可获取可利用的要求。为了避免数字政府建设过程中出现诸如数据不全、隐私泄露、网络攻击、黑客侵袭等安全隐患,需要建立数字政府风险管理评估考核与监督体系,加强对地方数字政府安全的考核评估监督检查,以有效预防各种安全隐患和潜在风险。一方面,建立政府内部数字政府风险管理评估考核与监督体系。设立数字政府安全运行评估体系,以数据的及时性、完整性、准确性、可用性、安全性等为关键指标,分别赋予权重,以此对各部门及相关负责人进行考核,通过评估考核、监督检查、激励惩戒等举措强化政府内部风险管理意识和提高风险管理及应对能力。另一方面,邀请专业的第三方评估机构对数字政府的安全可靠性进行评估,如对数字平台、网站设计、功能建设、内容管理、用户体验等进行评估,以此倒逼政府部门强化管理、再造流程、完善功能和优化服务,根据专家评估意见和公众反馈信息对存在的问题采取相应的解决措施,在优化技术和业务价值的同时降低风险。

二、加强法制建设,健全数字政府风险管理制度

数字政府建设是一项复杂系统的工程,涉及不同主体、多种平台、多源数据、多重任务,制度供给不足或缺失是引发数字政府风险的重要原因。因而,数字政府风险管理需要强化法律制度供给,以集成化的制度体系进行规范与约束,实现维护数字政府的安全运行和提高政府数字治理整体功效的目标。

其一,出台国家层面数字政府的专门立法。数字政府建设及运行首先需要在法律的框架内。法律制度对数字政府建设具有较强约束和引导作用,出台国家层面统一的数字政府专门立法,可以让建设和运营数字政府依据法律法规进行,做到法无授权不可为、法定职责必须为,发挥法律制度权威对数字政府建设的领导力,确保数字政府建设有法可依和政府数字治理依法规范运行。数字政府立法要确立法律的权威性,着重规制政府权力边界、运行方式、运行程序和运行条件等,使数字政府的建设及运行有法可循。为了确保数字政府建设及运行始终处在法治的轨道上,需要从监督机构、监督权限、监督范围、监督程序等方面构建系统化、法制化的数字政府监督机制,依法规范政府行为和数字政府运行全过程。

其二,颁布法令保护公众隐私和数据安全。数字政府建设需要不同领域、不同部门、不同主体之间数据的共享与开放,但随着大数据在社会日常生活中的普遍应用,数据集呈现出规模性、多样性和复杂性的特点,数据收集、数据储存、数据处理、数据开放与数据共享过程中数据安全和隐私泄露风险加大。因而,世界各国政府在数字化转型的过程中,始终把加强隐私保护和数据安全作为推进数字政府建设的一项重要举措,出台一系列法律法规以保障数据安全和保护公众隐私。为推进数字政府建设,我国要不断加强数据安全与隐私保护的

制度设计,加快数据安全与隐私保护的立法进程,制定完善系统的数据安全与隐私保护法令,明确个人隐私的范围和权利边界,对数据收集、储存、处理、开放和应用全过程进行有效监管,依法严厉打击窃取数据和侵犯隐私的违法犯罪活动。同时还需要平衡好数据安全、隐私保护与产业发展的关系,在立法保护个人隐私和数据安全的同时,也要注重数据开放的灵活性和流通的便捷性,以保证社会公众、企业、科研院所等主体能够方便快捷地利用数据,进而促进数字社会的发展和数字经济的增长。

三、夯实技术支撑,提升数字政府风险管理水平

任何技术都是双刃剑,数字技术在提升政府治理效能的同时,也带来了数字治理的技术风险。在数字治理过程中,技术风险与数字基础设施建设、数字加工处理、数据获取运用等功能相关。技术限制使得政府数字治理的效率和安全性得不到保障,这成为数字治理的梗阻。习近平总书记指出,没有网络安全就没有国家安全,要从不同维度提升网络信息安全治理能力。在网络强国、数字中国、智慧社会等战略实施的背景下,数字政府建设需要强化数字技术的自主创新能力,防范技术自身带来的风险,让数字技术应用更好造福经济社会发展。

首先,强化数字基础设施建设的技术安全。数字基础设施是数字政府安全运行的基底,在数字治理进程中发挥着基础性、先导性和战略性的作用。在数字治理环境下,数字基础设施与各行各业深度关联,直接关乎经济安全、社会安定和国家安宁,往往成为主要攻击目标。在推进数字政府建设过程中,应直面数字新基建下经济社会大规模数字化带来的安全风险,树立数字基础设施安全底线思维,坚持数字基础设施技术自主可控,健全数字基础设施安全防护体系,保证数字基础设施平等、安全、高效运行。一方面,加强5G网络、大数据、云计算、人工智能、区块链等新兴技术的自主创新能力,为数字政府网络体系的安全运行提供重要的技术支撑。另一方面,加强综合统筹规划,做好财政投入保障,推动整合集约建设,打造万事万物互通互联、智能高效的数字基础设施,实现纵横联动、上下协同的数字治理局面。

其次,提升数据采集加工处理的技术水平。数据是政府数字治理的核心资

源,数据的及时性、全面性、可靠性及安全性与数据采集加工处理的技术水平直接关联。一方面,要不断提升数据采集与挖掘、加工与处理的技术水平,确保政府数字治理所需数据的及时、全面和可靠。数据采集加工处理技术水平的提升需要政府的政策、财政和技术人才支撑,要加强政府、高校、科研机构对数字专业技术人才的联合培养,建立产学研一体化培养体系,为数字政府建设培养更多的数字专业技术人才,提高数字技术水平。另一方面,加强数据隐私脱敏和安全保密技术防护,采取预防隐私泄露和确保数据安全的技术防范措施,对关键数据进行加密保护,建立数据访问技术准入标准,确保数据安全。

最后,培养人们的数字素养以提高技术能力。数字政府建设及运行涉及的庞大的技术架构体系对行政人员和社会公众的数字素养与技术能力提出了更高的要求,获取数据、分析数据、运用数据的技术能力就成为行政人员和社会公众防范数字技术风险的基本功。因而,要培养行政人员和社会公众的数字素养,以提高数据使用能力及风险防范能力。一方面,培养行政人员的数字能力以强化数字政府的自主性。政府部门应加快培养和建设一支业务熟、技术精、素质高的年轻化、专业化队伍,切实提高数字政府运营和管理能力,强化内生技术能力,降低对企业的技术依赖,在政企技术合作中提高政府的谈判力和管控力,防止政府公共权力被企业技术俘获。另一方面,以公共服务的优化供给和社会公众的数字能力培养消解数字鸿沟。在数字政府建设中,政府应为社会公众使用多渠道、包容性公共服务提供便利,并通过多种渠道和方式为数字技术水平较低人群提供教育培训、技术援助和政策支持等,为其融入数字社会提供机会,从而消解由服务供给不佳和社会公众数字技术能力不足衍生的数字鸿沟等风险。

思考与练习

1. 什么是数字鸿沟,如何消解数字时代的数字鸿沟?
2. 数字政府建设面临哪些风险,如何预防与治理?
3. 数字技术有何优缺点?如何提高政府数字治理水平?

案例分析与讨论

时代课题：数字化撞上老龄化

在中国,数字化浪潮的兴起恰逢一场正在到来的老龄化浪潮。

根据联合国标准,65岁以上的老年人口占总人口的比例达7%以上或60岁以上老年人口在总人口中的比例超过10%的属老年型国家或地区。据国家统计局发布的数据,截至2019年底,我国60周岁及以上人口约2.54亿人,占总人口的18.1%,其中65周岁及以上人口1.76亿人,占总人口的12.6%。我国已然步入老龄化国家行列。

一方面,我国老龄化进程不断加快,人口老龄化成为今后较长一段时期我国的基本国情;另一方面,数字化时代加速发展。让智能技术发展与老龄化社会相协调,让老年人共享社会治理成果,首先要找出老年人跨越数字鸿沟的障碍。

在任远教授看来:一方面,老年人口拥有电脑、使用电脑、接入网络服务、拥有智能手机同更低年龄人口相比存在不平等。另一方面,由于老年人不会使用移动互联的信息化应用,不能获得基于信息化的各种服务,因而日益被信息化社会隔离。

每月的最后一周,家住重庆市沙坪坝区的张大爷都要去医院开药。由于腿脚不方便,公交地铁又离得远,加上子女不在身边,亲戚都劝他打车就医。"打车花钱多不说,关键还不好打,他们说约车软件方便,可老人机没法操作,只能坐公交。"张大爷无奈地说。

忽视老年人需求,也是数字时代老年人被加速边缘化的原因之一。

由于对网上操作流程不熟悉,一部分老年人无法真正获得外卖送餐到家、网购送货上门等贴近老年人生活特性的服务。

调查发现,老年人对新技术的恐惧心理也是造成数字鸿沟的重要原因。

"不愿使用手机支付,说到底是担心。"记者在北京市西城区的一家面馆遇到75岁的吴大爷,虽然对手机应用给生活带来的便利感受颇深,但结账时他还是选择用现金支付。在他看来,安全是首先要考虑的问题。

老人们的担忧暴露了更深层的社会问题。"老年人对网络信息真伪的辨析能力以及维权能力都相对较弱，往往会成为不法分子的'首选目标'。"北京律维银龄研究与服务中心主任卢明生说。

科技以人为本。如何让智能技术发展适应老龄化社会步伐，让老年人跨越数字鸿沟，是经济社会持续健康发展所面临的"必答题"。

资料来源：陈瑶. 观察丨当老年人遇到数字鸿沟［EB/OL］.（2020-11-27）［2023-04-18］. https://www.ccdi.gov.cn/toutiaon/202011/t20201127_98482.html.

思考并讨论：

1. 数字鸿沟指什么？老年群体面临数字鸿沟的原因有哪些？

2. 为优化面向老年群体的公共服务，消解老年群体所面临的数字鸿沟，政府应当如何行动？

第十五章 数字政府的伦理与价值

■ 学习目标

本章主要介绍数字政府的伦理与价值。通过本章的学习,要求掌握:(1)数字政府的伦理意涵;(2)数字政府的价值内容与价值实现;(3)美好生活构筑与数字政府引领。

■ 引 例

加快数字社会建设步伐　构筑美好数字生活新图景

推动购物消费、居家生活、旅游休闲、交通出行等各类场景数字化,打造智慧共享、和睦共治的新型数字生活。推进智慧社区建设,依托社区数字化平台和线下社区服务机构,建设便民惠民智慧服务圈,提供线上线下融合的社区生活服务、社区治理及公共服务、智能小区等服务。丰富数字生活体验,发展数字家庭。加强全民数字技能教育和培训,普及提升公民数字素养。加快信息无障碍建设,帮助老年人、残疾人等共享数字生活。

资料来源:中华人民共和国国民经济和社会发展第十四个五年规划和2035年远景目标纲要[EB/OL].(2021-03-13)[2023-05-09].http://www.gov.cn/xinwen/2021-03/13/content_5592681.htm?pc%20.

第十五章 数字政府的伦理与价值

第一节 数字政府的伦理

"数字化"是数字政府带给人们最为直观的印象和感受,正因如此,数字政府的"技术属性"得到了人们的普遍关注。但是,数字政府本质上是一种政府形态,政府作为社会治理主体的角色决定了数字政府的初衷与落脚点是"为人民服务",因此,数字政府的本质属性体现在坚持以人民为中心,推进人的全面发展和构筑美好生活,也就是伦理与价值方面。伦理是人的社会生活中的条理和人的社会关系中的纹理复合构筑的理想形态,数字政府的伦理议题涉及伦理意涵、伦理精神及其功能等;数字政府的价值丰富多元,是数字政府实施治理行动意义的集中体现。

一、数字政府的伦理意涵

从构词法来看,"数字"和"政府"分别标识出数字政府作为一种存在的特殊性与一般性。具体而言,"数字"指明了数字政府不同于传统政府的"数字化"特殊性,"政府"指明了数字政府与传统政府共有的治理角色与治理作用。因此,就数字政府的伦理意涵而言,它既具有与传统政府一致的方面,又具有异于传统政府的特殊方面。

(一)政府伦理的一般意涵

通常而言,政府伦理是一种能够规范政府治理活动的关系准则和道德依准。这种关系准则和道德依准集中体现为政府治理中的伦理关系,其作用范围涵盖政府开展活动所涉及的政治、经济、文化、社会和生态等各个领域。可以说,凡是政府治理的对象、内容和具体领域都会涉及伦理关系问题。比如,从政府不同层级和层次的发展规划的制定与实施来看,无论是宏观方面的规划决策、目标实施、资源配置,还是微观领域的方案设计、技术操作、人员安排,都会涉及政府、社会和公众的利益关系问题,涉及区域间的公平实现和发展效率的关系问题。

伦理关系在人们的社会联系中形成,是一种客观的社会关系。伦理关系普遍地存在于人类社会生活的每一个领域,政府治理所处的公共领域是一个特定的社会生活领域,也必然包含伦理关系。只不过,不同于权力关系(政府组织结构所决定的领导与被领导、命令与服从的结构性联系)和法律关系(由国家法令和政府治理中的内部章程、规定等确立的制度性关系),伦理关系更加具有开放性、平等性和具体性。

1. 伦理关系的开放性

权力关系存在于封闭性的结构体系之中,是一种封闭性的关系。法律关系虽然具备形式的开放性,但实质上依然是一种封闭性关系。伦理关系的开放性是与公共领域广泛地向私人领域和一切社会成员开放的本性相一致的。[①] 在高度复杂性和高度不确定性的条件下,在一切需要共同行动的地方,权力关系会因为引发对权威的维护而妨碍合作,法律关系因为厘清行为边界的要求而妨碍合作,而在伦理关系的基础上生成的道德意识则会鼓励人们合作,而且,建立在伦理关系基础上的道德规范也能够为人们之间的一切跨界合作提供充分的支持。

2. 伦理关系的平等性

权力关系是一种不平等的关系,会诱发支配性的控制行为。法律关系具有平等的内涵,但是,当小群体的法律诠释与公众的诉求相背离时,法律就只能提供一种形式上的平等关系。[②] 而伦理关系中的平等是不可以形式化的。在形式上,也许关系方是不平等的,但在实质上,他们则是平等的。对于政府治理而言,合作方之间的平等是至关重要的,也就是说,只有人们之间的关系是平等的,他们之间才有可能发生真实的合作。

3. 伦理关系的具体性

权力关系是发生在具体的权力主体和权力客体之间的关系,但是权力关系的这种具体性往往由于受到权力主体的非理性因素的干扰而具有不稳定的特征。就法律对组织群体及其成员的职能、职责的明确确定而言,建立在这个基础上的法律关系也是非常具体的,但这种具体性只是体现为法律规范或规定的形式具体性。[③] 伦理关系的具体性是实质的具体性。伦理不仅存在于作为个体

[①] 张康之.公共管理伦理学[M].修订版.北京:中国人民大学出版社,2009:69.
[②] 同上:72.
[③] 同上:74.

的人的政府治理者之中,而且通过他们的具体活动来加以确立,并体现在政府治理者的每一项行为选择之中。

(二)数字政府伦理的新特点

就数字政府而言,数字政府伦理具有一般意义上的政府伦理的意涵,而就数字政府作为一种"数字化存在"的全新形态而言,它拓展了传统政府的治理空间,增添了网络空间的治理内容,因此它继承、发扬和深化了伦理关系的开放性、平等性与具体性,同时也重塑传统政府的组织结构、权力结构以及治理主体与对象的作用关系,进而挑战固有的伦理关系与伦理原则,赋予数字政府伦理以全新的特征。

1. 数字政府伦理的社会关系基础日新月异

数字化信息技术尤其是互联网的广泛应用,使得传统的科层制组织结构下的等级观念逐渐式微,网络交往体现出的人际关系水平化、社交的随机性与横向性的特点,也使固有的社会结构及秩序渐渐被打破。公民的权利意识与表达愿望因互联网的发展而得到强化,从而推动了政府与公民关系的变化。数字政府为公民参与公共事务、表达自身意愿提供了便利的平台,但这也容易对政府的现有权威构成挑战。在数字政府时代,权威的形成,特别是基于价值观认同的软权力的形成,越来越依靠"说服人心"的软力量,而非依靠国家机器为后盾和利益诱导为方式的硬实力。[1] 因此,数字政府正重构着人与人之间的关系,进而也将重塑个人与社会的关系,数字政府伦理是建立在全新的社会关系基础上的。

2. 数字政府伦理的网络约束作用日渐增强

互联网使传统的伦理约束机制受到挑战,网络舆论约束的特点挑战着政府治理者的伦理自觉与应对能力。在传统社会,正式的社会舆论通常为政府所掌控,舆论的突发性较小。相较传统社会舆论而言,自由性、交互性、多元性、偏差性、突发性等成为数字时代网络舆论的重要特点。[2] 网络环境下,公众意见发布方式便利、速度快捷,人人都有发声的渠道,人人都可以成为信息的发布者与接

---

[1] 关凯.互联网与文化转型:重构社会变革的形态[J].中山大学学报(社会科学版),2013(3).
[2] 鄢爱红.互联网时代公共管理伦理面临的挑战及发展趋势[J].新视野,2016(4).

收者,全民化的社会舆论监督体系逐渐形成。在全民化的社会舆论监督体系中,政府治理者成为"放大镜"下的焦点群体,一举一动都受到前所未有的关注,而政府治理者的伦理也显然成为社会舆论监督中的焦点,迎来了前所未有的挑战。

3. 数字政府伦理的道德意识重要性日益彰显

数字化技术在为政府治理者提供便利的同时,也诱致了更为复杂的社会问题,政府治理问题变得更加具有特殊性和突发性。政府治理问题的特殊性使得政府治理者无法再像以往那样遵循经验解决问题,而要具体问题具体分析,尤其是要更加注重数字技术所带来的问题。政府治理问题的突发性使得政府治理者需要更加灵活快速地响应,而这也意味着需要给政府治理者赋予更多的自主权,以便更高效地处理好各项公共事务。此外,数字政府为政府治理者发挥主体意识和能动性创造了条件的同时,也为政府治理者根据自己的偏好与需要任意创造行政角色创造了条件。因此,在数字政府时代,普遍性的规则约束日益弱化,政府管理者拥有发挥主观能动性所需的权力和空间将成为新的常态,这就对政府治理者的自律性提出更高要求,而伦理精神和道德意识的重要性也日益彰显。

二、数字政府的伦理精神

伦理关系是人的社会关系中一个最为基本的构成部分,伦理精神则是这种客观的伦理关系的反映。同时,它又反过来作用于人的思想与行为,通过人的思想与行为去改造和形塑人们的社会关系,使人的社会关系或者社会关系的某些方面以伦理关系的形式出现。① 面对新型技术的应用和复杂性骤增的治理环境,数字政府需要通过改造固有的伦理关系使之更具开放性、平等性与具体性,建构一种符合合作、平等和自主要求的治理体系,也正是在这一过程之中伦理精神得以彰显,进而促进公众意志的准确表达、公共利益的充分实现、治理体系及其活动的开放透明以及德治和道德制度的建设。

(一) 伦理精神及其功能

伦理精神是在人类社会的历史发展中形成的由社会整体承载的文化心理

---

① 张康之.公共管理学[M].北京:中国人民大学出版社,2010:230.

状态,它对一个社会或一个历史阶段人们的思想和行为具有指导意义,是一种无形的规范,能够发挥把人的社会生活整合成有机的和谐整体的作用。就伦理精神是一个社会或一个历史阶段人们共有的文化心理状态而言,它具有相对于个人的客观性,是不以个人的意志为转移的,是能够发挥对个人的行为的规范作用的,并且会作为一种无形的力量影响人的思维方式和思想内容。①

在人类社会治理的历史进程中,主要存在着权力意志、法的精神以及伦理精神三种典型的客观精神形式。在不同时期的社会治理中,伦理精神的内容及功能不断发展和丰富,然而,伦理精神在很长一段时间里都处于边缘地位,没有发挥主导作用。

在农业社会中,社会治理有赖于权力的直接作用。较高等级的人通过权力支配较低等级的人来满足自身需求,可以说,正是等级的差别导致了权力的出现,并逐步演化成权力意志。因为权力意志具有随意性,所以对权力意志的规约取决于高位者的个人品性。而伦理精神可以在作用于人的行为的过程中维系和保证一个社会的秩序。为了维持统治秩序,一方面,等级体系中的上位者对下位者的行为进行限制规范;另一方面,伦理精神对权力意志和权力支配行为做出普遍性的约束。因此,在农业社会,尽管权力意志占据主导地位,但伦理精神既对权力意志的贯彻起到辅助作用,又对基于权力意志的行为起到规范作用,已展露出其对于整个社会的约束与矫正作用。

进入工业社会,复杂森严的等级关系瓦解,建立在等级结构基础之上的权力支配行为难以为继,社会治理开始诉诸以法律为代表的社会性规则体系,法律被赋予权威地位,法的精神由此形成。在这一时期,不同于具有随意性的权治,法律作为一种理性工具和基本原则,在需要权力制约或权利保障的领域备受推崇,同时,法律所坚持的理性和价值中立,在很大程度上排挤了伦理精神。虽然权力在社会层面式微,但在组织内部依然存在。政府作为最大规模、最成型的组织,权力在其中影响重大,因此,政府内部的良好管理仍然需要伦理精神的支持。另外,在其他领域,譬如日常生活领域,道德作为一种传统和风俗依然受到重视,伦理的规范引导作用始终得以发挥。②

---

① 张康之,郑家昊.公共管理学[M].2版.北京:中国人民大学出版社,2019:261.
② 张康之.论伦理精神[M].南京:江苏人民出版社,2012:181.

(二)数字政府倡导伦理精神

进入数字时代,数字化工具技术衍生出诸多新风险与不确定性,政府治理环境的复杂性无限增长而政府职能的扩张又是有限的,这一基本矛盾不断加剧敦促着政府进行改革创新。[①] 工业社会中建立起来的管理型政府治理模式已经无法适应时代发展的需要,难以解决纷繁的治理难题。一方面,法律刻板和滞后的固有属性难以应对瞬息万变的治理环境。另一方面,法律已无法满足人们对于实现实质平等关系的诉求。[②] 在这种情况下,伦理精神的重要性再次得以凸显,伦理精神的贯彻程度决定了实质平等的实现程度,人们对于伦理精神的呼唤也越发强烈起来,数字政府彰显伦理精神并充分发挥伦理精神的功能就成为一种客观的必然。

(1)数字政府倡导伦理精神,确保公众意志的准确表达。长期以来,政府被看成公众意志的表达和执行机构,因此,人们对理想的政府治理体系和过程的期待是其能够客观准确地反映公众意志并使其得到贯彻。然而,在过往的社会治理中,公众意志总是被曲解,无法被准确地表达出来。在农业社会的统治型治理中,权力意志是排斥公众意志的,公众意志很难得到表达和体现。在工业社会的管理型治理中,公众意志日益得到重视,但是公众意志的表达在逐级代表的过程中逐渐变形。政府的政策执行部门既受到长官意志的影响,又受制于工具箱的约束而偏离了公众意志这个政策执行的出发点。尽管人们致力于通过建设法律制度来弥补公众意志的缺陷,但收效甚微,其根本原因就在于伦理的缺位,而伦理就是公众意志得以准确表达的保障。数字政府倡导伦理精神,通过深化开放、平等、具体的伦理关系,以消除公众意志的表达和执行中出现的长官意志问题,从而保障公众意志不受歪曲,同时使政府治理者能够根据伦理精神和道德意识做出正确的行为选择,自觉倾听和把握公众意志,促成公众意志的准确表达。

(2)数字政府倡导伦理精神,确保公共利益的充分实现。公共利益既是政府治理活动的基本目标,也是政府治理伦理价值的核心体现,只有在伦理基础

[①] 郑家昊.合作·服务·引导:政府职能履行方式的关键议题[M].北京:中国社会科学出版社,2020.

[②] 张康之.论伦理精神[M].南京:江苏人民出版社,2012:183.

上开展政府治理活动,才能达成维护和实现公共利益的目标。① 如前所述,数字政府倡导伦理精神有助于公众意志的准确表达,进而为公共利益的充分实现奠定重要基础。在农业社会,人被划分为不同等级,进而催生了不同等级的共同利益。进入工业社会,公共领域与私人领域逐渐分化,形成了公共利益与私人利益。政府是公共利益的代表,担负着实现公共利益的责任和使命。然而,由于存在着自然与社会、人与人、生存与发展等各类矛盾,公共利益总是充满诸多争议,实现公共利益的具体目标因而难以确定,这也使得政府陷入"巧妇难为无米之炊"的窘境当中。面向未来,数字政府倡导伦理精神,可以让政府治理者强化以人为本的理念,在追求人的全面发展的同时把人的生存与发展协调起来,从纷繁各异的具体的、个别的利益中认识、领悟与提炼公共利益。再者,政府治理者能够依据伦理精神和道德意识开展具体的治理活动,充分发挥主观能动性,在复杂的治理环境中自觉、自主、灵活、创造性地实现公共利益。

(3)数字政府倡导伦理精神,确保治理体系及其活动的开放透明。在农业社会,统治体系高度封闭,统治者与被统治者的界限不可逾越,治理活动的相关信息是高度闭塞的。在工业社会,标榜价值中立的法律形成,人人平等的理念得以宣扬。尽管如此,政府治理体系依然存在神秘性与封闭性,存在着各种各样的行政秘密和闭门决策等。② 政府不愿将治理活动公开,转而选择了封锁信息来源、剥夺公众知情权和参与权的做法。而数字政府倡导伦理精神,主张公开、平等的治理行动,最大限度地调动公众参与,确保公众能够获得详尽全面的治理信息。可以说,数字政府的伦理特性使得数字政府的治理活动具有充分的开放性和透明性,数字政府也将成为善用各种数字技术、引导多元社会治理力量开展合作治理的全新政府形态。

(4)数字政府倡导伦理精神,推进德治和道德制度的建设。历史地看,农业社会的统治型治理,统治者主宰一切,被统治者对良好治理的愿望体现为对德治的诉求。然而,在这一时期,即使出现了德行优良的统治者实行了所谓的德治,这种德治在实质上还是权力制度中的德治,也就是在权力制度的框架下

---

① 张康之,郑家昊.公共管理学[M].2版.北京:中国人民大学出版社,2019:275.
② 同上:276.

作为工具和手段。① 因此,在农业社会,有德治而无德制(道德的制度),缺少德制作为支撑的德治是不牢固的,此时的治理更多是以权治为主,以法治和德治为辅。进入工业社会,管理型社会治理模式确立了法制,使得社会治理从单一的权力支配转变为依法治理。不过,无论是在法律的制定还是施行阶段,都离不开国家强制力的保障,所以法治在根本上是与德治相排斥的。进入数字治理时代,权治和法治依然存在,数字政府在伦理精神的基础上将会突出"为人民服务"的面向,建构起一种以德治为主,融权力、法律和道德规范为一体的治理体系。可以说,打造数字政府是建设人民满意的服务型政府的重要路径,数字政府倡导伦理精神既要实现德治,更要建设道德的制度。

第二节　数字政府的价值

数字政府的伦理与数字政府的价值是紧密联系、相互作用的两个方面。如果说数字政府的伦理更多的是关于伦理关系、伦理精神的内容,那么,数字政府的价值则是数字政府实施治理行动意义的集中体现。数字政府的价值内容蕴含在治理行动的具体环节之中,数字政府应注重回应性、适应性和包容性,从而助推公共价值的实现。

一、数字政府的价值内容

价值具有抽象性和多元化的属性。因此,根据不同的认识和归类标准,数字政府的价值内容分为不同的类型。

(一)技术价值与社会价值

依据数字政府的技术属性和社会属性,可以将数字政府的价值分为技术价值和社会价值。以数字技术为基础的数字政府建设有效地满足了政府治理的新要求,并实现了政府治理技术价值和社会价值的兼容并蓄。②

1. 技术价值

数字政府的技术价值体现为通过连通网络所形成的基于数据信息资源在

---

① 张康之.公共管理伦理学[M].修订版.北京:中国人民大学出版社,2009:98.
② 宋君,张国平.大数据时代的政府智慧治理:价值追求和能力维度[J].领导科学,2020(10).

政府组织内部和外部的传递和共享的高感知、高协同和高行动。一方面,数字政府将数字技术应用于政府工作场景之中,从而使政府内部不同机构和部门能够突破组织壁垒,形成高效的合作互补关系;另一方面,数字政府又将数字技术应用于政府服务场景之中,使公众能够随时随地地获取政府服务并参与政府活动,从而与政府形成良性互动关系。

2. 社会价值

数字政府的社会价值是体现人文元素的更高层次的价值,是对如民主、公正、开放、协同、效率等多元目标或价值追求的兼容并蓄。一方面,数字政府使多元的甚至相互冲突的价值目标能够和谐统一,如效率与公平、民主与集中、稳定性和灵活性、科学化和人性化、工具理性和价值理性等,从而避免选择的两难困境给政府工作带来不利影响以及给公众造成幸福感和获得感缺失的情况;另一方面,应用数字技术的目的是为公众提供更便捷、更精准、更高效的公共服务,数字政府要坚持以人民为中心的服务导向,充分体现参与性、回应性、公开性、人文性等诉求。

(二)"全心全意为人民服务"与"基于共生共在的合作治理"

从政府治理的角度来看,数字政府的治理价值是数字政府价值内容最为直接的体现。在政府治理行动实践中,数字政府的治理价值主要体现在"全心全意为人民服务"的根本宗旨和"基于共生共在的合作治理"的行动指向。

1. "全心全意为人民服务"的根本宗旨

"全心全意为人民服务"是中国共产党一贯坚持的根本宗旨,是其领导一切革命、改革、建设和发展工作的根本遵循,也是其建立和发展新中国行政体制的根本指南。[①] 毛泽东在《为人民服务》和《论联合政府》等撰文中,创造性地阐明了中国共产党的人民性品格。他在《论联合政府》中就曾指出:"我们共产党人区别于其他任何政党的又一个显著的标志,就是和最广大的人民群众取得最密切的联系。全心全意地为人民服务,一刻也不脱离群众;一切从人民的利益出发,而不是从个人或小集团的利益出发;向人民负责和向党的领导机关负责的

---

① 孔繁斌,郑家昊.建设人民满意的服务型政府——中国共产党对行政体制理论的创新探索[J].中国行政管理,2021(7).

一致性;这些就是我们的出发点。"① 邓小平《在扩大的中央工作会议上的讲话》指出:"如果不是做官,而是当人民的勤务员,那就要以普通劳动者的面貌出现,要平等待人,要全心全意地为人民服务。"② 江泽民指出:"在任何时候任何情况下,都必须坚持党的群众路线,坚持全心全意为人民服务的宗旨,把实现人民群众的利益作为一切工作的出发点和归宿。"③ 胡锦涛指出:"全心全意为人民服务是党的根本宗旨,党的一切奋斗和工作都是为了造福人民。"④ 党的十八大以来,中国全面进入治理时代,中国共产党接续历史奋斗,进一步提炼形成以人民为中心的执政价值。习近平指出:"必须坚持人民主体地位,坚持立党为公、执政为民,践行全心全意为人民服务的根本宗旨,把党的群众路线贯彻到治国理政全部活动之中,把人民对美好生活的向往作为奋斗目标,依靠人民创造历史伟业。"⑤

数字政府本质上是建设人民满意的服务型政府的一种途径或者一种形态。因此,数字政府中数字技术应用的根本目的是为人民服务,数字技术的应用在于倾听民声和了解民意,通过数字化理念、数字化思维、数字化规则、数字化环境和数字化资源向用户提供优质、便捷的公共服务。⑥ 目前,各地都在积极地探索如何优化公共服务,并采取了各种各样的举措为民众提供便利。作为最早开始数字政府建设的省份之一,广东省数字改革建设取得显著成果,政务信息化体制机制不断创新,一体化数字政府基础支撑体系基本形成,网上政务服务水平全国领先。通过构建政务服务"一网通办"、省域治理"一网统管"以及政府运行"一网协同",广东省提升了政府的综合实力,为民众提供了更加便捷和高效的公共服务。

2. 基于共生共在的合作治理的行动指向

20世纪70年代以来,治理日益取代管理,成为一种全新的理念或方式。治

---

① 毛泽东.毛泽东选集:第三卷[M].北京:人民出版社,1991:1094-1095.
② 邓小平.邓小平文选:第一卷[M].北京:人民出版社,1994:304.
③ 江泽民.江泽民文选:第三卷[M].北京:人民出版社,2006:572.
④ 中共中央文献研究室.十七大以来重要文献选编:上[M].北京:中央文献出版社,2009:12.
⑤ 习近平.习近平谈治国理政:第三卷[M].北京:外文出版社,2020:16-17.
⑥ 祁志伟.数字政府建设的价值意蕴、治理机制与发展理路[J].理论月刊,2021(10).

理的本质在于合作。① 因此,治理可以被定义为"合作的诸多可能性构成的谱系",它规定了治理力量之间的相互关系以及它们所追求的目标。② 在数字时代,伴随治理问题日益全球化,尤其是随着生活在"地球村"的人不断加强彼此的联系③,相关的社会治理问题日益演化为关系整个人类"共生共在"④的深刻命题,在这种情况下,基于共生共在的合作治理势在必行。"合作本身就意味着它是差异的共存,而合作治理则以差异性的多元主体共存为前提,同时,合作治理又是催生多元主体的基础力量。……合作治理将是一种完全不同的治理,它与任何形式的集权都是不相容的,它把一切因素的平等共在作为合作治理赖以存在的基础。"⑤

数字政府要求政府组织形态从分立式结构向平台化结构转变,实现"政府即平台"模式。⑥ 平台化是数字化领域的一种发展趋势和主要组织模式,其特征在于数据资源的共享、复用以及依托标准化服务接口的开放、创新。⑦ 凭借数字平台的搭建,数字政府让政府合作履职的方式成为可能。

合作履职是数字政府推进政府职能履行方式创新的集中体现,蕴含着合作治理的智慧,主要可以分为三种类型:第一,跨部门(组织)的合作履职,包括"体制内"合作履职和政府部门与社会组织合作履职两种形式。其中,"体制内"合作,即政府部门、机构之间的跨界合作,包括同一级别政府及其部门之间的横向合作、不同级别政府及其部门之间的纵向合作。各部门的服务整合和工作协同到政务服务中心后,实现了一加一大于二的政务服务效果。另外,根据法律法规的授权,一些社会组织得以进驻政务服务中心,政府部门与社会组织间的合作成为可能。政府部门必须引导和培育社会组织发展,并与社会组织展开合

---

① 郑家昊.合作·服务·引导:政府职能履行方式的关键议题[M].北京:中国社会科学出版社,2020:95-99.
② 郑家昊,丁贵梓.差异与共识:治理研究的反思性阐释——基于中、美、韩三国治理研究权威论文的关键词网络分析[J].陕西师范大学学报(哲学社会科学版),2020(4).
③ 麦克尼尔,麦克尼尔.人类之网:鸟瞰世界历史[M].王晋新等,译.北京:北京大学出版社,2011:315-317.
④ 张康之.为了人的共生共在[M].北京:人民出版社,2016:7-12.
⑤ 张康之.合作的社会及其治理[M].上海:上海人民出版社,2014:6.
⑥ 张晓,鲍静.数字政府即平台:英国政府数字化转型战略研究及其启示[J].中国行政管理,2018(3).
⑦ 北京大学课题组.平台驱动的数字政府:能力、转型与现代化[J].电子政务,2020(7).

作,更好地为社会公众提供政务服务。第二,跨空间的合作履职。网络信息技术的发展缔造出了一个与现实空间并行的虚拟空间。实体政务服务中心和政务服务网上平台,分别从不同层面促成了政府协同化办公,深化与整合了政务公开和服务供给职能。第三,跨地域的合作履职。自然本来是浑然一体的,如水资源管理相关公共事务可能涉及水利、交通、矿产资源、渔业、环境生态和规划建设等各个方面,需要各行政主管部门的协同治理。数字化网络信息平台建设将异地就近办理事务变成了现实。

二、数字政府的价值实现

近年来,"数字政府"的价值及其实现问题得到党和国家的高度重视,中央文件多次提到"推进数字政府建设",在2021年的《政府工作报告》中更是具体提出"加强数字政府建设,建立健全政府数据共享协调机制,推动电子证照扩大应用领域和全国互通互认,实现更多政务服务事项网上办、掌上办、一次办"。数字政府已经成为推动我国政治、经济、社会、文化和生态高质量发展的重要抓手。概而言之,数字政府的价值是在治理实践中实现的,数字政府应注重回应性、适应性和包容性,以彰显公共价值,实现服务与合作,进一步强化数字政府的治理优势。

(一)提升回应性:促服务价值实现

人民性是马克思主义最鲜明的品格,这也决定了马克思主义政党的本质要求,即以人民为中心。在中国革命和社会主义的探索和建设时期,党和政府始终坚持人民的主体地位,全心全意为人民服务。数字政府的建设和治理作用发挥,必须始终秉持"全心全意为人民服务"的根本宗旨,充分利用互联网、大数据和人工智能等新兴技术来更全面、更精准、更高效地回应人民需求。

第一,更全面的回应性。政府回应的前提在于对民众需求的全面认知,在传统政府中,制度化反映渠道的缺失和不足导致了政府所了解民意的片面性和偏差性,而数字政府的建设将会有效消除这一弊端。首先,民意反映渠道不断拓宽,特别是网络的发展,使得基层民众可以直接给镇长、市长、省长甚至是总理留言。新闻媒介成为民意表达的重要途径,使政府能够广泛地了解民众的多样化意愿和需求。其次,数字化能够降低政府回应民意所需的行政成本。数政府的建设在优化政府组织结构、促进政府协同配合、简化政府工作程序等方面具有巨大优势,因此在一定程度上可以改善传统政府中的成本浪费现象,实现有限资源的最大化产出。同时,数字化也能够降低民众表达民意的奉行成本。云上化和智能化的发展使民众可以随时随地表达其意愿,极大地降低了参与成本,促使民意表达更具全面性。最后,数字政府建设优化了对政府官员的绩效考核方式,将部分在过去难以量化的工作纳入考核范围。此外,将政府的"民意指标"纳入考核范围,同样提升了政府对于民意的关注和重视程度。

第二,更精准的回应性。回应的精准性是建立在回应的全面性基础之上的,只有在对民意全面认知的前提下政府才能实现注意力的精准配置。这里的精准有两层含义:一是数字政府建设下民意的直接表达,使政府在精准了解民意的基础之上能实现对民意的精准回应;二是数字政府建设下政府对民意的精准把握。政府行政职能扩张的有限性和公共服务需求的无限性之间的矛盾使得政府无法做到事无巨细、面面俱到。虽然数字政府的建设无法消除这一矛盾,但也不可否认,数字化确实提高了政府回应民意、提供公共服务的能力。数字政府区别于传统政府的一个重要方面是大数据等新兴技术的普及和应用,大数据在政府工作中的重要作用在于通过先进的技术对海量、复杂、动态的数据进行收集、存储、分配、管理和分析,从而使政府在全面了解民意的基础之上形成对需求体系的准确认识和精准把握,以此来指导实际的政府工作。因此可以说,数字政府回应的精准性是大数据的产物。

第三,更高效的回应性。所谓高效的回应性就是说政府对于民众诉求的回应不仅具有时效性,而且具有有效性。时效性讲的是回应的速度问题,是从问题的提出到问题的解决所耗费的时间长短。数字政府的高效回应就是说政府能够在尽可能短的时间内积极响应民意,并有效地解决其问题。有效性讲的是回应的质量问题,是政府能够在多大程度上解决民众提出的问题及消除其外部效应。数字政府的高效回应就是说政府能够在符合公共利益的方向上尽可能快速地提供好的公共服务,将其所产生的负外部效应降到最低,并尽可能地提高其正外部效应,以求得令人满意的结果。总而言之,高效回应就是等量时间内的问题解决最大化,或者等量问题解决所花费的时间最小化。

(二)增强适应性:应对复杂化治理

随着信息时代的到来,信息量、信息的传播速度、信息处理的速度以及应用信息的程度等都以几何级数的方式增长,社会的复杂性也随之增强,发展至今,社会的复杂性已经上升到一个新的高度,"已经从量变实现了某种程度的质变,呈现出高度复杂性的形态"①。复杂性是政府治理必须面对的环境特征,自然环境、社会环境、虚拟环境的日益复杂都对政府治理提出了新的挑战,但是信息化、数据化和智能化的发展也提供给政府新的机遇。

第一,对自然环境复杂化的适应性。自然环境指地球上或一些区域内一切生命和非生命的事物以自然的状态呈现,受到自然规律的制约,并越来越受到人为因素的干扰。与此相对应,"自然界的复杂性在本质上是由存在于自然界的物质运动所造成的,最初是一种自然有机体运动的复杂性,但是随着人的诞生以及人对自然的干预,自然地被添加了人为导致的复杂性"②。近年来,全球自然灾害频发,给全球人民生活的各个方面带来了严重的影响。而数字政府对自然环境复杂化的适应性体现在事前、事中和事后三个阶段。其一,遥感、地理信息系统、大数据、云计算等新技术的充分应用可以帮助政府以及民众对灾害有更为详细的认知,也使提前预知不仅变成可能也更加精准快速,从而能够提前做出相应部署和采取行动,以最大限度地减少自然灾害带来的损失;其二,新技术的应用可以实现对灾害发生过程的准确监测并组织高效行动,以便民众有效地开展自救,同时便于各级政府统筹监督、协同联动、形成合力;其三,在灾后的修复重建工作中,数字技术的应用也有利于加快物质和精神层面的恢复。同时,数字政府依托大数据技术也能够更加扎实地开展反思总结工作,从而优化政府管理与公共服务的提供。

第二,对社会环境复杂化的适应性。在自然环境的基础上,人类通过长期有意识的社会劳动创造了社会环境。这里所指的是实体的社会环境,用以区别虚拟的社会环境。实体的社会环境的复杂性是由人的复杂性以及人际交往的复杂性决定的,具体可以分为作为个体的人的复杂性和作为群体的人的复杂性。个体的人的复杂性很大程度上是由人的本性决定的,"使事情复杂化的是人们的行为既受到他们所相信的物的存在方式的影响,也受到物的实际的存在

---

① 张康之.论高度复杂性条件下的社会治理变革[J].国家行政学院学报,2014(4).
② 郑家昊.合作·服务·引导:政府职能履行方式的关键议题[M].北京:中国社会科学出版社,2020:48.

方式的影响。这些思想也许与现实有很大的不同,并且它们均涉及对空间的不同描述和评价"①。政府的性质决定其必须正视和直面这种差距,而数字政府的适应性就是使差距的缩小成为可能,它既需要将观念中的物的存在方式现实化,也需要将现实中的物的存在方式理想化,以尽可能突破差异化给政府带来的治理困境。环境复杂性的加剧使人们趋向于集体行动,于是便形成了各种各样的组织。组织的复杂性首先是由组织中个体的人的复杂性决定的,其次是由人的交互所形成的复杂关系决定的,最后是由多样化的组织因利益博弈而构成的复杂网络决定的。在众多组织之中,政府是其中最重要的存在之一,数字化建设使得政府是作为"参与者"而不是"旁观者"存在,不仅有助于政府理顺内部各组成单元的关系,而且可以通过厘清政府与其他组织之间的利益关系来追求一种合作性博弈和完全信息博弈,从而使政府表现出更强的适应性。

第三,对虚拟环境复杂化的适应性。虚拟社会本质上也是区别于自然环境的社会环境,只不过随着网络技术的发展,实体社会环境中的"信息"和"关系"的虚拟化进一步得到了确认和彰显,促成了"虚拟社会的崛起"。虚拟社会产生于实体的社会,却异于实体的社会,②因此,虚拟环境产生于实体的社会环境而又区别于实体的社会环境。两者的联系在于虚拟环境也包含人们相互作用所形成的社会关系体系,而其区别则在于虚拟环境所特有的虚拟性、模糊性、全球性和裂变性。因此,虚拟环境的复杂性不仅包含实体社会环境所具有的复杂性,更涉及这种复杂性虚拟化之后量的积累和质的飞跃。可以说,环境复杂性激增是网络发展的果,而网络发展也必将成为应对环境复杂化的因。目前,虚拟空间治理已成为一项全新的课题,各国政府都做出积极的探索。我国对内加强互联网立法和监管,完善网络空间实名化制度,深入推进网络空间的清朗和净化;对外倡导并积极推动网络空间国际秩序的形成,构建网络空间命运共同体。在加强数字政府建设的过程中,虚拟空间将逐渐趋向法治化、规范化以及

---

① 萨克.社会思想中的空间观:一种地理学的视角[M].黄春芳,译.北京:北京师范大学出版社,2010:16.
② 郑家昊.合作·服务·引导:政府职能履行方式的关键议题[M].北京:中国社会科学出版社,2020:48.

与现实的统一化。

(三) 强化包容性:促合作治理行动

数字政府致力于推进基于共生共在的合作治理行动。数字政府在治理范围的包容性、治理对象的包容性以及治理主体的包容性等方面的优势有助于合作治理的实现。

第一,治理范围的国内视野与国际视野的一体兼顾。虚拟空间的跨地域和跨境域特征使得治理超越了主权国家地理上的疆域范围,全球的每个个体都被置于一张巨大的联通网之中,建立起相互影响、相互牵连的关系。虚拟空间的出现必然意味着政府治理范围的扩张,这不仅体现在国家范围内各地区之间关联的强化,即所谓"全国一张网"的完善;而且体现在国际范围内各个国家之间关联的强化,即所谓"人类命运共同体"的构建。治理范围的扩大使得数字政府治理必须坚持开放创新与安全可控并重:在开放创新中加强文明共享,通过学习经验与吸取教训提升数字政府建设水平;在安全可控中推动命运共同体建构,维护网络安全从而保证国家安全。

第二,治理对象的物理世界与虚拟世界的相互融合。当环境的复杂性和不稳定性激增而使其不能被政府作为"剩余的因素"时,治理对象的包容性特征便开始凸显,并随着数字化建设进程的加快不断拓展和强化。数字技术的出现改变了传统意义上对治理对象的内涵界定,其所创造的线上空间意味着政府不仅需要应对处于虚拟世界的全新治理对象,还需要同时关注处于物理世界的传统治理对象与处于虚拟世界的全新治理对象二者之间的有机联系。[①] 总之,数字化网络的连通使得人与人、人与组织、组织与组织的交互频繁和自由得多,特别是这种复杂性虚拟化后更是由量的积累实现了质的飞跃,而这些实体和虚拟关系都作为治理对象被囊括于数字政府治理之中。

第三,治理主体多元化的合作共治。数字政府包容性的最主要体现在于治理主体的多元化,即实现了合作共治的局面。这表现在政府组织内部和外部两个方面:对于政府内部决策者而言,某项治理权多部门共享的结果不再是效率低下和推诿扯皮,伴随着政府结构职能的理顺和政府信息共享平台的建立,治

---

① 鲍静,范梓腾,贾开.数字政府治理形态研究:概念辨析与层次框架[J].电子政务,2020(11).

理越来越成为多部门合作以取得最优结果的过程;对于政府外部行动者而言,企业、社会组织在治理中发挥着越来越重要的作用,它们不仅通过自身发展推进治理过程,而且通过参与治理过程来促进自身发展。除此之外,参与治理过程的渠道的丰富化使得个人的影响不再是微不足道的,无论是以个体的形式还是以组织的形式出现,个人都将更便捷地参与到治理之中,从而形成巨大的群体优势以影响数字政府的治理。

第三节 数字政府与美好生活

数字政府的伦理功能与价值实现,归根结底是为了构筑美好生活,满足人民日益增长的美好生活需要。从古至今,人类社会都未曾停止过追寻美好生活的脚步。在探索和实现美好生活的旅程中,人们对于美好生活内涵的认知逐渐清晰,这种认知在不同阶段表现出不同的内容,具有明显的时代特征。在社会的原初阶段,美好生活突出其物质性的一面;而伴随着物质生活的极大丰富和人们认知水平的提升,美好生活便凸显出其精神性的一面。

"作为人们实现美好生活的重要创造物,政府在将人民对美好生活的向往变为现实的过程中扮演着非常重要的角色。几乎所有生活领域的幸福美好,都离不开政府正确地履行职能。"[①]因此,政府在各个领域的行为方式都关涉人们的美好生活,政府与市场的关系、政府与社会的关系都可以作为政府与生活关系的重要方面。伴随着数字化的发展和人民生活水平的提高,政府与生活的关系将取得进一步的发展:一方面,政府作用从公共生活领域(涉及人的政治生活)和私人生活领域(涉及人的经济生活)向日常生活领域(涉及人的家庭生活)延伸;另一方面,美好生活从经济方面和政治方面向家庭方面拓展。因此,政府引导创造美好生活便成为数字政府建设的突出价值表现。

一、向往美好生活

在人类社会早期阶段产生的关于美好生活的初步构想中,对于温饱、安全、

---

① 郑家昊.合作·服务·引导:政府职能履行方式的关键议题[M].北京:中国社会科学出版社,2020:245-247.

稳定和美的向往构成了美好生活的主要内容。到现代社会,伴随着物质生活的极大丰富以及人们审美水平的不断提升,美好生活被赋予越来越多"美"的意涵。进入数字时代,美好生活的内容更加丰富,既包括物质文化需要类的"硬需要",也包括更具主观色彩的"软需要"。原来的"硬需要"并没有消失,而是呈现出升级态势,新生的"软需要"则呈现多样化多层次多方面的特点:从精神文化到政治生活,从现实社会地位到心理预期、价值认同等方面,对公平正义、共同富裕甚至对人的全面发展与社会全面进步都提出相应要求。①

美好生活是存在于人们内心的最佳愿景,是一种总体性的理想生活状态,一直被视为治理的终极目标。但是,"美"的特性决定了实现美好生活这一过程是十分艰难的,因为所有的"美"都是历史范畴的、暂时的,"当人类在进步的时候,过去所称为好的东西,只因为已可能有更好的东西而不能再称它为好"②。而正是因为美好生活是作为一种目标存在的,对其的追求也使得社会的总体方向是不断向上的,这样,那些过去被视为美好的东西在当今看来却如此平常。如今,美好生活已经囊括人们生产生活的方方面面。"人所需要的不仅仅是更多的物质用品,而是更多的自由,更多的自主,更多的创造性出路,更多的生活愉快的机会,更多的资源的合作,而少些非出于自愿地为他人的目标服务。"③也就是说,美好生活于人类存在的意义应当体现在物理存在、精神存在和道德存在;美好生活于活动领域的范围应当涵盖公共生活领域、私人生活领域和日常生活领域。

二、构筑美好生活

现代人已习惯于运用"还原主义"的方法审视社会发展的各个领域及其功能,分化的思维也强化了人们关于各个领域的分化认知。在这一原则指导下,政府行动集中于公共生活领域和私人生活领域,更多关注人作为公民的政治权利与义务以及人作为市场主体的经济权利与义务。因此,在公共生活的场域

---

① 刘焕明,周冰倩.新时代美好生活的丰富内涵与实现路径[J].江南大学学报(人文社会科学版),2020(2).

② 罗素.社会改造原理[M].张师竹,译.上海:上海人民出版社,2001:144.

③ 同上:24.

中,人们体会到了以"权力"为中心的官僚制体系在美好生活创造中的作用力;在私人生活的场域中,人们领略到了以"契约"为中心构建的自由平等竞争的美好秩序。①

然而,正如查尔斯·汉迪所言,"还原主义"具有自身的局限性——"我现在意识到,它们都是作为生活的不同部分组成在一起的。把它们分开,就是犯了现代生活的罪过,即还原主义,把事物分解成它们的组成部分,从而常常因为关注树木而错过了森林的意义和信息"②。政府引导创造美好生活,这里的生活在过往更多强调的是公共生活和私人生活领域,忽视了日常生活领域蕴含的基于家庭的伦理道德元素,甚至伦理道德被权力和契约挤压到非常边缘的位置。在迈入后工业社会的当下,面对社会复杂性骤增的严峻形势,基于权力的治理和基于契约的治理的方案在现实的治理实践中遭遇了政府失灵、市场失灵的问题。在这种情况下,迫切需要人们开展合作的行动,而构筑"陌生的共生共在"的共同体显然已经超出权力和契约规则的能力范畴,唯有依靠伦理道德的支持,依赖于日常生活领域中家庭的积极作用,方能实现凝聚并紧密团结各个社会个体的目标。③

日常生活领域是个人所处的基于血缘、亲缘关系而形成的家庭活动领域。实际上,美好生活始于家庭,并归于家庭,家庭是美好生活的重要领地。家庭的美之于个人的美而言,具有示范性和指导意义。从出生伊始,人就被赋予了重要的家庭角色,并作为家庭的一部分成长起来。即便进入工作场域,家庭依然是人的重要支撑和心灵港湾,在经过几十年的工作后,人都会以退休的方式重新回归家庭。因此,对于绝大多数人而言,自己首先是家庭的成员,家庭生活贯穿生命的全过程。对比其他领域,日常生活领域是人所处在的时间最久、影响最为直接的领域。同时,日常生活领域是人倾注情感最多、道德留存最为丰富的领域,是对于"育人"最为关键的场域。

日常生活之于家庭的重要性,使得鲜少有人主动地去思考日常生活领域的

---

① 郑家昊.合作·服务·引导:政府职能履行方式的关键议题[M].北京:中国社会科学出版社,2020:248.
② HANDY C. The age of unreason[M]. Boston, Massachusetts: Harvard Business School Press, 1990: xi.
③ 郑家昊.合作·服务·引导:政府职能履行方式的关键议题[M].北京:中国社会科学出版社,2020:249.

治理功能，而也正是由于这样一种"忽视"，伦理道德元素没有被过多干扰而较为完整地保留在日常生活领域。在变革的时代，反复的治理实验已经印证徘徊在权力与契约的规则之间是无力应对失灵频发的。在这种情况下，提升伦理道德元素的作用将成为破解社会治理难题的关键，这是未来社会彰显"伦理精神"的重要方面。可以遥想，伦理道德将在治理体系中扮演更为重要的角色，在未来多领域融合的情势下，日常生活领域的价值将愈加凸显。为了促使日常生活领域健康成长和充分发挥功能，数字政府应当更加注重对日常生活领域的正确引导。

日常生活领域具有未来社会治理中急需的伦理价值元素，可以想象，日常生活领域的健康良序发展，将会推动公共领域、私人领域的可持续发展，日常生活领域将会成为全社会领域发展的基础。也就是说，未来的社会治理是一条以日常生活领域为引领的道路，数字政府也将通过科学合理的方式引导日常生活领域的发展，来实现人民对于美好生活的殷切期盼。

一方面，数字政府引导必须充分重视家庭生活的感性特征，遵循家庭发展的基本规律，并提供必要的制度支持。相较于公共领域和私人领域，日常生活领域更加具有感性的成分。而且，人际社会需要建立在信任之上，互信是社会顺畅运行的基础，因此，家庭生活领域蕴含的信任价值对于社会运行意义重大。为了充分发挥出家庭的治理功能，政府必须为家庭中的价值元素确立必要的制度空间，引导家庭中的成员自然成长。

另一方面，数字政府必须更加重视对基于伦理精神的启蒙的引导。在现有的制度设计中，权力和权利是现代治理体系的重要基石，以此为基础构建的治理体系是一种硬约束，家庭之于治理的作用是被边缘化的。但是，硬约束总有力所不及的地带，软约束的功用便由此体现。家庭蕴含着重要的价值关怀和伦理道德的元素，是价值存在的重要港湾。相较于权力与权利，价值方面的元素是软约束的范畴，但是它的覆盖场域也是最为宽广的。单个家庭所联系的家庭领域蕴含的伦理精神正是实现治理现代化的基础。人们对于美好生活的追求本质上与对伦理精神的追寻相通，因为美好的生活首先是符合伦理和道德要求的生活。在未来，数字政府亦将在对人们伦理精神的引导过程中发挥更加重要的作用。

第十五章 数字政府的伦理与价值

思考与练习

1. 什么是数字政府伦理?
2. 数字政府的伦理精神是如何体现的?
3. 数字政府的治理价值包括哪些内容?
4. 数字政府具有天然的治理优势,在治理实践中表现在哪些方面?
5. 美好生活具有明显的时代特征,其内涵发生了怎样的转变?现代社会的美好生活应涵盖哪些活动领域?

案例分析与讨论

德阳被写入数字政府十佳案例　智慧城市建设小城市也有大智慧

一、数字底座——云上天府

据德阳市政务服务中心副主任介绍,"作为四川最早建设政务云平台的城市之一,德阳市政府一直十分重视政府网站的信息化建设和便民服务举措的升级。2016年4月,德阳市通过'企业自主建设,政府购买服务'的方式建成德阳政务云数据中心为市县两级党政机关、企事业单位非涉密信息系统提供资源服务、安全应用功能服务、业务迁移服务等多样化服务,实现了全市电子政务基础设施的节约和集约化应用,有效解决了电子政务建设长期以来各自为政、离散封闭的管理方式和重复投资、重复建设等问题,提高了政府信息化资源共享率和整体服务水平"。

但是,随着大数据、人工智能等新兴技术的发展,德阳市原有的政务云架构逐渐无法跟上城市快速发展的脚步。因此,德阳市政府携手天翼云与云上天府,用全新技术和架构对原有的政务云平台进行升级改造。

基于云计算中心,德阳市完成政务云二期项目建设及一期项目升级改造,对德阳新型智慧城市项目的落地起到了强有力的推动作用,为德阳市推进"互联网+"、发展数字经济、构建现代化产业体系、实现经济高质量发展提供了新引擎。

二、智慧城市管理更高效

政务云平台的升级改造不仅大大提升了德阳智慧城市的综合服务能力,还让德阳拥有了崭新的"城市大脑"。

如今,以天翼云数字底座为支撑,德阳市成功打造出万物互联的感知平台、数字孪生城市、应用支撑赋能平台、智慧城市指挥调度中心等一系列智慧政务服务平台,汇聚全市12.65亿条结构化数据、1万余路摄像源和物联传感设备,为城市数字化治理和全市各业务领域信息化建设提供了强大的技术支撑,实现政务服务"一网通办"、城市态势"一网通览"、城市运行"一网统管",让德阳市民感受到了全新科技带来的便利生活。

德阳市政务服务中心副主任说:"在智慧城市大脑建设之中,我们提供了4个方面的能力,即对整个智慧城市的运营监测能力、态势感知能力、指挥调度能力、决策支持能力。现在已经支撑的业务应用有市民通、智慧停车大脑、智慧社区、应急、文旅、环保、城管等100余个智慧场景;孪生城市的打造上,我们已经分析出了全德阳市5911平方公里的卫星影像,完成对主城区220公里的精细化建模。"

德阳的城市大脑一方面能为政府职能部门实时展示城市的运行状态,帮助其掌握城市的运行情况,另一方面在有突发情况发生时可以实现统一指挥调度和为市政府的决策提供支持。

三、智慧城市将民众获得感落到实处

智慧城市的建设不只是为了让政府部门提升管理效率,还在于让人民更有获得感,享受到科技进步所带来的红利。在民生方面,德阳市民对于城市大脑的感知更为明显。

德阳城市大脑建设紧扣政务服务"一网通办"、城市态势"一网通览"、城市运行"一网统管"来进行打造。德阳"市民通"作为全市的唯一城市门户,就建立在德阳政务云上,很多市民办事应用因为打通了各部门服务数据,极大缩短了市民的办事流程,实现了让数据多跑路,人民少跑腿。

以不动产交易为例,以前德阳老百姓要想房产过户需要跑房管局、税务局,最后在不动产交易中心进行过户。自从有了云上不动产综合管理系统之后,市民只需要提交一次资料,系统将自动对接房管系统、税务系统、不动产系统,一次性发证,后续还将推动水、电、气的过户打通。原来的房产过户需要三个工作日办结,现在只需要平均46分钟就可以办结一次房产过户服务。

"市民通"包含的服务功能非常丰富,比如居民出行停车可以随时查询周边停车位,极为便利。

此外,在秒批秒办专区,通过利用人工智能技术和流程自动化机器人技术,自动识别老百姓提交的表单是否符合要求,识别成功之后材料的数据可以连接后台政府数据交换共享平台,对提交的信息真实性进行核验,如果符合规定就可以直接完成办理。目前已经推出了42项秒批秒办服务。

这些智慧应用,并非将传统的应用移植到互联网上即可,而是要内部评估是否用到智慧大脑的基础设施,同时是否有使用人工智能或者大数据等新技术对管理模式和服务模式进行再造,只有全部符合要求的才被认定为智慧应用。

思考并讨论:
1. 德阳数字政府建设实践体现着怎样的伦理精神与价值内涵?
2. 德阳在数字政府建设中取得一定成绩的经验何在?

后 记

本教材立足于"数字中国"发展战略下数字政府建设的现实情境,阐释数字政府的内涵与外延,梳理数字政府相关理论脉络,描述数字政府的治理内容与治理体系,回应新时代数字政府建设的迫切需求。

本教材是集体分工协作的成果,各章撰写人员如下:

第一章:宦佳(西北政法大学);

第二章:付熙雯(西北大学)、韩德军(贵州财经大学);

第三章:付熙雯、房海旭(东北大学);

第四章:赵润娣(西北师范大学);

第五章:王铮(西北大学);

第六章:路晓丽(西北大学);

第七章:雷晓康、陈泽鹏、刘顺(西北大学);

第八章:雷晓康、汪静、刁心怡、程冠斌(西北大学);

第九章:张炜达(西北大学)、郝辉辉(西安市未央区信访接待中心)、张晨(西北大学);

第十章:孙艺香(西北大学);

第十一章:付熙雯、屈晓东(陕西省社会科学院);

第十二章:宋向嵘(内蒙古大学);

第十三章:曾宇航(贵州财经大学);

第十四章:周伟(西北政法大学);

第十五章:郑家昊、徐佳欣、姚晔映(陕西师范大学)。

此外,付熙雯完成了本教材的整理与初校工作,雷晓康负责最后的统稿工作。西北大学公共管理学院博士生张田、陈泽鹏和汪静,硕士生杨瑞华、白钰、宋明昱、华妮、王晓丹以及本科生黄思雅等为本书的校对提供了协助。

  本教材定位于为广大公共管理及相关专业本科生、研究生以及实务工作者描绘一幅数字政府理论和实践的图景。虽力求做到前后逻辑统一、概念界定准确、资料完备充实、理论现实融合、语言简洁通俗,但囿于作者学识和经验,书中难免有疏漏和不妥之处。本教材作者文责自负,恳请专家学者和广大读者批评指正。最后,感谢教材中所有参考和引用的文献作者,他们的真知灼见使我们有机会站在巨人肩上一窥数字政府的概貌。

雷晓康 付熙雯
2023 年 4 月于西北大学

教师反馈及教辅申请表

北京大学出版社本着"教材优先、学术为本"的出版宗旨,竭诚为广大高等院校师生服务。

本书配有教学课件,获取方法:

第一步,扫描右侧二维码,或直接微信搜索公众号"北大出版社社科图书",进行关注;

第二步,点击菜单栏"教辅资源"—"在线申请",填写相关信息后点击提交。

如果您不使用微信,请填写完整以下表格后拍照发到 ss@pup.cn。我们会在 1—2 个工作日内将相关资料发送到您的邮箱。

书名		书号	978-7-301-	作者	
您的姓名				职称、职务	
学校及院系					
您所讲授的课程名称					
授课学生类型(可多选)	□ 本科一、二年级 □ 高职、高专 □ 其他_____			□ 本科三、四年级 □ 研究生	
每学期学生人数	_____人			学时	
手机号码(必填)				QQ	
电子信箱(必填)					
您对本书的建议:					

我们的联系方式:

北京大学出版社社会科学编辑室

通信地址:北京市海淀区成府路 205 号,100871

电子信箱: ss@pup.cn

电话: 010-62753121 / 62765016

微信公众号:北大出版社社科图书(ss_book)

新浪微博:@未名社科-北大图书

网址: http://www.pup.cn